KB141916

우리는
모두
불평등한
세계에
살고 있다

우리는
모두
불평등한
세계에
살고 있다

THE WAKE UP

기울어진 세계에서 생존하는 법

미셸 미쟁킨 지음 | 허윈 옮김

샘앤
샘 파커스

한국의 독자들에게

나는 서울 올림픽이 열리던 1988년 서울에서 태어났다. 1990년 대에 10대 시절을 보낸 나는 H.O.T, SES, god, 코요태 같은 가수들에게 열광했고, 일요일 오후엔 늘 TV 앞에 앉아 'SBS 인기가요'를 보며 소리 지르곤 했다. 또 당시 또래들 사이에서 유행하던 색색의 볼펜을 가지고 똑딱이 단추가 달린 다이어리에 깨알 같은 글씨로 시시콜콜한 것들을 적어 내려갔다. 하굣길에 포장마차에서 500원짜리 떡꼬치를 사 먹는 것과 더불어 여자 친구들과 노래방에 가거나 스티커 사진을 잔뜩 찍어 다이어리를 꾸미는 것이 일상의 즐거움이던 시절이었다.

초등학교 5학년 때, 나는 반짝이는 색종이로 종이학과 별을 접어 투명 유리병을 가득 채운 뒤 짝사랑하던 아이에게 선물할 계획에 열중해 있었다. 하지만 그 아이에게 내 감정을 전달할 기회를 갖기도 전에 미국행 비행기에 올라, 지극히 평범한 10대 소녀의 일상을 모조리 반납하고 한국계 미국인 이민자로서의 정체성을 떠안게 될 거라곤 미처 상상하지 못했다.

미국에서 다른 이민자 아이가 내게 영어로 꿈을 꾸기 시작할 때 비로소 이 나라에 완전히 정착했음을 스스로 알게 될 거라고 말해준 적이 있다. 마침내 내가 그 목표에 다다랐다고 여기게 해주는 순간들이 있었다. 이를테면 마음속으로 욕할 때도 더는 한국어를 사용하지 않는다든가, 백인 아이의 생일잔치에 초대받았을 때라든가, 스모키 눈화장을 마스터하고 짧은 반바지를 당당하게 입을 때라든가, '한국 사람은 언제 한국계 미국인이 되는 거지?'와 같은 질문을 더는 하지 않게 되었을 때라든가, 내가 한국으로 가는 것이 '귀국'이 아니라 '방문'으로 명명될 때라든가.

이처럼 내가 미국에 점진적으로 동화되어가는 과정이 영화의 몽타주 장면들처럼 그려진다. 고국에 두고 온 것들과 거리를 둘수록 내가 살아내야 하는 정체성에 더욱더 가까워지는 것 같았다. 진한 눈화장과 찢어진 청바지를 보며 할머니는 이렇게 말씀하시곤 했다. "미국년 다 됐네!"

그 이후 나는 삶의 대부분을 미국에서 보냈지만, 한국에서 자랄 때 내가 한국계 미국인들에 대해 가졌던 이미지를 여전히 떠올릴 수 있었다. 그 시절 '유학생'은 많은 사람들이 부러워하던 정체성이었다. 이른바 숨 막히는 순응의 문화를 뒤로하고 고도로 경쟁적인 한국의 교육 시스템에서 벗어날 만큼 충분히 부유하고 운 좋은 부르주아 계층이다. 한국 드라마에서 보면, 외국에서 자란 유학생들은 아이비리그 학위를 가진 채 그럴싸한 옷을 입고 돌아와 대부분의 한국 대학 졸업생들은 꿈꾸는 데 그치는 유명 대기업의 임원으로 고용되어, 그 나름대로는 똑똑해서 자국 내에서는 성공할 수 있지만 '글로벌 경제'에서 세계적으로 빛나기에는 충분치 않다고 여겨지는 이들의 상사 자리에 앉는다. 어떨 때는 유학생들이 돌아오는 이야기 자체가 없다. "걔는 미국 갔잖아"가 그 자체로 이야기의 완성인 셈이다. 이들은 한국에서 살아가는 한국 사람들과는 거의 닮은 구석이 없는 일종의 신화적 이야기의 주인공이 되어버린다. 이들은 아메리칸드림, 즉 미국에서는 성공을 얻을 기회와 자유가 누구에게나 있고, 누구든 그저 열심히 일하기만 하면 계층 상승을 할 수 있다는 믿음을 구현한다고 말할지도 모르겠다. 많은 이들이 다음과 같은 결론을 예상한다. "그리고 그들은 자유와 풍요의 땅, 금발과 치즈버거의 땅에서 행복하게 오래오래 살았답니다."

　내가 미국에서의 삶에 대비할 수 있게 해준 사람은 아무도 없었다. 주위의 누구도 미국에서의 삶이 무엇을 의미하는지 몰랐던 것 같다. 어쩌면 외국에서의 삶은 한국에서의 삶보다 나은 것이기 때문에 그게 무엇이든 상관없었을 수도 있겠다. 그저 떠나는 것 자체가 목표였을 뿐, 어떻게 정착하고, 어떤 도움을 받고, 어떤 리스크와 보상을 기대할지 등등은 우리 부모님을 포함해 나를 둘러싼 대부분의 사람들에게 부차적인 문제이자 나중에 생각할 일이었다. 이혼 후 혼자서 생계를 부양하던 어머니는 특히나 나와 여동생이 더 접근이 어려워지고 큰 부담으로 여겨지던 한국의 초경쟁적 교육 시스템과 취업 시장에서 씨름하기보다는 저소득층 자녀로서라도 미국의 공립학교를 다니는 편이 '성공'의 기회를 더 많이 가지게 되는 길이라고 믿었다. 그리하여 우리는 한국에서의 모든 생활을 뒤로하고, 따사로운 캘리포니아에 계시던 아버지에게 보내졌다.

한국을 떠나기까지 어떤 나날을 보냈는지에 관한 기억은 흐릿하다. 기억나는 것은 두려움과 기대감이 동시에 공존했다는 것, 그리고 혼란스러웠지만 더는 묻기 어려웠다는 것인데, 임박한 이별 앞에서 어머니와 조부모님의 말 없는 슬픔이 10대의 내가 감당하기에는 너무나도 무겁게 다가왔기 때문이다.

한편 캘리포니아에서 아버지는 저소득 미등록 이주민으로서의 상처를 딛고 삶을 재건하느라 10년 넘게 분투하고 있었다. 아버지의 삶은 내가 '캘리포니아'라는 말에서 상상할 수 있었던 할리우드의 휘황찬란함이나 눈부신 해변과는 거리가 멀었다. 한국에서 빳빳한 양복을 입고 다니는 사업가였으며 딸의 눈엔 아주 크고 대단한 사람이었던 아버지는 능숙하지 못한 영어 실력 탓에 너덜너덜한 티셔츠를 입은 백인들에게 무시당하기 일쑤였다. 아버지의 앙다문 입과 불끈 쥔 주먹을 보며 나는 미국에서도 한국에서와 별반 다르지 않게 살아남기 위해서는 성공해야 한다는 사실을 알게 되었다. 부의 축적이 내 무기이자, 내 부모의 존엄을 보호하는 방패가 되어줄 것이었다. 그로써 이후 20년간 내 삶의 원동력이 결정되었다.

나는 누구도 부정할 수 없을 성공을 하겠다는 일념으로 어떤 어려움이 닥쳐도 열심히 공부하고 일했고, 그렇게 타인의 존중, 나의 소속감, 우리의 존엄을 쟁취했다. 좋은 대학에도 들어갔고, 급여 수준이 높은 직장에 안착했다. 자본주의의 사다리를 밟고 올라설수록 나는 인종주의와 성차별을 비롯한, 내 손발을 묶는 눈에 보이지 않는 다른 모든 힘으로부터 벗어날 수 있으리라 생각했다. 그러나 안간힘을 쓰며 계층 상승을 하는 와중에도 조건 없는 소속감, 존엄성, 존중의 감각은 여전히 손에 잡히지 않았다. 그 대신 우울감, 불안감, 그리고 끝없이 내 노동을 갈구하는 시스템 안에서 나는 결코 충분해질 수 없으리라는 감각이 엄습했다. 그 모든 안간힘에도, 그 어떤 성공이나 부를 이루어도 부모님이나 나를 억압으로부터 진정으로 자유롭게 해주지는 못할 것이 분명했다.

부모님이 내게 바란 성공의 일부를 내가 이룰 수는 있었다고 하더라도, 그분들이 내 앞길에서 치워주고 싶어 했던 전쟁이 미국행으로 인해 없어지지는 않았다. 부모님이 알던 것과 양상과 느낌만 달라졌을 뿐이다. 한국에서 대학 입학시험을 위해 공부하느라 10대의 나머지 시간을 모조리 잃는 대신, 나는 종업원으로 일하던 일식당에서 성인 남성에게 조롱을 당하며 순진함을 잃어갔다. 극도로 경쟁적인 한국의 취업 시장에서 허우적거리는 대신, 한국식 억양을 애써 없애고, 영어 이름을 만들고, 한때 나를 정의하고 내게 기쁨을 주던 모든 것으로부터 거리를 두는 등 나를 위해 만들어지지 않은 틀에 나를 끼워 맞추는 데 골몰했다. 미국은 자유주의적 가치를 높이 사기 때문에 종종 세계를 선도하는 나라라고 칭송받지만, 내 이력서상 모든 항목은 노골적인 형태든 미묘한 형태든 불공평의 경험으로 점철되어 있다. 다니던 직장에서 성적으로 괴롭힘을 당한 것부터 직장 내 폭력에 대한 내부고발을 했을 때 받았던 보복, 그리고 일상적이고 미묘한 인종적, 젠더적, 동성애 혐오적 차별까지 수천 개의 작은 상처들이 내 존엄을 상하게 했다.

나를 미국으로 보낸 부모님의 결정이 내게 최선이었을까? 대답하기 어려운 질문이다. 하지만 그분들에게는 그것이 자신들이 아는 한에서 최선의 선택이었고, 그 점에 감사할 따름이다. 내가 확실하게 알게 된 것은 '자유의 땅' 미국에도 위협적인 함정과 폭력적인 세력이 있을 뿐만 아니라, 그 세력은 미국 본 영토뿐만 아니라 다른 나라들에게도 끝없이 해를 끼치고 있다는 사실이다.

미국 바깥에 있는 많은 사람들이 어디에나 은밀하게 존재하며 불평등한 사회를 지속시키는 억압적 힘을 제대로 이해하지 않고 아메리칸드림을 성급하게 낭만화한다면, 내 주변의 많은 미국인들 역시 한국을 장밋빛 색안경을 끼고 보려 한다. 요즘 같은 때에는, "중국인이세요?"와 "남한에서 왔어요, 북한에서 왔어요?" 같은 예전의 단골 질문이 "저도 BTS 엄청 좋아해요!"나 "피부관리법 좀 알려줄 수 있어요?"라든가 "'오징어 게임' 봤죠?" 같은 질문들로 대체되었다.

자신의 한국계 뿌리와 절실하게 연결되고자 하는 2세대 한국계 미국인들과 함께하는 것 역시 흥미롭다. 자라는 동안 접하지 못했지만 느낄 수는 있는 것들을 찾으려는 그들의 슬픈 탐구열은 사라진 퍼즐 조각이 되어 종종 그들로 하여금 한국 전통, 의례, 역사, 그리고 한국에 있는 내 친척들이나 친구들은 웬만해선 잘 생각하지 않는 관습 같은 것들을 깊이 파고들게 한다. 2세대 한국계 미국인들이 제사에 관해서 혹은 김치 만드는 법을 무모하게 배우려 하는 등 자신의 한국계 뿌리와 연결되고자 하는 열망에 대해 접할 때마다, 나는 연결되고자 하는 그들의 진심 어린 열망을 응원하는 마음과 고국을 과도하게 낭만화하는 데 대해 경각심을 갖자고 할 때 내 목구멍에서 올라오는 냉소의 쓴맛 사이에서 갈팡질팡한다. 나의 냉소는 우리가 품에 안기고 싶어 하는 아름답고 향수 어린 고국에도 그 나름의 잔학함이 있어서 우리 부모님의 그늘진 이야기에 남겨진 상처를 통해 그 흔적을 찾아볼 수 있다는, 내가 경험으로 체득한 지식에 뿌리를 두고 있다. 언제나 상대편의 것이 더 좋아 보이는 것은 어쩔 수 없으나, 상대편의 현실은 종종 보이는 것보다 훨씬 더 잔혹하다.

글로벌 시장에서 한국의 위상이 높아지고는 있지만, 한국의 소득 불평등 역시 OECD 국가 중 가장 빠른 속도로 높아지고 있어 상위 10%의 부유층이 총 가계 자산의 58%를 차지하며, 그들은 하위 50%의 사람들보다 14배 높은 소득을 갖는다. 한국은 OECD 국가 중 두 번째로 노인의 빈곤율이 높다. 65세 이상 노인의 40%가 OECD의 빈곤선에 미치지 못하는 소득으로 살아가고 있는데, OECD 회원국의 평균은 14%인 것과는 대조적이다. 한국의 자살률은 주요 선진국 중 가장 높으며, 이는 노인층과 청년층에서 유독 크게 두드러진다. 2018년 이래 한국은 OECD 국가 중 유일하게 합계

출생률이 1명에 못 미치는 국가로, 세계 최하위이며, 고용, 주거, 양육 측면의 부담 등이 그 근본 원인으로 꼽힌다. 또 한국은 OECD 국가 중 성별 임금격차가 가장 큰 국가로, 여성의 소득이 남성의 소득의 3분의 2에 그친다.

게다가 2021년 퓨 리서치센터 Pew Reserch Center에 따르면, 한국은 18개 주요 선진국 중 '무엇이 삶을 의미 있게 만드는가?'라는 질문에 유일하게 '건강'과 '가족'을 제치고 '물질적 풍요'라는 답변을 1순위로 꼽은 국가다. 하지만 현실은 사람들이 가족이나 건강보다 돈을 더 원한다는 식으로 그렇게 간단하지 않다고 나는 의심한다. 자라면서 나는 "돈이 있으면 한국은 정말 살기 좋은 나라야"라는 어머니의 말씀을 자주 들었다. 그들은 돈으로 건강과 가족을 지키려는 것이 아닐까?

'K-뷰티'가 부흥하면서 어떤 평자들은 한국인의 외모에 대한 집착이 한국의 가혹한 미적 표준과 과도한 허영심에 영향을 미친다고 주장한다. 외모와 취업 경쟁력 및 직장 내 경쟁력 사이에 직접적인 관계가 있다고 설명하는 한국 여성들의 인터뷰를 접할 때까지는 나역시 앞의 의견에 동의하곤 했다. 하지만 성공, 돈, 아름다움을 향한 한국인들의 치열한 열망에 대해 논할 때는 세대를 막론한 뿌리 깊은 결핍감, 사회적 인정과 소속감을 통한 안전감 갈망, 부라든가 성공의 외양을 갖지 못해 남보다 부족해 보이는 데 대한 분노와 수치심이 뒤얽힌 것을 부분적으로나마 고려해야 마땅하지 않을까?

이런 맥락에서 볼 때, 단지 생존을 위해 매달리는 사람들에게 가족을 위해 식탁에 음식을 올리는 것 말고 다른 가치에 더 중점을 두라고 하는 것은 지적 과욕에 가깝지 않을까? 비슷하게, 매일매일 생존의 무게를 감당하고 있는 사람들에게 다른 다양한 주변화된 집단들에 연대해 행진해달라고 요청하는 것은 어쩌면 현실에서 동떨어진 순진한 몽상일지도 모른다. 나는 이 점이 우리 조부모님 두 분 사이의 오랜 갈등이 아니었을지 추측한다. 할아버지가 철학 교수이자 운동가로서 금전적 보상보다 원칙을, 명성보다 가치를, 전략적 정치보다 진실 말하기를 택하곤 했다면, 할머니는 아이들이 좀 더 나은 환경을 누릴 수 있도록 할아버지가 때로는 '남들 문제'에 신경 끄길 바랐던 것이다.

체계적 억압의 흔한 징후 중 하나는 수평적 폭력, 즉 불평등한 조건에 대한 분노와 비난의 화살을 억압자가 아닌 다른 억압받는 집단으로 돌리는 것이다. 수평적 폭력은 주변화된 이들이 함께 더 많은 것을 위해 싸우는 게 아니라 작은 부스러기를 두고 서로 싸우게 만드는 데 유용하다. 소수 특권층이 권력과 자원의 대부분을 장악하고 있으며 자원을 한정하는 데 열중하는 사회에서 수평적 폭력은 현상 유지를 위해 사람들의 주의를 분산시키는 도구가 된다. 한국에서도 마찬가지이지만, 미국에서 수평적 폭력은 역사적으로도 오늘날에도 다양한 투쟁 전선에서 포착된다. 예컨대, 저소득 노동자들은 가장 주변화된 집단의 노동권을 강화하고 근로 조건을 개선하는 것이 모든 노동자에게 이롭다는 사실을 이해하려 하지 않고, 취업의 기회가 줄어들고 경쟁률이 높아지는 데 대해 이주노동자들을 비난하며 그들에게 증오의 화살을 돌린다. 많은 남성들은 고용, 보상, 승진에서의 편향성을 제거하는 것이 혈연이나 일부 명문 학교의 표면적인 명성에 기반해 특혜를 주지 않는 능력주의 문화를 살아가는 모든 이에게 이득이 된다는 점을 이해하지 않고, 직장 내 성평등 원칙 시행으로 자신들이 불리해질 거라 믿으며 그것에 반발한다. 많은 한국인과 한국계 미국인을 포함해 여러 동아시아계 사람들은 백인 우월주의 문화에서는 자신들이 결코 진정으로 백인들과 동등하거나 그 사회에 속할 수 없음을 망각한 채 자신보다 피부색이 더 어두운 아시아인과 흑인, 갈색인종들을 무시하며, 자신들이 백인성에 더 가까우므로(피부색뿐 아니라 문화적으로도) 더 우월하다고 믿는다.

나와 내 가족을 돌보는 것과 타인들의 고통에 사심 없이 귀 기울이는 것 사이에서 양자택일을 해야 하는 것처럼 보일 수도 있지만, 한국과 미국 양국에 살아보며 내가 배운 바에 따르면 어떤 투쟁도 따로 동떨어져 존재하지 않으며 우리의 투쟁들은 모두 떼려야 뗄 수 없이 서로 연결되어 있다. 그 말인즉, 나 자신이 진정으로 해방되는 유일한 길은 내 투쟁과 점점이 흩어져 있는 다른 이들의 투쟁을 서로 연결하고, 우리 운명의 상호 연결성을 깨닫고, 곁에 있는 서로를 혹은 나 자신을 공격하는 대신 집단적 힘을 키워 불평등한 시스템과 그것을 유지하는 자들에게 어퍼컷을 날리는 것이다. 나는 '이 세계에서 살아남으려면 무엇을 해야 하지?'라고 질문하길 그만두고 '애초에 내가 왜 끊임없이 생존 모드로 살아야 하나?'라고 묻기 시작했다. 나는 억압의 징후를 따로 떼어 다루는 대신 근본 원인, 즉 해악을 낳는 광범위한 불평등의 조건, 그리고 나와 함께 상처 입는 사람들이 누구인지에 주의를 기울이기 시작했다.

여러 면에서 한국과 미국의 사회 부정의는 점점 더 커지고 있으며 실제로 위협이 되고 있다. 지금이야말로 우리가 '오늘날의 세계에서 나는 어떻게 잘 살 것인가?'라는 질문에서 '어떻게 모두가 살만한 세계를 만들 것인가?'라는 질문으로 옮겨 갈 때라고 생각한다. 이 책은 그 질문에 답하고자 쓰였다.

이 책에서 내 이야기를 들려주는 건 나를 태운 비행기가 '자유의 땅'에 착륙한 뒤 무슨 일이 펼쳐지는지 낱낱이 밝히기 위함일 뿐아니라 미국에서 내가 체득한 경험과 오늘날 한국에서 벌어지는 일들을 서로 연결하려는 시도다. 이 책에 등장하는 이야기들이 '외국상황' 혹은 '미국 상황'으로 읽히기 쉬울 테지만, 그것들은 결코 한국 상황과 무관하지 않다. 한국과 미국에서 우리가 영위하는 삶 사이를 대양이 가로지르고 있음에도, 시스템이 작동하는 방식과 시사점들은 어쩌면 생각보다 더 이해가 잘 되고 더 가치 있는 것일 수 있다. 그리고 나 역시 김치라든가 K-팝, 차례 의례 등 우리의 문화유산에 엄청난 자긍심을 느끼고 있지만, 내 안에서 불타오르는 감정은 이미 여러 주변화된 공동체가 참여하고 있는 한국의 진보적 운동들이 이끌어나가는 광범한 사회적 구상에 더 깊이 연결되고자 하는 열망이다. 몇 가지 꼽자면, 점점 더 커져가는 LGBTQ 공동체와 그들의 가시성, 제도적 배제와 사회적 낙인에 강하게 맞서 싸우는 장애 정의 운동, 페미니즘과 재생산 권리, 성평등과 관련해 빠르게 확산되는 논의들, 이주노동자를 착취하고 해로운 근로 조건을 만드는 토대로 작동하는 인종주의와 피부색 차별에 대한 비판의 목소리가 증가하는 것 등에 말이다.

진정으로 공정하고 평등한 사회를 건설하기 위해 앞으로 가야 할 길이 멀다는 것을 알고 있지만, 우리가 강한 회복력과 저항정신을 가진 민족임을 잊어서는 안 된다. 최근 한국을 방문했을 때 나는 팔레스타인 해방을 위해 싸우는 활동가 그룹이 조직한 시위에 참가할 수 있었다. 연사들은 차례로 발언대에 올라 한국이 식민주의와 제국주의, 파시즘과 독재에 맞서 싸워온 기나긴 역사를 언급하며 우리가 집단적 해방을 향해 용감하게 행동한 일상의 작은 거인들의 어깨에 서 있으며, 억압받는 이들의 모든 투쟁은 서로 연결되어 있음을 상기시켜주었다. 나는 한국에 살든 타지에 흩어져 살든 우리 각자가 이 작업에서 자신이 가진 힘과 노선을 발견하고 인정하면서, 정의로운 미래를 향한 우리의 집단적 열망이 선조들로부터 물려받은 유산 가운데 하나임을, 그리고 우리는 언제나 자유를 향한 공동의 바람을 가지고 함께 움직이고 함께 사회를 건설해나가고 있음을 기억하기를 바란다. 우리가 무력한 채로 있길 바라는 사람들보다 우리의 수가 훨씬 더 많다. 그러니 싸움이 시작되기도 전에 우리가 가진 힘을 포기해버리게 만드는 냉소의 유혹을 물리치고 희망과 연대의 실천을 끌어안아, 세계를 바꾸기 위해 우리 자신을 변화시키는 작업에 계속해서 헌신하자.

이 책을 통해 고국과 친족에 대한 깊은 애정, 자긍심, 존경을 담아 나의 소박한 연대를 보낸다. 우리가 함께 변화를 만들어나가기를!

미셸 미정 김

들어가는 글

몇 년 전, 나는 샌프란시스코 베이 에어리어 지역에 위치한 비폭력대화센터에서 주관한 수렴적 촉진convergent facilitation 트레이닝에 참가한 적이 있다. 매우 기대하고 있던 과정인데도 지각을 하고 말았다. 몹시도 조심성 많은 택시 기사 때문이라고 말할 수도 있겠지만, 실은 수업이 시작되기 전에 이루어지는 사교적 네트워킹을 어떻게든 피하고 싶었던 나의 불안 성향을 탓할 수밖에 없다. 내가 도착했을 때는 이미 50여 명의 열정적인 참가자들이 강의실로 사용되는 좋은 음향시설을 갖춘 예배실을 가득 메우고서 한창 집중하고 있었다. 어째서 우리는 투명인간이 되고 싶을 때 오히려 존재감이 가장 요란하게 드러나는 걸까? 갑자기 나는 헐크가 되어 커다란 가방으로 사람들 얼굴을 치고 휴대전화를 떨어뜨리며 우당탕거렸고, 아무도 날 쳐다보지 않길 바라면서 마지막 남은 빈 자리를 찾아 좌석 한가운데로 비집고 들어갔다. "죄송합니다. 아, 앗, 이런, 괜찮으세요? 정말 죄송합니다." 차분하게 대처하려 했지만, 제시간에 도착한 이들의 짜증 섞인 눈총을 받은 내 얼굴은 이미 부끄러움으로 홍당무가 되어 있었다.

　　마침내 의자에 앉아 위험에서 벗어났다고 생각했을 때 퍼실리테이터는 (역시나 훌륭한 퍼실리테이터로서) 우리 모두가 잊고 넘어가려 했던 이 당혹스러운 상황을 화제로 올렸다. "지각한 사람을 어떻게 하면 좋을까요?"라고 질문을 던진 것이다. 나는 어색한 웃음을 지으며 속으로 나 자신을 저주했다. "쨰려봐야죠!" 하고 누군가가 외쳤다. 사람들이 키득거렸고, 나는 의자에 앉은 채 가능한 한 깊숙이 몸을 움츠렸다. 진행자는 점잖게 웃었고, 부드러우면서도 무게 있는 태도로 질문을 이어갔다. "그렇게 하면 어떤 성과를 얻을 수 있죠?" 장중은 조용해졌고, 분위기가 바뀌었다. 아무도 더는 웃지 않았다. "음…… 지각한 걸 창피하게 만드는 거죠"라고 같은 사람이 망설이며 대답했다. "맞아요. 그 밖에 우리가 또 뭘 할 수 있을까요?" 다른 이들이 손을 들었고, 더 온정적인 대답들이 이어졌다. "귓속말로 지금까지 진행한 내용에 대해 알려줘요." "쉬는 시간에 필기한 내용을 공유해줘요." 나는 조용히 안도의 한숨을 내쉬었고 노트를 꺼냈다. 그리고 본격적인 수업이 시작되었다.

2017년에 나는 너무도 많은 기업의 다양성 트레이닝이 백인 중심에, 백인들이 주도하는 데다, 몰역사적이면서도 구시대적이며, 사회정의를 향한 더 광범한 움직임과 연결되지 못하는 데 대한 문제의식을 느껴 '어웨이큰Awaken'이라는 다양성·공정성·포용DEI: diversity, equity, inclusion 교육 기업을 공동창립했다. 우리는 대부분 유색인 퀴어로 이루어진 팀으로서, 인식과 정체성 면에서 폭넓은 비판적 대화를 나눌 수 있는 시대에 걸맞은 경험적 DEI 워크숍을 제공하고자 했다. 숫자로 말하자면, 나는 그동안 테크, 미디어, 비영리단체, 정부, 교육, 보건을 비롯한 온갖 산업에 걸쳐 있는 여러 조직들에게서 들어온 초기 문의 미팅으로만 대략 2,500시간을 썼고, 그 조직들에서 워크숍과 회의를 진행하는 데 그보다 더 많은 시간을 썼다. 나는 수천 명과 얼굴을 맞대고 소위 '불편한 대화'를 나누며 사람들이 어느 부분에서 왜 곤란해 하는지 알게 되었고, 함께 나아가지 못하게 가로막는 공통된 요소가 무엇인지 확인할 수 있었다.

한 워크숍에서는 중년의 백인 남성이 강의실로 들어오며 이렇게 말했다. "크게 시간 낭비하게 생겼군!" 대부분의 워크숍 참가자들은 다양성의 가치를 제고하려는 회사 방침의 일환으로 받게 된 의무적 다양성 트레이닝에 대한 자신의 속마음을 모두에게 공개하기를 두려워하지 않은 이 남성만큼 정직하거나 분노하지는 않았다. 사실 우리가 만나는 사람들은 대개 열정과 호기심을 드러내거나, 멍때리거나, 조용히 회의적이거나, 셋 중 하나다. 놀라울 정도로 솔직하게 자신의 취약함을 드러내고 날것의 감정을 공유하며 곧장 더 깊이 들어가고 싶어 하는 이들이 있는가 하면, 학습된 신중함을 지닌 채 조용히 관찰하는 이들도 있다. 일부는 뚜렷한 형태의 인종주의와 성차별주의의 사례를 대하고는 충격과 과장된 혐오감을 표하는 반면, 일부는 자신이 직접 겪은 심각한 현실을 고려하면 별로 놀랍지 않다고 말하기도 한다. 몇몇은 순전한 호기심에서 비롯한 질문을 하기도 하고, 몇몇은 폭력의 수위가 높아지는 데 비해 사람들의 인식 수준은 기초 단계에 머물러 있음에 지치기도 한다. 어떤 이들은 미래에 대한 희망과 기대감을 표하기도 하고, 어떤 이들은 약속의 좌절과 실망이 반복되는 데 대한 냉소로 눈을 이리저리 굴리기도 한다.

나는 다양한 그룹의 사람들이 모여 연대를 추구하다가 결국 자신들이 서로 완전히 다르다는 사실을 깨닫는 모습을 계속해서 봐왔다. 사람들은 우리가 같은 악을 비난하면 한 팀이 될 것이라 믿는데, 실제로는 왜 그런 느낌이 안 드는 걸까? 다양한 사회 부정의에 대한 경멸을 공유하는 집단들이 모이더라도, 서로 미묘하지만 확연하게 어긋나 있음이 금세 드러난다. 우리가 서로의 곁에서 비슷한 어휘를 외치면서도 그 어휘를 아주 다르게 정의한다면, 우리의 서로 다른 신념 및 생존을 위한 대응 방식은 충돌하기 마련이다. 주변화된 이들의 분노와 상처, 냉소, 실망이 실제적인 것과 마찬가지로, 변하는 세상을 따라가고자 하며 문제가 아닌 해결책의 일부가 되고자 하는 좋은 의도를 가진 이들이 느끼는 공포, 수치심, 혼란스러움, 불안의 감정들도 실제적이다. 이런 일에 관여하지 않아도 될 만큼 특권을 가진 이들뿐 아니라 계속된 해악과 가치에 어긋난 삶으로 지쳐버린 이들에게도 두 손 들고 다시 자기 갈 길을 가려는 유혹은 상당하다. 가치에 어긋난 삶에는 대가가 따르며, 서로 연결되는 우리의 능력은 시급한 점검과 중대한 수리가 필요하다.

그렇다면, 단순히 부정의를 비난하는 것으로는 우리가 서로 연결되기에 충분치 않다면, 무엇이 더 필요할까?

공통의 원칙을 통해 서로 연결되기

매일 빠른 속도로 수없이 반복되는 트라우마는 내게 물속으로 더 깊이 뛰어들라고, 반사적으로 거칠게 부서지는 파도 아래로 내려가 고요한 땅에 발 딛으라고 말한다. 그 내면의 고요 속에서 나는 내가 처음으로 정치적 자각을 했던 열여덟 살 이후 힘겨운 시간들을 버틸 수 있게 도와준 원칙들을 상기하게 된다. 이 책에서 나는 의미 있는 변화를 이끌어내고자 내가 살면서 수많은 이들과 배우고 나누고 실천한 이 근본 원칙들을 제시하려 한다. 사회정의의 언어와 문화적 결례의 최신 목록은 계속해서 진화하고 갱신될 테지만, 내가 여러분과 나누려 하는 것은 최신 정보처럼 자주 변하지는 않는 것들로, 맥락에 관계없이 각자의 행동 목록을 만들 수 있게 도와주고, 어떤 상황에도 비판적으로 이해하고 대처할 수 있도록 기반을 잡게 해주며, 우리가 함께 사회를 변화시킬 수 있게 해주는 작업의 근본 원칙이다.

이어지는 장들에서 우리는 포용적 언어에 관한 논의부터 다양한 재현을 둘러싼 논쟁까지 긴급한 문제들을 비판적으로, 그리고 분별 있게 사유하는 방식을 탐구할 것이다. 우리가 무엇을 포기할 수 있고 무엇을 포기할 수 없는지 스스로 질문함으로써 이 작업에 얼마나 헌신하고 있는지 점검해볼 것이다. 우리는 '취소 문화'*와 책임지는 것의 차이를 배울 것이고, 실수에 대해 사과하고 그로부터 스스로를 구제하는 방법을 배울 것이다. 우리는 사회에서뿐 아니라 우리 각자의 내면에서도 끝없이 그 존재감을 드러내는 백인우월주의를 심도 깊게 탐구할 것이다. 또 지성적으로 이해하는 것을 넘어 실제로 행동할 수 있도록, 그리고 우리 모두를 죽이는 유해한 억압의 순환고리를 파괴하는 데 적극적으로 참여하도록 독려할 것이다. 우리는 진실이 하나가 아님을 인정하는 능력을 키울 것이고, 단순함이라든가 우리가 줄곧 추구하도록 학습된 자기만족적인 즉각적 해결책을 요구하기보다는 복잡성과 미묘함 속에 머무를 수 있는 능력을 키울 것이다. 우리는 정해진 사람들에게만 통용되며 특정한 맥락에만 적용되는 엄격한 '최고의 실천'을 버리고, 어느 상황에서든 적용 가능한 틀과 질문들을 활용할 것이다. 그리고 가치를 공유하는 개인들의 공동체를 가꿔나갈 견고한 관계를 만들어 함께 연대해서 활동을 계속해나가고자 노력할 것이며, 그 과정에서 기쁨과 치유, 자유를 경험할 것이다.

내 궁극적인 목표는 이러한 근본 원칙들을 가능한 한 많은 사람

● cancel culture. 2010년대 후반부터 사용되기 시작한 용어로, 주로 유명인사가 부적절한 말이나 행동을 한 것이 밝혀지면 그에게 보내던 지지를 철회하고, 공개적으로 그를 보이콧하거나 배제하며, 심할 경우 사회적으로 매장하는 문화를 뜻한다(5장 참조). 누군가의 이름 위에 취소선을 긋는 행위와 같다는 점에서 '취소 문화'로 번역했다.—옮긴이

들에게 접근하기 쉽고 실행 가능한 것으로 제시해 우리가 같은 오해와 상처의 순환에서 빠져나와 집단적 목표를 위해 더 많은 시간을 쓸 수 있게 되는 것이다.

세상을 바꾸려면 우리도 바뀌어야 한다

우리 중 가장 주변화된 이들부터 시작해 모두가 모든 종류의 억압에서 자유로워지고 제약 없는 기회와 존중, 존엄, 풍요, 안전, 기쁨과 더불어 살아갈 수 있는 세상, 즉 집단적 해방이라는 궁극적 목표를 향해 나아가는 동안 우리는 뜻하지 않은 자각의 순간을 수없이 맞닥뜨리게 될 것이다. 그것은 대개 우리가 알아차리지 못하고 있던 타인의 고통을 한순간 깨닫는 것으로 시작해, 이제 우리의 선택으로 그 고통을 줄일 수도 있고 악화시킬 수도 있음을 인식하는 것으로 이어진다. 다시 말해 우리는 외부 세계에 먼저 눈을 뜨고, 그 연관선상에서 우리가 누구인지를 자각할 기회를 얻게 된다.

나는 여러분과 동일한 배움의 출발점에서 말하고 있으며, 따라서 이 책에 쓴 모든 내용은 내게도 똑같이 적용된다. 많은 이들이 살아내고 싸워내고 있는 현실에 새롭게 눈을 뜰 때마다 나는 그 전투의 현장에 뒤늦게 도착했다는 죄책감에 압도되곤 한다. 내 개인적인 생각으로는 다른 이들을 일깨우기 위해 외치고 싶지만, 때때로 틀린 말을 할까 봐 주저한다. 나는 '지금 당장' 변화를 만들고자 무엇이라도 하고 싶어 하지만, 해답이 그렇게 간단하지 않음을 이내 깨닫는다. 더 깊이 배우려는 마음은 굴뚝같지만, 내가 짐을 더 얹고 싶지는 않다. 그래서 나는 서투르게 행동하고 매번 의도치 않게 폐를 끼치는데, 그건 꽤 속상한 일이다.

이 취약함, 두려움, 불편함, 불충분함의 감정은 사회정의 운동을 해나가는 이들 사이에서는, 그리고 각자 다른 계기로 자각의 과정에 있는 이들 사이에서는 꽤 흔한 일이다. 우리는 옳은 일을 하기 원하지만, 때로는 선의의 노력이 빚는 결과를 예측할 길이 없다는 느낌도 든다. 따라서 우리 중 일부는 선의를 마음속에 가두고 할 일을 누군가가 정확히 알려주기를 기다리곤 하고, 또 다른 일부는 돕고자 하는 마음이 앞서 이미 많은 짐을 진 이들에게 짐을 더 지우는 우를 범하고 만다. 그럼에도 우리는 이 불편하고 엉망진창인 투쟁 속에서 다른 이들과 함께 세상을 바꾸기 위해 스스로를 변화시키는 데 필요한 역량을 일깨울 수 있다. 그리고 우리는 실수나 모순된 행동이 불가피한 상황에서도 책임을 지는 연습을 할 수 있고, 명민함을 갈고 닦을 능력 또한 가지고 있음을 깨닫게 된다. 우리 대부분이 이미 알고 있듯, 공정과 정의에 뿌리를 둔 우리의 가치를 따라 살고자 하는 것은 종착지 없이 계속되는 여정이며, 결코 '할 일 목록'으로 환원될 수는 없는 일이다.

내가 가장 좋아하는 동시대 활동가이자 사상가인 에이드리엔 마리 브라운adrienne maree brown은 《우리는 우리를 배제하지 않을 것이다We Will Not Cancel Us》에서 다음과 같은 모리스 모이 미첼Maurice Moe Mitchell의 말을 인용한다. "우리는 진입장벽은 낮추고 행동 규범의 기준은 높여야 한다." 사람들의 진입장벽은 제각기 다르겠지만, 내가 이 여정의 일원이 되고자 하는 이들에게 요구하는 조건은 정직하고 책임감 있게 스스로를 변화시키고자 하는 진지한 열망을 가져야 한다는 것이다. 여러분이 만약 불평등과 억압이라는 잔혹한 현실에 분노하면서도 그 분노를 행동으로 바꿀 방법을 찾아내지 못했다면, 만약 같은 가치를 공유함에도 우리가 이따금씩 같은 입장에 있지 않은 이유에 대한 해답을 진지하게 찾고자 한다면, 겉핥기식의 다양성 프로그램이 주는 공허한 약속에 더는 만족할 수 없다면, 어디에나 있으면서도 늘 바뀌곤 하는 '허용 발언과 금지 발언' 목록 때문에 불안하고 혼란스럽다면, 의식이 성장하면서 새로운 맥락을 갖게 된 일상을 살아내는 데 버거움을 느낀다면, 그리고 의도치 않게 폐 끼치지 않은 채 연결되고자 하는 진정한 열망에서 '내가 늦된 걸 알지만 이제는 깨달았고, 나를 던질 준비가 되어 있다'고 말하고 싶다면, 이 책은 여러분을 위한 것이다.

물론 나는 이 책이 같은 과정을 거치고 있는 많은 이들에게 도움이 되리라 믿지만, 내가 특별히 백인 독자들을 위해서 이 책을 쓴 것은 아니라는 점을 분명히 말하고 싶다. 살면서 나는 백인을 중심에 둠으로써 얼마나 폭력을 재생산하는 해로운 결과를 빚을 수 있는지를 자주 봐왔다. 언어 희석, 몰역사적 분석, 운동 전유, 진실보다 안위 우선시하기, 인간의 트라우마를 지나치게 지성화하기 등 그러한 폭력은 전부 실용주의라는 명목으로 이루어지며, 백인들의 눈높이에 맞춰져 있고, 우리 모두를 현 상태에 머무르게 한다. 반대로 나는 백인의 시선 바깥에서 글을 쓰고자 하며, 그럼으로써 내가 전하는 이야기와 배움은 변화를 이끌어내는 데 필요한 효율과 지속 가능성을 가질 것이다.

이 책에는 우리 자신이 변하지 않고서는, 또 우리가 서로 맺는 관계를 먼저 바꾸지 않고서는 세상을 바꿀 수 없다는 믿음이 깔려 있다. 오드리 로드Audre Lorde, 그레이스 리 보그스Grace Lee Boggs, 에리카 허긴스Erica Huggins, 마리암 카바Mariam Kaba, 미아 밍거스Mia Mingus, 에이드리엔 마리 브라운을 비롯해 많은 사상가와 지도자가 이 신념을 반복해서 강조해왔으며, 이 책에 등장하는 많은 이야기가 같은 사실을 증명할 것이다. 억압이라는 해악은 단지 시스템에만 존재하지 않고, 우리 각자의 내면, 우리가 서로 상호작용하는 방식, 그리고 직장, 학교, 가정, 동네 등 우리가 영향을 주고받는 공간 내에도 존재한다. 우리는 자신이 문제를 해결하는 존재라고 여기는 만큼, 우리가 해로운 시스템과 공모하는 측면 또한 인식해야 한다. 그런 정직한 직시가 선행될 때 우리는 진정으로 우리가 중시하는 가치와 함께하는 삶을 살아갈 수 있다.

타인의 고통을 인식하는 것만으로는 충분치 않다. 변화는 우리의 권력, 권력과의 공모, 우리 자신과 세계를 바꿀 수 있는 능력을 포함해 '우리 자신'을 자각해야만 가능하다.

변화는 성장을 의미하며, 성장은 고통스러울 수 있다. 그러나 우리는 같은 목표를 공유함에도 우리가 우리와 다르다고 정의하는 이들과 함께 작업에 참여하고 투쟁함으로써 자기 인식을 예리하게 다듬는다.

- 오드리 로드

왜곡 없이 연결하고 희석 없이 이해하기

나는 퀴어이고, 한국계 미국인이며, 이민자이고, 비장애인이자, 계급적 특권 및 교육의 특권을 가진 시스젠더 여성이다. 나는 한국에서 태어나 10대에 미국으로 이주해 저소득층 가정에서 자랐고, 퀴어 청년 활동가로서 정치화했다. 대학 졸업 후 기업의 세계에서 커리어를 시작한 나는 그것이 우리 가족을 부양하고 한국에 있는 내 어머니를 미국으로 데려올 수 있을 만큼 충분한 돈을 버는 유일한 방법이라 믿으며 수치심과 죄의식에 가득 찼다. 그 이후 몇 년에 걸쳐 나는 샌프란시스코 인권위원회의 LGBT 자문위부터 주변화된 공동체들이 이끄는 지역 비영리 이사회까지 여러 훌륭한 공동체 조직에서 일하는 영광을 얻었다.

한국인 이민자였던 부모님과 영어권 세계 사이의 가교로서나, 흑인도 백인도 아닌 채 하이픈으로 연결된 틈새에서 살아가는 미국 내 아시아인으로서나, 평생 동안 나는 서로 다른 공간들, 민족들, 문화들 사이에 걸쳐 있었다. 양성애자 퀴어 여성으로서 나는 퀴어들의 세계에서는 동성애자라기에는 부족하다고 여겨졌고, 이성애자들의 세계에서는 여자라기에는 부족하다고 여겨졌다. 또 풀뿌리조직 청년 활동가 출신의 경영 컨설턴트로서 나는 기업의 세계에서는 너무 급진적이라고 여겨졌고, 단체들의 세계에서는 변절자로 여겨졌다. 나는 미국에서 손꼽히는 부자들과 함께 뉴욕의 스카이라인을 내려다볼 수 있는 세련된 회의실에도 있어봤고, 최루가스와 호신용 스프레이, 그리고 분노로 눈물범벅이 된 채 나를 때려눕히기 일보직전인 시위 진압 경찰과 마주 서보기도 했다. 그러면서 내가 알게 된 것은 이러한 역설적 공간들 간의 거리가 언제나 바다처럼 넓으면서도 종이 한 장 차이이며, 표현 방식은 다르더라도 그 안에서는 비슷한 역학관계가 반복된다는 사실이다. 또 내가 종종 하나의 공간에 자리잡고 그곳을 근거지 삼아 안정감을 얻기를 갈망하기도 했지만, 내 뒤섞인 삶의 교훈들을 가교 삼아 서로 동떨어진 점들을 연결해 온정에 뿌리를 둔 가능성을 향해 갈 수 있었던 것은 그 사이의 공간에서였다. 지난 몇 년간 독립 컨설턴트로서 내 작업은 '왜곡 없이 연결하기'와 '희석 없이 이해하기'에 초점이 맞춰져 있었다. 내 목표는 사람들이 진심으로 운동에 함께하고, 교육의 기쁨을 나누고, 지속 가능한 변화에 필요한 토대를 다지도록 북돋는 것이었다.

오랫동안 나는 끊임없이 고양된 상태에 놓여 있었고, 최근에는 반인륜적 위기가 계속되는 상황에서 하루에도, 혹은 한 시간 안에도 충격과 절망, 무감각과 분노를 오가는 등 극단적인 감정 변화를 경험하며 살아왔다. 시스템의 억압이 지닌 한 가지 명백한 특징은 끈질기게 이어지는 사회 내 폭력의 결과로서 주변화된 이들이 견디고 있는 축적된 고통과 피로감이다. 나는 자주 '계속 이렇게 살 수는 없어'라고 생각하면서도, 어떤 면에서 그런 생각은 내가 살아 있으며, 감정을 느낄 수 있고 타인을 신경 쓸 수 있을 만큼 인간적이라는 사실을 알려준다. 이러한 작업이 지닌 수그러들 줄 모르는 특성에 놀란 사람들은 종종 내게 질문하곤 한다. "그 일을 지속하게 하는 동력이 뭔가요?" 대답은 별 것이 아니고 단순하다. 내가 계속해서 이 일을 하는 이유는 사람들이 죽고 있기 때문이다. 내가 사랑하는 사람들이 죽고 있다. 청년들과 어르신들이 죽고 있다. 너무나도 많은 흑인 및 유색인, 원주민, 아시아인, 라틴*, 여성, 펨, 퀴어, 트랜스젠더 및 논바이너리, 빈곤층, 장애인, 그리고 여러 가지 교차하는 주변적 정체성을 가진 이들이 죽어가고 있는데, 이는 우리의 시스템과 문화가 백인우월주의라는 규범에 순응하지 않는 이들을 비인간화하고, 강탈하고, 착취하고, 무시하도록 설계되었기 때문이다. 사랑하는 이들이 죽는 것을 보고 싶어 하지 않는 것보다 더 강력하고 시급한 다른 이유가 있을지 잘 모르겠다. 그리고 나는 우리 중 가장 주변화된 이들을 죽이는 힘이 내 삶의 도처에 존재하며, 그 무게가 나를 교묘하

---

* 나는 Latinx와 Latine이라는 용어를 혼용해오다가, (Latino나 Latina의 이분법적 용어가 아닌) 젠더중립적인 용어 사용의 중요성을 인지하고 있으며 스페인어와 포르투갈어 사용자들이 더 발음하기 쉽고 동사 활용을 하기 쉬운 말을 사용하고자 하는 여러 트랜스와 논바이너리 라틴계 사람들의 요청에 관해 알게 된 후부터는 Latine을 사용하기로 했다.

게든 공공연하게든 짓누르고 있다는 사실 역시 알고 있다. 이런 배경에서 내 활동에는 부정할 수 없이 필사적인 데가 있으며, 그 일에 우리 모두가 필요하다는 걸 알기 때문에 나는 단순히 통합된 체하는 것을 넘어 깊은 유대를 갈망한다.

나는 백인 특권층이나 억압적 시스템의 '공모자'로 보이는 이들과 함께 그러한 유대가 가능하리라고는 믿지 않았다. 대학 이후 첫 직장에서 만난 한 선임 매니저는 LGBT가 '레즈비언, 게이, 양성애자, 다 함께together'의 약자인 줄 알고 있었다. 시스젠더 이성애자 백인 여성인 그가 한번은 팀에서 유일한 유색인이었던 내게 자신의 쓰레기통을 뒤져 서류 하나를 찾아달라고 부탁했다. 내가 남성 중심적인 테크 기업에서 여성 직원 모임을 결성했을 때는 이성애자 백인 남성인 한 간부에게 직장 내에 정치를 개입시키지 말라는 말을 들었다. "우리가 갖고 있지도 않은 문제를 만들어내지 마세요." 우리가 남자들만으로 가득 찬 회의실 통유리벽 앞을 지나갈 때 그가 한 말이다. 한번은 유색인 여성 간부에게 웬만하면 머리를 가지런히 내리고, 더 자주 미소 짓고, 하이힐을 신으라는 말을 들었다. 나는 새로 들어간 회사에서 첫 주 동안 성적 괴롭힘을 당했고, 그 후 내가 차린 회사를 제외하곤 모든 직장에서 그 패턴은 반복되었다.

환상이 깨지자 나는 지치기 시작했고, 자꾸만 '그래봤자 무슨 소용이지?'라고 자문하곤 했다. 더 나은, 더 정의로운 세상이 가능하다는 믿음을 유지하기가 점점 더 어려워졌다. 나는 변화를 향한 의지를 잃기 시작했고, 해를 끼치는 사람들과 시스템에 대한 실망감에 사로잡히곤 했다. 그리고 나는 냉철함, 분노, 무결함을 잃지 않기 위해서는 나 자신에게도 타인에게도 온정을 내어줄 수 없다고 생각했는데, 그것이 변명처럼, 혹은 운동에 대한 변절처럼 느껴졌기 때문이다.

몇 년이 지나고 나는 변화를 향한 사람들의 의도와 그들의 능력에 대한 나의 냉소 때문에 내가 변화의 매개자로서 형편없는 사람이 되었음을 깨달았다. 나는 우리가 비판적이고 분노할 줄 아는 동시에 온정적일 수 있으며, 함정에 빠지지 않고 희망, 치유, 용서를 가능케 하기 위해서는 타인뿐 아니라 우리 자신에게도 반드시 온정적일 수 있어야 한다는 것을 깨달았다. 이제 나는 이 중요한 움직임에 더 많은 사람을 초대하는 한편으로 온정과 비판정신 사이에서 균형을 유지하는 것이 지속 가능한 변화를 만드는 데 절대적으로 필요하다고 믿으며, 이 책에서 그 모델을 제시하고자 최선을 다했다.

새로운 생각이 아닌 새로운 방법

스스로를 '흑인, 레즈비언, 어머니, 전사, 시인'이라고 설명하는 오드리 로드는 내게 가장 큰 영향을 미친 인물로, 이런 말을 남겼다. "새로운 생각이란 존재하지 않으며, 우리의 삶 속에서 우리가 소중하다고 여기는 기존의 생각에 숨과 힘을 불어넣는 새로운 방법만이 있을 뿐이다."

내가 이 책에서 제시하는 개념들 중에서도 새로운 것은 없다. 나는 이 운동에 삶을 헌신한 멘토들과 사상가들로부터 배운 가르침을 수년에 걸쳐 연습했을 뿐이다. 내가 여러분께 알려줄 수 있는 것은 내가 종합한 결론, 해석, 그리고 내 삶의 경험을 바탕으로 이 원칙들을 실제로 적용하는 방법 등이다. 그것을 실행해나가는, 성취도 있고 결점도 있는 내 개인적 여정에 여러분을 초대한다. 이 책이 완벽하다고는 약속할 수 없지만, 정직하게 적어 내려갔다고는 말할 수 있다.

나는 종종 내 신념과 접근법, 언어, 경험을 의식적으로든 무의식적으로든 형성하게 해준 수많은 스승들을 떠올려본다. 내가 얻은 가장 심원한 가르침은 풀뿌리조직, 철학, 시의 세계에서 가르치고 살아온 이들에게서 얻은 것들로, 그 가르침을 나눌 수 있게 되어 기쁘다. 우선 나는 오드리 로드의 맹렬한 언어를 통해 내 안의 공포와 담력, 퀴어성, 언어의 힘, 안목에 대해 배웠다. 그의 책《시스터 아웃사이더》는 고등학생 시절 내 세계를 완전히 뒤집어버리고 새로 구축하게 해주었다. 자기혁신과 인종 간 연대 조직의 중요성에 관해서는 중국계 미국인 그레이스 리 보그스에게 배웠다. 나는 그가 남긴 선구적인 조직화의 유산을 가슴속 깊이 간직하고 있으며, 그것은 연대 활동에서 아시아계 미국인 여성인 내가 차지하는 영예로운 위치를 상기시켜준다. 나보다 먼저 이 작업을 했던 이들, 그리고 끊임없이 변화하는 사회정의를 위한 여정을 이끌어가는 이들, 특히 '흑인, 원주민, 유색인BIPOC; Black, Indigenous, and People Of Color 운동'을 이끄는 퀴어와 트랜스젠더 활동가들에 한없이 감사함을 느낀다. 나는 내 지식의 원천을 추적하려 최선을 다했고 이 책 전체에 걸쳐 있는 그 스승들의 크레딧을 밝히고자 했는데, 유산을 보존하고자 하는 이 작지만 중요한 행위는 역사적으로 주변화되고 지워진 민족에게는 특히나 중요하다.

나는 이 위대한 지성들의 가르침을 책에서 제대로 다루려고 애썼다. 이는 너무나도 많은 주변화된 민족들의 이야기가 너무나도 자주 외부자에 의해 서술되어온 상황에서 내가 나 자신의 이야기를 역사화할 수 있다는 것이 얼마나 큰 특권인지 알고 있기 때문이다. 이 책을 쓰는 것은 내 삶뿐 아니라 민족적 혈통과, 제도적으로 합당하게 추모되지 않은 채 여러 세대에 걸쳐 전해 내려온 선조들의 트라우마와 지혜를 되찾고 치유하고 기리고자 함이다. 내 곁에서 여정을 함께해주며 그 증인이 되어주는 독자 여러분께 감사하다.

연대의 강의실에 오신 걸 환영합니다

이 위태로운 시기에 나는 대담한 희망을 가지고 이 책을 쓴다. 사회정의 운동이 지닌 매우 도전적인 속성을 나 또한 모르는 바가 아니지만, 나는 그 안에서 좋은 점도 아주 많이 발견했다. 나는 원칙에 근거한 연대를 형성할 때 개인들과 조직, 우리 사회를 위해 얼마나 큰 변혁을 일으킬 수 있는지, 그리고 한 개인의 용기 있는 행동이 얼마나 빠르게 혁명적 변화로 확대될 수 있는지 직접 목도했기 때문에 이 일을 계속하고 있다. 한편으로는 이 고되고 감정 소모가 크고 숨 막히는 노동의 이면에 반대 세력을 견뎌낼 수 있는 힘인 풍요와 기쁨과 인류애가 있기 때문이다. 나는 우리를 믿기에 이 일을 하고 있다. 그리고 나는 우리가 진실로 이 작업의 원칙에 헌신한다면, 무모해 보이는 기대를 가뿐히 뛰어넘을 정도로 많이 배우고 성장할 수 있다고 믿는다.

바깥세상으로 뛰어들기 전에 우선 자신의 내면을 들여다보고, 자신의 토대를 먼저 올바르게 다지도록 하자. 그것은 우리가 완벽해야 하기 때문이 아니라 우리보다 먼저 최전선에 서 있었던 이들을 존중하자는 의미다. 그리고 우리 각자는 경계 없는 인류애에 연결되고, 최대한으로 삶을 살아내고, 타인의 삶을 옹호하는 데 그것을 활용할 자격이 있기 때문이다.

여기 우리 모두의 자리가 있다. 여러분은 이 작업에 필요하다. 그러니 독자 여러분을 환영한다. 이 강의실에서 내가 함께 여러분의 자리를 찾아봐주고, 내 노트를 공유해드리겠다.

혁명을 하기 위해서는 단지 기존의 제도에 맞서 싸우기만 해서는 안 된다. 철학적, 영적 도약을 해야 하고 더욱 '인간적인' 인간이 되어야 한다. 세상을 바꾸고 변혁하기 위해서는 자기 자신도 함께 바꾸고 변혁해야 한다.
- 그레이스 리 보그스

• 한 가지 덧붙이자면, 더 안전하고 선택적인 독서 경험을 위해, 유독 고통스러울 수 있는 주제에 관한 자세한 묘사를 포함하는 섹션에는 내용에 관한 사전 경고를 '키워드'로 달아두었다. 이 책이 다루는 내용의 특성상, 그러한 주제가 통계의 일부로 언급되거나 자세하게 묘사되지 않는 경우에는 주석을 달지 않았다. 물론 그 모든 결정은 나 자신의 경험과 편견을 반영한다. 그럼에도 나는 경고 주석이 없다고 해서 여러분에게 그것이 필요하다는 사실과 그 중요성이 사라지지는 않는다는 점을 분명히 하고 싶다. 모든 독자의 필요사항을 예측할 수는 없지만, 일부나마 이 장치들이 여러분이 각자의 방식대로 이 책을 경험하는 것에 도움이 되기를 바란다.

차례

1부

토대 다지기

1장

'좋은 사람들'의 사각지대

2017년 나는 재미 삼아 개인적으로 '제길, 들어버렸네'라는 제목의 구글 문서를 작성하기 시작했다. 외부 DEI 컨설턴트이자 퍼실리테이터로 일하는 동안 내가 들은, 일면 흥미로운 말들의 목록이다. 어떤 항목은 지금 봐도 여전히 낄낄거릴 만한(아마 울지 못해서) 것들이고, 나머지는 내게 이 작업의 긴급성을 상기시켜준다. 다음은 그 목록의 일부다.

"나는 백인이라기엔, 뭐랄까, 핑크에 가깝지."

"특권? 그런 건 직장 말고 심리상담실에서나 이야기할 법한 주제 아냐?"

"백인 남성들이 소외되었다고 느끼지 않도록 그들과 먼저 이야기해볼 필요가 있지 않을까?"

"지금 저희 팀 말인가요? 아주 다양한 남성들로 구성되어 있지요."

"미묘한 차별microaggressions에 대해 이야기하는 걸 들으면 나는 대단히 화가 나macroaggressive."

"종일 워크숍 형태로 진행해서 다양성에 대해 알아야 할 것들을 하루에 전부 배울 수는 없나요? 그래서 하루의 끝에는 우리가 다양성 전문가라고 말할 수 있으면 좋을 텐데요."

"우리가 아무리 노력해도 충분하지 않은 것 같은데, 노력하는 게 무슨 의미가 있죠?"

"우리 회사의 남자들은 대부분 동성애자야. 내 생각엔 말이야."

이 외에 "우리는 물론 다양성을 중요하게 생각하지만, 그렇다고 문턱을 낮추고 싶진 않아요", "백인우월주의라는 단어 좀 안 쓰면 안 될까요?", "직장 내에서는 정치에 관해 이야기하지 않았으면 합니다" 같은 문장들은 도처에 널려 있어 그저 흘려듣게 되기 때문에 목록에 끼지도 못했다. 어쩌면 여러분은 이 말들이 백인 남성들의 입에서 나왔다고 생각할지도 모르지만 그건 반만 맞는 얘기인데, 이 중 일부는 유색인과 여성들이 한 말이기 때문이다. 그러나 이 말을 한 사람들은 전부 현재 유명한 조직의 지도자이고, 그중 거의 모두가 최고경영자나 최고인사책임자 등 힘 있는 자리에 있는 사람들이거나, 심지어 최고다양성책임자였다. 그리고 그들은 한 명도 빠짐없이 전부 자신이 인종주의, 성폭력, 직장 내 차별 등에 맞서 싸우는 '좋은 사람'이라고 진심으로 믿고 있다.

여러분은 자신이 좋은 사람이라고 생각하는가?

당신은 뉴스를 챙겨 읽으며 특히 주변화된 이들에게 영향을 미치는 사건과 쟁점 등을 인지하려 노력한다.

당신은 가능하다면 자원봉사 활동을 하고, 아이들에게 모든 사람을 존중과 친절로 대하라고 가르친다.

당신은 항상 팁을 남긴다. 특히 코로나 팬데믹 동안에는 대개 20%를 팁으로 남겼다.

당신은 아마존에서 쇼핑하지 않고자 한다. 언제나 성공하지는 않지만, 노력은 한다.

당신은 장을 보러 갈 때 장바구니를 들고 간다. 재활용을 하고, 음식물쓰레기를 따로 모아 버린다.

당신은 '흑인의 목숨도 소중하다Black Lives Matter' 운동에 기부금을 냈고, 그 문구를 방 창문에도 붙여둔다.

당신은 이제오마 올루오Ijeoma Oluo의《인종에 대해 이야기하자고요?So You Want to Talk about Race?》를 읽었고, 책장에는 아이브럼 X. 켄디Ibram X. Kendi 박사의《반인종차별주의자가 되는 법How to Be an Antiracist》이 눈에 잘 띄는 자리를 차지하고 있다.

당신은 자신이 완벽하지 않음을 알고 있으며, 가장 중요한 것은 좋은 사람이 되고자 노력하는 것이라고 스스로 되뇐다. 그리고 대개의 경우, 성자부터 네오나치에 이르는 선함의 척도에서 당신이 평균 이상의 위치, 즉 인간적일 만큼 불완전하지만 전반적으로는 유쾌하고 자애로우며, 때때로 선한 사람이 되고자 하는 이들에게 귀감이 되는 위치에 있음에 내심 만족스러워한다.

그러나 진실은, 아무리 좋은 사람이 되고자 노력해도 우리는 여전히 해악을 야기한다. 때로는 의식하지 못한 채로, 그리고 때로는 알면서도(이건 더욱 문제적이다). 나는 이 해악의 목록과 내가 상처 입힌 사람들의 목록이 얼마나 길지 모르지만, 적어도 내가 한 '선행'의 목록만큼 길 것이라 예상한다.

우리 대부분은 좋은 사람이 되고자 하는 동시에 좋은 사람으로 '인식되기'를 원한다. 우리는 어떻게 하면 상대에게 도움이 될지, 자신의 선함을 보여주려면 무엇을 해야 할지 '즉각' 알고 싶어 하며 망설임 없이 뛰어든다. 역설적이게도, 좋은 사람이고자 하는, 또 좋은 사람으로 인식되고자 하는 이러한 욕망은 때때로 선한 영향력을 만드는 데 방해가 된다. 우리는 자아상과 실제 미치는 영향이 불일치할 때 생길 수밖에 없는 긴장을 우선적으로 해소하는 한편, 오해의 소지가 있는 이 '좋은 사람'이라는 개념과 '좋은 일을 한다'는 것의 의미에서부터 시작해 방향을 재설정하고 우리의 욕망을 점검해 사회정의 운동의 맥락에서 우리가 해야 할 더 큰 역할에 대해 생각해봐야 한다.

다음 세 가지를 중심으로 시작해보자.

첫째, '좋은'은 영구적인 정체성이 아니라 일시적인 형용사다

오랫동안 사회심리학자들은 타인에게 받아들여지고자 하는 욕구 및 욕망에 따라 행동하는 인간을 '사회적 동물'이라고 정의해왔다. 특정한 문화나 사회집단에 속할 때 사회규범에 순응하고자 하는 우리의 욕망은 강화되며, 거기서 우리는 평판과 집단 내 다른 구성원들 사이에서의 위치에 대해서도 신경 쓰게 된다. 예를 들어 스스로 시스젠더 이성애자 남성 페미니스트라 칭하는 사람들이 "페미니스트는 이렇게 생겼답니다"라고 적힌 티셔츠를 입고 다닌다고 생각해보자. 그들은 미투운동을 지지하며, 성적 동의의 중요성을 믿고 실천하며, 파트너의 오르가즘을 위해 부지런히 노력한다. 나는 그들이 야생에서 훈련받은 소수의 눈에만 포착되는 멸종 위기의 천연기념물이라도 되는 양, 그런 사람들에게 매력을 느끼곤 했다. 그러나 사회적 영향력을 가진 지역사회 지도자 및 활동가를 포함한 그 남성들과 연애를 하거나 함께 일하는 동안 나는 가장 혼란스러운 형태의 여성 혐오를 경험하기도 했다. 그들의 여성 혐오는 가스라이팅부터 가르치려 드는 식의 맨스플레인 등 여러 양상으로 다가오며, '페미니스트'와 '좋은 남성'이라는 공적 페르소나에 가려져 있어서 잘 알아차리기 힘들었다. 나는 그들이 고의로 해를 끼치려는 게 아님을 믿지만, 그들은 자신이 성급하게 공개적으로 비난하는 이 시스템에 스스로 공모하고 있음을 깨닫지 못했고, 결국 자신들이 위한다고 주장했던 사람들에게 상처를 입히며 미묘하고 은밀한 방식으로 해악을 야기하게 된 상황을 중단시키지 못했다.

이는 우리 중 많은 사람들이 저지르는 일들이다. 좋아하는 사회정의 작가들을 인용하고 사회적 평등에 관한 학문적 이해를 뽐내며 있는 대로 옳은 말들을 하면서도, 가장 내밀한 관계에서는 제대로 알아차리지 못한 채 우리가 멀리하려 애쓰던 바로 그 해로움을 재생산하고 있었다. 백인들은 유색인들에게, 시스젠더들은 트랜스젠더와 논바이너리들에게, 이성애자들은 퀴어들에게, 비장애인들은 장애인들에게 이런 일을 저지른다. 우리는 너무도 성급하게 우리가 안전한 사람이고 '이해하는' 사람이라고 선언하지만, 우리가 해악을 야기하는 방식은 거대한 불평등을 키워낼 수 있으며, 그런 점에서 무엇도 안전하거나 믿음직하다고 할 수 없다. 그런데도 우리는 '좋은 사람'이라는 이름표를 달고 있다.

인종주의자, 성차별주의자, 장애차별주의자 등 '-주의자'라는 명칭은 우리의 인격에 치명적인 타격을 주며, 위축된 채 나락으로 떨어지게 하거나 자신의 선함을 변호하고자 필사적으로 싸우게 만든다. 특히 형용사보다는 정체성으로 인식되곤 하는 '인종주의적 racist'이라는 꼬리표는 너무나 혐오감을 자아내기 때문에, 우리는 온 힘을 다해 인종 정의라는 대의를 위해 냈던 기부금 영수증을 뒤지거나 해당 인종 집단에 속한 먼 지인을 갑자기 '친구'로 소환한다. 아니면, 인종차별을 결코 의도한 적이 없음을 강조하면서 해명한 뒤 즉각적인 용서를 구하고, 심지어는 자신의 인격에 대해 끔찍한 오해를 한 데 대해 사과를 요구하기까지 한다. 그러나 '좋은'과 마찬가지로 '인종주의적' 역시 우리의 행동, 행위, 사고, 실천, 시스템, 거짓된 백인 우월성을 지탱하며 불평등한 권력의 동역학을 유지하는 서사를 포함해 그 어느 것을 묘사하는 데도 사용할 수 있는 형용사이며, 우리가 일상에서 이러한 지독한 인종차별 행위를 저지르는 데는 꼭 KKK의 하얀 후드를 둘러쓸 필요가 없다. 백인우월주의와 인종주의에 뿌리를 둔 부정의를 행한다면 그 누구의 어떤 행동도 인종주의적일 수 있다. 시스젠더 우월주의와 트랜스 혐오에 뿌리를 둔 부정의를 행한다면 그 누구의 어떤 행동도 트랜스 혐오적일 수 있다. 가부장제와 성차별주의에 뿌리를 둔 부정의를 행한다면 그 누구의 어떤 행동도 성차별주의적일 수 있다.

좋은 사람으로 비치고 싶어 하는 우리의 강박은 이분법적 사고에 따른 것인 측면이 있다. 즉, 우리가 '좋은 사람'이 아니라면 곧 '나쁜 사람'이라는 식이다. 이 선악의 이분법은 우리가 우러러보는 이들에게서 도덕적 완벽성을 기대하는 동시에 나쁜 사람이라고 낙인찍은 이들을 가혹하게 벌한다. 실수나 성장, 변화의 여지는 허락되지 않고, 우리는 '나쁜' 것의 목록으로 넘어가지 않기 위해 온 힘을 다하는데, 그러한 사람들에게 무슨 일이 벌어지는지 봤기 때문이다.

이 이분법적 서사는 우리가 미치는 영향에 대한 그 어떤 비판적 피드백도 받지 못하게 만들어 행동과 정체성을 구분하지 못하게 한다. 우리의 행동들은 피드백을 받을 경우 좋은 행동을 하고자 하는 우리의 욕망과 더 잘 연결될 수 있는데도 말이다. 절대적으로 '좋은 사람'이 된다는 것은 거의 불가능한 목표이며, 우리 모두를 실패로 이끈다.

우리가 항상 좋은 일을 행하는 것은 아니므로, 좋은 사람들이란 존재하지 않는다. 우리는 다양한 행동을 하며 다양한 집단에 다양한 영향을 미치고, 사회정의를 위한 운동에 도움이 되거나 방해가 되는 결정을 하는, 그냥 '사람들people'일 뿐이다. 우리는 일차원적으로 절대적으로 선하거나 절대적으로 악하거나 하지 않고, 그럴 수도 없다. '좋은'은 정체성이 아니라 형용사이며, 일상의 행동과 그 여파에 따라 달라지는 것이다. 그러니 '내가 좋은 사람인가?'라고 묻기보다 '내 행동이 좋은 영향을 가지는가?'라고 묻도록 하자.

둘째, 좋은 의도가 항상 좋은 영향을 낳는 것은 아니다

조지 플로이드George Floyd 살해 사건은 미국에 커다란 충격을 주었고, 전에 없던 방식으로 사람들을 움직였다. 흑인이 아닌 개인 및 단체들이 흑인을 향한 끔찍한 경찰 폭력에 대한 각자의 반응을 숙고하는 동안 다양한 행동 요청이 창발하기 시작했고, 사람들을 옳은 방향으로 이끌어 흑인 공동체에 지지를 보내게 하기 위한 목록들이 이어졌다. 대중의 공개적 항의의 목소리가 지연되자 그러한 목록들에 따라 사람들은 흑인 친구와 동료들의 안부를 확인하려 노력했고, 기업들에 BLM 운동에 대한 공식 입장을 발표할 것을 촉구했다. 사람들은 아는 흑인들에게 문자메시지를 보냈고, 흑인들의 수신함에는 "괜찮은가요?", "어떻게 하면 당신에게 도움이 될 수 있을까요?" 같은 동료들의 메시지가 밀려들었다. 어떤 이들은 그 메시지들에서 진심 어린 걱정이 느껴진다며 고마워했지만, 많은 이들은 이전에는 자신에게 관심을 가진다고 느껴본 적 없는 이들에게 받은 메시지들이 공허하고, 너무 늦었다고 생각했다. 기존에 별로 왕래가 없던 상황에서 갑작스럽게 연극적으로 관심을 보인 것은 일시적 주목을 넘어선 진정한 우정의 표시라기보다는 도덕성 과시라는 씁쓸한 뒷맛을 남겼다.

어떤 문자메시지들은 안부를 묻는 데 그치지 않고, 지지를 표명하고 반인종주의 운동의 일부가 되는 방법을 안내해달라고 요청하기도 했다. "앨라이*가 되려면 어떻게 해야 하죠?", "제가 뭘 해야 하나요?", "좋은 자료 좀 공유해줄 수 있을까요?"……. 지지를 보내려는 좋은 의도에도 불구하고 이런 메시지들은 곧장 흑인들의 어깨에 또 다른 억압과 부담으로 작용하곤 한다. 이 즈음 나는 조직 내에서 평소 DEI 경영이나 인사와 아무런 관계없는 직책에 있다가 반인종주의 트레이닝을 지원하는 외부 컨설턴트를 물색하는 일을 떠맡았

- ally. '협력자', '조력자'라는 뜻으로, 사회 속의 다양한 차별에 대하여 억압의 당사자는 아니지만 그 집단이 겪는 부당함에 반대하고 그들의 권리를 옹호하고 지지하는 사람들을 일컫는다.—옮긴이

다는 수많은 흑인들의 이야기를 들을 수 있었다. 그중 누구도 추가적 노동에 대한 보상은 받지 못했다. 그 대신 그들은 현재 진행 중인 트라우마에 시달리는 사람으로서, 한편으로는 남들이 듣고 싶어 하는 이야기를 해주는 사람이자 이전에는 관심이나 열의를 받은 적 없는 쟁점을 다루는 데 길잡이가 되어주기를 바라는 사람으로서, 자신이 곤란한 입장에 놓였음을 깨달았다. 몇몇은 "그래도 없는 것보다는 나은 관심이겠죠"라고 말하며 이 기회를 통해 변화를 만들어내고자 하는 욕망을 표현한다. 비록 그것이 다른 이들을 교육하고 끌어모으느라 자신의 고통과 피로를 잠시 보류해두는 것을 의미할지라도 말이다.

이 깊은 트라우마의 시기에 '좋은 일'을 하는 사람으로 보여야한다는 자신의 필요를 중심에 둔 비흑인들을 마주한 흑인들은 고요히 슬픔에 잠길 공간을 얻기보다는 비흑인들의 혼란, 충격, 절망을 해결하는 작업에 함께해줄 것이라는 기대를 받는다.

이 강렬한 시기에 나는 10년 넘게 알고 지낸 흑인 친구에게 지적을 받았던 일을 떠올렸다. 그 친구는 내게 미디어에서 흑인이 살해된 사건이 보도될 때마다 자신에게 문자 보내는 행동을 그만하라고, 내 연락을 받을 때마다 또 무슨 뉴스 때문일까 봐 걱정하기 시작했다고 점잖게 부탁했다. 나는 당연히 너무 창피했고, 내가 친구에게 갖고 있는 깊은 애정이 슬픔과 분노의 시기에 한정되지 않음에도 불구하고 그가 다차원적 인간이 아닌 뉴스 기삿거리로 축소된 듯 느끼게 만듦으로써 그에게 준 상처에 대해 생각해보았다.

우리의 좋은 의도는 언제나 원치 않은 결과를 낳을 수 있다. 공감과 긍정을 요청하는 좋은 의도를 가지는 동시에, 정당한 비판과 정의로운 분노를 무심코 묵살할 수도 있다. 우리는 법을 준수한다는 좋은 의도를 가지는 동시에, 부당한 법에 저항하고 그것을 수정할 필요성보다 그 법 자체를 우선시하는 우를 범할 수도 있다. 차이보다 공통성에 초점을 맞춘다는 좋은 의도를 가지는 동시에, 자신도 모르게 광범위하게 다양한 불평등의 실제 경험을 사소한 것으로 치부해버릴 수도 있다. 우리는 통합과 소속감을 추구한다는 좋은 의도를 가지는 동시에, 누군가의 소속감이 다른 이들의 안전을 위협할 수 있다는 사실을 망각할 수도 있다. 우리는 의심의 이점을 얻는다는 좋은 의도를 가지는 동시에, 이미 과도하게 의심받고 불신당하고 있는 이들에게 감정노동의 짐을 추가로 얹을 수도 있다.

의도가 아무리 좋다 하더라도 우리는 여전히 해악을 야기할 수 있다. 좋은 의도가 좋은 사람을 만드는 것은 아니다. 좋은 영향만이 우리의 노력을 그 순간에 유용한 것으로 만들 수 있다. 그리고 바로 이것이 좋은 행동을 하고자 하는 의도만으로는 유용한 발전적 수단이 되기 어려운 이유다.

셋째, '좋음'은 좋은 행동을 하는 이들이 정의하는 게 아니다

아름다움이 그것을 바라보는 이의 시선에 존재하는 것이라면, 마찬가지로, 좋은 행동은 그 행동이 이롭게 하는 사람들에 의해 정의된다.

기업의 DEI라는 맥락에서 '좋은 행동'에 관여하는 단위는 대체로 조직의 경영진이나 인사 및 다양성 관련 부서들이며, 이론상 이 '좋음'의 수혜자는 역사적으로 주변화된 직원들이다. 내가 운영하는 어웨이큰이 좋은 의도를 가진 백인 남성 권력자의 칭찬을 척도 삼아 우리 워크숍의 성패를 측정했더라면 우리는 존재할 수 없었을 것이다. 그 대신, 우리는 참석자들 중 가장 주변화된 이들의 안도의 한숨과 인정을 토대로 워크숍의 성패를 가늠했다. 이런 방식은 때때로 리스크를 감수해야 하는데, 힘 있는 자리에 있는 사람들이 종종 자신들의 요구사항을 가장 주변화된 이들의 필요보다 우선시하라고 주문하기 때문이다. 포용력 조사 자료를 분석할 때 나는 조직 구성원 다수가 안전하고 소속감을 느끼며 공정한 대우를 받는다고 느낀다는 사실만 확인하며 자신들이 잘하고 있다고 결정하는 기업들을 목격해왔다. 그 다수는 대부분 시스젠더 이성애자 백인 남성인데도 말이다. 애초에 그러한 프로젝트가 지원하고자 하는 당사자들이 주도하는 책임 측정 기준 설정에 실패함으로써 기업들은 아무것도 해결하지 못하고, 아무 쓸모없는 일을 반복하고 만다.

만약 우리가 이 세상에서 추구하는 선善이 억압받는 모든 이들을 위한 사회정의와 공정성을 증진시키는 것이라면, 우리의 선은 정의와 공정성을 아직 갖지 못한 이들이 바랐던 결과와, 그들이 느끼는 영향을 기준으로 측정되어야 한다. 오직 그들만이 우리의 노력이나 영향, 사과, 결과 등 무언가가 충분히 좋다고 결정할 수 있다. 내 마음에서 우러나온 선의의 안부 묻기가 내 친구에게 아무 소용이 없었던 것과 마찬가지로, 우리의 영향이 효용을 발휘하지 못했을 경우 우리는 스스로 우리의 행동이 좋은 것이라거나 우리 자신이 좋은 사람이라고 말할 수 없다. 그 대신 우리는 피드백을 토대로 끝없이 궤도를 수정해야 한다. 좋은 행동을 한다는 것은 비대한 자아상에 몰두하는 것이 아니며, 좋은 행동을 하는 우리의 능력은 우리의 선이 가닿고자 하는 이들에 의해 인도되고 결정되어야 한다.

사람들은 종종 좋은 행동이 과거와 무관하게 현재의 순간에만 일어나는 일이라고 상상하곤 한다. 갑작스럽게 깨달은 우리는 즉시, 신속하게, 효과적으로 무언가를 하려고 하며, 오늘 우리의 행동을 통해 내일은 우리가 해결책의 일부가 되기를 희망한다. 그러나 기억해야 할 것은 맥락이다. 다양한 주변화된 공동체들이 수백 년간 고통을 짊어지고 시스템의 억압에 저항해왔으며, 우리 중 일부가 이제 처음으로 그들을 의식하게 되어 좋은 일을 하려는 열망에 가득 찼더라도 그 때문에 우리 없이도 이미 그 작업을 하고 있던 이들을 희생시켜서는 안 된다.

그런데 먼저 우리의 과거를 바로잡지 않는다면 우리의 행동은 항상 좋을 수는 없을 것이다. 지금 당장 우리가 함께하고자 하는 이들 곁에 우리가 없었던 때를 포함해 우리 자신의 역사를 반추해볼 필요가 있다. 의도나 자각 여부와 관계없이 우리 역시도 해악을 야기했을 수 있으며, 이 해악은 결코 다뤄진 적이 없을 수 있다는 사실을 인정해야 한다. 우리는 각 개인과 공동체별로 우리가 그동안 그들과 신뢰관계를 쌓아왔는지 따져봐야 하며, 곁에 서기로 결정한 순간 즉각적인 인정이나 감사 표현을 요구하지 말아야 한다. 투쟁에 곧장 뛰어드는 대신 토대를 굳건히 다지고 방향을 설정해 우리가 잠들어 있는 동안 그 무게를 짊어져온 이들과 올바른 관계를 맺으며 사려 깊은 방식으로 작업을 해나갈 수 있도록 하자.

좋은 행동의 원칙들: 앨라이 되기

지난 3년간 우리 어웨이큰 팀은 앨리십allyship에 관한 십수 가지 정의에 대해 조사했고, 워크숍을 통해 여러 가지 버전을 테스트해보았다. 결과적으로 우리는 '억압에 반대하는 네트워크'가 제시한 정의가 청중의 실용적 이해를 이끌어내는 데 가장 효과적이고 명료하다고 판단해 그것을 바탕으로 개조해 정립했다. 그렇게 만들어진 우리의 앨리십 정의는 이번 챕터의 내용을 요약하는 데 유용하며, 좋은 행동을 하고자 하는 우리의 욕망을 원칙에 기반한 방식에 맞게 조정하기 위한 훌륭한 프레임이 되어준다.

앨리십에 관해 우리가 잠정적으로 택한 정의는 '주변화된 이들의 필요를 충족시키는 데 우리 자신이 책임이 있다고 여기며, 공정성, 포용력, 정의를 위해 권력과 특권을 사용하는 적극적이고 일관된 실천'이다. 이제부터 이 정의를 좀 더 상세히 분석해 무엇이 앨리십이고, 무엇이 아닌지 살펴보자.

첫째, 앨리십은 일관성을 요구하는 적극적인 실천이다.

- 우리가 주장하는 영구적인 정체성이 아니라 실천이다.
- 수동적인 태도가 아니라 실제적인 실행이다. 다양성, 포용력, 공정성의 가치를 믿는 것은 훌륭하되, 믿는 것만으로는 충분하지 않다. 구체적 행동과 행위를 통해 그것들을 적극적으로 살아내야 한다.
- 지속적으로, 그리고 일관되게 실천해야 한다.

둘째, 앨리십은 권력과 특권에 대한 자각을 요구한다.

- 다양한 방식으로 우리를 주변화하기도 하고 우리에게 특권을 부여하기도 하는 다면적 정체성을 인식할 것을 요구한다.
- 기본적으로 우리 사회에서 권력과 특권이 여러 사회집단 사이에 동등하게 분배되어 있지 않다는 사실을 이해한다.

셋째, 앨리십의 목적은 공정성, 포용력, 정의에 도달하기 위함이다.

- 자축하거나 자신의 미덕을 알리고 사람들에게 인정받기 위함이 아니다.
- 우월한 위치에서 누군가를 '구원'하는 일이 아니며, 주변화된 모든 이들을 위한 공정성, 포용력, 정의를 향해 노력해가는 과정이다.

넷째, 앨리십은 책임 있는 자세를 실천할 것을 요구한다.

- 주변화된 이들의 필요를 이해하고 우리의 행동이 그 요구에 부합하도록 맞추는 것이다.
- 주변화된 이들의 필요를 우선시하거나 증진시키지 못한다면 그것은 앨리십이 아니다.
- 실수하거나 해악을 야기했을 때 되돌아보고, 사과하고, 바로

잡고, 궤도를 수정함으로써 책임 있는 자세를 실천하는 것이다.

좋은 영향, 진정한 변화를 만들어내고자 이 책을 펼친 여러분에게도 여기에 요약된 원칙들이 핵심 도구가 되어줄 것이다. 방어기제가 작동하려 할 때나 타인을 희생시키고 자기 자신이 '좋은 사람'이라는 꼬리표에 집착하려 할 때처럼, 필요할 때마다 자주 이 페이지로 돌아와 자신의 토대를 재점검해보기를 바란다. 이 작업이 우리의 의도 대신 영향을 중심으로 둘 것을 요구한다는 사실은 상당히 간단한 개념이지만, 호의가 과소평가되고 일축되고 노골적으로 비판받을 때면, 수치심과 거부당했다는 본능적 감정에 사로잡혀 방어적이 될 수도 있고, 심하면 아예 이 활동을 접고 떠나게 될 수도 있다. 나는 내가 부족하다는 느낌 때문에 굉장히 고군분투했고 이 여정 내내 수없이 오해받아왔으며, 이런 경험들이 여전히 계속될 거라고 확신한다. 그럼에도, 즉 우리가 완벽하지 않더라도 여전히 배울 수 있고 더 나아질 수 있다는 사실을 기억해야 한다. 그리고 내게 그것은 유니폼에 '좋은 사람'이라는 명찰을 다는 것보다 훨씬 더 흥미진진한 일이다.

당신은 자신의 최악을 직면하는 공포를 이겨내야 한다. 당신이 두려워해야 할 것은 비이성적인 인종주의다. 지금 당장 당신이 타인의 억압에 가

담하고도 그것을 모를 수 있다는 사실을 두려워하라. 그리고 그 억압을

조명하는 이들을 두려워하지 말라. 더 나아질 기회를 두려워하지 마라.

— 이제오마 올루오

2장

자기만의 이유 찾기

우리는 생산성에 집착하는 문화 속에 살아가며, 되돌아보기보다는 행하는 것을, 질보다는 양을, 관계보다는 효율을 우선시하도록 배운다. 그러니 좋은 행동을 하고자 하는 사람들이 퍼실리테이터인 나에게 가장 자주 하는 질문이 "내가 뭘 해야 하나요?"인 것도 그리 놀라운 일이 아니다. 때로 그것은 "할 일을 알려주세요"라는 더 직접적인 요청으로 표현된다. 해야 할 '무언가'에 집중하는 것은 종종 반사적이고 다급한 느낌을 주며, 즉각적인 안도감을 갈망하는 모습을 보여준다. 사람들은 안도감이 즉시 또는 쉽게 들지 않을 때 좌절하곤 한다. 한번은 반나절짜리 워크숍이 시작된 지 15분도 채 안 되었을 때 한 백인 남성이 손을 들고 불안한 목소리로 이렇게 물었다. "오늘 뭔가 실용적인 걸 배우긴 하는 겁니까?" 15분 동안 참가자들의 학습 및 접근성 관련 요구사항을 파악하고 집단 내 규칙을 설정하는 등 포용력 있는 문화를 형성하기 위한 실용적 기법들을 활용하며 해당 워크숍의 목표를 알아가고 있었는데도, 그 사람이 말한 '실용적인 것'은 하나씩 체크해 넘길 '할 일 목록'을 제공받는 것이었던 듯하다.

또 한번은, 젊은 거부가 CEO이며 급성장 중인 한 자율주행 자동차 회사에서 임원들을 대상으로 워크숍을 열어달라는 의뢰가 들어왔다. 그 CEO의 의도에는 의문이 들었지만, 편견에 차 있으며 인종주의적인 알고리즘으로 주변화된 이들에게 크게 해를 끼치는 AI 기술의 위험한 영향력에 대해 비판의식과 경각심을 일깨울 수 있기를 희망하며 의뢰를 수락했다. 삼엄하게 경비되고 있던 본부 사무실을 들어갈 때 나는 아이패드를 이용해 출입기록을 작성해야 했는데, 거기에는 내 이름, 소속, 방문 목적, 젠더 대명사를 포함한 몇몇 질문들이 띄워져 있었다. 그렇게 해서 내 이름표가 출력되었는데, 이상하게도 내가 기입한 젠더 대명사는 거기에 적혀 있지 않았다. 그럴 거면 왜 그 질문을 했는지 머리를 긁적이며 워크숍이 열리는 공간으로 들어갔다. 그리 많지 않은 수의 임원들이 늦게야 나타났고, 그중 일부는 커피를 받아오느라 시간을 더 지체했다. 대부분 30~40대 백인 남성인 그들 앞에서 내 소개를 하던 나는 운을 떼기 좋은 쉬운 질문이라고 생각하고 이렇게 물었다. "이곳 출입 기록 과정에서 방문객의 젠더 대명사를 묻던데, 이 절차가 왜 중요한지 설명해주실 분 계신가요?" 좌중에는 정적이 감돌았다. 진짜로 답을 모르는 건지, 다들 수줍어서 그런 건지, 아니면 소중한 업무 시간 중에 이 워크숍 따위에는 신경 쓸 이유가 없다고 생각하는 건지 알 수 없었다. 결국 CEO가 검정 가죽 소파에 등을 기대며 전혀 관심 없다는 표정으로 나를 보며 말했다. "그냥 말씀해주시죠."

　나와 동료 퍼실리테이터는 어찌어찌 침착함을 유지하며 워크숍을 끝까지 마무리지었고, 심지어 알고리즘의 편견을 방지하기 위해 자신들이 배운 것을 적용해보자고 동료들에게 제안한 몇몇 임원들에게 긍정적인 피드백까지 받았다. 며칠 뒤, 회사 전 직원을 대상으로 워크숍을 확장하는 것을 논의하던 중 다양성 최고책임자는 내게 CEO의 지시이니 워크숍 소요 시간을 반나절에서 90분으로 줄이고, 유색인과 장애인에게 해를 끼치는 알고리즘의 편견에 관한 언급은 전부 빼달라고 했다. 우리는 그 회사와의 협약을 전면 중단했고, 향후 클라이언트를 가려내는 데 더 엄격한 기준을 적용하겠노라 맹세했다. 그 회사는 다른 컨설턴트를 고용해 다양성 트레이닝을 진행했고, 모두가 소속감을 느낄 수 있는 포용력과 다양성을 지닌 일터를 만든다는 약속을 하면서 매달 수백 명을 채용했다.

현대인들은 즉각적 결과를 낳을 수 있는, 즉시 실행 가능한 해결책을 추구하도록 훈련되어 있기 때문에 사회정의 운동에서 종종 '무엇'에 대해 먼저 질문하는 것을 기본으로 한다(예컨대 '제가 무엇을 해야 하나요?'). 다양성과 포용력, 인종적 정의에 헌신한다는 공식 발표를 쏟아내는 기업들은 우리가 우리의 행동, 헌신, 바라는 결과 이면의 이유를 먼저 점검하지 않고, '어떻게'나 '왜'를 규명하기도 전에 '무엇'을 선언하는 데 얼마나 급급한지 잘 보여준다. 많은 이들이 이해하지 못하는 것은 '왜'가 없는 '무엇'은 진부함이나 해악을 초래하는 얄팍하고 엉뚱한 결과를 가져올 수 있다는 사실이다.

젠더 대명사를 묻는 것은 많은 조직들이 전면적인 검토나 그 중요성에 관한 교육을 건너뛰고 무작정 채택하기 시작한 포용력 관련 트렌드 중 하나다. 사람들은 이제 흔히 자신의 이메일 서명에 젠더 대명사를 추가하고 있고, 컨퍼런스에서는 젠더 대명사 배지를 준비해 참석자들이 패용할 수 있게 하며, 기업에서는 출입 기록 시 방문객들에게 젠더 대명사를 요구한다. 이런 트렌드는 트랜스젠더와 논바이너리, 젠더포괄적gender-expansive 성향을 가진 이들을 위해 더 포용적인 문화를 만들고자 애쓰는 동안 사람들에게 일시적인 안도감을 준다. 그럼에도 내가 겪어본 많은 기업에서 대부분의 임원들은 리셉션 데스크에서 그러한 것이 시행 중이라는 사실조차 모르며, 내가 겪어본 많은 행사에서 참석자들과 자원봉사자들은 대명사 배지의 의미가 무엇인지 전혀 알지 못하고 있었다. 한번은 입장 담당 자원봉사자가 대명사 배지를 가리키며 "저게 무엇에 쓰는 건지는 모르지만, 귀엽지 않아요?"라고 말했고, 그는 한 연사의 젠더 대명사를 여러 번 잘못 칭하고도 사과하지 않았다. 이메일 서명에 자신의 젠더 대명사를 밝혀두는 사람들 역시 동료가 임신했을 때 불쑥 "남자예요, 여자예요?"라고 묻고, 입구에서 방문객에게 젠더 대명사를 요구하는 직장에서도 트랜스젠더에게 포용적인 보건 정책이나 젠더 중립 화장실을 마련해두지 못하며, 트랜지션 중인 직원을 사람들 간 관계 면에서나 행정적 차원에서 지원하는 방안 역시 마련하지 못하고 있다.

이유를 깊이 탐구하지 않은 채 젠더 대명사를 공유하는 것은 유의미한 변화 없이 포용력을 표시만 하는 피상적 차원의 변화에 그칠 수 있다. 의도는 좋지만 불완전한 이 유행은 연극적 제스처에 그쳐 포용력을 가장하는 기업에 트랜스젠더와 논바이너리들이 채용되었을 때 그들을 존중하는 실제 변화는 없으며, 그로써 그들에게 해를 입힌다. 트랜스젠더와 논바이너리들을 위한 안전을 확보하는 일이 매우 시급한 다른 이유들을 살펴보자.

- 트랜스젠더와 논바이너리 중 80%에 가까운 이들이 직장 내에서 부당한 대우를 피하고자 트랜지션을 숨기거나 연기하거나, 아니면 사직했다.
- 시스젠더 청소년의 18%가 학교에서 괴롭힘을 당할 때, 트랜스젠더 청소년의 43%가 학교에서 괴롭힘을 당했다.
- 시스젠더 청소년의 7%가 자살을 시도할 때, 트랜스젠더 청소년은 29%가 자살을 시도했다. 한편, 트랜스젠더 청소년 자신이 선택한 이름과 대명사가 가정, 학교, 직장, 친구 사이 등 다양한 맥락에서 일관되게 사용될 때 그들의 자살 시도는 절반 이상 감소된다.

트랜스젠더들, 특히 흑인 트랜스 여성들을 향한 언어적, 신체적 폭력은 매일같이 트랜스젠더들에게서 안전과 생명을 앗아가는 현재 진행 중인 전염병이다. 이토록 적대적인 현실에서 누군가의 대명사를 제대로 부르는 것은 트랜스젠더들을 위해 좀 더 공평하고 공정한 문화를 만들기 위한 작은 (그리고 중요한) 한 걸음이지만, 궁극적이거나 최종적인 목표는 아니다. 맥락에 대한 이해를 바탕으로 '왜'에 대해 더 깊이 있게 이해하게 된다면, 아마도 젠더 대명사를 묻는 것은 추가적 고려 없이 무턱대고 시행되지 않을 수 있을 것이다.

'무엇'은 물론 중요하지만, '왜'를 먼저 이해하지 않고서는 '무엇' 그리고 심지어 '어떻게' 역시 지속 가능한 변화를 만들어내기에 부족할 것이다. '무엇'에 광적이고 반사적인 에너지를 쏟으며 뛰어들기 전에, 현실에 굳건하게 기반을 둔 상태에서 모든 행동 이면의 '왜'를 이해하는 연습을 하자. 그 연습은 우리가 '무엇'을 실행함으로써 주변화된 이들의 광범위한 필요를 확실히 충족시킬 수 있게 도와줄 것이고, 그 모든 과정에서 더 궁극적인 목적에 부합하도록 우리를 인도할 것이다.

사업적 효용: '왜'가 제대로 작동하지 않을 때

"다양성, 공정성, 포용력을 갖춘 기업을 만드는 것이 귀사에 중요한 이유는 무엇인가요?"라고 물었을 때 대부분의 간부들은 인사 및 마케팅 면에서 입증되고 검증된 대답을 열심히 내놓는다. "다양성은 우리를 더욱 혁신적으로 만들지요.", "다양성을 확보한 기업이 더 많은 이윤을 냅니다.", "우리 팀이 우리의 다양한 고객층을 대변하기를 바랍니다."……. 사업적 효용 측면에서 다양성이 필요한 이유를 피력하는 이 말들은 연구를 통해 사실로 증명된 강력한 진술이지만, 이 사업적 효용을 DEI를 위한 노력의 토대로 삼은 수많은 조직은 피상적 차원에서 다양성 기획을 실행해 지속적이고 의미 있는 변화를 만들고 유지하는 데는 실패했다. 열정적으로 다양성을 옹호하는 이들은 이 DEI의 사업적 효용을 수십 년간 다듬고 고쳐 말하고 다시 이야기했지만, 이 '사업적으로 좋다'는 이유는 충분히 많은 기업이 기분 좋은 마케팅 구호를 내놓는 것 이상으로 행동하게 만들지 못한다. 다양성에 관한 사업적 효용은 긴급함의 정서나 실제 변화에 필요한 장기적 헌신을 이끌어내기에는 부족하다.

사업적 효용의 한계는 이 작업을 하는 데 있어 더 강력한 동기를 가져야 하는 이유를 잘 드러내준다. 한번 따져보자. '왜 다양성인가?'에 대한 답이 이윤을 늘리는 것이라면, 조직의 리더들은 진정으로 다양하고 공정하고 포용력 있는 기업을 만드는 데 선제적이고 장기적인 투자가 필요하다는 사실에 매우 실망하게 될 것이다. 예컨대, 가정에서 돌봄을 담당하는 이들에게 포용적인 작업 환경을 조성하려면 유연 근무제부터 직원 모두의 요구를 만족시킬 만큼 훨씬 더 포괄적인 복지제도에 이르기까지, 대안적이고 표준을 벗어난 근무 방식을 제시해야 할 것이다. 모든 피고용인의 접근성을 높이기 위해 고용주들은 사무 공간의 구조와 사교 모임 구성부터 신체장애인이나 발달장애인을 차별하는 자의적인 수행 역량 목표 폐지에 이르기까지, 개별 직원들의 접근성 관련 요구들을 폭넓게 고려해야 한다. 서로 다른 다양한 집단에 속한 사람들이 함께 일하는 동안 발생하는 불가피한 긴장과 갈등을 다루기 위해 조직은 부가적 수익을 창출하는 데 사용할 수 있는 귀중한 시간을 들여 관리자들에게 새로운 기술을 배우게 하고 팀별 훈련을 실행하는 등 시간과 비용을 투자해야 할 것이다. 그러한 투자에도 불구하고 갈등과 소송은 여전히 일어날 수 있고, 기업은 그것들을 해결하기 위해 추가적인 시간과 비용을 들이면서도 다양성이 지닌 금전적 이득이 실제로 조금이라도 발생하는지 의심스러울 것이다.

이 모든 수고 대신에, 서로 비슷하게 생각하고, 비슷한 것을 즐기고, 비슷한 시간에 일하며 서로를 불편하게 만들지 않을 사람들만으로 동질적인 집단을 꾸린다면 훨씬 더 수월할 것이다. 또 표준적인 근로 조건과 간결한 복지 혜택을 제공하고, 정해진 한 가지 존재 방식만을 인정한다면 훨씬 더 편리할 것이다. 〈하버드 비즈니스 리뷰〉에서 다양성을 지닌 집단이 성취할 수 있다고 말하는 혁신의 차원에 도달하기에 동질성은 부족하지만, 비슷한 부류의 사람들끼리 일을 원활하게 돌아가게 만들고, 균질한 집단 내의 사람들에게 만족스러운 근로 환경을 제공할 수는 있다. 구글, 페이스북, 애플 등 테크 분야의 거대기업 중 흑인 및 라틴계 직원들이 대표성을 띨 만큼 유의미한 발전을 이룬 기업은 하나도 없다. 그런데 그들에게 가장 중요한 돈 문제를 논하자면? 글쎄, 해당 기업의 주주들은 전혀 불만이 없다는 것으로 답변을 대신하겠다.

어쩌면 처음에는 사업적 효용이라는 명분이 필요했는지도 모른다. 처음에는 그것이 힘 있는 자리에 있는 이들이 법에 저촉되지 않는 최소한의 선을 지키는 것 이상으로는 관심 갖지 않았을 주제를 논하는 (유일한 방식이 아니라면) 가장 익숙한 방식이었을지도 모른다. 실상 1980년대 후반 미국에서는 베이비붐 세대의 은퇴와 여성, 유색인, 이주민 노동인구의 증가를 비롯한 인구통계학적 변화가 일어나면서 노동인구의 다양화가 기업에는 법 준수의 차원을 넘어 경제적 생존의 문제로 다가왔고, 노동인구의 다양성이라는 용어가 비즈니스 어휘 목록에 등재되었다. 그러나 이윤을 지속적 동력으로 삼는 사업적 효용은 우리가 사회정의라는 맥락에서 성취하고자 하는 것의 핵심을 완전히 저버리게 만든다. 이윤이 주요 동력이 될 경우 금전적 손실이 계속된다는 명백한 위협도, 단기적으로 큰 이득이 있으리라는 보장도 없으므로, 노력은 의미가 없어진다.

2013년 매킨지 앤드 컴퍼니McKinsey&Company의 보고서에 따르면 젠더 다양성을 가장 잘 성취한 기업들 중에는 "논리와 경제성을 넘어서는" 열정을 가지고 훨씬 더 개인적인 차원에서 그 동기에 헌신하는 CEO가 많았다. "숫자도 중요하지만, 신념이 있어야 강력해진다." 경제적 측면에서 다양성을 정당화하는 것은 효용을 다했으니, 우리는 내면의 동기를 활용해 보여주기식 다양성을 넘어서는 진정한 변화를 만들고 유지해야 한다.

가장 중요한 것은, 이윤을 동력 삼은 사업적 효용이 그에 맞는 '어떻게'와 '무엇'으로 추동되면서 우리가 사람들을 상품화하는 해로운 방식을 답습하고('다양성 고용'), 옳은 일을 하기보다 법 준수를 우선시하고('소송에 걸려선 안 돼!'), 신속한 투자수익률 회수를 요구하고, 언제나 사람보다 이윤을 먼저 생각하게 만든다는 것이다. 그것은 우리가 개선과 공정성에 기반해 수세기 동안 이루어진 체계적 억압을 바로잡는 행동을 촉구하지 못하게 하며, 가장 기초적인 의미의 '정의'에도 가닿지 못하게 만든다. 간단히 말해, 자본주의에 근거한 동기로는 사회정의라는 결과를 기대할 수 없다.

'옳은 일은 한다'는 지속 불가능한 명분이다

이제 여러분에게 묻겠다. 당신은 왜 이 책을 집어 들었는가? 아마도 이것이 사회정의나 DEI, 인종차별 반대에 관해 처음 접하는 책은 아닐 것이다. 그러면 당신은 왜 이 책의 여정을 함께하려 하는가? 이 주제에 왜 관심을 갖는가?

"사회적 정체성에 관계없이 누구나 동등한 대우를 받아야 한다고 믿으니까."

"내 아이들이 더 나은 세상에서 자랐으면 해서."

"옳은 일이니까."

내가 각자의 동기를 물을 때 자주 등장하는 대답들이다. 틀린 말은 없다. 사실 이 말들은 내가 기업 회의실에서 들은 대답들보다 훨씬 나은 대답이다. 그러나 내 개인적, 직업적 경험에서 볼 때, 운동에 지속적으로 참여하기 위해서는 각자의 동기에 자기 자신이 포함되어 있어야 한다. 즉, 단지 타인에 관한 것이 아닌 우리 자신의 역할과 책임을 인식하는 동기가 필요하다. 사회정의를 이루고자 하는 열망을 오직 타인의 이익을 위해서라고 정해둘 경우("다른 사람들을 돕고 싶어요", "제가 가진 기회를 다른 이들도 모두 가졌으면 해요" 등), 상황이 어려워지면 포기하거나, 더 나쁘게는 연대를 구원으로 착각하게 된다.

이러한 동기는 우리가 우리 자신에 대해 타인을 도와주는 사람, 좋은 일을 하는 사람, 심지어는 타인의 문제를 해결해주려는 '구원자'의 위치에 있다고 여기게끔 만들며, 거기에는 우리가 생각하는 개인적 희생의 한계선에 따른 시효가 있다. 다시 말해, 이 동기는 일을 지속해나가는 데 어마어마한 자기규율과 의지력을 요구하며, 또 이 동기는 우리가 무엇을 포기할 의향이 있는지에 따라 달라질 수 있다. 우리는 우리 자신에게 개인적 희생이 요구되지 않는 선에서만 정의를 추구할 의향이 있을 수 있다. 이 동기는 우리의 선의, 좋은 사람으로 비치고 싶은 욕망, 그리고 유동적인 감정적·지적·물질적 역량에 따라 달라질 수 있다. 대개 이 동기는 자기 자신에게 피해가 안 가는 한에서만 작동하거나("이러다간 비용이 너무 많이 들겠어"), 자신의 선의가 자주 시험대에 오르거나 인정받지 못할 경우("난 그저 도와주려는 거라고!") 혹은 자기 자신이나 자신이 속한 집단에 호의가 되돌아오지 않으면("그들은 내가 도움이 필요할 때는 나타나지 않아") 중단되곤 한다. 많은 이들이 주변화된 이들에게 호의를 베푼다는 듯, 자신이 이타적으로 시간과 자원을 사용하며 '적어도 노력은 하므로' 칭찬받아 마땅하다는 듯, 아직도 사회정의 운동을 사회봉사라고 여기며 접근한다. 이러한 태도는 순교자로서의 자기 자신을 중심에 두는 동시에 수세기에 걸친 체계적 억압을 다루는 중요한 일을 자선사업으로 여기는 것이기 때문에 문제적이다.

어느 해인가 나는 여성들로 이루어진 한 친목 모임에 인종 간 연대와 교차성 페미니즘을 주제로 강연을 해 달라고 요청받았다. 다양한 여성 연사들이 준비되어 있었고, 백인 여성이었던 주최자는 내게 직장 내에서 페티시의 대상이 되었던 경험에 대해 아시아 여성의 관점에서 이야기해달라고 했고, 반아시아적 편견이 다른 종류의 인종주의에 비해 좀 더 '용인 가능하다'고 여겨지는 이유에 대해 물었다. '흥미로운 질문이군' 하고 나는 생각했다. 나는 테크 업계에서의 내 경험과, 특히 인종 간 대인관계의 영역에서 책임감을 바탕으로 한 신뢰 쌓기의 중요성에 대해 간략하게 이야기했다. 그런데 그다음 일어난 일 때문에 그 행사는 내게 잊을 수 없는 경험이 되었다. 다른 백인 여성들을 교육하는 일에 집중하는 매우 강경한 다양성 컨설턴트인 그 백인 여성 주최자는 인종 간 자매애에 대한 자신의 열정을 설파하며, 연대를 구축하기 위한 첫 번째 단계가 각자의 사회적 관계망을 다양화하고 다양한 집단에 속한 이들과 진정한 관계를 맺으려 노력하는 것이라고 말했다(전부 나 역시 동의하는 바이다). 그런 다음 그는 백인 여성들이 유색인 이웃과 동료들에 대해 알아가는 데 관심을 갖고 그들과 친해져서 백인들이 그들과 신뢰를 쌓으며 그들의 고통과 필요를 이해할 수 있게 되어야 한다고 당부했다.

실습 활동이 시작되자 주최자는 그곳에 모인 이들에게 각자 자신과 다른 인종의 사람과 짝을 짓게 했고, 몇 가지 내용이 적힌 화면을 띄워 그것을 바탕으로 서로에 대해 알아보는 시간을 갖게 했다. 나는 중년의 흑인 여성인 내 파트너에게 나를 소개했다. 그가 화면으로 시선을 옮겨 첫 번째 프롬프트 내용을 확인하는 동안 나는 사실 내가 하고 싶었던, 묻고 싶었던 말을 생각해냈다. 할 수 있는 한 가장 진실된 목소리로 나는 물었다. "빈정대려는 건 아닌데요, 혹시 백인들과 정말로 친구가 되고 싶으세요?" 그는 나를 쳐다보더니 갑자기 웃음을 터뜨렸다. "음, 아주 좋은 질문이네요. 지금까지 누구에게도 그런 질문은 받아본 적이 없어요. 잠시 생각 좀 해볼게요……. 아뇨, 별로요."

그와 나는 우리 둘 다 새로운 백인 친구를 사귀는 일에 대해 얼마나 애매한 입장인지, 더 나은 앨라이가 되기보다 자신의 사회적 네트워크를 다양화하고자 하는 욕망을 드러내는 백인들에 대해 이야기를 나누며 시간을 보냈다. 나는 백인들의 교육에 도움이 되기 위해 그들과 친구가 되는 데는 관심이 없으며, 그리고 내 인종적 트라우마를 그들을 교육하기 위한 도구로 사용하는 데 아무런 흥미도 만족감도 못 느낀다고 말했다. "백인들은 우리를 자신의 친구로 삼지 않고는 이러한 일을 못 하는 걸까요?"

이 행사는 연대를 위해 다양한 집단의 여성들을 한데 모은다는 고귀한 명분 아래 열렸지만, 불충분한 동기 탓에 백인 여성들의 관심사와 교육을 중심에 두는 결과를 초래하고 말았다. 자신들의 관계망을 확장하는 데 목말라 있는 이 여성들은 유색인 여성의 이야기를 듣고 그로부터 배워서 더 나은 앨라이가 될 준비가 된 채 거기에 참석했다. 그러나 그 모든 것을 통해 유색인 여성들에게는 어떤 이점을 되돌려줄 것인지에 관해 잠시 생각해볼 여유는 없었던 걸까? 유색인 여성들과의 관계에서 백인 여성들은 무엇을 제공할 수 있으며, 애초에 유색인 여성들이 백인들과 친구가 되는 일을 망설인 이유에 대해 생각해본 적은 없는 걸까? 더 많은 백인 여성들이 유색인 베스트프렌드를 만드는 대신 직장, 학교, 사교 모임, 지역사회 등 자신이 이미 관계 맺고 있는 집단에서 자신의 사회적 지위를 기꺼이 희생해 다른 백인 여성들의 인종주의적 행동을 지적해주기를 바라는 건 너무 과한 것일까? 나는 어딘가 미진하고 조금은 불만스러운 느낌을 받으며 행사장을 나왔다.

스스로를 타인을 돕는 박애주의자로 설정하는 동기는 영웅주의에 기반한 불균형한 역학관계를 만들어내기 때문에, 좋은 의도에도 불구하고 해악을 야기한다. 심지어 타인의 처지를 도우려 할 뿐인 중립적 입장을 취하고자 하더라도, 우리는 타인의 억압에 가담하는 자신의 행동이 자기 자신과 분리되어 있다는 환상을 가지며, 결국 불평등한 시스템에서 중립이란 가능하지 않다는 사실을 깨닫는 데 실패하고 만다.

우리의 해방은 서로 연결되어 있음을 깨닫는 것

가장 지속 가능한 동기는 우리 자신이 직접 연관되는 것이다. 그 것은 일정한 거리를 둔 채 타인을 '도우려는' 욕망이 아니라, 궁극적으로 자기에게도 영향을 미치는 체계적 억압을 유지하거나 해체하는 데 우리 각자가 중요한 역할을 한다는 사실을 이해하는 데 뿌리를 둔다. 이 동기는 우리의 무지와 비행동이 우리를 억압에 대한 중립적 방관자가 아닌 공모자로 만들 뿐 아니라, 장기적으로는 우리에게도 해를 끼친다는 사실을 드러내준다.

만약 당신이 나를 도우러 왔다면, 당신은 시간을 낭비하는 것입니다. 그러나 만약 당신의 해방이 나의 해방과 연결되어 있기 때문에 왔다면, 함께 해결해봅시다.

- 퀸즐랜드의 원주민 권익단체[*]

다중으로 주변화된 정체성을 가진 사람으로서 나는 종종 내 이야기를 일정 시간 안에 단편적으로 들려달라는 요청을 받는다. 예를 들면, 여성의 날 즈음에 테크 업계에서 일하는 여성으로서의 경험에 대해 이야기해달라는 요청을 받거나, 아시아태평양계 미국인 문화유산의 달에 아시아인으로서의 경험을 들려달라는 요청을 받거나, 성소수자 자긍심의 달Pride Month에 퀴어로서의 경험을 말해달라는 요청을 받는 식이다. 많은 이들이 내가 '여성 관련' 주제의 행사에서는 성차별주의에 관해, '아시아 관련' 주제의 행사에서는 아시아 혐오적 인종주의에 관해 논할 것이라 예상하곤 한다. 하지만 이렇게 구획된 방식으로 사회정의에 접근하는 사람들이 놓치는 것은 이 사안들이 현실에서 따로따로 경험되지 않는다는 사실이다. 실제로 각각은 서로 중첩되며, 동시적으로 일어난다.[**] 아시아 혐오 문제는 성

---

[*] 이 인용문은 종종 원주민 활동가 릴라 왓슨(Lilla Watson)이 한 말이라고 알려져 있으나, 왓슨에 따르면 이는 그가 1970년대에 참여한 원주민 권익단체의 공동 산물이며, 자신이 유일한 원작자로 여겨지는 것이 불편하다고 2008년 인터뷰에서 밝힌 바 있다.

[**] 킴벌리 크렌쇼(Kimberlé Crenshaw) 박사가 고안한 이 '교차성' 개념에 대해서는 4장에서 더 자세히 다룰 것이다.

차별주의, 동성애 혐오, 그리고 다른 억압의 형태들도 포함하며, 퀴어 이슈는 인종주의, 성차별주의, 장애차별주의 등도 포함한다. 성차별주의만 해결하는 것은 나를 인종주의에서 해방시켜줄 수 없으며, 인종주의만 해결하는 것 역시 나를 동성애 혐오로부터 해방시켜주지 않는다. 1982년에 오드리 로드는 '1960년대로부터 배울 점'이라는 강연에서 이렇게 말했다. "우리는 결코 쟁점이 하나뿐인 삶을 살지 않기 때문에, 단일 쟁점에 대응하는 투쟁이란 있을 수 없습니다." 사안들이 서로 중첩되지 않으며 그러한 억압을 만들어내는 세력들이 상호작용하거나 서로를 강화하는 일이 없다는 듯이 그것들을 따로따로 논하는 것은 우리의 투쟁의 뿌리가 연결되어 있다는 점을 이해하기 어렵게 만든다. 백인우월주의 걷어내기에 관한 4장에서 더 들여다보겠지만 아시아 혐오적 인종주의와 여타의 모든 인종주의는 백인우월주의라는 뿌리에 연결되어 있으며, 백인우월주의는 또한 동성애 혐오, 성차별주의, 원주민 혐오, 장애차별주의 등 여러 다른 형태의 억압을 지탱한다.

우리의 모든 투쟁이 서로 얼마나 연결되어 있는지, 우리 모두가 모든 형태의 억압을 해체하는 데 적극적으로 참여하지 않고는 얼마나 진정한 해방이 불가능한지 뼛속 깊이 이해할 때 우리는 가장 진정성 있는 동기를 갖게 된다. 나는 아시아인들이 흑인 혐오적 인종주의에 맞서 싸우기를 원하는데, 그 이유가 단지 흑인 친구들이 다치는 것이 싫어서만이 아니라, 그 잔재가 흑인 혐오, 피부색 차별, 카스트제도, 신식민주의를 통해 바로 우리 자신의 공동체에 계속해서 남아 있다는 사실을 이해하기 때문이었으면 좋겠다. 나는 남성들이 가부장제를 무너뜨리고 싶어 하기를 바라는데, 그 이유가 주변 여성들이 상처받기 때문만이 아니라 바로 그것이 그들 자신을 감정적으로 약한 존재가 되지 못하게 하고 불이익 없이 자녀들과 집에 머물지 못하게 하는 동력임을 알기 때문이었으면 한다. 나는 시스젠더들이 트랜스 혐오를 뿌리 뽑고 싶어 하기를 바라는데, 그 이유가 트랜스젠더인 자신의 조카가 학교에서 괴롭힘을 당하기 때문만이 아니라 그것이 그들 자신을 젠더 이분법이 지닌 한계 안의 제한적이고 낡아빠진 성역할에 가두는 힘임을 이해하기 때문이었으면 좋겠다. 나는 백인들이 인종주의를 뿌리 뽑고 싶어 하기를 바라는데, 그 이유가 유색인 동료들이 인종적 트라우마를 겪기 때문만이 아니라 그것이 바로 작가이자 트라우마 전문가인 레스마 메나켐이 말하듯 "백인의 신체에 수치심, 그리고 심지어 트라우마를 만들어내는" 도덕적 상흔을 깊이 각인하는 힘임을 알기 때문이었으면 한다.

어떤 인간도 폭력을 가하거나 목격하거나 경험하고서 아무런 상처 없이 그로부터 벗어날 수는 없다. 정도는 다를지언정, 억압은 우리가 행한 역할에 관계없이 모두에게 해를 끼친다. 우리가 그로부터 이득을 얻더라도, 우리를 다치게 하지 않는 것처럼 보이는 억압의 시스템이 실제로는 우리에게 해를 입힌다는 사실을 깨달아야 한다. 내 친구 케니 공은 이를 다음과 같이 간결하게 요약했다. "그것이 그저 도덕적 의무이기 때문이 아니라, 당신 자신의 도덕적 의무이기 때문에 그 일을 행하도록 하라."

자신의 동기로 다시 돌아오자

그러면 다음번에 정의를 위한 행동을 하게 된다면 우리는 무엇을 해야 하며, 어떻게 '무엇'에서 '왜'라는 질문으로 넘어갈 수 있을까? '왜'라는 동기는 '어떻게'와 '무엇'을 모두 일러주는 중요한 도구가 되어주며, 한편으로는 우리 행동의 유용성을 평가하도록 도와준다. 예컨대 SNS를 통해 자신이 얼마나 헌신적인 인종차별 반대자(혹은 페미니스트, 장애차별 반대자, LGBTQ+ 앨라이)인지 선언하기 전에 스스로 질문해보자. "나는 왜 내가 인종차별 반대자임을 천명하는가? 친구들에게 내가 그들과 연대하고 있음을 알려주기 위해서인가? 모두에게 내 입장을 알려서 사업상 고객을 잃지 않으려고 하는 것인가? 혹은 지금까지 내 참여가 부족했음에 대해 반성하고 우리 모두의 책임감을 상기시키기 위해서?" 그리고 자신의 동기에 대해 생각할 때 그다음 질문은 이런 것이어야 한다. "이 행동으로 누가 이득을 얻는가? 나를 중심에 두고 있지는 않은가? 어떻게 하면 더 깊은 동기에 걸맞게 내 행동을 수정할 수 있을까? 어떻게 하면 내 행동이 우리가 공유하는 공동체적 임무에 유용함을 입증할 수 있을까?" 직장에서 팀에

속해 있다면 이런 의문이 들 수도 있다. "과소재현된 유색인, 트랜스, 장애인들을 왜 더 많이 고용해야 하는가? 웹페이지상의 우리 팀 소개란을 다채롭게 보이게 하려고? 더 혁신적인 생각의 결과로 더 많은 돈을 벌기 위해? 우리가 불공정한 시스템 아래에서 기회를 얻어 왔음을 인정하며 역사적으로 주변화된 이들에게 공정한 기회를 제공하고자?"

우리의 명분은 실제로 누구를 위한 것인가? 어떻게 우리가 제시한 '무엇'을 통해 우리의 동기에 맞는 목표를 이룰 수 있다고 확신할 수 있을까? 어떻게 하면 우리의 '왜', '어떻게', '무엇'을 우리의 가치에 맞게, 그리고 해악을 최소화하도록 수정할 수 있을까? 자신의 동기에 대해 끊임없이 질문함으로써 우리는 진정한 동력과 목표를 찾아내고, '무엇'과 '어떻게'를 더욱 완전하고 정확하게 벼려내며, 궁극적으로 우리의 토대를 굳게 다질 수 있다. 가장 힘 있는 동기는 우리가 이 세상에서 어떤 사람이 되고 싶은지 명확하게 아는 데서, 그리고 매일 추구하는 가치에 맞게 살고자 하는 끝없는 노력에서 나온다.

3장

자신의 이야기에 눈뜨기

"얼른 건너자!"

나는 횡단보도에 파란불이 들어오기 전에 길을 건너자고 파트너의 손을 잡아끌었다. 버클리대학에 다니던 시절 캠퍼스 밖에 있던 아파트에서 강의실로 서둘러 등교하곤 할 때부터 무단횡단을 하는 나쁜 습관이 생긴 것이다.

하지만 내 파트너는 크게 화를 냈다.

"절대! 다시는! 그러지 마!"

"왜? 지나가는 차가 하나도 없잖아."

나는 태연히 대꾸했다.

"저기 경찰차가 있어."

그가 그다음 한 말에 나는 화들짝 놀라 정신을 차렸다.

"이런 말도 안 되는 일로 경찰은 나를 강제 추방할 수도 있다고. 이해가 안 돼?"

내 파트너는 2016년 테크 기업을 공동창립하겠다는 야망을 가지고 미국으로 이주했다. 진부한 실리콘밸리 신화처럼 들리는 이런 얘기를 하는 걸 그는 싫어하지만, 내가 볼 때는 대단한 이야기였다. 그와 그의 가족은 인도인 시크교도로, 그가 태어나기 전에 부모님이 인도 펀자브에서 영국으로 이주했다. 그는 무슬림과 시크교도들이 주로 거주하는 런던 동부 지역에서 자랐고, 학교 아이들은 대부분 파키스탄, 방글라데시, 소말리아 등지에서 가족 단위로 이주해온 가난한 저소득층 유색인들이었다(그의 휴대전화에 한 백인 친구의 전화번호는 아직도 '백인 녀석 스튜어트'라고 저장되어 있다). 내 파트너는 지금까지 살아오는 내내 여러 가지 사업을 해왔고, 일반적인 테크 레전드들처럼 스탠퍼드같은 명문대학에서 자퇴하고 부유한 부모님 차고에서 스타트업을 창립한 게 아니라, 아주 전통적인 방식으로 거리에서 휴대폰 심 카드를 팔다가 형과 미용실을 운영하고 또 출력실 사업을 하느라 인생의 즐거움을 모두 도둑맞고 말았다. 주머니 속 20파운드만 들고 인도에서 런던으로 이주한 그의 오랜 친구가 미국에서 함께 회사를 차리자고 제안했을 때, 그는 처음으로 고향을 떠나 모험을 시작했다. 한 번 거부당하고 여러 번 청원한 끝에 그는 사업 비자를 얻을 수 있었지만 그것은 몇 년마다 만료되는 비자였기 때문에, 이주한 이래 계속해서 불안정한 상태로 일하며 살아왔다. 유효한 비자를 가지고 있는데도 해외에 나갔다 다시 입국할 때마다 공항 세관 직원에게 따로 불려가 보안검색을 당하고 추가 질문을 받곤 했는데, 그는 이것이 자신의 피부색과 시크교식 이름 때문이라고 생각한다.

그가 얼마나 자신의 불확실한 상태를 취약한 것으로 느끼는지 나는 몰랐다. 평생의 커리어와 나와 함께하는 새로운 삶 등 그의 모든 것은 이 나라에서 그의 존재를 허가하는 한 장의 종이에 달려 있었다. 세상이 아시아인, 특히 동아시아인을 '소수자의 모범'(1960년대에 아시아인을 일부러 흑인 민권운동과 대조되는 위치에 놓으면서 아시아들이 공손하고 성실하고 탈정치적이고 획일적인 민족에다 잘 동화되는 이주민이라고 여기는 문제적이고 전형적인 시선이 만들어졌다)으로 본다는 사실을 경험한 내가 경찰 주변에서 그가 그토록 심한 공포를 느낄 수 있다는 사실을 전혀 몰랐던 것이다. 도널드 트럼프가 이끄는 제45대 행정부 아래의 정치적 상황에서 갈색 피부의 아시아인 정체성을 지닌 그는 무단횡단, 과속, 시위 도중의 연행이나 대통령에 대한 준열한 비판을 담은 SNS 게시를 비롯해 그 무엇을 하더라도 자신이 이 나라에서 삶을 지속할 수 없는 위험에 빠질 수 있다고 여기고 있었다.

공포에 질린 그의 목소리를 듣는 순간 가슴이 조여왔고, 나는 눈을 휘둥그레 뜨고 어떻게 하면 그를 다시 안심시킬 수 있을지 알지 못한 채 그 자리에 얼어붙었다. 어쩌면 실제로 그는 이 나라에서 결코 안전하다고 느낄 수 없을지도 모른다. 흑인에 대한 경찰의 지속적인 폭력에 관해 수없이 많은 대화를 나누어왔음에도 어째서 우리가 우리 자신의 삶에서 영향받는 경찰 권력에 대해서는 이야기하지 않았는지, 비록 차이가 있을지라도 왜 그것을 우리 문제로 생각하지 못했는지 의문이 들었다.

나는 내 쓸데없는 성급함 때문에 그를 위험에 빠뜨리고, 위협받는 느낌을 갖게 해 그에게 불필요한 스트레스를 주고, 그의 불안정한 지위를 상기시키며 두려움을 자극했다는 사실에 몹시 속상했다. 나는 그의 두려움이 얼마나 그의 신체 가까이에 도사리고 있는지, 그가 얼마나 나와 공유할 수 없는 기민한 경계 태세를 가지고 살아야 하는지 이해하지 못한 내가 파트너로서 자격이 없다고 느껴졌다. 내 무지가 부끄러웠고, 그에게 안전한 느낌을 주기 위해 내가 할 수 있는 것이 아무것도 없어 슬펐다. 내가 아무리 특권을 가졌더라도 나는 그를 보호할 수 없었다.

'특권'이라는 용어는 종종 사람들에게 매우 불편한 감정을 촉발시키는 거대하고 무거운 단어로 여겨진다. 하지만 실제로 내게 특권은 공기처럼 가벼운 것으로 느껴진다. 내가 아직 한국에 살던 초등학교 4학년 무렵, 막 날을 간 스케이트로 잘 정돈된 얼음판 위에서 스케이트를 탈 때 받은 느낌과 비슷하다. 나는 얼굴에 닿는 시원한 공기를 느끼며 가능한 한 부드럽게 회전하는 데 집중하면서 얼음을 지치곤 했다. 그때 나는 수업료 납부 기한에 관해 오가던 코치 선생님과 내 어머니의 대화라든가 어머니가 그 수업료를 내기 위해 얼마나 많은 밤을 새워 일해야 했는지 알지 못했다. 확실히 나는 아이스 링크 위에 있지 않은 이가 누구인지, 그 위에 결코 올라갈 수 없는 이가 누구인지에 대해 전혀 생각하지 않았다. 수업이 끝난 후 나는 몸이 쑤실 때까지 열심히 연습한 나 자신이 자랑스럽기만 했다. '야, 오늘 열심히 했다.'

시스젠더 여성으로서 나는 사회생활을 하는 동안 이 같은 운신상의 편의와 가벼움을 느껴왔다. 전형적으로 여성스러운 젠더 표현

덕에 나는 젠더 오인의 가능성에 대비할 필요가 있다는 생각조차 하지 않는다. 지금까지의 내 현실은 마치 그것이 존재하지 않는다는 식이었다. 많은 트랜스젠더 및 논바이너리들이 새로운 공간에 들어가거나, 신체를 수색하는 공항 보안검색을 통과하거나, 심지어 식당에서 음식을 주문하는 간단한 일을 할 때마다("주문하시겠어요, 아가씨?") 느끼는 과잉각성과 불안에 대해 이야기해주었다.

우리가 사는 세계는 엄격하게 정해진 사회규범에 순응하지 않는 이들의 어깨에 다른 이들은 알아차리지도 못하는 짐을 추가로 얹는다. 때때로 우리는 우리가 스케이트를 신고 있다는 사실조차 알아차리지 못한다.

당신의 숨은 이야기를 발견하라

KEYWORD 동성애 혐오, 인종주의, 경찰 폭력에 관한 이야기들

내 소중한 친구이자 내가 아는 가장 능숙한 퍼실리테이터 중 한 명인 키미 모히카Kimi Mojica가 종종 말하듯, 우리 모두는 자기 자신이 누구인지 알려주는 수많은 이야기들을 가지고 있다. "당신에 대해 말해주세요"라는 요청을 받으면 우리는 종종 일련의 중요한 사건과 성취를 통해 각자의 삶을 설명하기 시작한다. 우리를 만든 결정적 경험들, 즉 우리가 배우고, 극복하고, 이루어낸 것들에 초점을 맞추

면서 말이다. 그 경험들에서 우리는 주인공, 극복한 자, 도전가, 회복력 강한 생존자의 자리에 놓인다.

이혼 가정에서 자라 조부모님이 키워주셨고, 이민자이며, 한때 미등록 외국인이었던 양육자의 딸이고, 미국의 저소득층에서 건강보험 없이 자랐으며, 퀴어 유색인이자 작은 사업체를 운영하고 있고, 여러 가지 시련에도 경제적 안정을 얻은 것 등등은 내가 어떤 사람인지를 정의해주는 고투와 성취이며, 어디든 나는 그것들을, 흉터까지도, 뇌리에 각인된 기억으로서 지니고 다닌다.

그러나 내가 종종 생각하지 못하는 것은 내 숨겨진 이야기들, 즉 자주 잊히는 경험들, 우리가 인식조차 하지 못하거나 아예 겪은 적이 없다고 믿음에도 우리 서사의 일부인 이야기들이다. 특정한 노력의 부재라든지, 모두가 갖지는 못한, 종종 감지할 수 없는 특별한 혜택의 덕을 우리가 보고 있다는 사실을 인식하지 못하는 것으로 특징지어지는 그 이야기들은 우리가 인지하지 못하더라도 우리 자신의 이야기에 주인공의 영웅적 여정과 함께 적힌다.

퀴어로서의 내 삶에 관해 생각할 때면 "집에 오지 마라."라고 한 아버지의 말이 여전히 내 귀에 울리고, 동성애자임이 '탄로나' 집에서 쫓겨난 고등학교 시절 친구가 떠오른다. 나는 길에서 나를 보고 다이크*라고 말하는 소리를 들었고, 다른 여자애와 손을 잡고 있을 때 이

● dyke. 이른바 '레즈비언'으로 일컫는 여성 동성애자를 모욕적으로 일컫는 말―옮긴이

상하게 쳐다보는 시선을 견뎠으며, 공공장소에서 그 여자애와 키스할 때는 과도하게 자의식을 느끼곤 했다. 하지만 아무리 찾아봐도 내 기억에 없는 것은, 데이트 장소로 차를 몰고 가다가 경찰관에게 검문을 받을 걱정이나 그로 인해 목숨을 잃을 수도 있다는 두려움이었다.

아시아계 미국인 여성으로서의 내 삶에 대해 생각할 때면 이제는 기억에서 희미해진 백인 애들의 얼굴이 떠오르는데, 10대였던 그들은 손가락으로 자신의 눈을 양옆으로 잡아당기며 "칭챙총, 칭챙총!" 하고 야유를 보냈다.

일식당에서 웨이트리스로 일하는 아시아 여성으로서, 또 기업에 고용된 직장인으로서 나는 종종 성희롱과 페티시즘의 대상이 되는 걸 견뎌야 했다. 하지만 나는 내 시민권 등록 서류나 전과 여부 때문에 일자리를 얻지 못할 것을 걱정한 적은 없고, 내 신체적, 정신적 장애 여부에 의거해 차별받은 적도 없다.

이처럼 '내가 기억하지 못하는' 이야기들, 즉 내 안에 숨겨진 이야기들은 내가 의식적으로 기억하는 것만큼이나 뚜렷하고 직접적으로 내 삶을 일구어냈다. 특권의 부재가 자신의 정체성의 일부인 것과 마찬가지로 시련의 부재 역시 자신의 이야기이기에, 특권을 부인하는 일차원적 이야기만으로는 부족하다. 우리가 누구이며, 어떻게 이런 사람이 되었고, 어떻게 하면 활동에 나설 수 있는지 알기 위해서 우리는 여러 억압적 시스템 때문에 해를 입거나 혜택을 얻는 방식을 이해해야 한다. 일단 우리가 우리 안의 이러한 다면적 진실을 이해하고 배우게 된다면, 사회정의를 위한 운동에 어떻게 합류할 것인지 더욱 명료하게 선택할 수 있게 될 것이다.

가끔 내게 이런 질문을 하는 사람들이 있다. "내가 어떤 특권을 가지고 있는지 어떻게 알죠?" 간단히 인터넷 검색만 해보아도 여러 정체성 및 체계적 억압에 따른 다양한 특권의 유형 목록(예컨대, 남성의 특권, 비장애인의 특권, 시스젠더의 특권, 백인의 특권 등)을 보여줄 것이며, 그것을 출발점 삼아 의식의 지평을 넓혀갈 수 있을 것이다. 그러나 기본적으로 필요한 것은 우리가 아직 모르는 것을 알고자 하는 지속적이고 의도적인 노력, 온전한 이야기를 이해하고자 하는 의지,* 불편함을 감수하더라도 정직하고 맥락에 맞게 의문시하고 조사해보겠다는 책무를 갖는 것이다. 우리의 특권을 발견해가는 과정에서 우리는 그러한 차이를 낳은 조건에 대해서도 배우려 노력해야 하며, 알려지지 않은 역사, 부당한 정책, 그에 따른 유산을 되짚어보며 그 뿌리를 추적해야 한다.

질문을 가지는 것은 괜찮다.

때로는 질문이 답보다 더 많은 것을 드러내준다.

-에리카 허긴스

- 이 개념은 내 친구이자 오클랜드에서 활동하는 시인 겸 서사 전략가, 홀스토리 그룹(Whole Story Group)의 창립자인 미셸 '머시' 리(Michelle 'Mush' Lee)에게서 배운 것이다.

나는 이 목록에 대해 공부했고 심지어 몇 가지 목록을 작성하기까지 했음에도, 파트너의 손을 잡아끌고 무단횡단을 하는 동안에는 등록된 미국 시민으로서의 내 특권, 그리고 종종 위협적이지 않고 순종적이라고 여겨지는 밝은 피부색의 동아시아 여성으로서의 특권을 무심코 휘두르고 말았다. 영구적 시민권을 가지지 못했으며 어두운 피부색의 남아시아 시크교도 남성인 내 파트너의 경우를 고려하지 못한 채로 말이다. 비록 고의는 아니었지만, 속 편한 무지로 인해 나는 특권을 행사할 수 있었고, 그것은 곧장 무기가 되어 내가 사랑하는 사람에게 물리적으로 위협을 주었다.

일단 이러한 생각의 싹이 심어지자, 나는 내 특권 속에 숨겨진 이야기에 대해 좀 더 알고 싶어 무단횡단에 관한 정보를 찾아보았다. 간단히 조사한 바에 의하면, 무단횡단 관련법은 운전자보다 보행자에게 차 사고의 책임을 물으려는 20세기 자동차 제조업계의 공격적인 로비의 결과였고, 이러한 법규는 역시나 불균형하게도 유색인, 특히 흑인과 라틴계를 겨냥하는 것이었다. 2019년 뉴욕 경찰은 불법보행 딱지의 90%를 흑인과 라틴계 사람들에게 발부했는데, 그들은 고작 도시 인구의 55%에 불과했다. 또 딱지의 53% 이상이 25세 이하의 청년들에게 발부되었는데, 그들은 인구의 7%에 불과했다. 2020년 6월 4일, 오클라호마주 털사에서 경찰관 둘이 무단횡단 혐의로 10대 흑인 소년 둘을 잔혹하게 바닥에 쓰러뜨려 수갑을 채웠고, 그중 하나는 여러 개의 혐의로 체포되었다.

개인적으로 나는 결코 이런 경험을 한 적이 없지만, 특권을 방패로 든 채 같은 환경에서 살아가고 있으며, 그 특권 덕분에 나는 일상적으로 처벌받지 않고 무단횡단을 할 수가 있는 것이다.

특권의 책임

우리는 종종 '너 자신의 특권을 살펴라'라고 말하는데, 이 중요한 행동 촉구 이면의 더 깊은 동기 역시 이해하고 상기할 필요가 있다. 각자의 숙제를 하고 우리가 가진 특정한 특권에 대해 깊이 알고자 하는 것은 각자의 내면에 숨겨진 이야기를 탐구하는 법을 배우지 못한 우리가 자기 자신에 대해 책임을 지는 한 가지 방법이다. 이러한 숨겨진 이야기들을 알게 되면 사회가 능력주의에 기반하기에 성공의 기회가 누구에게나 공평하게 주어져 있으며 성공은 각자의 능력과 노력에 달려 있다는 널리 통용되는 신념을 위협할 수 있기 때문에, 우리는 그것에 대해 쉽사리 알아내지 못하도록 되어 있다. 이러한 능력주의 신화는 수 세기 동안 권력, 접근성, 자원의 대부분을 가져온 동질적인 집단(시스젠더에, 이성애자이며, 비장애인이고, 부유한 백인 남성)을 수호하는 한편, 주변화된 이들을 부당하게 탓함으로써 그들이 직면하는 체계적 장벽을 보이지 않게 만든다. 이런 이야기들은 숨겨야 될 이유가 있기에 숨겨졌고, 때때로 우리는 자신의 두려움,

수치심, 죄책감, 불안 때문에 그것들이 계속 숨겨져 있기를 바란다. 그러나 그 이야기들은 억압의 시스템이 우리를 통해 작동하는 방식을 이해할 수 있게 해주는 열쇠다. 그리고 우리가 가진 특권과 그것의 발현을 통제하는 일은 공정성과 정의를 향한 목표에 부합하는 삶을 사는 데 매우 중요한 부분이다.

　무지가 불러오는 파급효과를 이해할 책임을 가지는 우리에게는 자신의 특권을 이해해야 할 의무가 있다. 동시에 우리에게는 우리가 가진 열쇠로 특정한 문을 열 수 있는 기회를 알아차릴 의무도 있다. 특권은 부지불식간에라도 무기가 되어 파괴적인 해악을 야기할 수 있지만, 다른 한편으로는 공정성과 정의를 위한 전략적 도구가 될 수도 있다. 내가 미국 시민권자이며, 사법기관을 포함해 대부분의 사람들이 시스젠더 아시아계 여성인 나를 즉각적 위협으로 여기지 않는다는 사실을 내가 알고 있다면, 나는 그런 특권에 접근하지 못하는 이들에게 도움되는 방식으로 그것을 이용할 수 있는 것이다. 예컨대 길에서 사람들을 불러 세운 경찰을 본다면 다가가 그 옆에 설 수 있고, 때로는 무슨 일인지 물으며 내가 유용한 목격자나 중재자가 될 수 있을지 확인해볼 수도 있다. 매년 열리는 프라이드 퍼레이드처럼 지역의 사법기관이 출동해 안전을 보호하는 대규모 공중 집회에 참석할 때 나는 경찰들과 가장 가까운 곳에서 행진을 하면서 경찰과 더 자주 경찰의 표적이 되는 다른 참가자들(흑인과 갈색인종 사람들, 유색인 LGBTQ+, 장애인, 미등록 이주민처럼 경찰의 잔혹함과 범죄화에 정면으로 맞서는 이들) 사이에서 물리적 완충지대 역할을 할 수도 있다. 어떤 특권을 가졌는지 인지함으로써 우리는 피해를 최소화하는 동시에 의미 있는 방식으로 운동에 참여하고 기여하는 데 전략적으로 임할 수 있다.

명료하게 드러난 온전한 이야기는 우리를 겁먹게 할 수도 있다. 이야기가 완전히 다시 쓰여야 할 것만 같은 기분이 들 수도 있고, 성취와 극복의 이야기들이 무시될까 봐 걱정되기도 할 것이다. 하지만 우리의 성공에 특권이 영향을 미쳤으며, 어떤 경우에는 특권이 있어 성공이 가능했음을 인정한다고 해서 그것이 우리의 노력, 성실성, 다양한 상황에서의 생존력 등을 지우거나 축소시키지는 않는다. 단지 우리의 투쟁이 서로 다르며, 주변화된 정체성과 특권적 정체성이 합쳐져 일련의 독특한 경험을 만들어낼 수 있다는 것을 의미할 뿐이다. 우리는 이런 다면적 진실을 동시에 인정할 수 있는 능력을 갖고 있으며, 그 능력을 끊임없이 갈고 닦아 정직함, 복잡성, 미묘한 뉘앙스를 위한 자리를 남겨두도록 해야 한다.

검정색 냅킨 요청하기

대학 졸업 후 기업에서 일하기로 결심했을 당시 나는 아직 문화 충격에 대비되지 않은 상태였다. 내 가까운 가족 중 누구도 미국에서 전형적인 사무직은 고사하고 큰 기업에 고용되어본 적이 없었다. 나는 규칙, 특히 그냥 알고 있어야 하는 불문율 같은 것에 무지했다. 클라이언트 앞에서 자신의 실제 나이를 밝혀선 안 된다거나, 파워포인트 자료를 '프레젠테이션'이 아니라 '덱'이라고 불러야 한다거나 하는 것들 말이다.

'현실 세계'로 향하는 처음 몇 년 동안 나는 내가 진실이라고 알고 있는 것과 이 세계에서 더 중요한 사실로 제시되어 있는 것 사이에서 거대한 인지부조화를 겪었다. 직장에서 나는 순진한 이상주의자이자 '급진파'였고, 사회정의 운동 내에서는 기업에 동정적인 자였다. 어디에도 속하지 못하는 것 같은 갑작스러운 느낌은 내 정신 건강에 타격을 주었다. 그토록 외로운 적은 없었다. 그럼에도 나는 가면증후군으로 채워진 하루하루를 버텨내면서 이 미지의 바다에 가라앉지 않으려고 집중했다. 나는 '내가 기업 안에서도 변화를 만들어낼 수 있으며', '여기 있는 사람들만큼 나도 유능한 직원'이라고 되뇌었다. 매일의 긍정적 확언에도 한밤중에 울면서 잠에서 깼고, 심각한 '일요일의 공포' 증후군을 겪었다.

어느 날 저녁, 회사 팀장이 팀 회식을 주최했다. 키도 크고, 날씬하고, 금발에, 극도로 우아한 중년의 백인 여성인 그는 나와 비슷한 데가 한 군데도 없었지만, 나는 그처럼 되고 싶었다. 아니, 나는 그의 인정을 갈구했다. 깔끔하고 볼륨감 있는 헤어스타일부터 완벽히 몸에 맞춘 정장, (내가 그를 넋 놓고 쳐다볼 때면 이따금씩 보내주는) 온화한 미소까지 모든 것을 갖춘 듯 보였다.

저녁식사는 흰 식탁보, 편안한 조명, 유니폼 입은 웨이터 등이 있는 고급 스테이크 식당에서 진행되었다. 우리가 테이블로 안내되었을 때 팀장은 웨이터에게 아무렇지 않게 "검은색 냅킨이 있나요?"라고 물으며 자신이 입고 있던 검정 정장 바지를 가리켰다.

검은색 냅킨이라고? 농담인가? 하지만 웨이터는 이것을 농담이라 여기지 않았고 아쉽게도 현재 검은색 냅킨이 준비되어 있지 않다고 말했다. 팀장은 믿을 수 없어 했다. 이런 고급 식당에 어째서 흰색 냅킨만 구비되어 있는 거지? 그는 흰색 냅킨을 무릎에 올려두기를 생략했고, 흰 냅킨의 보푸라기보다는 음식 부스러기가 바지를 장식할 위험을 감수했다.

나는 저녁식사 내내 검은색 냅킨에 대해 생각했다. '검은색 냅킨이라고? 다른 모든 사람들도 그런 게 요청 가능하다고 알고 있나?' 얼마나 더 많은 '검은색 냅킨'이 존재하는 걸까? 게임의 규칙도 모르면서 내가 어떻게 이길 기회를 잡을 수 있을까?

이것은 특정한 정보에 대한 접근성이 네트워크에 따라 어떻게 다르게 작동하는지 보여주는 우습고도 사소한 예시다. 살면서 내가 갖지 못한 특권에 대해 배우는 동안 나는 정보 통제가 미묘한 방식으로 만연해 있다는 사실을 발견했다. 더불어, 세상에 어떤 종류의 일자리와 기회가 존재하는지에 관한 정보부터 계약, 가격 책정, 봉급에 관해 협상하는 법, 세금을 절약하는 투자 방법, 법적 권리와 대안에 대해 이해하는 방법에 이르는 정보들에 대해 공유를 차단하는 것은 불평등의 현상 유지를 지속시키는 데 매우 중요하다는 사실을 깨달았다. 수많은 종류의 중요 정보가 소수 특권층의 배타적 권한 내에 존재하고, 나머지 사람들의 손에는 그것이 잡히지 않고 흐릿하다는 사실에 대해 우리 모두는 각성해야 한다.

우리가 무엇을 모르는지 모른다는 말이 아니라, 우리가 무엇에 대한 접근을 통제당하고 있는지 알 수 없다는 뜻이다. 어떠한 공간, 자원, 지식, 네트워크에 대한 접근권은 특권이 어떤 이들에게는 허락하고 다른 이들에게는 허락하지 않는 가장 강력한 도구 중 하나다. 자신의 숨겨진 이야기들과 그 이야기들을 가능하게 하는 특권들을 발견함에 따라, 우리는 가치 있는 정보와 자원을 가두고 있는 문을 열어젖히기 시작하는 한편, 여러 해에 걸쳐 점점 더 접근성 격차를 넓혀온 과거의 유산을 비판적으로 검토할 수 있다.

2015년, 테크 업계의 노련한 엔지니어링 리더이자 DEI 옹호자인 에리카 조이 베이커Erica Joy Baker는 구글 재직 당시 직원들 간에 연봉 정보를 공유하는 내부 문서를 만든 바 있다. 그 문서는 빠르게 인기를 끌었고, 구글 직원들 사이에 존재하는 커다란 성별 임금격차를 폭로했다. 문서를 통해 공유된 정보는 직원들이 연봉 인상 협상을 더 잘 해내고, 드러난 불공정한 격차를 메울 수 있도록 힘을 부여해주는 한편, 전체 테크 업계에서 임금의 형평성 관련 논의를 이끌어내는 데 일조했다.

결과적으로 베이커는 구글을 떠났고, 해당 문서에 대해 '윗사람들은 언짢아' 했으며 그 자료를 만든 공로에 대한 감사의 표시로 동료들이 베이커에게 부여한 피어 보너스*를 인정하지 않았다고 베이커는 밝혔다.

강조하건대, 지식 가두기는 조직과 구성원 사이, 재벌과 노동자 계층 사이, 백인과 유색인 사이, 남성과 주변화된 젠더들 사이의 권력 불평등을 그대로 유지하기 위해 존재한다. 정보의 유통이 제한되는 데는 이유가 있으며, 우리는 그 이유와 방식에 대해 질문하고, 우리가 특권 덕분에 갖게 된 지식과 접근권을 널리 공유해야 한다. 우리가 각자의 내면에 숨겨진 이야기들을 발견하고 되찾아야 하는 중요한 이유 중 또 한 가지는 특권을 전략적으로 이용해 경계 바깥에 있는 이들에게 기회를 제공하기 위해서다.

우리의 속 편한 무지는 숨겨진 이야기에 대해 각성해야 하는 책임과, 그 이야기가 우리와 타인의 삶에 영향을 미치는 방식을 끊임없이 검토해야 하는 책임을 면제해주지 않는다. 그러한 이야기가 우리의 통제나 의식적 선택 아래 쓰이지는 않았다 하더라도, 그 이야기를 파고들어 진실된 관점으로 우리의 온전한 이야기를 마주하는

• peer bonus. 기업이 추구하는 가치와 원칙을 잘 실천하거나 자신의 업무와 무관하게 문제 해결, 지식 공유 등 도움을 준 동료에게 직원들이 직접 감사와 칭찬의 마음을 표하고 작은 보너스를 보내는 보상 제도―옮긴이

일과 우리들이 가진 특권들을 전략적으로 활용해 운동을 전진시키는 것은 우리의 통제 하에 있으며 우리가 의식적으로 선택할 수 있는 일들이다.

2부

방향 설정하기

4장

우리 안의 백인우월주의

"우리가 접수했다! 우리가 너희의 지배자다!"

2021년 1월 6일 난폭한 트럼프 지지자들과 백인우월주의자들 무리가 2020 대선 결과에 불복하며 의사당 건물을 점령했을 때 세계는 미국의 다인종 민주주의에 대한 대담한 공격을 목도하고 경악을 금치 못했다. 바로 그날 아침 나는 조지아주에서의 역사적인 상원의원 결선투표 승리에 대한 희미한 희망을 가지고 눈을 떴다. 조지아주에서 기나긴 시간 동안 온갖 유권자 탄압에 맞서 투표율을 높이기 위해 노력한 스테이시 에이브럼스Stacey Abrams와 흑인, 라틴계, 아시아계 활동가들을 향한 감사의 마음으로 내 가슴은 가득 차올랐다. 하지만 오후가 되자 백인우월주의가 기승을 부리는 모습이 확연해졌다. 백인들의 분노. 백인들의 공포. 백인들의 권력. 백인이 원래 누려야 할 권리를 박탈당한 데 대한 상실감에서 나온 들끓는 분노. 권력을 잃을 일말의 가능성을 연료로 하는 공포. 그들은 전국에 대고 자신들의 무적의 면죄부를 전시한다. 아냐, 이건 우리 거야. 너희는 우리를 대체할 수 없어. 2017년 버지니아 샬러츠빌에서 열린 백인우월주의자들의 '유나이트 더 라이트' 집회에서 나온 '유대인은 우리를 대체할 수 없다!'라는 반유대주의 구호가 떠올랐다.

우리는 인종주의의 해악, 인종주의에 반대하는 방법, 학교나 직장, 정책, 사법체계, 사회 전반에 만연한 인종주의에 관해 긴 시간 동안 이야기했다. 증오와 폭력, 차별에 맞서 싸우는 과정에서 우리는 계속해서 인종주의, 성차별주의, 동성애 혐오, 장애차별주의, 원주민 혐오, 그리고 여러 다른 형태의 억압에 압도되고 있다. 그러나 내가 참석하는 곳을 포함한 많은 곳에서 이런 대화는 인종주의를 근본적으로 지탱하는 것을 건드리는 데까지는 나아가지 않고, 문제의 근원을 살피지 않은 채 인종주의의 징후를 설명하는 데 너무 많은 시간을 할애한다.

사람들의 뇌는 '백인우월주의'라는 용어를 들었을 때 나치, 흰색 후드를 쓴 KKK단, 남부연합기*를 휘날리며 수도에 군집하는 난폭한 군중의 이미지를 떠올리도록 훈련받았다. 백인우월주의는 우리가 자신은 저렇지 않다고 거리를 둘 수 있는 노골적인 이미지를 만들어내 그 뒤에 모습을 감추었고, 선한 의도를 가진 사람들도 알아채지 못할 만큼 눈에 띄지 않게 사회 구석구석에 그 촉수를 뻗는다. 백인우월주의의 기능 중 한 가지는 그것이 어디에나 있다는 사실을 숨기고, 이름 붙이기 어렵도록 만들어 어둠과 빛 양쪽에 동시에 존

● Confederate flags. 1861~1865년 미국 남북전쟁 당시 남부연합 정부를 상징하던 깃발. 당시 남부연합을 구성한 사우스캐롤라이나, 조지아, 플로리다, 앨라배마, 미시시피, 루이지애나, 텍사스, 버지니아, 노스캐롤라이나, 테네시, 아칸소 등의 주에서 노예제를 유지했기에, 현재까지도 백인우월주의와 인종차별의 상징으로 여겨지고 있다.─옮긴이

재하게 만드는 것이다. 나는 백인우월주의를 더 평범하게 명명하고, 논의하고, 해체할 수 있도록 만드는 것이 내 직업적, 개인적 사명이라 여겨오고 있는데, '백인우월주의'라는 용어를 가장 기본적인 차원에서 정의하는 것부터 시작해야 한다. 그러면 명료함과 분별이 필요할 때마다 명쾌한 정의로 돌아와 분석과 접근의 토대를 마련할 수 있을 것이다. 백인우월주의는 다음과 같은 신화를 강화하는 일련의 시스템, 정책, 신념이다.

1. 백인성은 선천적으로 다른 인종보다 우월하므로
2. 백인이 다른 인종의 사람들을 지배하는 것은 당연하다.

작가이자 교육자, 활동가인 소냐 르네 테일러 Sonya Renee Taylor는 '백인우월주의적 망상white supremacist delusion'이라는 용어를 사용해 백인우월주의적인 선천적 진실 왜곡을 지적한다. 백인성과 백인이 선천적으로 다른 인종보다 우월하기에 유색인을 지배해 마땅하다는 생각은 잘못된 것임에도, 백인우월주의적 망상은 여전히 우리가 역사를 통해 봐왔으며 현재까지도 이어지는 인종주의의 토대를 형성하고 있다. 역사적으로 백인의 우월성과 백인 지배의 당위성에 관한 이 유해하고 허구적인 신념은 홀로코스트부터 원주민 대학살, 노예제, 글로벌 제국주의와 식민주의까지, 전 세계에서 잔학 행위를 탄생시키고 정당화하는 데 사용되어왔다. 이 극악무도

한 행위의 유산은 오늘날까지도 이어지고 있으며, 백인우월주의의
파급력은 옛 방식으로든 새로운 형태로든 우리 삶 주위를 계속해서
맴돌고 있다.

백인우월주의는 어디에나 있다

KEYWORD 인종주의와 흑인 혐오 사례, 살해와 대학살에 관한 언급을 포함해 백인우월
주의가 발현되는 방식에 대한 묘사

백인우월주의적 망상은 우리 사회의 모든 곳에 깃들어 있다. 법
학자 프랜시스 리 앤슬리Frances Lee Ansley는 백인우월주의를 설명
할 때 백인우월주의를 지속시키는 시스템을 포함하는 것으로 그 정
의를 확장한다. "나는 '백인우월주의'를 백인우월주의적 증오 집단
의 자의식적 인종주의만을 뜻하는 것으로 여기지 않는다. 그보다는
백인들이 압도적인 비율로 권력과 물적 자원을 통제하고 있고, 백인
의 우월성과 자격에 대한 의식적이거나 무의식적인 견해가 널리 퍼
져 있으며, 백인의 지배와 비백인의 종속이라는 관계가 다양한 제도
와 사회적 상황에 의해 일상적으로 일어나는 정치적·경제적·문화적
시스템을 의미한다."
백인우월주의가 다양한 시스템에서 등장하는 방식을 살펴보자.

백인우월주의는 우리의 보건 시스템에도 존재하며, 그것은 유색인보다 백인들의 건강과 삶을 우선시한다. 양질의 돌봄과 보험에 대한 접근권의 불평등한 분배, 그리고 전문 의료진의 인종적 편견 등을 포함해 시스템에 내재한 인종주의에서 비롯한 많은 요인들 때문에, 미국에서 임신과 관련된 원인으로 죽을 확률은 백인 여성보다 흑인 여성이 3~4배, 원주민 여성이 2.3배 높다. 응급의료학과 의사들은 흑인, 라틴계, 아시아계 아동에게는 백인 아동에 비해 혈액검사나 CT 촬영, 엑스레이 촬영 등을 덜 실행하는 경향이 있다. 또 흑인 및 라틴계 환자들은 훨씬 더 오래 대기하는데, 이는 그들이 의사를 찾아가는 절차가 백인들에 비해 전반적으로 더 길다는 뜻이다.

백인우월주의는 미국의 사법체계, 혹은 교도소 페지론자이자 단체 활동가이며 교육자인 마리암 카바가 정확히 표현했듯 형벌제도에도 존재하는데, 그것은 백인들에 대해서는 무죄를 추정하면서 유색인들은 지나칠 정도로 더 많이 처벌한다. 인종별 마리화나 사용률은 비슷함에도 불구하고 흑인이 마리화나 소지로 처벌받을 확률은 백인보다 3.7배 높으며, 흑인은 교도소에 수감되는 비율이 백인보다 5.9배 높고, 라틴계는 백인보다 3.1배 높다. 빈곤층과 유색인보다 부유한 백인에게 특혜를 주는 사법체계의 결과로, 2001년 기준 당해 출생한 흑인 소년 3명 중 1명이, 그리고 라틴계 소년 6명 중 1명이 생애 동안 교도소에 수감되는 경험을 할 것으로 예상할 수 있는 반면, 백인의 경우 17명 중 1명만이 수감될 수 있다고 예상된다.

전체 이주민 중 동남아시아계와 태평양제도민들의 국외 추방률은 3배 높고, 주법원이 원주민 10대들을 무단결석이나 알코올 사용 같은 사소한 위법행위로 수감시키는 비율은 여타 인종이나 민족 출신에 비해 2배 더 높다.

백인우월주의는 교육 시스템에도 존재해, 백인이 중심이 되고 백인이 지배하는 서사를 가르치며 억압받은 이들의 역사나 수세기 동안 지속된 백인들의 폭력은 지워버린다. 남부빈곤법률센터Southern Poverty Law Center의 2017년 연구에 따르면, 고등학교 3학년생의 3분의 2가 노예제를 공식적으로 종식하는 데 헌법개정이 필요했다는 사실을 모르고 있었으며, 분석 대상이 된 15개의 주별 교육내용 표준 중에서 어느 주도 백인우월주의 이데올로기가 어떻게 노예제를 정당화하는 데 사용되었는지 설명하지 않았다.

대부분의 미국인들은 1921년의 털사 인종학살이라든가 1923년의 로즈우드 학살처럼 반복적으로 흑인 공동체를 파괴한 사건, 1871년 로스앤젤레스에서 중국인 대학살 시기 동안 자행된 대규모 린치나 1930년 왓슨빌 폭동에서의 필리핀계 농업 공동체 파괴처럼 무고한 생명을 앗아간 사건 등 주정부가 뒤를 봐준 백인 폭도들의 잔혹한 행위에 대해 배우지 않는다. 대부분의 미국인은 미군이 베트남 남부의 한 마을에서 400명의 여성과 아이, 노인을 총살한 1968년 미라이 학살, 미 공군이 대부분 여성과 아이였던 300명의 피난민을 죽인 1950년 한국의 노근리 학살 등 미군이 해외에서 저지른 만행에 대해 무지하다.

실망스럽게도 대부분의 아이들은 여전히 미국의 근간을 만든 인종주의와 집단학살의 역사에 대해서도, 원주민 학살과 강제 이주에 대해서도 배우지 않는다. 땅을 되찾아 지키고자 하는 원주민들의 싸움은 대부분의 미국인들은 알지 못하는 사이 지금까지도 계속되고 있는데 말이다.

유색인들은 뒷전으로 하고 백인 소비자를 소구대상으로 삼는 상품 디자인에도 백인우월주의는 존재한다. 흑인 학자인 조이 부올라뮈니Joy Buolamwini와 팀닛 게브루Timnit Gebru가 2018년 발표한 획기적인 연구에 따르면, 안면 분석 알고리즘이 백인 남성의 얼굴에 대해 거의 완벽한 인식률을 자랑한 반면, 흑인 여성의 얼굴은 35% 가까이 오인했다. 온라인의 한 기사 보도가 유머러스하게 다루기는 했지만(2017년 〈뉴욕 포스트〉 헤드라인에 따르면, "중국 사용자들은 아이폰X의 얼굴 인식 기능이 그들을 구별하지 못한다고 비판했다"), 아시아인들의 얼굴 인식률이 떨어지는 아이폰X의 페이스아이디는 모든 아시아인이 다 똑같이 생겼다는 비인간적인 편견을 계속해서 악화시킨다.

〈프로퍼블리카ProPublica〉의 탐사보도에 따르면, 사법체계에서 재범 가능성 평가 및 선고 시 고려사항에 활용하는 범죄 위험 평가 소프트웨어는 인종주의적 결과를 낳는 편견에 찬 알고리즘을 사용하는 것으로 밝혀진 바 있다. 해당 보도는 전과 기록, 범죄 유형, 연령, 젠더 같은 요인들을 고정시킬 경우 흑인 피고인이 백인 피고인에 비해 향후 강력범죄를 저지를 위험성은 77% 더 높고, 향후 종류를 불문하고 범죄를 저지를 가능성은 45% 더 높은 것으로 여겨진다고 보고했는데, 그 적중률은 실제로 동전 던지기의 확률과 같았다.

백인우월주의는 지도상에도 존재한다. 지도는 다양한 동네들을 '좋은'(주로 백인, 부자, 많은 자원을 가진 이들의) 지역·학군·선거구와 '안 좋은'(주로 흑인과 유색인, 노동계급, 투자 가치가 없는 이들의) 지역·학군·선거구로 나누는 선을 그어, 일생 동안의 기회, 자원에 대한 접근성, 부의 축적, 내 집 마련에 영향을 미친다. 부동산 산업과 은행이 유색인들의 자가 주택 마련과 개발을 억제하기 위해 시행한 차별적 정책인 레드라이닝redlining의 여파는 그러한 시행을 금지한 1968년 공정주거법 통과 이후에도 여전히 남아 있다. 2020년의 한 연구에 따르면, 주택 가치상의 인종적 불평등은 40년 전에 비해 더 커졌다. 백인 거주지역의 주택이 유색인 거주지역의 비슷한 상태의 주택보다 거의 20만 달러 더 높은 가치를 인정받고 있다. 1776년에서 1887년 사이 백인 정착민들과 미국 정부는 원주민들의 땅 15억 에이커를 점령했고, 공적 기금과 투자에서 그들을 배제한 채 격리시켜 통제하기 위한 방법으로 원주민 보호구역을 지정했다. 정착민들이 행한 식민주의의 유산은 오늘날까지도 남아 있다. 땅과 자원을 강제로 빼앗아 부를 축적할 기회를 박탈한 정부 정책으로 인해 전체 아메리카 원주민의 27%가 빈곤 속에 살며, 그보다 더 많은 이들은 제대로 된 의료 서비스조차 접근하지 못하고 살아가고 있다.

백인우월주의, 더 정확히 말해, 백인 남성 우월주의는 백인 남성들이 모두에게 영향을 미칠 결정들을 하는 데 사용하는 압도적이고 헤게모니적인 권력 안에 존재한다. 사실상 모든 산업의 간부 자리들은 대부분 백인 남성이 지배하고 있다. 2020년 포춘 500Fortune 500, 즉 미국 매출 최대 500대 기업들의 CEO 중 92.6%가 백인이었고, 7.4%만이 여성이었으며, 흑인은 1%에 불과했고, 2.4%가 동아시아 혹은 남아시아계였으며, 3.4%가 라틴계였다. 2020년 9월 〈뉴욕타임스〉는 900명이 넘는 고위직 공무원 및 임원 중 80%가 백인이고 20%가 흑인이거나 히스패닉, 아시아계, 아메리카 원주민, 혼혈, 유색인이라는 놀라운 결과를 발표했는데, 이는 백인이 인구의 60%를 차지하는 나라에서 그들이 권력을 가지는 비율이 균형에 맞지 않다는 사실을 보여준다.

조사 대상이 된 직군은 군, 경찰, 법원, 대법관, 연예계, 미디어 산업, 출판인, 주류 언론사, 스포츠팀 구단주, 선출직 행정공무원 등으로, 중요 결정권을 가지며 우리 사회의 토대를 다지는 데 영향력을 갖고 있는 이들이었다.*

---

* 이 기나긴 백인우월주의의 목록을 읽느라 지치는 건 당신만이 아니다. 나는 이 혹독한 현실과 통계자료를 어떻게 제시해야 할지 오랫동안 골똘히 생각해보았으나, 결국 이 중 어느 것도 마음에 들거나 덜 압도적으로 보이게 만들 방법이 없음을 깨닫게 되었다. 백인우월주의의 현실 속에 산다는 것은 결코 가볍거나 쉽지 않다. 백인우월주의를 해체할 유일한 방법은 가능한 한 직설적이고 정직하게 그것을 직면하는 것이다. 그렇기는 해도, 나는 독자 여러분이 몸을 좀 움직여 스트레칭을 하고 심호흡도 몇 번 한 후 계속 읽어나가기를 권한다.

신이 지배계급을 닮은 것으로 보일 때 우리는 기본적으로 망했다고 생각
하게 된다.

- 글로리아 스타이넘

형사처벌 제도의 개혁 및 폐지 운동을 지지하는 많은 이들이 말
하듯, 우리의 시스템은 고장난 게 아니다. 그것은 설계된 그대로 작
동하며, 백인우월주의를 유지시키고 빠르게 재생산해 사람들의 내
면, 관계, 조직, 제도 속에 집어넣어 망상적이고 파괴적인 영향력을
지속하고 있는 것이다.

백인우월주의는 의도된 것이며 끈질기다. 그것은 서서히 퍼져
나가 어디에나 존재한다. 도처에 백인우월주의가 있다. 그것은 우리
가 숨 쉬는 공기이자 우리가 헤엄치는 물로서 어디에나 있으므로 동
시에 아무데도 없는 것처럼 느껴지며, 자연스러운 존재 방식이 되어
우리 정신에 스며든다. 예컨대, 백인성이 규범이자 출발점으로 여겨
지기 때문에 백인들은 종종 '백인들' 혹은 '백인 개인' 대신 그저 '사
람들' 혹은 '개인'으로 묘사된다. (그러니 경찰이 '사람들'을 보호한다고 할 때
그것은 모든 사람들을 의미할까, 아니면 백인들만을 의미할까?)

토니 모리슨Toni Morrison은 이 점을 잘 짚었다. "이 나라에서 미
국인이란 백인을 뜻한다. 그 밖의 모든 이들은 하이픈을 사용해야만
한다." 가치에 걸맞은 삶을 살고자 한다면, 우리가 매일 숨 쉬듯 접하
는 독성을 인식하고 우리가 배운 것들이 독인지 아닌지 식별하는 법

을 배워야 한다. 시간을 들여 백인우월주의에 대해 이해하고, 인식하고, 그로부터 적극적으로 벗어나고자 하지 않는다면 우리는 그것을 영속시키게 될 것이다. 우리가 숨겨진 이야기들을 부지불식간에 무기로 삼는 것처럼 말이다.

> 제국주의적이고 백인우월주의적인 가부장제 문화는 대중매체에 의해 규범화되고 아무 문제없는 것으로 보이기 때문에, 우리는 그것을 끊임없이 비판해야 한다.
>
> - 벨 훅스

백인우월주의 문화는 우리 '안에도' 있다

KEYWORD 노예제와 인종 자본주의에 관한 묘사

백인우월주의는 우리 역시 그 일부인 시스템부터 우리가 준수하는 정책들과 우리가 받아들이는 이야기들에 이르기까지 우리 삶의 모든 국면에서 발견할 수 있기 때문에, 그것이 우리 안에 살아 있어 우리가 신념, 가치관, 규범, 행동 등을 통해 그것의 작용을 실어 나른다는 것은 자연스러운 일이다. 케네스 존스Kenneth Jones, 베벌리 대니얼 테이텀Beverly Daniel Tatum, 대니얼 뷰퍼드Daniel Buford 등

등 많은 인종정의 활동가 및 연구자들의 작업을 토대로 해서 백인우월주의에 관해 쓴 테마 오쿤Tema Okun의 글은 조직 내에서 널리 관찰되는 백인우월주의 문화가 지닌 특징들의 목록을 강조해서 보여준다.[*] 이 특징들은 표면적으로든 암암리에든 백인성과 서구의 규범에 혜택을 부여하는 한편, 거기서 벗어날 경우 가치를 절하하고 때로는 불이익을 주기도 한다. 오쿤의 글에 따르면, 그 특징들의 목록은 다음을 포함하되 결코 그것에 한정되지 않는다.[**]

- 완벽주의: 부족함에 대한 과도한 주목. "때때로 실수를 저지르는 것을 마치 자기 자신이 실수인 것처럼 혼동한다." 개개인이나 그들의 노력에 대해 거의 인정하지 않음. 실수를 되돌

---

[*] 오쿤의 웹사이트에 표명된 크레딧을 정확히 인용하자면 다음과 같다. "원문과 그에 따른 이 웹사이트는 안드레아 에이바지언(Andrea Ayvazian), 브리 칼슨, 베벌리 대니얼 테이텀, 일라이 두커, 낸시 에먼드, 케네스 존스, 존 런스퍼드, 조앤 올슨, 데이비드 로저스, 제임스 윌리엄스, 샐리 이, 그리고 풀뿌리 리더십(Grassroots Leadership), 에퀴티 인스티튜트(Equity Institute Inc.), 생존과 그 너머를 위한 민중 협회(People's Institute for Survival and Beyond), 백인우월주의에 도전하는 워크숍(Challenging White Supremacy Workshop), 릴리 앨런 인스티튜트(Lillie Allen Institute), 웨스턴 스테이트 센터(Western State Center), DR프로세스(DR Process)의 수많은 참가자들을 포함한 많은 이들의 연구를 토대로 한다."

[**] 본문의 설명은 오쿤의 1999년 연구를 요약한 것이며 엄격하게 갖춰진 맥락 이외의 특징들에 대한 더 광범위한 내 해석을 포함한다. 내가 이 챕터를 쓴 뒤에 오쿤은 2021년 6월에 추가적인 출처를 포함한 업데이트된 글을 발표했고, 더 자세한 설명과 각 특징들에 대한 일화들을 참고하려면 다음의 사이트를 방문할 것을 권한다. www.whitesupremacyculture.info/

아보거나 그 실수로부터 배울 기회를 갖지 못함.

- 긴박감: 관계나 사려 깊은 의사결정보다 효율을 중시함.

- 방어적인 태도: 권력을 보호하는 데 몰두함. "권력을 가진 이들에 대한 비판은 위협적이거나 부적절하다고 여겨진다."

- 질보다 양 중시: 수량화할 수 있는 것을 과대평가하고 정서, 과정, 관계, 갈등관리처럼 수량화할 수 없는 것은 과소평가함.

- 문서화된 것만 신뢰함: 기록과 증명에 집착함. "적혀 있지 않다면, 존재하는 것이 아니다."

- 옳은 길은 하나라고 여김: 다수의 진실이나 해결책을 받아들이지 못함. 위력을 통해 합의에 도달하려 함.

- 온정주의: 권력을 가진 사람만 결정권을 가진다고 봄. 권력을 갖지 못한 이들의 필요를 중시하지도 이해하지도 않음.

- 이분법적 사고: 복잡한 것들을 지나치게 단순화함. 이것 아니면 저것이라는 식의 사고(선/악, 옳음/그름, 아군/적군).

- 권력에 대한 집착: 권력에 대한 결핍에 기반한 사고방식. 권력을 잃을 것에 대한 두려움.

- 공개적인 갈등에 대한 두려움: 건설적인 피드백이나 비판을 수용할 줄 모름. "공손함에 대한 강조." 갈등을 드러내는 이들을 처벌함.

- 개인주의: 팀으로 일하기를 불편해함. 개인에 대한 인정을 과도하게 욕망함. 협력보다 경쟁에 더 가치를 둠.

- 자신이 유일한 사람이라고 여김: 우월감 혹은 구원자 콤플렉스. 타인의 역량을 신뢰하지 못함. 권한을 위임하거나 책임을 공유하기를 거부함.
- 더 큰 것, 더 많은 것이 진보라 여김: 더 크거나 더 많은 것을 기준으로 성공을 정의함. 질이나 과정을 가치절하함.
- 객관성 신봉: 중립성이라는 개념을 믿음. 감정보다 논리에 집착하고, 정서적인 것을 무시함.
- 위안받을 권리: 타인을 희생시키더라도 권력을 가진 이는 편안함을 느낄 자격이 있으며, 그래야 한다고 여김. "불편을 일으키는 이들에게 책임을 전가한다."

우리 팀이 워크숍에서 이런 특징들을 열거하면 참가자들은 종종 강하게 방어적인 태도를 보인다. 이것들을 황급히 일축해버리려는 시도는 영리기업 내에서 쉽게 발견되는데, 이런 특질들 중 많은 부분(완벽주의라든가 긴박감, 객관성 등)이 이윤을 추구하는 사업을 경영하는 조직 내에서 긍정적인 문화적 가치로서 장려되고 보상받는다는 점을 고려하면 나름대로 납득이 되기도 한다. 이런 상황에서 우리가 명심해야 할 것은 맥락 분석의 중요성, 그리고 이 목록을 미묘한 차이가 제거된 선악의 이분법을 만드는 또 하나의 환원적 원칙으로 사용하지는 말아야 한다는 점이다. 예컨대, 맥락에 관계없이 양적 데이터를 수집하는 것 자체가 백인우월주의인 것은 아니다. 양을 무기

삼아 질을 무시하고 관계적, 일화적, 정서적 데이터를 지속적으로 평가절하하는 것(이는 옳은 길은 하나라는 생각이라든가 이분법적 사고 같은 특징에 의해 강화된다)이 조직 내 백인우월주의 서사와 권력 불평등을 강화하게 될 수 있다.

이 특징들의 목록을 처음 접했을 때 나 역시도 분명히 내 직업윤리를 백인우월주의적 행동으로 특징짓는 담백하게 쓰인 그 목록과 내 직업적 기준을 조화시키느라 애써야 했다. "긴박감은 우리 사업에서 매우 중요합니다. 그런데 그것이 어떻게 백인우월주의 문화를 영속시킨다는 겁니까?" 나는 모순에 갇힌 자신을 발견하고서 당황한 수많은 리더들로부터 비슷한 질문을 받아왔다. 긴박감을 예로 들자면, 나는 내가 시간 및 생산성과 맺는 관계, 그리고 시간과 생산성이 가지는 서로 다른 역사적 맥락과 문화적 규범들에 대해 되돌아보고 나서야 소요된 시간의 질적 속성 대신 긴박감만 강조하는 문화가 백인우월주의 문화의 잔재를 지속시키는 이유를 이해할 수 있게 되었다. 서로 다른 문화는 시간을 다르게 인지한다. 예컨대 서구 문화는 시간을 선형적이고 제한적인 것으로 여기며, 시간 엄수를 타인의 시간에 대한 존중의 표시로 여기는 경향이 있는 반면, 원주민 문화에서 시간은 순환적인 것으로, 그들은 시간 엄수가 아니라 서로간의 상호작용이 끝나거나 일이 완수될 때까지 그 자리에 머물고자 함으로써 존중을 표시한다. 서구의 시간 개념을 일하는 데 우월한 방식으로 여기는 미국의 직업 세계에서 우리는 긴박감과 효율에 집착하는 우리 사회가 백인우월주의와 자본주의의 결탁, 그리고 사람들 간 연결과 안녕보다 이윤을 우선시하는 모습을 목도할 수 있다.

미국의 대기업에서 커리어를 시작했을 때 나는 '시간은 금'이라는 말을 끊임없이 들었다. 말 그대로, 내 시간의 1분 1초가 금전적 가치를 지니고 있었다. 컨설팅 업체의 새내기 애널리스트로서 내 시간의 가치는 클라이언트가 지불하는 금액인 시간당 100달러에 약간 못 미쳤다. 나는 가장 낮은 직급의 직원(나)부터 나보다 몇 배나 더 많은 요금을 청구하는 파트너 컨설턴트까지, 직원들의 레벨에 따라 차등 적용되는 시간당 요금표를 처음 보고는 입이 떡 벌어졌다. 우리가 얼마의 보수를 받는지, 그리고 회사가 고객들에게 우리를 대여해줌으로써 얼마를 버는지 정확히 이해한 나와 동료들은 '손익분기점', 그러니까 고용주가 우리의 노동으로 이득을 취하기 시작하는 지점에 대해 농담하곤 했다. 각 직원의 가치는 표에 깔끔하게 계산되어 있었고, 우리가 고객에게 대금을 청구하지 못해 낭비된 매 순간은 회사가 우리의 봉급과 혜택에 투자한 금액을 회수할 손익분기점이 연기되는 순간이었다. 엄청나게 높다고 여겨지는 시간당 급여를 보면서 나는 미국에서 미등록 이주자로 10년 넘게 살고 있던 내 아버지가 매번 밥과 몇 가지 반찬을 비닐 팩 하나에 한꺼번에 담아 일터로 가던 모습을 떠올렸다. 아버지가 일하던 가게의 백인 관리자는 취업허가증 신청서에 고용주로 이름을 올리는 걸 허락해주는 대신 터무니없는 조건으로 미등록 이주자들을 고용하는 '관대함'을 보여주었고, 노동자들이 제대로 점심 휴게시간을 갖거나 심지어 앉아서 식사를 하지도 못하게 했다. 이에 아버지는 가게 계산대 뒤에 몸을 숨긴 채 비닐 팩에 담긴 음식을 먹는 것이 꼬르륵거리는 배를 채울 가장 효율적인 방법이라고 여겼다. 백인우월주의와 자본주의의 시각에서 내 아버지의 가치는 그 자신의 존재나 존엄이 아니라 고용주의 수익 기준에서 그의 생산성과 유용성에 따라 결정되었다.

미국의 자본주의는 노예가 된 아프리카계 사람들의 무임금 노동과 원주민들에게서 빼앗은 땅을 토대로 구축되었으며, 백인우월주의는 인간에 대한 소유와 노동착취라는 비인간적인 행위를 법제화하기 위해 필요한 정당화의 전략이었다. 백인 소유주의 부를 불려주기 위해 흑인들의 시간은 아무런 보상 없이 무자비하게 관리되고 착취되었고, 그것은 이 나라 전체 경제성장의 원동력이 되었다. 오늘날 우리는 비인간적 부당노동행위를 드러낸 아마존 같은 기업을 볼 수 있는데, 개중에는 대부분이 백인 경영진과 주주들의 이익을 위해 최전선에서 일하는 대개 흑인이거나 라틴계인 직원들이 휴식을 취하는 데 제약을 가해 이윤을 극대화하는 행태가 포함된다. 시간과 돈의 관계, 백인우월주의와 자본주의의 관계, 노동착취와 유색인, 특히 흑인과 갈색인종 사람들, 이주노동자, 해외 저임금 노동자들의 시간이 갖는 관계는 모두 속도와 적시성이 '좋은 노동자'가 바랄 만한 훈장이라는 거짓 믿음을 먹고 자라는 백인우월주의 문화가 지닌 복잡다단한 그물망의 일부다. 노동자들을 인간적으로 대우하지 않는 전반적인 긴박감은 오늘날 우리 사회에서 지속적으로 가장 착취가 심한 일자리를 갖게 되는 유색인들의 가치를 떨어뜨리는 조건을 생산한다.

백인우월주의에 젖어 있는 조직문화는, '강한 직업윤리'로 잘못 통용되는 백인성의 기준(예컨대 완벽주의, 질보다 양 중시, 객관성과 수치화 가능한 데이터에 기반한 적법성 등)에 부합하는 사람들, 행동들, 특징들, 신념들을 강화하고 그것에 보상을 주는 과정과 정책들을 만든다. 동시에 그러한 조직문화는 현 상태에 도전하는 사람들, 행동들, 특징들, 신념들은 처벌하고 배제한다. 이러한 예로 편향된 채용 관행을 꼽을 수 있다. 즉, 백인 엘리트 교육기관의 졸업생들을 다른 교육기관(가령 역사적으로 흑인 학교로 여겨지는 대학, 전문대학, 직업학교, 해외 교육기관, 온라인 대학 등)의 졸업생들보다 선호하고, '유색민족' 억양을 가진 이민자들보다 백인 유럽권 억양의 이민자들을, 장애인보다 비장애인을, 돌봄 책임이 있는 사람들보다 부양가족이 없는 사람들을 우대하는 것 등의 행태이다.

라키샤Lakisha나 자말Jamal 같은 '유색민족 출신'처럼 들리는 이름을 가진 이에 비해 전형적인 백인의 이름을 가진 이가 취업면접 기회를 50% 더 많이 받는다는 통계자료는 이미 흔히 알려져 있다. 다른 연구에 의하면 기업들은 이력서에 자신의 인종을 드러내는 지원자보다 그렇지 않은 지원자들을 채용할 확률이 2배 더 높다. 그리고 다양성의 가치를 존중한다고 주장하는 조직에서도 그렇지 않은 조직만큼이나 이 차별적 행태가 만연하다.

주변화된 노동자들이 지닌 정서적 지혜와 삶의 경험보다 공인된 컨설턴트에 의해 문서화되고 수치로 계산된 데이터에만 적법성을 부여하는 인사제도 및 정책은 명백한 백인우월주의 문화의 또 다른 예이며('문서화된 것만 신뢰함'), 노동자들이 부당한 근로조건에 대해 내부고발을 할 때 맞닥뜨리는 노골적이고 교활한 보복 또한 이러한 예에 속한다('공개적인 갈등에 대한 두려움').

우리는 정장을 한 키 큰 백인 남성이 전형적으로 보여주는 자신감이 '리더십'이라고 배웠다. 이처럼 규제된 문화적 규범(예컨대 백인의 리더십, 백인의 자신감, 백인 조직문화에 대한 적응성)을 강화함으로써 백인우월주의 문화는 제도화되고 또 구조적으로 규범화된다. 그리고 바로 이 때문에, 제도적으로 강화된 백인성의 원리를 인지하고 해체하고자 하지 않는다면 아무리 조직이 유색인들로 채워져 있다 하더라도 우리는 비백인의 위치에서 백인우월주의 문화를 지속시키게 되는 것이다. 명심하자. 백인우월주의는 우리 모두가 숨 쉬는 대기와 같으며, 그 독성은 피부색이 어떻든 간에 우리 각자의 혈관 속에 흐른다.

백인우월주의가 백인에 의해, 백인의 이득을 위해 구축되었다 하더라도 유색인을 포함해 우리 모두의 내면에 깃들어 있다는 사실을 강조하는 것은 매우 중요하다. 이것이 대표성representation만으로는(대표성에 관해서는 6장에서 논할 것이다) 백인우월주의 문화와 시스템을 해결할 수 없는 이유이자, 우리가 스스로의 내면화를 통해 백인우월주의를 퍼뜨리는 방식에 문제를 제기해야 하는 이유다. 우리 모두가 생존을 위해 각자 나름대로 백인성을 수행하는 동안, 내면화된 백인우월주의적 망상은 우리로 하여금 백인성의 기준에 순응하는 이들이 더 성공, 존경, 위엄, 타당성, 편의, 면책, 신뢰, 금전, 돌봄, 관심, 영예, 공감, 이해, 기회, 용서 등을 받을 자격이 있다는 거짓 서사를 실제로 믿게끔 속인다. 따라서 어떤 이들은 언젠가는 자신도 존중받고, 풍요롭고, 자유분방한 삶을 살 가치를 획득하리라는 유혹에 도취되어 백인성이 정의한 기준에 부합하고자 일생을 애쓰지만, 결국 백인우월주의라는 역병이 만연한 사회에서 자신이 결코 온전한 인간으로 여겨질 수 없음을 깨닫게 되고 만다.

백인우월주의가 단지 유색인에게만 상처를 입히는 것이 아님을 이해하는 것 역시 매우 중요하다. 《당신을 죽이지 않는 것이 당신을 더욱 흑인으로 만든다What Doesn't Kill You Makes You Blacker》의 작가인 데이먼 영Damon Young은 팬데믹 시기에 백인우월주의가 흑인 커뮤니티에 미친 유독 치명적인 영향에 관해 다음과 같이 말했다. "하지만 그것은 우리에게 영향을 미치는 데 그치지 않는다. 백인들도 죽어가고 있다. 백인우월주의는 언제나 백인들의 삶보다 더 중요했다." 백인우월주의의 최우선적 목적은 백인 지배체제를 유지하는 것이기에 그 목적을 수행하기 위해서라면 인간의 생명을 저버리기를 주저하지 않으며, 따라서 백인을 포함한 모두를 위협할 수 있다. 흑인과 갈색인종의 목숨을 위해, 혹은 백인을 포함한 빈민과 노동자계급에 대한 착취에 대항해 싸우는 시위대에 속한 모두에게 경찰이 폭력으로 직권남용을 하는 데서 보듯, 권력을 유지하기 위해서라면 백인우월주의는 그 앞을 가로막는 것은 무엇이든 쓰러뜨린다. 백인우월주의는 개인의 생명에 가치를 매기지 않고, 오직 백인 권력만을 중요하게 여긴다. 단언컨대 백인우월주의는 당신 역시 덮칠 것이다.

백인우월주의는 유색인 커뮤니티를 곧장 파괴하려는 의도로 그들을 표적 삼아 폭력을 행사한다. 또 백인우월주의는 백인들을 표적 삼아 필연적으로 그들의 인간성 역시 파괴할 수밖에 없는 공모를 끈질기게 권유한다.
– 테마 오쿤

백인우월주의는 다른 형태의 억압에도 존재한다

KEYWORD 우생학, 장애차별주의, LGBTQ 병리화, 인종학살, 추방에 대한 언급과 아시아계 혐오 폭력, 경찰의 조지 플로이드 살해 사건에 대한 상세한 서술을 포함해 백인우월주의가 드러나는 방식에 대한 묘사

사회정의 운동에 더 깊이 발을 들일수록 나는 백인우월주의의 위력과 영향력이 어디에나 존재하며, 다른 형태의 억압과 따로 떼어 생각할 수 없음을 더 잘 깨닫게 되었다. 그게 자본주의이든 식민주의이든 제국주의이든 동성애 혐오이든 트랜스 혐오이든 성차별주의이든 여성 혐오이든 장애차별주의이든 인종 혐오이든 비만 혐오이

든 연령주의이든 간에 말이다. 백인우월주의란 무엇인가, 그리고 그것은 어떻게 드러나는가를 파고들다 보면, 서로 얽혀 있는 이 억압의 시스템들(1977년 컴바히강 컬렉티브Combahee River Collective가 도입한 개념이다)이 백인우월주의의 근간을 이루는 이상, 원칙, 실천을 거울처럼 반영하는 방식을 이해할 수 있게 된다. 그 억압의 시스템들은 모두 권력을 비축하고 특정 집단이 다른 집단보다 우월하다고 말하는 온갖 거짓 서사를 통해 그 권력을 타인에게 행사하는 것을 중심으로 돌아간다. 각각의 억압이 서로 다른 공동체에 특징적인 방식으로 적용되는 양상을 이해하는 한편, 이 억압의 시스템들이 스스로를 유지시키기 위해 서로를 자양분 삼아 증식하는 방식을 이해하게 되면, 우리는 한 가지 억압에 맞서려면 모든 형태의 억압과 싸워야 한다는 사실을 뼈저리게 깨닫게 된다.

장애정의* 공동체는 내게 인종주의, 흑인 혐오, 백인우월주의, 자본주의, 그리고 여러 다른 억압의 형태들의 중심에 장애차별주의가 있다는 사실에 관해 많은 것을 가르쳐주었다. 역사적으로 백인우월주의는 장애차별주의의 언어와 전략을 사용해 장애인뿐 아니라 원주민, 흑인과 갈색인종, 아시아계, 라틴계, 퀴어 및 트랜스젠더,

---

* '장애정의'라는 용어는 2005년 패티 번(Patty Berne), 미아 밍거스, 스테이시 밀번(Stacy Milbern), 르로이 무어(Leroy Moore), 일라이 클레어(Eli Clare), 서배스천 마거릿(Sebastian Margaret)을 포함하는 유색인 퀴어 장애 여성 집단에 의해 고안되었다. 이들은 "교차적 억압을 경험하는 이들의 필요와 경험을 중심에 두고자" 했다.

빈민, 그리고 완벽한 백인성의 이데아에 미치지 못한다고 여겨지는 모든 이들을 비인간화하고 병리화하고 범죄자화해왔다. 예를 들어 1920년대 우생학 지지자들과 인종차별적 지능검사 옹호자들은 흑인과 원주민들이 자연적으로 열등한 지적 능력을 가지고 태어난다고 주장하며 인종격리와 차별적 대우를 정당화하는 데 한몫했다. 또 1987년에서야 동성애가 미국의 정신질환 진단 및 통계 편람DSM에서 완전히 삭제되었고, 2019년에서야 세계보건기구는 트랜스젠더를 정신질환자로 분류하기를 중단했는데, 그전까지 이 분류는 트랜스젠더들에게 정신병이나 장애가 있다고 병리화하고 낙인을 찍어 트랜스 혐오 및 동성애 혐오에 기반한 극단적인 형태의 폭력을 불러왔으며, '질병 치료'라는 미명 하에 해롭고 비윤리적이라고 널리 비난받는 전환치료 같은 행태를 가능케 했다. 불행히도 전환치료는 여전히 미국 내 많은 주들에서 합법적 행위이며, 간성intersex은 DSM 개정 5판에서도 여전히 장애로 여겨지고 있다. 장애차별주의 같은 다른 형태의 억압에 힘입은 백인우월주의는 유색인, 장애인, 여타 주변화된 이들 앞에 구조적, 사회적 장벽을 세웠고, 완벽한 백인이라는 신화에서 벗어나는 이들에게는 태생적으로 접근 불가능하고 안전하지 않은 사회적 조건을 만들어냈다.

집단적 해방을 향한 길 위에서 우리는 다양한 억압이 서로 연결되어 있는 그물망에 대해 끊임없이 이해하려 노력해야 하며, 한편으로는 이러한 상호의존성이 복잡하기도 하지만 우리를 서로 연대하게 해주기도 한다는 점을 상기해야 한다. 나는 캘리포니아대학교 버클리캠퍼스 재학 당시 내가 공동창립한 퀴어 학생회를 이끌던 2007년에 교차성에 관해 처음으로 배웠다. 시민권 변호사이자 비판적 인종 이론가인 킴벌리 크렌쇼 박사가 1989년에 고안한 '교차성intersectionality'이라는 용어는 여러모로 주변화된 정체성들이 서로 교차하며 일련의 독특하고 복잡한 억압의 경험을 만들어내는 방식을 이해하는 틀을 마련해준다. 2020년 〈타임〉지와의 인터뷰에서 크렌쇼 박사는 교차성을 "다양한 형태의 불평등이 종종 함께 작동하며 문제를 악화시키는 방식을 인지하기 위한 렌즈 혹은 프리즘"이라고 정의하며, "인종, 젠더, 계급, 섹슈얼리티, 이주 여부" 등에 기반한 여러 가지 형태의 불평등에 종속된 사람들이 "각각의 불평등을 단순히 더한 합" 이상의 경험을 하는 방식에 주목한다.

아시아계 여성인 내 경우를 예로 들자면, 나는 단순히 남성 중심적 공간에서의 성차별과 백인 중심적 공간에서의 인종차별을 겪는 것이 아니라, 가부장제와 백인우월주의라는 2가지 위력이 함께 맞물려 작동하는, 내 정체성 특유의 억압을 경험한다. 그중 한 방식은 내가 아시아계 여성으로서 이국적인 대상이자 특정한 종류의 페티시의 대상이 되는 경험을 하는 것이다. 또 다른 예로, 흑인 여성은 2008년에 모야 베일리Moya Bailey 박사가 고안한 '흑인 여성 혐오misogynoir', 즉 "흑인 여성을 향한 특유의 증오와 반감, 불신, 편견"을 경험하게 될 수 있다. 교차성은 우리가 서로 맞물린 억압의 시스템이 드러나는 독특한 방식을 이해하게 해주는 비판적 도구가 되어주고 있으며, 나는 이 개념을 철저하게 이해하지 않고는 연대에 참여하기가 불가능하다는 사실을 깨달았다.

> 레즈비언 공동체에서 나는 흑인이고, 흑인 공동체에서 나는 레즈비언이다. 나를 비롯해 수천 명의 흑인 여성이 레즈비언 공동체의 일원이기 때문에, 흑인을 향한 공격은 레즈비언과 게이들의 이슈다. 수천 명의 레즈비언과 게이들이 흑인이기 때문에, 레즈비언과 게이를 향한 공격은 흑인들의 이슈이다. 억압에 위계란 없다.
>
> **- 오드리 로드**

백인우월주의의 기능과 양상을 진정으로 이해하고 그것을 비판하며 조금씩 균열을 내고자 한다면, 우리는 백인우월주의의 영향력이 얼마나 광범위한지, 그리고 어떻게 다른 억압들이 그것과 불가분의 관계로 함께 작동하는지 이해하지 않고는 그것을 해체할 수 없음을 알게 될 것이다. 이와 비슷하게, 기저에 깔린 백인우월주의를 건드리지 않고는 어떤 억압도 그 자체만을 대상으로 싸울 수 없을 것이다. 서로 다른 싸움처럼 보이더라도 우리가 가진 트라우마의 근원은 같은 것임을 우리는 억압의 뿌리를 끊어냄으로써 알게 될 것이다. 아프리카계 사람들을 노예로 만든 백인우월주의와 자본주의라는 동일한 위력이 원주민들의 땅을 빼앗고 그들을 학살했으며, 아시아계 이주노동자를 착취했고, 해외에 폭탄을 터뜨려 무고한 생명들을 앗아갔다. 무고한 흑인들을 짐승 취급하고 살해한 바로 그 위력이 난민의 아이들을 부모에게서 떼어내 창살 달린 수용 시설에 격리시켰다. 무슬림, 시크교도, 유대인을 비방하는 바로 그 위력이 퀴어와 트랜스젠더를 범죄자로 만든다. 모든 투쟁은 서로 연결되어 있다.

이 시스템들이 서로를 강화하는 방식을 근본적으로 이해하지 않은 채 시도되는 노력은 종종 백인우월주의 문화의 해로운 특징들을 다시 한번 반복하는 결과를 낳게 된다. 일례로 백인우월주의의 영향력을 문제 삼지 않는 페미니즘 운동은 백인 여성의 좁은 시야를 통한 한계 많은 해결책으로 빠르게 귀결되어, 유색인 여성의 경험은 설명해내지 못한다. 직장에서 '여성 직원 모임'이란 유색인 여성의 유의미한 참여나 리더 역할이 없는, 사실상 백인 여성 모임이라는 사실을 확인하는 경우는 너무나 흔해서, 유색인 여성들은 종종 인종 기반 모임에 더 강한 소속감을 느끼곤 한다. 다양한 관점을 포함하지 않는 집단은 고군분투 끝에 결국 의미있는 변화를 만들어내지 못한다. 한계 있는 분석은 한계 있는 해결책으로 귀결되며, 더 큰 불신과 분열을 가지고 해악을 반복하면서 결국 시작했던 곳으로 다시 돌아오게 된다.

신종 코로나바이러스가 국가적 관심을 받게 되었을 무렵 아시아계 혐오 폭력이 급증해 FBI는 공식 경고를 발표했다. 코로나바이러스를 '쿵 플루', '우한 바이러스', '중국 바이러스'로 칭한 제45대

행정부의 인종 혐오적, 중국 혐오적 언동 때문에 아시아계 사람들, 특히 수많은 민족 정체성이 존재함에도 하나의 단일한 그룹으로 취급되던 동아시아계 사람들은 무섭도록 빈번하게 언어적, 물리적 공격을 받았다. 2020년 3월부터 2021년 3월 사이에 '아시아계와 태평양제도민에 대한 증오를 멈춰라Stop AAPI Hate'는 6,603건의 아시아계 혐오 사건을 보고받았다. 2020년 텍사스에서는 한 19세 남성이 아이 둘을 포함한 아시아계 미국인 가족 3명을 칼로 찔렀는데, 그들이 "중국인이며 사람들에게 코로나바이러스를 전파한다"고 믿었다는 것이다. 한 16세 소년은 그가 코로나바이러스 보균자라고 주장하며 괴롭히는 무리에게 습격당해 응급실에 실려왔다. 캘리포니아에서 나고 자란 필리핀계 미국인인 내 친구는 길에서 고국으로 돌아가라는 말과 함께 누군가가 뱉은 침을 맞았다. 현재 부동산 감정사로 일하는 내 아버지는 그가 한국인이라는 사실을 알게 된 고객으로부터 방호복을 입으라는 요구를 받았다.

　미국 내 많은 아시아계 사람들이 자신의 인종에 대해 생각하기 시작하고 공동체 차원에서 아시아계 혐오적 인종주의에 맞선 투쟁에 관해 대화가 시작될 무렵, 미니애폴리스시의 경찰관인 데릭 쇼빈Derek Chauvin이 부당하게, 인종차별적으로 조지 플로이드를 살해한 사건에 응답하고자 또 하나의 전 지구적 봉기가 일었다. 쇼빈이 조지 플로이드의 목을 무릎으로 9분 29초 동안 짓누르는 동안 몽계Hmong 미국인 경찰인 투 타오Tou Thao는 숨넘어가는 목소리로 어머니를 부르짖던 플로이드 옆에 그저 멀뚱히 서 있었다. 그해 여름에는 여러 가지 트라우마가 한꺼번에 닥쳤고, '흑인의 목숨도 소중하다BLM' 운동은 변화를 촉구할 준비를 마친 우리의 고통받은 가슴을 열어젖히는 구호가 된 것 같았다. 흑인 활동가들은 비흑인들을 향해 강하고 분명하게 행동을 촉구했다. 각자의 공동체를 조직하고, 흑인 혐오 인종주의를 인정하고 비판하고, 흑인 인종정의 활동가들의 리더십을 따라 행동해달라고 요청한 것이다. 나와 우리 팀은 흑인 혐오 인종주의와 백인우월주의에 맞서 싸우는 데 특화된 교육 자료를 만들며 쉼 없이 일했다. 나는 미국 내 아시아계 사람들을 포함해 모든 주변화된 이들에게 영향을 미치는 백인우월주의의 교활한 위력을 강조하면서, 열과 성을 다해 글을 쓰고, 시위에 참여하고, 흑인 혐오와 경찰 폭력에 관한 대화를 조직하는 데 손을 보탰다. 나는 아시아계 공동체가 흑인 혐오 인종주의에 맞서 싸워야 하는 시급성에 대해 글을 발표했고, 엘런 파오Ellen Pao, 킴 트랜Kim Tran 등 다른 아시아계 인종정의 활동가들과 함께 온라인에 공간을 만들어 아시아계 사람들이 모여서 흑인 혐오와 백인우월주의의 역사적·현재적 복잡성과 그로부터 우리가 받는 억압, 그리고 진보적 아시아계 조직자들이 진행중인 활동에 대해 토론할 수 있게끔 했다.

그다음 몇 주 동안 내 블로그 포스팅에 열정적인 응답들이 달리기 시작했다. 누군가는 끔찍한 아시아계 혐오 발언을 쏟아냈지만, 어떤 이는 고마움을 표했다. 어떤 흑인 독자들은 개인적으로 아시아계 점주, 이웃, 동료, 상사들에게 받은 흑인 혐오의 경험을 들려주었고, 백인뿐 아니라 다른 유색인들에게 억압받는 데 대한 격분을 표현했다. 내가 받은 온갖 종류의 메시지 중에 내 가슴을 가장 아프게 했던 것은 내가 속한 아시아계 공동체로부터 온 것으로, 다른 이들 역시 계속해서 고통받고 있는데도 모든 관심이 BLM 운동에 쏠리고 있다는 우려였다. 그들은 우리의 많은 역사적 투쟁이 그러한 것처럼, 가시화되지 않고, 사소한 것으로 치부되며, 별것 아니라고 일축되는 듯한 자신들의 고통에 대해 적었다. "저도 BLM 운동을 지지합니다만, 우리는요? 우리도 상처 입고 있잖아요." 어떤 아시아계 사람들은 내게 어떻게 우리를 비난하고 괴롭히는 위력의 일부인 흑인들을 지지하는 일에 몰두할 수가 있냐고 물으며 아시아계 노인들에게 공격을 가하는 흑인들이 찍힌 현재 돌고 있는 몇몇 동영상을 근거로 들며 흑인 혐오적인 일반화를 했다.

그 후 아시아계 혐오 사건 영상이 소셜미디어에 넘쳐나던 2021년 초에는 사건의 빈도와 강도가 훨씬 더 강해졌고, 정의를 요구하는 아시아인들의 목소리가 다시 한 번 울려퍼졌다. 대부분의 주류 미디어가 처음부터 침묵을 유지하는 동안, AAPI Asian Americans and Pacific Islanders 활동가들과 공적 인사들은 1800년대로 거슬러 올라가 현재까지 이어지고 있는 아시아계 혐오 인종주의를 조명하고, 미국 사회에 만연한 '모범적인 소수자' 신화를 해체하기 위해 국가적 관심을 이끌어내려 했다. 상처 입고 절망감에 사로잡힌 게 분명한 몇몇 아시아계 사람들은 다음과 같은 논조의 글을 포스팅하기 시작했다. "우리는 BLM 운동에 함께 나섰습니다. 이제 우리를 위해 당신들이 나서줄 차례입니다." 지지해주기를 바라는 마음은 이해하지만, 우리의 연대가 단순히 교환이나 일대일 점수 계산에 그치게 되면서 이런 메시지들은 결국 백인우월주의 아래서 우리의 모든 투쟁이 상호 연결되어 있다는 사실을 온전히 이해하지 못했음을 드러냈다.

근원을 건드리지 않은 채 특정한 종류의 인종주의(흑인 혐오 인종주의 혹은 아시아계 혐오 인종주의 등)만을 따로 떼어 논하는 것은 문제가 있다. 백인우월주의라는 공통의 뿌리를 조명하지 못할 경우, 한 집단을 위해 목소리를 내는 것이 다른 집단에는 등을 돌리는 것으로 오해하게 될 수 있으며, 안 그래도 모자란 노력과 자원을 다른 집단의 이슈에 빼앗겼다는 생각도 하게 된다. 결핍에 집중하며 이분법에 근거한 이런 사고방식은 그 자체가 백인우월주의의 기능이며, 이는 종종 다른 형태의 억압을 지속시키는 문제적 서사에 기대게 만든다. 내 블로그 방문객 일부가 인식하지 못한 것은 우리가 흑인들의 목숨을 위해 나섰을 때 우리 모두를 위해 나선 것이라는 사실이며, 그 이유는 흑인 혐오 폭력에 희생된 흑인 아시안 혼혈인 사람들도 있기 때문만이 아니라, 우리 투쟁이 다른 형태를 띨지라도 백인우월주의라는 적을 공유하고 있기 때문이다. 우리가 흑인 혐오 인종주의를 없앤다면 우리에게도 해를 입히는 백인우월주의를 해체하는 데 한 걸음 다가서는 것이며, 흑인들의 자유 없이는 우리 모두의 해방 역시 없을 것이다. 그리고 좀 더 솔직하게 말하자면, 우리는 연대의 마음으로도 나서야 하지만, 우리 중 많은 이들이 흑인 혐오와 흑인에 대한 폭력을 영속시키는 데 공모해왔음을 인정하는 마음으로도 흑인들을 위해 나서야 한다. 우리는 자신이 백인우월주의의 영향을 받으면서도 때로는 그것이 활개치는 데 조력자가 되기도 한다는 사실을 이해해야 한다. 우리를 제압하는 위력으로서뿐 아니라 우리가 내면화해 타인에게 휘두르는 유해한 무기로서 백인우월주의가 발현되는 모든 방식을 이해하는 것은 인위적이지 않은, 원칙에 의거한 연대를 구축하는 데 매우 중요하다.

"우리의 해방은 서로 연결되어 있다"라는 유명한 인용구를 떠올릴 때면 나는 서로 다른 주변화된 공동체들 모두에게 족쇄로 작용하는 억압의 연결성, 그리고 서로의 해방을 돕든, 아니면 종종 백인우월주의가 사용하는 도구와 그 잔재를 활용해 해방을 방해하든 간에 우리가 적극적인 역할을 담당하는 방식에 대해 생각한다. 단언컨대, 미국에서 살아가는 아시아인으로서 우리의 고통은 주목받아 마땅하며, 우리는 단순한 앨라이가 아닌,* 공동의 투쟁자로서 사회정의 운동에서 정당한 자리를 갖고 있고, 거기에 더해 다른 주변화된

• 이 생각은 2세대 퀴어 한국계 미국인 조직자 겸 작가이자 내 친구인 심혜진의 것이다. 그의 2017년 매체 기고글 '(아시아계 미국인들의) 앨리십(의 한계와 효과)에 관한 질문들'은 내 관점을 바꾸는 데 절대적인 영향을 미쳤다. 그는 범죄자로 구금된 폭력 생존자를 지원하는 전국적 프로젝트인 '살아남고 처벌받은(Survived and Punished)'의 공동창립자이기도 하다.

그룹에 대한 억압을 지속시키고 있음을 인정해야 할 책임 역시 가진다. 뒤얽힌 삶 속에서 하나가 아닌 현실과 투쟁, 해결책, 진실들을 인정할 수 있는 우리의 능력은 엄청나며, 그러한 능력을 계발하는 것은 사회정의 운동에 매우 핵심적이다. 우리가 억압을 공유하는 동시에 억압에 공모하기도 한다는 사실을 인정하는 것은 우리의 고통을 축소하는 것이 아니라 우리의 힘을 강화하는 것이며, 그로써 우리는 함께 싸우고 함께 치유할 수 있게 된다. 그러니 양쪽에 대한 긍정을 연습하자.

가능성을 향한 고투

하나씩 시도해나가며, 시도하는 모든 일에서 배움을 얻으려 노력하는 것, 그것만이 유일한 방법이다. 쉽고 빠른 해답이 있을 거라는 망상은 번아웃에 이르게 할 뿐이다.

- 그레이스 리 보그스

아시아계 혐오 폭력이 처음 발발한 뒤로 나는 선의를 가진 온갖 인종의 수많은 사람들로부터 "이 폭력을 멈추기 위해 우리가 뭘 해야 할까요?"라는 질문을 받아왔다. 나는 종종 작가이자 활동가이며 내 친구인 브리어 베이커Brea Baker의 인용으로 대답을 대신하곤 했다. "인종주의를 과소평가하지 말아야 합니다. 당장 내일까지 아시아계 혐오 인종주의를 없애기 위해 오늘 우리가 할 수 있는 일은 아무것도 없습니다." 만약 백인우월주의와 인종주의에 뿌리를 둔 폭력을 중단시키는 것이 단계별 체크리스트를 따르는 것만큼 간단한 일이라면, 이미 모든 게 해결되었을 것이다.

　백인우월주의는 우리가 복잡한 문제에 간단하고 효율적인 해결책이 있다고 믿기를 바라기 때문에, 손쉽게 간단한 해답을 찾을 수 없을 때, 반드시 필요한 투쟁을 성급하게 포기하도록 부추긴다. 샌프란시스코에서 급성장하던 테크 기업의 간부들과 함께한 워크숍에서 백인 남성 CEO는 내게 이렇게 질문했다. "어떻게 우리 같은 영리기업이 인종주의에 반대하는 게 가능한가요?" 이 질문은 최근 그가 자본주의와 인종주의가 서로를 강화하는 복잡한 관계에 관한 아이브럼 X. 켄디의 《인종주의에 반대하는 법》을 읽었기에 나온 것이었다. 선의를 가진 그 CEO는 진정한 반인종주의자가 되기 위해서는 반자본주의를 실천해야 한다는 개념에 대해 진심으로 당황스러워하고 있었다. 포춘 500 리스트에 든 한 금융서비스 기업의 임원도 사내 전체회의에서 한 직원이 이 점을 이야기했을 때 비슷한 반응을 보였다. 단지 이 임원은 "당연히 우리는 반자본주의자가 되지 않을 겁니다"라고 하며 즉각 반자본주의에 대한 어떤 언급도 일축해버렸다는 사실만 다를 뿐이다. 그는 그저 웃어넘겼고, 자본주의와 관련된 이야기가 더는 화제로 떠오르지 않게 했다.

이분법적 사고와 완벽주의는 사람들이 '완벽한' 해답을 찾거나 그에 다다를 수 없다면 아예 포기해버리게끔 만든다. "우리가 결코 반자본주의자가 될 수 없다면 이런 노력이 다 무슨 소용인가요?" 그러나 노력 자체에 해답이 있다면? 긴장과 갈등 자체가 단순하고, 단일하고, 환원적인 해결책이 아니라 중층적이고, 집단적이며, 가능성을 향한 복잡다단한 해결의 과정으로의 길을 열어젖히는 것은 아닐까?

기업의 임원들이 반인종주의자가 된다는 것은 반자본주의자가 되는 것이라는 사실과 씨름하고, 그들이 내세우는 공정성과 정의라는 이상에 스스로 한걸음 다가서기 시작한다면, 그것은 어떤 모습일까? 우리가 양자택일 대신 양자 긍정이라는 불편을 감수하고, 언제나 우리가 중시하는 가치와 집단적 해방에 부합하고자 하면서 원치 않는 것과 멀어지고 원하는 것에 더 가까워진다면, 그것은 어떤 모습일까? 복잡성과 모순을 우리가 처한 환경으로 기꺼이 받아들이며, 매일매일의 결정에서 보다 덜 착취적이고, 덜 억압적이며, 덜 백인우월주의적이고자 한다면, 그것은 또 어떤 모습일까? 우리가 백인우월주의로부터 학습한 이분법적 사고에서 벗어나 중간지대의 혼란스러움을 포용하고 옳은 일을 하나씩 해나가고자 하는 노력을 지속한다면, 어떤 가능성이 존재할까?

사회정의를 위한 활동을 계속 함께하면서 우리는 우리 각자의 내면에 존재하며 우리가 살아가는 모든 시스템 속에도 존재하는 백인우월주의를 적극적으로, 지속적으로 걷어내려 애써야 한다. 집단적 치유와 집단적 해방을 위한 근본적인radical('뿌리'를 뜻하는 어원에서 파생된 어휘다) 접근법은 억압의 방법으로서 우리에게 학습된 것을 걷어내고 완벽주의, 이분법적 사고, 과도한 단순화, 갈등 회피에 대한 집착을 훨씬 더 진솔하고, 복잡하고, 온정적이고, 용감한 것들로 대체하는 것부터 시작해야 한다.

5장

언제나 맥락을 살펴라

혹시 휴대전화 속에 저장된 옷을 반쯤 벗은 자신의 사진을 들여다보다가 그 사진을 전송받을 사람의 반응을 상상해보며 이런 혼잣말을 해본 적이 있는가? "이 사진을 정말 내 동료에게 보내야 하나?" 그런 적이 없다면 다행이지만.

어쨌든, 내가 어느 테크 기업에서 일하기 시작한 첫 주에 한 남성 동료가 아무렇지 않게 그런 사진을 업무용 메신저를 통해 내게 보낸 것이다. 그는 '호의에 보답하라'고 말하며 비키니를 입은 내 사진을 요구했다. 이런 환영인사라니.

그전에 우리는 며칠 동안 친근하게 채팅을 주고받았다. 그는 다른 도시 출신이었고, 누가 누구인지에 관한 정보와 도움을 제공해주었으며, 그 덕에 스스로를 증명해보여야 하는 신입사원이었던 나는 새 직장에서 혼자라는 기분을 덜 느낄 수 있었다. 처음에 나는 먼저 손을 내밀어준 그의 친절함이 고마웠다. 그는 나에 대해서도 많은 질문을 했고, 나는 본능적으로 그가 지나치게 친근하게 군다는 느낌을 받았음에도 그가 신입 여직원에게 무시당한다는 기분을 느끼지 않았으면 했고, 다른 사람들에게 내가 싸가지 없다고 말하고 다니지 않았으면 했다. 나는 그가 그 회사에 오랫동안 재직 중이며, 모두가 그를 알고 있고, 우리 부서와 바로 인접한 자리에 집무실을 둔 고위 간부 중 한 명과 직접 소통하고 있다는 사실을 알고 있었다.

그가 라스베이거스에서 광란의 밤을 보내면서 목에 깃털 목도리를 두르고 양 팔로 속옷만 걸친 두 여성을 감싸 안고 찍은 사진을 보낸 후 내게 비키니 사진을 요구했을 때, 나는 그제야 확실히 그가 도를 넘었다고 생각했다. 나는 대학 시절 친구였던 동료에게 상의했고, 그의 지지를 얻은 후 채팅 내역을 출력해 내 직속 상사에게 가져갔다. 테크 업계의 전형적인 신생 스타트업이었던 터라 회사에 인사 부서는 따로 없었고, 100% 남성으로 구성된 임원진뿐이었다.

일은 빠르게 악화되었고, 다음 날 그 남성 직원의 상사가 전화로 그에게 고함을 지르는 것이 내 귀에까지 들려왔다. 두꺼운 유리벽 너머로 희미하게 이런 문장을 들을 수 있었고, 나는 속이 메스꺼웠다. "다시는 이런 짓 하지 말라고 했지!"

그는 해고되었다. 내 상사의 상사가 나를 불러 소식을 알려주었다. 그는 내가 그런 경험을 한 데 깊은 유감을 표했고, 그 일을 신고한 것은 잘한 일이라고 말했다. 나는 고마웠다. 그런데 그가 이렇게 덧붙였다. "그렇지만 그가 계속 그러지 못하게 당신이 막았더라면 더 좋았을 것 같아요. 대화 내역을 죽 읽어보았는데, 그가 부적절한 농담을 시작했을 때 대화를 멈추었어야 했어요. 당신이 계속 웃어줘서 그가 계속 말을 이어간 거죠. 추근대는 걸 당신이 받아주는 것 같았거든요."

나는 너무나 놀라고 당황했다. '맞아. 나는 훨씬 더 일찍 그를 제지했어야 해. 내가 왜 그러지 않았지?' 그가 성적 뉘앙스를 담은 말이나 부적절한 언동을 보일 때마다 나는 메시지창에 "ㅋㅋㅋ"이나 "가봐야 할 거 같아요!"라고 치며 그저 웃어넘기려 했고, 그가 흥미를 잃고 가버리길 바랐다. 한 번도 그에게 정색하거나 직접적으로 잘못을 지적하지 않았던 것이다. 나는 자리로 돌아와 빨개진 얼굴로 한동안 앉아 있었다. 나를 괴롭히던 이가 없어진 것에는 안도감을 느꼈지만, 깊은 곳에서는 수치심과 이 일을 자초했다는 느낌을 떨칠 수 없었다. 다른 누구도 그 대화 내역을 보지 않기를 바랐고, 그가 나를 희롱하는 것을 내가 막지 못했다는 사실을 알게 되지 않기를 바랐다. 그가 해고된 이유가 나 때문이라는 것을 사람들이 몰랐으면 했다.

바로 이 지점에서 일시중지 버튼을 누르고, 30대인 지금의 내가 어렸던 나에게 이야기해줘야겠다. "아니야. 그건 말도 안 되는 소리야."

만약 우리가 이 사건을 2명의 회사 밖 개인 사이에 일어난 일로 따로 떼어놓고 본다면, 어쩌면 그 당시 내가 한 생각들도 일리가 있을 수 있다. 하지만 우리는 결코 진공 상태에서 살지 않는다. 우리는 복잡한 역사와 그에 관련된 다양한 정체성, 그리고 우리가 세계를 경험하는 방식을 지배하는 서로 다른 권력의 역학관계로 가득 찬 사회 속에 살아간다. 이것이 주어진 상황을 분석할 때 더 폭넓은 맥락을 이해하는 것이 매우 중요한 이유다. 예컨대, 내가 당시 신입사원이었다는 점, 그리고 그는 이미 수년간 그 회사에 재직 중이었다는 점은 중요하다. 나는 낮은 직급에 있었고, 그는 임원급 간부와 직접 소통하고 있었다는 점은 중요하다. 나 자신을 비난하고 '지독하게 나쁜' 것이 아니라면 무엇이든 그저 넘겨버리도록 나를 단련시킨, 성적 관대함과 위계질서로 가득한 기업문화에서 내가 막 이직해 온 참이라는 점 역시 중요하다. 내가 원한 것은 그저 스스로를 증명하고, 살면서 처음으로 '까다로운 사람'으로 여겨지지 않은 채 그곳에 적응하는 것이었다는 점은 중요하다. 나는 23세였고 그는 40대였다는 점, 그리고 나는 아시아계 여성이고 그는 백인 남성이었다는 사실은 중요하다. 내가 다양한 정도로 여러 번 성폭력을 겪었으며, 아시아계 여성으로서 페티시의 대상이 되고 성적 대상이 되고 이국적으로 여겨지는 것을 반복적으로 겪고 있다는 사실은 중요하다. 나는 40여 명의 직원들 중 고작 예닐곱 명 되는 여성 중 하나였으며 내 상사와 그의 상사, 그리고 임원진 전원이 남성이었다는 사실은 중요하다. 회사에 인사부서도 없었고 그 비슷한 기능이 필요하다고 여겨진다는 증거도 없었으며, 만약 인사부서가 있었다 하더라도 기업의 이해관계보다 나를 더 우선시해서 보호해줄 능력이 있을지에 관한 믿음을 내가 별로 갖지 못했을 것이라는 사실은 중요하다. 그리고 우리 사회는 가해자가 가해를 하지 못하게 강제하기보다 생존자에게 방어의 짐을 지운다는 사실은 중요하다. 이 모든 것이 중요하다.

맥락을 모르는 함정

언제나 중요한 것은 역사적, 문화적, 사회적 조건, 정체성, 권력의 역학관계 등의 맥락이다. 그럼에도 DEI 컨설턴트이자 퍼실리테이터로서 나는 대개의 조직과 개인이 체계적 부정의 문제를 이해하는 일에서 얼마나 심각하게 맥락을 놓치고 있는지 수없이 봐왔다. 우리가 퍼실리테이터로서 발전해나가기 위해 중요하게 여기는 핵심 기술 중 하나는 어떤 갈등이든 그 근원을 밝힐 줄 아는 능력으로, 이는 맥락에 대한 이해를 요한다. 누군가가 문제를 제기하고 질문을 한다면, 성급하게 피상적인 수준의 답을 내놓기보다 우선 그 문제가 발생한 맥락을 밝혀내야 한다. 예를 들어, 직장에서 여성이나 LGBTQ+, 혹은 유색인 직원들을 위한 모임을 꾸리려는 노력에 대해 누군가는 이렇게 물을 수도 있다. "왜 백인 남성 모임은 만들면 안 되는 거지요?" 이때 이 사람이 구조적 불평등을 제대로 이해하지 못하며, 세계가 이미 백인 남성 모임과 다를 바 없으므로 그런 모임을 만드는 건 우리 사회에서 불필요한 일임을 모르고 있다고 추측하기란 어렵지 않다. 이 사람은 백인우월주의의 역사에 관한 폭넓은 맥락을 모르고 있고, 오늘날 권력의 불평등한 분배가 존재하기에 주변화된 이들을 위한 안전한 공간을 굳이 만들어야 한다는 사실에 대해 모르고 있는 것이다.

DEI를 위한 수많은 시도가 실패하는 이유는 널리 퍼진 오해와 맥락에 대한 몰이해에 뿌리를 둔 잘못된 등가성의 순환논리에 빠지기 때문이다. "다양성 고용 정책과 소수자 우대 정책은 인종 역차별입니다." "그래요, 흑인의 목숨은 중요하죠. 그렇지만 모두의 생명이 중요한 것 아닌가요?" "미투운동 시대에 남성들은 더 이상 안전감을 느끼지 못해요. 성희롱으로 몰릴 수도 있다는 두려움을 감수하지 않고는 여성 동료랑 점심 먹으러도 못 간다고요." "'취소 문화'는 독이에요. 생각의 다양성은 인정하지 않죠." "착취라 부르지 않고 그저 서로의 문화를 존중할 수는 없나요?" "내향적인 사람들도 불리한 입장에 있어요. 그런 사람들을 포함하는 범주도 만들지 그래요?" 얼핏 보면 이런 질문들은 이 주제에 대한 자연스러운 반응으로 여겨질 수도 있으나, 이 질문들은 맥락을 고려하지 못하기 때문에 이미 주제를 벗어난 언급들이며 더는 같은 대화를 하고 있지 않다고 볼 수 있다. 문제가 무엇인지에 관해서도 합의하지 못하는데, 어떻게 해결책에 관해 합의할 수 있겠는가?

체계적 억압의 기나긴 역사와 오늘날 그것이 드러나는 방식을 고려하는 맥락 분석이 결여된다면, 공정성과 포용력을 위한 어떤 종류의 노력이든 이내 굳건한 토대 없는 얄팍한 마케팅용 캠페인, 혹은 현상유지를 위해 전유되고 왜곡되기 쉬운 요식행위가 되고 만다.

테크 업계에서 이와 같은 비판적 맥락 분석 및 역사적 분석의 결여는 수많은 공개적 논쟁과 스캔들을 낳았다. 2017년에 구글에서 일하던 한 직원이 맥락과 뉘앙스를 결여한 채 놀랍도록 엉망인 '논리'를 사용해 해당 기업의 다양성 정책을 비판하는 비망록을 출간

했다. "더 평등한 젠더 및 인종 대표성을 달성하기 위해서 구글은 몇 가지 차별적 절차를 시행했다. 특정한 젠더나 인종의 사람들만을 위한 정책과 멘토링, 강좌들을 제공했고, '다양성'을 가진 지원자들에게 대기열의 맨 앞자리를 주고 특별대우를 했다." 같은 해 애플의 다양성 부서 수장은 "금발에 푸른 눈을 가진 백인 남성 12명이 한 방에 있다면" 그들은 서로 다른 삶의 경험과 관점들을 갖고 있기 때문에 거기엔 다양성이 있을 수 있다고 말해 공개적으로 가혹하게 비판받았다. 이어진 해명과 사과에도 불구하고, 그 애초의 발언은 테크 업계 경영자들로 하여금 사회적 정체성에 기반한 대표성보다 '생각의 다양성'을 더 중시하게 하는 데 크게 일조했고, 그러한 분위기는 슬프게도 오늘날까지 이어지고 있다. 지금도 수많은 자칭 진보적 지성들이 '생각의 다양성', 때로는 '성격의 다양성'* 개념을 체계적 억압에 도전하지 않아도 되는 편리한 핑계로 사용하며, 자신들이 속한 조직에서 주변화된 이들을 계속해서 배제시키는 데 공모하고 있다. 예컨대, 체계적 억압이 역사적으로 주변화된 사회적 집단들에 미친 영향을 제대로 이해하지 못한 채, 다양성이라는 파이의 한 조각을 자기 것으로 주장하는 방법으로서 내향적인 이들을 포용하는 것이

---

* 신경발달장애를 가진 이들, 자폐가 있는 이들이나 장애인들을 위한 공정성과 접근권을 위해 싸우고 있다면 그것은 다른 이야기, 즉 유용한 논의가 될 수 있다. 그러나 보통 '생각의 다양성' 혹은 '성격의 다양성'이라는 말을 사용할 때 사람들이 의미하는 바는 그런 것이 아니다.

역사적으로 주변화된 집단들을 지원하는 것만큼이나 중요하다고 역설하는 식이다. 물론 내향적인 성격에 불리하게 작용하는 문화적 편견들이 분명 있겠으나, 내향인 집단 전체에 억압적으로 작용하는, 정부가 인가한 차별 정책이 존재하는 것은 아니다.

2020년, 일단의 작가와 예술가들이 '하퍼스 레터Harper's Letter'를 발표했다. 그것은 일련의 공개적 책임 요구를 '억압적 정부'가 만들어낸 숨 막히는 분위기에 비유하면서 "열린 토론과 차이에 대한 관용이라는 우리의 규범을 약화시키며 이데올로기적으로 순응하게 하는" 좌파들이 '불관용적 분위기'와 '검열'을 강화하는 것을 비판하는 공개서한이었다. '취소 문화'란 정치에서부터 소셜미디어, 사회정의를 위한 조직에 이르기까지 여러 공간에서 널리 논의되는 개념이다. 사람들이 취소 문화를 비판할 때 대개는 그 전략, 즉 직장이나 사회적 지위를 잃게 하는 등 궁극적으로 개인이나 존재를 '지워버리는canceling' 것을 목표로 대중 앞에서 수치를 주며 선정적이고 무자비하게 공개적으로 저격하는 방식을 비판하는 것이다. 다시 말하건대, 사람들이 종종 잊어버리고 고려하지 못하는 것은 맥락이다. 우리가 누구를 지워버리고 있으며, 그 이유는 무엇인가? 누군가 혹은 무언가를 지워버리자는 요구가 적절할 때는 언제이고, 적절치 않을 때는 언제인가? 그것은 실제로 어떻게 구체적으로 나타나는가?

넓은 맥락에서 보면, 취소 문화는 보통 온라인을 통해 대중을 동원하고자 하는 보이콧 전략으로, 여러 차례 스스로 행동을 교정하기를 촉구했음에도 권력을 가진 사람들이 오랜 기간 권력을 남용한 데 대한, 혹은 지독하게 해로운 행위를 한 데 대한 책임을 그들에게 묻고 미래의 해악을 줄이려는 목적을 가진다. 예를 들어, 성차별 및 인종차별로 고발당한 하비 와인스타인, 루이 C. K., 폴라 딘 등을 떠올려보자. 전략적으로 그리고 신중하게 활용할 경우, 취소 문화는 자신의 권력을 이용해 반복해서 해를 끼쳐온 개인들이나 변화를 향한 의지가 없어 주변화된 공동체의 안위를 계속해서 위협할 가능성이 있는 이들이 설 자리를 잃게 만드는 데 매우 효과적인 방법이 될 수 있다. '취소 문화', 내가 선호하는 용어로 말하자면 공개적 보이콧은 누군가를 따로 불러 이야기하거나calling people in 공개적으로 지적하는calling people out 행위와 혼동되어서는 안 된다. 이러한 행위는 책임감, 포용력, 지속적 배움에 뿌리를 두는 문화를 형성하기 위해 필요하고 타당한 관계 내 개입의 도구이기 때문이다.* 그러나 오히려 책임진다는 개념을 가장 꺼리는 이들이 공개적 저항의 전술을 사용하는 방식과 이유에는 주의를 기울이지 않은 채 공포를 조장하려는

---

* '따로 불러 이야기하기(calling in)'는 보통 누군가의 문제적 행동에 개입하는 더욱 연민 어린 접근으로 여겨지며, 질문하기, 사적으로 따로 불러내기, 직접적으로 지적하고 변화를 요구하는 대신 변화를 장려하기 등이 전략으로 사용된다. 하지만 우리의 방어기제가 작동하면 '따로 불러 이야기하기'일지라도 '공개적 지적(calling out)'처럼 느껴질 수도 있어 둘을 구별하기 어려워짐에 유의해야 한다. 2가지 접근법 모두 타당하며, 둘 다 우리가 책임감을 연습하는 데 도움이 된다. 고발 문화와 응징의 정치학의 위험 그리고/혹은 유용성에 관해서는 많은 세세한 논의들이 있는데, 모두 맥락 분석과 분별을 토대로 접근해야 한다[8장을 참조하라].

목적으로 '취소 문화'라는 용어를 무기로 전유해왔고, 이 개입의 도구에 대한 인식을 사소한 실수에 대해서도 반사적으로 공개 저격하는 투박한 도구 또는 표현의 자유에 대한 노골적인 제도적 위협으로 바꿔놓았다.

문화 전유cultural appropriation는 또 다른 열띤 논쟁을 불러일으키는 주제로, 충분한 맥락 분석이 결여될 경우 문화 인정cultural appreciation과 혼동되기도 한다. 작가인 수전 스캐피디Susan Scafidi는 자신의 책《누가 문화를 소유하는가? Who Owns Culture?》에서 문화 전유를 "지적 재산권, 전통적 지식, 문화적 표현이나 가공물 등을 다른 이의 문화로부터 허락 없이 가져오는 것"으로 정의한다. 주변화된 이들 역시도 문화 전유와 착취를 행할 수 있다. 예컨대 비흑인 유색인들이 조롱을 목적으로 혹은 사회적 영향력을 목적으로 아프리카계 미국인 혹은 흑인 고유의 영어를 사용한다든지, 비원주민 유색인들이 할로윈이나 음악축제, 스포츠경기 등을 위해 재미 삼아 원주민의 전통 머리장식과 옷차림을 한다든지 하는 것이다.

2021년 1월, 3명의 백인 여성이 창립한 기업인 '마종 라인The Mahjong Line'은 수세기에 걸쳐 깊은 문화적 상징성을 지니는 중국의 전통 게임인 마작을 문화적으로 전유했다는 이유로 비난받았다. 그들의 웹사이트에는 "세련된 대중들"에게 "참신하고" "현대화된" 버전의 마작을 소개하는 것이 자신들의 목표라며 백인 여성들이 잔디밭에 놓인 테이블에 앉아 화이트와인을 홀짝이며 게임을 하는 사진을 게시해두었다. 그들은 "이 게임을 하는 동안 외치는 말과 표현에 엄청난 잠재력이 있다고 느꼈다"는 표현을 적어놓았는데, 이는 마작이 중국인 공동체나 그 후손들에게 가지는 문화적 중요성에 대해서는 아무런 언급도 하지 않은 채 3명의 백인 창립자인 그들이 타인의 문화를 구닥다리에 원시적이라 여기고는 멋대로 그것을 '한층 승격시키는' 구원자로 자처하는 것이다. 비록 사람들이 마작에 더 많은 관심을 갖게 하려는 의도에는 진정성이 있었을지언정, 마작의 역사에 대한 깊이 있는 이해를 완전히 무시하고, 자신들이 백인 대중들에게는 충분히 세련되지 않다고 여긴 게임을 노골적으로 백인을 위한 것으로 탈바꿈시키고, 결과적으로 자신들의 구원자 콤플렉스와 착취를 통해 이득을 취하려 한 것은 매우 폭력적이며, 이는 문화 교환이 아니라 명백히 문화 전유의 범주에 해당한다. 이 3명의 백인 여성이 드러낸 것과 같은 인종 혐오적, 중국인 혐오적, 아시아 혐오적 수사에 힘입어 아시아계 혐오 사건이 증가하는 상황에서 이 사례는 불평등한 현실을 혹독하게 상기시켜주며 고통을 더 쓰라리게 만들었다.

그러한 권력 불균형은 한 문화가 왜곡되어 전용되고 지배문화에 의해 재정의되게 하고, 그 작은 문화가 지닌 물질적, 금전적 혜택을 지배문화로 빼내는 한편, 주변화된 문화는 여전히 지배문화 속에서 살아간다는 이유로 박해받는다.

- 이제오마 올루오

맥락 없이는 변화도 없다

KEYWORD 살인, 흑인 혐오

무지에서 나온 발언이나 질문에 성급하게 대응하며 그것에 정당성을 부여함으로써 맥락에서 벗어난 거짓 서사에 신뢰성을 갖게 되기 전에, 우리는 우선 맥락에 맞지 않음을 확인하고 그 틈을 메워야 한다. 앞에서 제시한 사례들에서 분명하게 확인할 수 있는 거짓 등가성과 맥락에 대한 이해의 결여는 궁극적으로 우리가 하려는 일에 믿을 수 없을 만큼 방해가 된다. 우리가 대부분의 기업 경영진이 '어려운 대화'라고 부르는 프로그램을 기획할 때, 우리는 종종 사람들에게 안전safety과 편안comfort의 개념을 서로 구별해보게끔 한다. 주변화된 이들의 안전을 위해 싸운다고 할 때 우리가 말하는 안전이란, 역사적으로 그들을 범죄자로 만들고, 예속시키고, 착취하고, 권리를 침해해왔으며 지금도 계속해서 그러고 있는 시스템과 우월주의적 문화에 의해 차별, 괴롭힘, 공격, 해고, 살해를 당할 위험으로부터의 안전이다. 안전에 대한 요구는 DEI와 관련한 어려운 대화를 하는 동안 주변화된 정체성들을 중심으로 하는 과정에서 자신이 '소외되었다'고 여기거나, 실수를 한 데 대해 수치심을 느끼는 시스젠더 이성애자 백인 남성이 불편한uncomfortable 느낌을 피하고자 하는 것과 전혀 다른 것이다. 그럼에도 안전과 편안이라는 개념은 너무 자주 혼동되며, 공정성과 포용력 향상 프로그램의 심도를 언제 더하고 언제 덜어낼지,

또 누구를 위해 이러한 프로그램이 존재해야 하는지 파악하려는 이들을 어려운 상황으로 내몬다. 원칙과 지성에 기반한 맥락 분석을 거치지 않고는 '안전' 같은 개념은 쉽게 단순화되고 전유되고 오해된다.

내가 오클랜드로 이주했을 때, 그곳에 대해 아는 것이라곤 주류 미디어가 그린 빈곤, 노숙, 범죄가 만연한 흑인들의 도시로서의 이미지뿐이던 아버지는 수심 가득한 얼굴로 내게 물었다. "거기 안전한 동네 맞니?" 반면 내가 그곳의 집을 사려고 고민하며 부동산 중개인들과 이야기해보면, 그곳의 많은 이들이 젠트리피케이션(다른 말로, '동네가 전도유망함')을 겪고 있으며, 그 동네에 관심을 보이는 이들은 대부분 백인, 중국인, 테크 업계의 인도인이라고 설명했다. 결론적으로, 그 동네가 오클랜드의 다른 지역에 비하면 얼마나 '안전'한지를 강조했다. 그런데 맥락이 제외되었을 때의 안전이란 무엇인가? 17세의 흑인 소년 트레이번 마틴Trayvon Martin은 플로리다주 샌퍼드시의 고급 주택 단지 안에서 후드티를 입고 사탕 봉지를 손에 든 채 총에 맞아 숨졌다. 갈색 피부에 턱수염이 있는 남아시아계 남성인 내 파트너는 나와 함께 걷다가 내가 다른 누군가의 정원을 쳐다보며 감탄하자 자신이 '수상하다'고 누군가가 경찰에 신고하지 않도록 잠시 멈춰 섰던 나를 서둘러 끌어당겼다. 그가 밤에 검은 후드티를 입고 산책을 나가려 할 때마다 나는 외친다. "후드는 쓰지 마!" 그가 두려워하는 것은 후드를 쓴 다른 흑인이나 남아시아계 사람이 아니라, 안전이 위협받는 것과 불편함을 혼동할 수도 있는, 그리고 치명적인 결과를 초래할 수 있다는 사실을 알면서도 자신의 불편함을 처리하기 위해 흑인과 갈색인종 사람들을 경찰에 신고할지 모를 백인 이웃들이다. 그러니 다시 한번 묻건대, 안전이란 진정 무엇이며, 누구를 위한 것인가? 서로 다른 이들에게 안전은 어떻게 다른 모습을 띠는가? 다른 맥락에서 안전은 어떻게 드러나는가? 어떻게 하면 특권을 가진 이들의 불편에 주의를 뺏기지 않고 가장 주변화된 이들의 안전을 우선시할 수 있을까?

맥락을 살피지 않고서 다양성, 공정성, 포용력, 혹은 정의를 가져오는 데 성공할 수는 없다. 예컨대 개인적으로, 혹은 관계적 측면에서 백인들에 대해 유색인들이 만들어낸 편견이 있을 수 있지만, '인종 역차별'이란 것은 있을 수 없다. 현재의 권력 차이로 인해 유색인들은 정책 변화를 통해서든 고용 정책을 통해서든 부의 재분배를 통해서든 집단으로서의 백인들의 삶을 실질적으로 바꿀 만큼의 체계적 권력을 가질 수가 없기 때문이다. 여기서 우리는 인종주의가 단지 개인들 간에 작용하는 편견이 아니라, 사회에서 유색인을 계속해서 주변화하고 백인들에게 특권을 부여하는 시스템, 정책, 신념체계의 복합체임을 기억해야 한다. 이 맥락을 고려할 때, 다양성 관련 목표나 약자 우대 정책 등은 주변화된 집단들이 맞닥뜨리는 역사적, 현재적 부정의를 바로잡고자 한다. 이 "특별대우"에 대한 부정적 반응은 세계가 이미 모두에게 평평한 운동장이라고 잘못 가정하며, 따라서 이러한 노력이 불필요할 뿐 아니라 불공평하다고까지 생각한다.

물론, 역사적 맥락을 모르면 바로잡으려는 행동은 불공평하게 보일 수 있다. 신종 코로나바이러스 팬데믹 시기 동안 우리는 비슷한 비이성적 반응을 목도했다. 불평등한 보건의료 서비스 접근권, 밀집된 주거 환경, 필수노동essential jobs으로 과대재현되는 것을 비롯한 지속적인 체계적 인종주의의 효과로 팬데믹이 흑인들에게 유독 더 치명적인 영향을 준다는 사실은 충분히 증명되었다. 이를 개선하기 위해 2020년 7월 오리건주는 시민사회의 제안을 받아들여 14억 달러의 연방 구제금융 중 6,200만 달러를 특별히 흑인 주민, 흑인 자영업자, 흑인 지역사회의 요구에 부응하도록 할당했다. 이 격차를 해소하기 위해 의도적인 노력이 필요함에도, 소송 2개가 제기되자 수백만 달러의 긴급지원금이 보류되었다. 하나는 백인 자영업자가, 다른 하나는 멕시코계 자영업자가 각각 인종차별을 당했다고 주장한 소송으로, 이는 반인종주의 정책에 대한 몰역사적 반응의 낡아빠진 패턴을 답습하며 역사적으로 주변화된 이들을 위해 공정성과 정의를 복구하려는 모든 시도를 좌절시켰다. 팬데믹과 체계적 인종주의로 가장 크게 영향받은 이들에게 긴급하게 필요한 자원을 제공해야 하는 마당에, 변호사들은 오해를 풀고 다시 실질적 문제를 다룰 수 있기를 희망하며 엉뚱한 소송에 맞서 싸우느라 에너지를 낭비했다.

인종주의적 차별에 대한 유일한 해결책은 반인종주의적 차별뿐이다.

– 아이브럼 X. 켄디

우리가 특정 집단을 위해 다양성, 공정성, 포용력을 증대시키는 데 초점을 둔 헌신적 결단을 가져야 하는 이유는 우리가 살아가는 현실 속에 그것들이 심각하게 결여되어 있었으며 지금도 그렇기 때문이다. 특정한 집단에 대한 배제와 불평등이 존재한다고 먼저 동의하지 않으면 포용력과 공정성의 문제를 해결할 수 없다. 억압이 존재한다고 먼저 인정하지 않으면 우리는 정의를 이룰 수 없다. 실제로 변화가 필요하다는 사실을 우리가 함께 이해할 때, 변화를 만들어내는 작업을 시작할 수 있다.

기본에 충실하기: 언제나 맥락을 살펴라

우리의 여정에서 맥락 분석이 결여되면 첫째, 체계적 억압의 긴 역사를 지워버림으로써, 둘째, 그러한 억압의 유산이 지속된다는 사실을 무시함으로써, 셋째, 자꾸 방해요소들을 만들어내 계속해서 같은 지점으로 돌아오는 데 에너지를 낭비하게 됨으로써, 결과적으로 문제를 해결하기보다 기존의 부정의를 지지하게 된다. 이 혼돈의 순환은 엄청나게 피곤한 것이면서도 매우 흔하며, 커다란 혼란을 야기하면서 작업의 진실성을 왜곡하는 그 능력은 어디에서도 지지 않는다. 맥락 분석은 우리가 거짓 공정성이나 잘못된 문제에 대한 환원적 해결책이라는 함정에 빠지지 않게 하는 데 핵심적이다. 다음은 우리가 함정에 빠지지 않게 도와줄 수 있는 몇 가지 질문이다.

• 누가 권력을 가졌고, 지금도 가지고 있는가? 권력 혹은 타인에게 영향을 미치거나 그러한 결정을 할 수 있는 능력은 조직적 위계나 사회의 지배적 정체성 집단에 속함으로써 나온다.* 권력 불균형에 주목해보고, 누가 관계 차원에서, 조직 차원에서, 그리고 시스템 차원에서 권력을 가지고 있는지 밝혀보자.

• 권력은 어떻게 사용되는가? 권력이 사용되는 방식을 살펴보고, 그것이 누군가에 대한 권력인지(강압적), 누군가와 함께하는 권력인지(공동작업) 검토하자.** 어떤 사람 혹은 존재가 권력을 덜 가진 이

• 사회적 정체성은 개인적 정체성과 다르다. 사회적 정체성은 사회적 집단(인종, 젠더, 성적 지향, 사회경제적 계급, 종교 등)에 실제로 속하거나 속한다고 지각되는 데서 성립한다. 사회적 정체성은 우리 사회가 설계되는 방식, 그리고 시스템 차원(법, 정책 등)과 개인적 차원(일상생활) 모두에서 경험되는 방식에 영향을 미친다. 반면에, 개인적 정체성은 자기 자신에 관한 우리의 감각과 연관되며, 반드시 우리 사회가 구조화되는 방식과 관계있을 필요는 없다(예컨대 특별히 내향인을 위한 화장실 같은 것은 없으며, 연민을 가치 있게 여기는 사람들에 대한 차별의 역사적 사례 같은 것도 없다).

•• 누군가에 대한 권력(power over)과 누군가와 함께하는 권력(power with)의 차이에 관해 내가 찾을 수 있었던 이전의 언급은 미국의 사회활동가이자 경영이론가인 메리 파커 폴렛(Mary Parker Follett)의 1920년 글이다. "통상적으로 권력은 누군가에 대한 권력, 즉 어떤 사람 혹은 집단에 대한 어떤 사람 혹은 집단의 권력을 뜻하는데, 우리는 누군가와 함께하는 권력이라는 개념, 즉 공동으로 키워나가는, 강제적이지 않고 협력적인 권력을 발전시킬 수도 있을 것이다."

들을 깎아내리고, 해를 입히고, 착취하는 데 권력을 사용 혹은 남용하고 있는가? 아니면, 주변화된 사람 혹은 공동체가 폭력에 저항하는 한 방법으로서 권력을 되찾고자 하는 상황인가? 권력을 사용하는 이와 그것이 사용되는 방식에 따라 반응 전략과 접근법은 어떻게 달라지는가?

• 누가 혜택을 얻는가? 이 행동, 상황, 권력 사용으로 누가 혜택을 얻는가? 타인의 문화를 빌려오는 경우, 사회적, 물질적 자본의 측면에서 볼 때 누가 궁극적 수혜자인가?

• 누가 피해를 입는가? 그 과정에서 누가, 어떤 피해를 입는가? (가급적 상세하게 살펴보자.) 피해는 얼마나 큰 파급력을 갖는가? 이 상황이 일어나는 데 누가 무엇을 대가로 치르는가?

• 어떤 역사적·사회적·문화적·정치적 맥락을 내가 놓치고 있는가? 내가 확실하게 아는 것은 무엇이며, 무엇에 대해서 불확실한가? 나는 어떤 신념과 서사를 학습해왔으며, 추가적 탐구를 통해 어떻게 그것들을 승인하거나 무효화할 수 있는가? 이 추가적 맥락과 이해는 내가 이 특정 상황을 바라보는 관점을 어떻게 바꿀 수 있는가?

온전한 맥락이 결여될 경우, 정의를 위한 우리의 활동은 역사적으로 억압받은 이들에게 존엄과 존중, 권력을 되찾아주는 체계적 변화를 만들어내기보다 그저 정치적 올바름에 따라 표면적 예의를 지키는 데 지나지 않는다. 포용력과 공정성을 위해 싸울 때 우리는 그저 "모두에게 상냥하라"라고 외치는 것이 아니라, 특정한 사회적 정체성을 가진 사람들을 주변화하고, 그들을 노동시장에 진입하지 못하게 하고, 세대에 걸쳐 부를 형성하지 못하게 하고, 장벽을 마주하지 않은 이들과 같은 출발점에 서기 위해 부단히 따라잡으려 애쓰도록 강제한 수세기에 걸친 체계적 억압과 배제의 맥락 안에서 싸우는 것이다. 그리고 우리가 대표성을 얻고자 싸울 때 그것은 다양성과 혁신을 위해 다양한 관점을 수집하는 지적 사고 연습이 아니라, 주변화된 집단을 재현하는 어떤 방식도(특히 권력의 위치에 서는 것은 더욱) 불가능하게 만드는, 노예제, 인종학살, 권리 박탈, 여성 혐오, 이방인 혐오, 트랜스 혐오, 동성애 혐오, 장애차별주의 등이 남긴 역사적 문제를 다루고자 하는 투쟁이다.

포용력, 공정성, 대표성, 정의를 위한 싸움은 미국이라는 나라를 건국하면서부터 시작된 투쟁의 연속이며, 엉성한 몰역사적 분석과 맥락을 벗어난 거짓 등가성이 우리가 싸움의 뿌리를 기억하는 길을 방해하게 두어서는 안 된다.

6장

'대표성'이라는 양날의 검

2020년에 나는 국영TV의 낮 시간대 토크쇼에 초청받아 다양한 인종의 여성들 간에 신뢰와 연대를 구축하는 법에 관한 코너에 참여한 적이 있다. 나는 내가 방송에 섭외될 잠재력을 가졌다는 점에, 그리고 중요한 대화에 참여할 기회가 생겼다는 사실에 매우 들떠 있었다. 물론 TV에 데뷔하게 된 것에 약간 흥분하기도 했다! 방송국에서 내 역할을 확정하기 전에 몇몇 사람들이 나를 인터뷰하며 선별된 질문들을 던져 내가 적임자인지 확실하게 알아보려 했다. 젊은 백인 여성이었던 조연출과의 면접에서 나는 미국에서 아시아계 여성으로 살아가는 경험에 대해 말해달라는 요청을 받았다.

그래서 나는 이민자로서의 내 배경을 공유하고, 퀴어 여성으로서의 뉘앙스를 내비쳤으며, 사회정의 활동가로서 갖게 된 세계관과 영리를 좇는 직장에서의 경험에 대해 이야기했다. 시끄럽고 단호하며 강경한 공정성 옹호자로서 조직 내에서 '조신하고 순종적인 아시아 여성'이라는 스테레오타입에 맞섰던 투쟁에 대해서도 이야기했다. 여성 혐오적이고 인종주의적인 기업문화에서 아시아계 퀴어 여성으로서 경험한 일상적인 양성애 혐오와 성적 대상화에 대해서, 그리고 내가 재정적 안정을 얻기를 절실하게 바랐던 부모님을 생각하며 그것을 쟁취하기 위해 이를 꽉 물고 '해내려' 하는 동안 일상적으로 견뎌온 미묘한 차별에 대해서도 이야기했다.

각각의 이야기가 끝날 때마다 나는 똑같은 질문을 맞닥뜨렸다. "네…… 아, 그렇군요. 또 뭐가 있죠?"

나는 아시아계 여성으로서의 내 서사가 두드러지게 하기 위해 머릿속에서 기억을 짜내고 있었고, 마치 내가 조연출이 생각하고 있는 정답을 맞히려고 노력하는 것처럼 느껴졌다. 나는 그가 내 이야기에 감흥을 받아 나를 선발해주기를 바랐지만, 그 유일한 방법은 아시아계 혐오적 차별과 트라우마에 관한 가장 노골적이고 뻔한 이야기를 들려주는 것인 듯했다. 나는 조연출과 청중이 내게 듣기를 기대하고 원하는 이야기에 조금씩 더 가까워지면서도, 동시에 그 안에 미묘한 뉘앙스와 과소평가된 세부사항을 끼워 넣으며 일차원적인 이민자 서사에서 벗어나고자 하는 자신을 발견했다. "음, 팬데믹 시기에 저는 제 나라로 돌아가라는 이야기를 듣곤 했어요." 그러자 별안간 전구가 터지듯 조연출의 목소리가 확 밝아졌다. "네! 그것에 대해 더 이야기해주세요."

아시아인이 잘 살고 있다는 거짓말은 너무도 교묘하여 지금 이 순간 글을 쓰는 동안에도 나는 다른 사람들에 비해 내가 나쁘지 않았다는 의심에 시달린다. 하지만 인종적 트라우마는 경쟁 스포츠가 아니다. 문제는 내 어린 시절이 유독 트라우마틱했던 것이 아니라 오히려 아주 평범했다는 것이다. 대부분의 백인 미국인들은 인종적 트라우마를 한 편의 구경거리로만 이해할 수 있다.

－캐시 박 홍

서사를 복잡하게 만들기

이 경험은 내게 이런 의문을 남겼다. '대표성과 단일한 서사는 어떻게 다를까?' 피상적 차원의 재현, 혹은 시스템의 변화 없이 정의를 상징하는 데 불과한 다양성은 우리 사회가 진보를 전시하고 성급하게 자축하는 가장 흔한 방식이다. 억압이 사용하는 것과 똑같은 도구와 접근법을 통해 인위적으로 선별된 대표성은 진정한 변화를 위한 지속적인 요구를 모호하게 만들며 거짓 안도감을 준다. 깊이 있는 분석이 결여된 대표성은 토큰화,* 일반화, 전유, 삭제 등을 통해 또 다른 임시방편적 해결책에 그쳐 피해를 지속시킬 수 있다. 평면적이고 일차원적인 서사에 목말라 있는 사람들에게 같은 이야기를 계속해서 공급하는 것은 더 나은 재현이 아니다.

● tokenization. 누군가를 혹은 무언가를 '토큰화'한다는 것은 그 사람 혹은 그것을 형식적으로 무언가의 징표로 삼거나 명목상의 위치에 놓은 허울뿐인 행위다. '토큰화'의 대표적인 예로, 어떤 조직에서 성평등을 위한 실질적 노력 없이 여성이라는 이유로 누군가를 특정 고위직에 앉혀 성평등을 이룬 것처럼 보이게 하는 행태를 들 수 있다.－옮긴이

미디어는 우리의 인식을 형성하게 하는 주요한 경로 중 하나이므로, 잠시 할리우드의 경우를 살펴보자. 2019년에 캘리포니아대학교가 발표한 연간 할리우드 다양성 보고서에 따르면, 영화의 주요 배역의 유색인종 비율은 꾸준히 늘어 30.9%에 이르고 있지만(라틴계, 아시아계, 원주민의 경우에는 각각 4.9%, 4.8%, 0.3%로 여전히 매우 불충분하다), 영화감독 10명 중 1.5명만이 유색인이고 나머지는 백인이며, 영화작가 10명 중 1.4명만이 유색인이다. 단지 화면에 등장하는 것만으로는 부족하다. 화면 뒤에서 누가 이야기를 선별하고 작성하고 서술하는지 역시 중요하다.

모든 곳에서, 특히 우리가 재현되는 방식에 대한 실제적 의사결정권을 가진 역할에서 적절하게 대표되지 않는다면, 우리는 우리 자신이 아니라 관람객에 의한, 관람객을 위한 일차원적 서사에 한정될 위험에 처해 있는 것이다. 이것이야말로 관객의 심금을 울리려는 목적을 가진 주류의 관점을 따르는 서사다. 가난뱅이에서 부자가 된 이민자 이야기, 가슴 찡한 커밍아웃 이야기, 감금되었다가 성실하게 재활 및 회복을 해낸 범죄자 이야기, 장애를 '극복'해낸 이야기 등등은 관객들로 하여금 억압받은 이들의 트라우마에 몰입해 영감을 얻고, 자신들의 너그러운 가슴으로 타인에 대한 연민을 갖는 게 가능함을 입증받는 데서 오는 순간적 만족을 느끼게 한다. 물론 이러한 이야기에도 장점이 있고 이 역시 들려져야 마땅한 이야기이지만, 주류가 주변화된 이들을 묘사하는 방식은 그 범위와 목적이 매우 협소하고 얄팍하며, 예상 가능한 선에서 관음증적으로 표현되기 일쑤다.

따라서 우리의 서사 중 많은 것들이 우리 삶의 경험에 대한 지배문화의 해석을 통해 전달되며, 당사자들에 의한, 당사자들을 위한 정직하고 미묘한 진실 말하기를 중심에 두지 않고 관객의 교육, 인식, 영감, 행동 등을 향상시키기 위해 이야기된다. 심지어 우리는 때때로 우리와 관련된 역할을 수행할 기회조차 박탈당한다. 영화 '공각기동대'에서 아시아계 인물을 연기한 백인 여성 스칼렛 요한슨, 퀴어나 트랜스젠더 배역을 차지해 '리얼한' 연기로 박수를 받는 시스젠더 이성애자 배우들, 그리고 장애인 배역의 95%를 비장애인들이 맡는다는 사실은 실망스럽게도 이야기할 만한 실제 삶의 경험을 가지고 있는 주변화된 이들에게 진정한 주인의식과 힘을 실어주기를 거부한다는 점을 알려준다. 우리를 배제한 채 우리의 이야기가 쓰이고 연출되고 연기되는 것은 재현이 아니라 착취이며, 좋게 봐야 동정적인 해석일 따름이다. 그리고 이 오래된 역사적 패턴은 미국 경제계부터 정계에 이르기까지, 할리우드 바깥에서도 발견된다. 유색인들보다 백인 반인종주의 '전문가'들이 우리의 트라우마에 대해 남들에게 가르칠 기회를(그리고 돈을) 더 많이 가지는 걸 확인할 수 있으며, 페미니스트 남성이 여성보다 더 성차별에 맞서 싸운다고 일상적으로 인정받곤 한다. 우리 삶의 경험에 대해 아무것도 모르는 사람들에게 우리 삶을 바꾸는 책임을 맡겨서야 어떤 재현을, 무슨 변화를 기대할 수 있겠는가?

　이유부터 방식, 내용, 인물까지 우리가 우리 이야기에 대한 통제권을 온전히 가질 때, 그 이야기들은 어떤 내용을 들려줄 것인가? 인류학적 궁금증에 찬 관객들을 확신시키고, 즐겁게 하고, 교육하는 단순한 목적이 아닌 이유로 우리의 트라우마가 이야기된다면, 그것은 어떻게 들리고, 어떻게 보이고, 어떻게 느껴질까? 지배문화가 우리의 트라우마를 집어삼키고 우리의 다면적인 삶을 비극적 순간과 결속시키는 또 다른 선정적인 뉴스로 우리의 고통을 축소해버릴 때, 우리의 집단적 의식은 기쁨, 성취감, 경쾌함, 희망, 애틋함에 관한 어떤 이야기들을 도둑맞는가? 아메리칸드림을 좇아온 이민자의 성공적인 이야기에 더해, 나는 아주 별 볼 일 없고 평범한 이민자가 10대로서 겪는 일상적 문제들을 해결하고자 좌충우돌하는 것을 보고 싶다. 나는 논바이너리와 장애인들이 굴욕적이지 않게 그려진 우스꽝스럽고 달콤한 로맨틱 코미디가 보고 싶고, 아시아계 여주인공이 이국적 팜므파탈 외 다른 초능력을 발휘하는 액션 영화도 보고 싶다.

　한국계 미국인 시인이자 작가인 캐시 박 홍은 자신의 책 《마이너 필링스》에서 백인의 시선으로 우리 자신을 정의하는 것의 위험에 대해 경고한다. "인종적 자기혐오는 백인들이 나를 보듯 내가 나를 보는 것이며, 이때 나는 나의 최악의 적이 된다." 백인우월주의와 그 밖의 억압들은 그들이 상상하는 것 이상으로 잠재력을 뻗어내려는 우리의 욕망을 무시한다. 그것들은 우리 이야기를 편집하고, 토막

내고, 되풀이한다. 그것들은 세상이 듣고 싶어 하지 않는 진실에 관한 목소리를 줄이고, 인정에 대한 갈증을 해소해주는 메시지가 나올 때면 볼륨을 높인다. 그리고 우리는 정해진 각본에서 벗어나는 순간 버려진다.

우리는 더 온전하고 폭넓고 완전한 재현을 위해 다양성 안의 다양한 경험들을 발견하고 존중하고 축하하고 기려야 하며, 단일한 서사를 기대하도록 훈련된 문화의 구미를 돋우는 단일한 목적을 위해 존재하는 게 아닌 이야기를 나눌 수 있어야 한다.

우리의 '모든' 이야기를 위한 공간 만들기: 한 아시아계 미국인의 경험

KEYWORD 식민화, 고문과 성폭력에 관한 언급

한국에서 자라는 동안 나는 대표성을 투쟁의 문제로 생각해본 적이 없다. 나처럼 생긴 사람들이 교사, 정치인, 발명가, 운동선수, 음악가, 배우, CEO, 코미디언, 작가, 가수, 예술가, 셰프 등 다양한 사회적 영향력을 가진 위치에 있는 걸 봐왔고, 실로 미디어에 등장하는 사람들이나 역사책에 등장하는 인물들 모두 한국인이었기 때문이다. 미국에 올 때까지 나는 주류 미디어에서 나한테 익숙한 얼굴을 보고 싶어 하는 경험이 어떤 것인지 몰랐다.

미국에 와서 처음에는 아시아계 미국인*이라는 범주에 한 덩어리로 함께 엮인 다른 민족성과 내 문화적 배경은 많이 달랐기에, 그 정체성을 받아들여야 하는 것이 낯설게 느껴졌다. 실제로 나는 미국 내에서 아무도 1910년부터 1945년까지 일본이 한국을 강점한 역사에 대해 알지도 신경 쓰지도 않으며, 그러한 국가적 트라우마가 여전히 우리 민족의 영혼을 괴롭히고 있음에도 너무나 일상적으로 미국 내 한국인의 투쟁과 일본계 미국인들의 투쟁이 같은 것인 양 여겨진다는 사실을 발견하고는 기분이 좋지 않았다. 나는 일제의 지배 아래 오랫동안 비인간적 대우와 문화 파괴, 고문, 착취, 그리고 우리의 여성과 소녀들에 대한 일본군의 강간 시스템을 견뎌내며 생존과 독립을 위해 싸워온 우리 민족에 관해 배우며 자랐다. 양국 간 역사적 긴장과 위태로운 관계가 지금까지도 이어지는 상황에서 서로가 나란히 한 범주로 분류되는 것이 이상했고, 우리의 역사적 맥락을 무시하는 것처럼 느껴졌다.

　　하지만 미국 사회가 우리 민족과 한때 우리를 억압한 이들을 바

●　　여기서 '아시아계 미국인'은 시민권 상태나 주민등록 서류와 관계없이 미국 내에서 자신을 아시아인이라고 정의하는 이들을 지칭한다. 내가 AAPI(아시아계 미국인 및 태평양제도민)나 AAPINH(아시아계 미국인, 태평양제도민, 하와이 원주민)라는 포괄적 용어를 사용하지 않는 이유는 이어지는 본문에서 하와이 원주민이나 태평양제도민 공동체의 이슈들을 다루지 않기 때문이다. 그리고 내가 '아시아계 미국인'이라는 용어를 쓰지만, 정치적 액티비즘에서 탄생한 이 연합적 용어는 35개 이상의 서로 다른 민족적, 국가적 정체성으로 구성되어 있다는 점, 그리고 다중적이고 복합적인 모든 민족의 중요한 이야기들을 다룰 수 없고, 그러려고 시도하지도 않는다는 사실을 분명히 밝힌다.

라보는 방식을 알게 되고, 백인우월주의가 얼마나 백인 이외의 다양한 인류를 구별하거나 이해하려 하지 않는지, 그리고 백인 권력이 지배하는 이 나라에서 외국인 혐오와 인종주의가 얼마나 매한가지로 억압적인지를 알게 되자 내 의구심은 줄어들기 시작했다. 나는 우리의 투쟁이 서로 연결되어 있음을 깨달았고, 에마 지Emma Gee와 유지 이치오카Yuji Ichioka, 市岡雄二가 고안한 '아시아계 미국인'이라는 용어가 1960년대 후반에 당시의 흑인 민권운동이나 반전운동 등 다른 사회정의 운동으로부터 영감을 받아, 범아시아계 연대를 구축하고자 하는 전략적 필요에 따라 탄생하게 되었음을 알게 되었다. 그러고도 한참 뒤에야 1942년부터 미국이 일본계 미국인을 강제수용소로 보내 격리했던 역사에 대해 알게 되고, 맥락은 서로 다르지만 한국의 내 선조들과 미국 내 일본계 미국인이 같은 시기에 자신들의 삶과 존엄을 위해 싸웠다는 것을 알게 되었다. 이렇게 아시아계 미국인 주변화의 역사를 들여다본 나는 그 어떤 아시아계 대표가 등장하더라도 거기에서 위안을 찾아야 했다. 그것이 내 선조들을 억압한 식민지배자의 얼굴을 들여다보며 나와 닮은 인물이 TV 화면에 등장하는 데 감사하는 일일지라도 말이다.

일차원적 서사를 거부하는 한 방법은 일반화와 토큰화의 압박에 저항하는 한편, 이야기가 우리의 기준에 부합하지 않거나 운동에 보탬이 되지 않는다 하더라도 그것들을 비판할 권리는 보호하되 서로 다른 이야기들에 대해 우리가 집단적 관용을 형성하는 것이다.

나는 '그건 우리가 요청한 재현의 방식이 아니에요'라는 반응을 자주 접하며, 나 역시 어떤 이야기나 공적 인물, 작업 등이 우리 공동체의 현실을 정확하게 혹은 존중하는 태도로 묘사하지 못하는 걸 한탄할 때 그런 반응을 하기도 했다. 말 그대로 엄청나게 부유한 아시아인의 이야기를 그린 블록버스터 영화 '크레이지 리치 아시안'이 개봉했을 때, 그리고 비슷하게, 꼴불견에 뻔뻔한 부자 아시아인이 로스앤젤레스에서 권력과 정치적 무지를 과시하는 '블링 엠파이어'가 넷플릭스에서 서비스를 시작했을 때, 아시아계 미국인 공동체 내에서 바로 이런 일이 일어났다.

2020년 민주당 대선후보 경선에 출마한 앤드루 양Andrew Yang이 팬데믹 시기 동안 증가한 아시아계 혐오적 편견에 대해 우리 아시아계 사람들이 "우리의 미국성을 보여주어야" 하며 더 봉사하고 더 열심히 일해서 우리도 존중받고 존엄성을 인정받아 마땅함을 증명해야 한다며 '모범적 소수자로서의 아시아인'이라는 문제적 서사에 부응했을 때도 비슷한 반응이 일었다. "우리는 나서야 합니다. 우리는 이웃을 돕고, 기부하고, 투표하고, 애국심을 보여주고, 봉사활동을 하고, 단체에 자금 원조를 하고, 이 위기의 끝을 앞당기기 위해 할 수 있는 모든 것을 다 해야 합니다." 그의 이런 발언을 접하고 내가 소셜미디어에 비판 글을 올리자 일부 아시아계 사람들(혹은 추측건대 앤드루 양의 열성 지지자들)은 나를 아시아계가 정치적 권력을 가질 기회를 약화시키며 "동족을 배신하는" 아시아계 혐오자라고 불렀다.

내가 기대하던 영화 '뮬란'의 리메이크 버전의 제작진 대다수가 백인인 점, 이슬람교도인 위구르족이 100만 명 넘게 수용소에 갇혀 있다고 하는 중국의 신장지구에서 영화를 촬영한 점에 대해 비판했을 때도 마찬가지였다. 아시아계 열성 팬들은 향후 아시아인이 주역으로 캐스팅될 기회를 내가 망치고 있다며 불만을 제기했다.

여기에 복잡한 문제가 있다. 애초에 재현의 기회가 제한되는 상황에서, 우리가 타당한 비판을 재현을 원치 않는다는 요청으로 오해하거나('그러니까 당신 말은 이런 인물/이야기/영화가 아예 없는 게 낫다는 거죠?' 등), 가혹한 비판 때문에 우리가 표현될 기회가 훨씬 더 줄어들 거라고 두려워한다는 것이다. 한편, 그런 종류의 이야기, 특히 정의를 향한 우리의 운동에 호의적이지 않은 것으로 여겨지는 이야기들을 지나치게 예민하게 단속하는 것 역시 도움이 되지 않을 수 있는데, 어떤 이야기도 우리의 다층적인 진실과 다양한 경험들을 전부 아우를 수는 없기 때문이다. 우리가 '그건 내가 원하는 종류의 재현이 아니야'라고 말할 때, 우리 중 일부는 작가 마이클 해리엇Michael Harriot이 지칭한 백인 특권의 한 형태인 개성을 가질 특권 없이 우리의 서사를 만들어야 하는 제한적 기회만이 주어지는 좌절스러운 현실에 반응하는 것이다. 해리엇은 백인들이 여러 층위와 복잡성을 가진 개인들로 존재하는 반면 흑인과 갈색인종, 무슬림, 시크교도들의 경우 집단 자체가 소수의 폭력행위로 축소되는 사례들을 언급하며 "한 사람의 죄는 모두의 죄가 된다"고 말했다.

더 광범위하게는 태평양제도민과 하와이 원주민, 그리고 여타 역사적으로 과소재현되고 배제된 공동체들을 포함하는 아시안 디아스포라 내에서 대표성이라는 복잡한 문제는 반드시 세부적 맥락 안에서 이해되어야 하며, 역사적으로 미국에서 우리가 지금까지 직면해오고 있는 억압의 패턴들을 고려할 때, 그 세부 맥락 속에는 존재의 삭제, 토큰화, 일반화, 전유, 재현의 오류 등을 둘러싼 불안과 공포가 계속해서 존재한다. 미국 내 아시아인들은 우리를 전혀 억압받지 않는 모범적 소수자 혹은 결코 공동체에 완전히 소속될 수 없는 영원한 이방인 둘 중 하나로만 보려는 사회에 의해 종종 가스라이팅을 당한다.

우리가 주목하고 대응해야 할 대상은 우리 공동체의 지속적인 투쟁들과 알려지지 않은 이야기들을 삭제하려는 시도이다. 여기에는 미등록 아시아계 이민자들, 이주 노동자들, 범죄자들 및 수감자들을 비롯해 교도소 폐지, 성노동 비범죄화, 노동조합 조직, 장애 정의, 퀴어 및 트랜스젠더 해방 등을 위해 싸우는 급진적 AAPI 활동가들, 그 외에 공적 담론의 바깥에 존재하는 사람들이 포함된다. 예컨대 첫 번째 대륙 간 철도 공사에 투입된 중국인 노동자 1만 2,000여 명의 죽음을 무릅쓴 노동이 역사적 사진에서 고의로 제외된 것이라든가, 흑인 활동가들과 함께 평등을 위해 싸웠던 유리 고치야마Yuri Kochiyama, 그레이스 리 보그스, 래리 이틀리옹Larry Itliong 같은 아시아계 미국인들의 이름과 업적이 잊히는 것 등에 주목해야 한다.

우리가 주목하고 대응해야 할 또 다른 대상은 우리의 투쟁을 축소하고 투쟁을 백인들의 것으로 세뇌하는 행태다. 소수의 '엄청난 부자들'의 성공이 빈곤에 시달리는 다수를 지워버린다. 아시아계 공동체는 미국에서 가장 빠르게 부의 격차를 드러내고 있다. 퓨리서치센터에 따르면, 1970년부터 2016년 사이에 아시아계 개인소득자의 상위 10%가 하위 10%의 10.7배를 벌었다. 모범적 소수자라는 스테레오타입에도 불구하고, 2021년 같은 기관에 따르면, 19개의 서로 다른 아시아계 집단들 중 12개 집단의 빈곤율이 2019년 미국 평균과 같거나 그 이상인 것으로 보고되었다. 직장에서는 '대나무천장bamboo ceiling'이 여전히 존재한다. 특정 산업에서 몇몇 민족이 과대재현되기는 하지만, 아시아계 미국인들은 가장 경영진으로 승진할 가능성이 낮은 그룹이다. 많은 이들이 제대로 주목하고 대응하고자 하는 것은 이러한 환원적이며 일차원적인 이야기들의 실제 여파로 아시아계 혐오 폭력이 증가하고 있으며, 가장 주변화되고 취약한 이들을 겨냥한 구조적 차별이 나타나고 있다는 점이다. 이처럼 상황이 엄혹한데도, 지원금 조성 재단의 모든 자선 구호금 중 단 1%만이 AAPI 단체에 전달되고 있다. 그러니 획일적 삭제가 아시아계 사람들이 미국에서 수세기 동안 경험해온 특정한 방식의 억압이며 그로써 다종다양한 우리의 현실을 붓질 한 번으로 덧칠해 단순화하고 궁극적으로 불평등과 폭력의 수위를 한층 끌어올린다는 점을 고려하면, 앞서 언급한 반응들도 일리가 있다.

따라서 백인우월주의 문화와 그 양자택일적 태도(단일한 서사적 재현이거나 혹은 전무하거나)는, 40년에 한 번씩 명목상의 아시아 영화를 만든다거나, 스크린 안팎에서 아시아계 사람들에게 제한적인 기회를 준다거나, 모범적 소수자 신화에서 벗어나려 하면서도 우리 스스로 그것을 고수하게 하면서 백인들에 의한, 백인들을 위한 아시아 이야기를 만든다든지 해서, 우리가 실제적 권력을 갖지 못하는 제한적 재현에 만족하도록 강요한다. 백인우월주의는 우리를 맛없는 부스러기 몇 톨에 감사하도록 훈련시키고, 우리의 다양성과 넓은 도량은 여전히 가시화되지 않으며 미국의 정신 속에 아무 자취도 남기지 않는다. 이 좌절스러운 현실을 받아들이는 대신, 우리는 계속해서 스테레오타입에 대항하는 더 다양한 이야기를 위한 더 많은 공간을 요구해야 하며, 유해한 이야기에 대해서는 건설적인 비판을 허용해야 한다. 내가 한국에 살 때는 한국인 의사, 변호사, 유명 방송인뿐 아니라, 실패한 기업가나 부패한 정치인, 폭력 가해자와 피해자 등 다양한 한국인의 모습을 보며 자랐다. 우리의 삶에 관한 완전하고 정직한 이야기를 하려면 다양성과 깊이를 겸한 재현이 필요하다고 믿는다. 다층적이고 때로는 모순적인 이야기들의 존재를 환대하는 한편, 이견과 비판을 표현할 자유를 스스로에게 부여함으로써 우리는 일차원적 서사를 넘어 진정으로 다양하고 다차원적인 재현을 이룰 수 있을 것이다.

진정한 진보의 신호는 블록버스터 영화 한 편, 문제가 된 TV 시

리즈 한 편, 토큰화된 정치인 한 사람 때문에 세계에게 어필할 우리의 한 번의 기회를 놓쳤다는 두려움이 없어지고, 우리의 모든 이야기가 진정성 있게 공존할 수 있을 때가 아닌가 싶다. 실질적 진보는 우리 역시 '어벤저스'부터 '저지 쇼어', '데이비드 레터맨 쇼'부터 '왕좌의 게임'에 이르는 폭이 넓은 스펙트럼상에 존재할 수 있으며, 우리가 공감하지 못하는 이야기들을 당당하게 비판할 수 있을 때 가능할 것이다. 그것은 공정성, 정의, 자유를 요구하는 우리의 능력에 돌이킬 수 없는 피해와 후유증을 남기고 마는 단일한 서사를 강화시키고 일반화하려는 충동에 관객들이 저항할 수 있을 때일 것이다. 그것은 우리가 언제나 탁월해야 하는 '모범인종'보다는 현실성을 갖게될 때일 것이다. 또 그것은 우리가 더는 우리 자신의 가치에 대한 끝없는 불안감 속에 살지 않을 때일 것이다. 바로 그때 우리는 어쩌면 뭔가 해냈다고 느끼게 될 것이다. 나는 내 공동체 전체를 대표해야한다는 부담 없이 활동하고 싶다. 그것이 불공정하고 고된 일이어서가 아니라 그저 내가 그럴 수 없기 때문이다.

대표성의 한계

다양한 재현은 그 자체로 중요하다. 그것은 사회의 의식을 바꾸고, 공동체 내의 차이를 인정하고, 대체로 '백인 중년 남성'에 치우친 서사를 재조정하는 데 일조한다. 더 중요한 점은, 우리가 재현된 것을 봄으로써 우리 스스로의 잠재력을 확인할 수 있다는 것이다. 그것은 예컨대 흑인 남아시아계 여성이 미국 부통령이 될 수 있다는 것처럼, 기존의 우리의 상상력이 가능하다고 여긴 것을 넘어서는 현실을 인식할 수 있게 한다. 사회 구석구석의 주변화된 이들과 역사적으로 과소재현된 이들은 언제나 더 많이 재현될 필요가 있다. 그렇지만 재현만이 우리에게 집단적 해방을 가져다줄 것이라 믿는 우를 범하지는 말자. 어떤 공동체는 심지어 과대재현되더라도, 동시에 여전히 주변화되고 실제적 권력을 갖지 못할 수도 있다. 그렇기 때문에 '주변화'와 '과소재현'이라는 말이 때때로 연관될지라도 서로 같은 뜻은 아니다.

대표성은 한계를 지닌다. 우리는 그것이 현실에서 그저 수많은 변화의 이정표 중 하나일 뿐인데도 궁극적 목표로 둔갑해 인식되고 다뤄지는 방식을 반복해서 봐왔다. 억압적 시스템 속에 다양성을 집어넣고 즉각적 변화를 기대하는 것만으로는 충분하지 않다. 새로운 사람으로 교체되더라도 여전히 억압의 시스템을 지지하는 같은 패턴의 폭력을 행할 수 있기 때문이다. 선택받은 소수가 난관을 뚫고 성공한다고 해도, 불행히도 실제로는 백인 남성이 압도적인 통제권을 갖는 유해한 체제 안에서 변화를 일으킬 힘을 갖지 못하는 경우도 많은 것이 현실이다. 게다가 시스템의 변화를 위해 재현에만 기댈 수 없는 핵심적인 이유 2가지가 있다. 첫째, 주변화된 이들 안에 내면화된 억압이 존재하며, 둘째, 이미 주변화된 이들의 어깨에 대표성에 수반되는 추가적 부담감을 지울 수는 없기 때문이다.

수년 동안 나는 미국 전역의 저명한 기업들의 CEO 및 다양성 부서 수장들 수백 명을 만날 기회가 있었고, 그중 일부는 주변화된 정체성을 가지고 있었다. 해로운 시스템의 내부에서부터 변화를 만들어내는 일에서 가장 실망스러웠던 부분은, 주변화된 이들이 자신이 속한 공동체를 비롯한 주변화된 이들을 위해 싸우기보다 권력자의 위치에 있는 이들의 이해관계를 보호하고 거기에 봉사하고자 할 때 느껴지는 거북함이었다. 나 역시 백인 남성 임원이 우리의 메시지를 수용하려 하지 않아서 기회를 포기하는 게 아니라, 그들의 불편함을 미리 예방하려는 이들에 의해 접근권이 박탈되어 기회를 포기하는 경우가 많았다.

"우린 아직 멀었어요."

"지금은 우선 인종 말고 젠더(번역하자면, 시스젠더, 이성애자, 백인 여성)에만 집중하면 안 되나요?"

"그런 말 좀 안 쓰면 안 될까요? 그런 얘길 들으면 사람들이 방어적이 되잖아요."

우리 팀은 6개월간 한 글로벌 테크 기업에서 백인우월주의 문화 및 흑인 혐오 인종주의와 싸우기 위해 고안된 워크숍을 진행했다. 우리는 직원들, 특히 흑인 직원들로부터 매우 긍정적인 피드백을 받았는데, 그들은 임원진도 같은 수준의 정직한 대화와 명확한 교육을 받아야 한다고 반복해서 요청했다. 그럼에도 아시아계 여성인 다양성 최고책임자는, 임원진은 그러한 대화에 참여할 "준비가 아직 되지 않았다"고 하며, 그 대신 임원들이 알아두어야 할 인지편향과 높은 수준의 다양성 트렌드에 관한 1시간짜리 발표를 해달라고 요청했다. "그분들이 어떤지 잘 아시잖아요"라며 그는 어깨를 으쓱해 보이고는 내가 당연히 동의해야 한다는 듯이 웃어넘겼다.

또 다른 예로, 자산 규모가 수억만 달러인 한 금융 거대기업은 직원 참여 조사 결과, 편향된 고용 및 승진 정책과 주변화된 직원들에게 해로운 직장문화를 갖고 있다는 평가를 받았다. 우리의 비판적이면서도 열정 넘치는 접근 방식을 마음에 들어 했던 인사 담당 수장인 백인 여성은 그러한 주제를 다뤄달라고 우리 회사에 의뢰했으나, 계약 몇 달 후 그는 직장을 그만뒀다. 그사이 해당 기업은 새로운 다양성 최고책임자로 기업에 큰 자산이 될 법조계 관련 배경을 가진 한 흑인 남성을 임명했다. 그와 처음으로 대화하는 동안 나는 회사 내 다양성 위주 직원 자원 그룹 Employee Resource Group, ERG 모임 대표들을 위한 맞춤 워크숍을 꾸려달라는 그의 요청에 미묘한 기로에서 있는 나 자신을 발견했다. 이전에는 훨씬 더 권위적이고 해로운 고용주와 함께했던 그는 전부 백인인 임원진이 지닌 표면적인 수준의 노력에 감명을 받았고, ERG 대표들의 '분노에 찬', '호전적인' 요구에 심히 놀랐던 것이다. 그는 젊고 열정적인 ERG 대표들이 더 프로페셔널해야 하고, 더 인내심과 감사의 마음을 가져야 하며, "분노하지 않고 영향력을 미치는 방법을 배워야 하며, 이곳이 얼마나 좋은지 깨달아야 한다"고 생각했다. 분노는 덜고, 교섭력을 더하라는 것이다. 요구는 줄이고, 감사를 늘리라는 것이다. 내가 이 일을 하며 만난 다른 많은 문지기들과 마찬가지로 그는 주변화된 직원들이 견뎌온 상처들을 존중하거나 이해하려 하기 전에, 그저 최소한의 인식과 관심만을 보여준 선의의 백인 남성 경영진을 더 먼저 인정해주고 칭찬한다. 이렇듯, 상대적으로 권력을 가진 이들의 문지기 역할, 체면의 정치학respectability politics, 권력 남용적 행동 등은 영리기업, 학계, 비영리단체, 정부기관을 막론하고 모든 산업에 걸쳐 널리 발견된다.

> 억압받은 이는 억압자의 가치관을 내면화한다. 그러므로 자신이 내면화한 가치관을 직시하고 의식적으로 다른 가치관을 가지려 노력하지 않는다면, 권력을 획득한 집단은 모두 얼마나 억압받았든지 간에 그들의 이전 억압자와 별반 다르게 행동하지 않을 것이다.
> **– 그레이스 리 보그스**

체면의 정치학과 예외주의는 많은 주변화된 이들(12장에서도 보겠지만 나 자신을 포함해서)이 통달하게 되는 생존 기술이며, 특히 우리가 일시적 인정, 소속감, 권력에 다가섰다는 감각 등의 보상을 맛보게 되면 그것들이 깊이 내면화될 수 있다. 내면화된 억압은 억압적 시스템의 규칙을 준수하고 그에 순응하는 것이 우리가 존중과 권력을 얻는 방법이라고 오해하게 만든다. 내면화된 백인우월주의는, 커 버링(동화되거나 살아남기 위해 낙인찍힌 정체성 숨기기)*, 코드스위칭(화법, 외양, 행동을 조정해 타인에게 안락함을 주고 그 대신 공평한 대우와 양질의 서비스, 공평한 고용 기회와 맞바꾸기)**, 굴복하기 등을 통해 폭력적 시스템 속에서 생존해야 한다는 필요성과 결합해, 현 상태를 깨고 진정한 변화를 추구할 능력을 방해한다. 일단 주변화된 이들이 실제 권력을 가진 위치에 있는 모습을 보기가 힘들고, 그런 위치에서 정의를 위해 그 권력을 행사할 능력과 의지를 동시에 가진 이들을 찾기는 더더욱 힘든데, 그 이유는 아마도 그렇게 하면 처벌받고 불리해지는 데 반해, 그러지 않는 편이 보호 및 승진 같은 보상을 더 많이 가져다주기 때문일 것이다. 때때로 우리는 근본적인 변화 대신 더 많은 성공을 선택한다. 근본적 변화가 필요하다는 데 이의가 있어서가 아니라, 성공을 해야 뭐가 됐든 변화 자체를 만들어낼 수 있고, 그것이 고도로 통제된 시스템에 의존해 살아가야 하는 상황에서 미래의 피해를 줄일 유일한 방법이라고 믿기 때문이다.

- covering. 1963년 사회학자 어빙 고프만(Erving Goffman)이 처음으로 고안한 용어로, 이후 법학자 켄지 요시노(Kenji Yoshino)가 개념을 더 연구하고 확장시켰다.

- ● code-switching. 하나의 대화 속에 2개 이상의 언어가 사용되는 것을 설명하고자 1954년 사회언어학자 에이너 하우젠(Einar Haugen)이 처음 고안한 용어다. 내가 여기에서 사용하는 정의는 〈하버드 비즈니스 리뷰〉에서 코트니 L. 매클루니, 카트리나 로보섬, 세리니티 리, 리처드 스미스, 마일스 더키가 게재한 글 '코드스위칭의 비용(The Cost of Code-Switching)'에 따른 것이다.

나는 모든 종류, 모든 크기의 변화, 그리고 변화가 늘어나는 것을 환영하지만, 우리가 선제적으로 우리의 행동을 권력자를 달래는 것으로 축소할 때, 우리는 그 늘어난 변화조차 현상을 유지하는 방향으로 작동하게 만들 위험을 무릅쓰는 것이다. 상대적으로 권력을 가진 주변화된 이들이 억압의 시스템을 유지할 때, 그들의 존재는 안으로부터의 변혁, 각 시스템 내의 해악과 우리 안의 해악을 제거하는 것 등의 진정한 변화가 그저 가능할지도 모른다는 잠재력을 상징하는 데 지나지 않는다.

생존을 위해 억압적 시스템의 압박에 순응하는 것과 권력에 도달하기 위해 억압적 구조를 열성적으로 지지하는 것은 그리 뚜렷하게 구분되지 않는다. 둘을 구분하는 가느다란 선은 때때로 알아보기 어렵지만 분명 차이는 있으며, 양쪽의 복잡성을 모두 고려하는 능력은 우리의 길을 바로잡는 데 매우 중요하다. 어려운 상황을 인식한다는 것은 자신이나 다른 주변화된 공동체의 억압을 원조하는 주변화된 이들에게 면죄부를 주는 것이 아니라, 그들이 처한 삶의 조건, 그리고 누가 궁극적으로 변화를 만들 힘을 가지느냐를 점검해봐야 한다는 뜻이다. 우리는 분별력을 사용해 누가 전략적으로 예측하고 있고 누가 체면의 정치학에 의존하는지, 누가 진정한 변화를 위해 영향을 미치며 누가 권력자의 발밑에서 기고 있는지, 누가 실제로 가장 주변화된 이들에게 봉사하고 누가 권력자들을 보호하고 방어하는지, 누가 제한된 힘과 자원을 가지고 앞으로 나아가려 노력하고 누가 같은 힘과 자원을 현상유지에 사용하는지, 누가 변화의 정치에 함께하며 누가 내면화된 억압을 투사하는지 구별해야 한다. 앞서 언급했듯이, 안전을 확보하고자 하는 동기와 불편함을 피하려는 욕망을 구분하는 것이 여기서 중요한 실천이 된다.

그리고 반복하건대, 유색인이 백인우월주의 문화를 의도적으로 든 아니든 답습할 때, 그것이 백인들이 백인우월주의 문화를 지속하는 것과 같지는 않다. 5장에서 살펴보았듯, 누가 권력을 가지고 있는지, 누가 권력의 영향을 받는지, 누가 궁극적으로 체계적 폭력 및 억압에 책임을 가지는지 분석하는 것은 백인우월주의에 대한 비난을 억압적 문화 안에서 살아남고자 하는 이들에게 고스란히 전가하지 않도록 하는 데 매우 중요하다. 나는 주변화되었다고 해서 억압에 대한 공모 혐의를 면제받아야 한다고 주장하는 게 아니라, 잠시 멈춰 공정한 결과란 어떤 모습일지 원칙 있는 맥락 분석을 토대로 생각해보자는 것이다.

불공평한 대표성의 부담

대표성만으로는 변화를 이끌어내기에 충분치 않은 두 번째 이유는 우리가 비교적 권력을 가진 주변화된 이들에게 자신의 정체성 집단의 요구를 위해 싸우고 대변해달라는 무거운 짐을 지라고 계속해서 기대를 퍼부을 수는 없기 때문이다. 높은 투자금을 받고 있는 한 테크 기업의 CEO가 내게 자신은 유색인 여성 CEO로 묘사되기를 원치 않는다고 말한 적이 있다. 그는 그저 자신의 기업을 이끌 능력으로만 유명해지길 바랐다. 그는 자신의 인종이나 젠더 때문에 다르게 대우받은 적이 없는 것 같으며, 자신의 사회적 정체성을 강조하는 것은 자신이 능력만으로 인정받는 백인 남성 CEO들과 동등한 사람이 아닌 '피해자'가 되는 것처럼 느껴진다고 설명했다.

나는 그가 유색인 여성들이 직장에서 맞닥뜨리는 불평등을 조명하는 더 힘 있는 서사를 만들어낼 기회를 잡지 못한 점이 아쉬웠다. 불가피한 토큰화와 여타 압력을 피하고 자신의 성과만으로 인정받고자 하는 그의 욕망을 나도 어느 정도는 이해하지만, 눈에 띄게 영향력 있는 위치에 있는 주변화된 개인들이 자랑스레 억압과 회복의 경험을 드높이며 자신의 정체성을 지키고, 정의를 요구하고, 성과주의의 신화를 때려 부수는 것은 다른 이들에게 빛나는 모범 사례가 될 것이며, 그런 모습을 본다면 나는 더없이 기쁠 것 같다.

자신이 가진 기회를 활용하는 데 관심이 없어 보이는 공적 인물들을 보면 나는 강한 좌절감과 함께 분노마저 느끼곤 했다. 나는 자신이 속한 공동체가 고통받는 와중에도 권력에 다가가는 데 중독되어 내면화된 억압의 마수 아래서 깨어나지 못한 그들을 '신념을 버린 자'라고 불렀다. 나는 혹독한 비판자였다. 그러다가, 그들이 자신만의 서사를 갖게 하지 않고 그들에 대해 환원적이고 단선적인 나만의 서사를 강요하는 식으로 나 역시 알게 모르게 또 다른 형태의 토큰화를 강화할 수 있다는 사실을 깨달았다. 나는 안락함과 거대한 권력의 일부 조각들 외에는 잃을 것이 훨씬 더 적은 백인 남성 경영자들에 대해서는 기대가 매우 낮은 반면, 환영받지 못하는 환경에서 어떻게든 성공해낸 주변화되고 과소대표된 이들에게 얼마나 많은 것을 기대하고 있었는지 깨닫게 되었다. 나는 내가 얼마나 자주 나와 비슷한 외양을 하고, 내 고통과 맥락, 그리고 운동의 기수가 되고자 하는 욕망을 공유하리라 멋대로 추정한 이들에게 이해받기를 요구했는지 깨달았다. 나는 우리 사회가 얼마나 자주 그리고 태연하게 주변화된 이들에게 그들이 만들지 않은 부정의를(그들도 일상에서 그것을 겪고 있는데도) 해결하라는 짐을 지운 채, 그저 존재할 자유를 그들에게서 빼앗았는지 알아차리기 시작했다.* 또 권력을 가진 주변화된 이들이 이 운동에 대한 책임을 공유하기를 원할 거라고 기대할 수 없다는 사실을 더 빨리 인정할수록 내가 상처를 덜 받고, 이러한 맥락에 적용할 더 효과적인 전략을 더 빨리 찾아낼 수 있음을 알게 되었다.

- 나는 명확히 체계적 억압을 해체할 수 있는 자리에 있는 이들(DEI 최고책임자들, 정부 관료들 등)에게 각각 다른 수준의 책임을 기대하는 것이 중요하다고 믿는다. 조직 내에서 DEI를 위한 노력을 이끄는 일의 일부는 현상에 도전하는 위험을 무릅쓰는 것이다. 독립 컨설턴트로 일하는 사람들이 그러한 위험을 훨씬 더 많이 무릅쓸 것으로 기대되는데, 그들은 한 조직 내에 고용된 이들에 비해 처벌이나 다양한 리스크를 더 적게 맞닥뜨릴 것으로 예상되기 때문이다.

"큰 힘에는 큰 책임이 따른다"고들 한다(스파이더맨 덕분에 잘 알려진 말이다). 그런데 억압적 시스템의 수혜를 직접적으로 입는 대부분의 권력을 가진 이에게도 우리가 권력의 일부 조각을 가진 주변화된 공동체에 요구하는 것과 같은 종류, 같은 기준의 책임을 요구하고 있는가? 당연히 우리는 권력을 가진 모든 이에게 해악을 줄이고 공정성과 정의를 일구는 방향의 기준을 적용해야 하며, 어떤 정체성을 가졌든 폭력을 영속시키는 이들은 그 책임을 져야 한다. 누구에게도 무엇도 기대하지 말아야 한다는 것은 결코 해답이 아니지만, 지속되는 체계적 억압의 수혜를 가장 많이 받는 이들에게 책임을 가장 먼저 요구해야 한다고 생각한다. 혹은, 아무리 못해도 우리가 권력을 가진 주변화된 이들에게 적용하는 것과 같은 수준의 열성적인 검증을 그들에게도 적용해야 한다고 생각한다. 이 과정에서 우리는 주변화된 이들에게 순교자가 되라는 불공평한 기대를 받지 않고 존재할 수 있는 주체성을 부여하며, 그들이 모든 면에서 자신의 공동체의 요구를 대표할 거라 자동적으로 추정하는 압박을 제거하게 된다.

해로운 시스템 안에 존재하며 조직적 권력을 갖지 못한 주변화된 이들에게도 같은 요구가 부과된다는 것 역시 사실이다. 나는 직장에서 수많은 '유일한 사람들', 즉 유일한 유색인, 유일한 트랜스젠더, 유일한 장애인, 유일한 여성 등과 함께 일해 오면서, 그들이 다양성을 위한 프로젝트를 이끌지 않을 때조차 모범적 직원으로서 부정적 스테레오타입에 저항해야 하고, 자신들이 열어젖힌 문으로 자신과 비슷한 이들이 더 많이 들어오도록 길을 닦아야 한다는 압박을 느끼고 있음을 알게 되었다. 워크숍을 진행할 때도 나는 종종 그러한 '유일한 사람들'을 보게 되는데, 아마도 그들은 이 DEI 워크숍이 어떻게 진행될지, 워크숍이 진행되는 동안이든 그 이후든 자신들이 추가로 짊어져야 할 감정노동 및 교육노동이 얼마나 될지 걱정하느라 방 안의 다른 이들보다 더 초조해하고 있을 것이다. 자신만의 필요와 경계를 지켜내면서 자신의 공동체를 긍정적으로 대표해야 한다는 압박은 마치 터지기 직전의 풍선처럼 느껴질 수 있다.

나 역시 좌중의 유일한 퀴어 유색인 여성으로서, 자신들의 사회정의 백과사전이 되어주기를 기대하는 사람들 틈에 종종 있어봤다. 한 공동체의 상징물로 여겨지는 경험은 지치고, 고립감이 들고, 위협적인 것으로 느껴질 수 있다. 특히 주변의 누구도 정체성 집단을 대표하라는 불평등하고 불공정한 압박이 우리에게 가해지고 있다는 사실을 알아차리지 못하거나, 우리가 편견에 맞서 목소리를 내고 감정노동을 해서 '그저 배우고 싶어 하는' 사람들을 교육해주기를 기대받는 경우 더욱 그렇다. 우리가 최선을 다해 긍정적이고 성실한 구성원이 되려 하면서도 한켠에서는 토큰화에 대한 우려를 표할 때 불평하는 것처럼 들리거나 너무 공격적이지는 않은지 계속해서 검열을 하게 되는 직업적 현장에서 이런 불안감은 더욱 고조된다. 우리가 스스로 자신을 대표할 수 있다는 것은 주변화되고 과소재현된 이들에게 자동적으로 주어진 특권 같은 게 아니다. 우리는 그저 존재하는 게 아니라 끊임없이 수행하고 있다.

스테레오타입을 영속시키거나 다른 이들의 성공 기회를 가로막지 않도록 자신이 속한 공동체를 긍정적으로 대표해야 할 의무가 우리에게 있는 것처럼 느껴질 수 있지만, 기억해야 할 것은 특권을 가진 이들의 시선을 중심에 두지 않은 채 존재하고, 우리 자신의 복잡하고 다양하고 중층적인 서사를 온전히 포용해야 한다는 것이다. 일부의 행동을 토대로 주변화된 공동체의 서사를 일반화하거나 단순화하려는 유혹에 저항해야 할 의무는 우리를 바라보는 저들에게 있다. 그리고 우리 모두는 다른 이들의 이야기를 들을 때 환원적 서사를 강요하지 않도록 부단히 경계해야 한다.

경계를 설정하고 우리에게 행위주체성을 부여하는 의식적 행동은 착취에 저항하고 우리 이야기를 되찾는 데 필요한 해방적 실천임을 기억하자. 주변화된 이들을 희생양 삼아서는 해방이 올 수 없으며, 우리의 주체성이 결여된 정의는 결코 정의가 아니다.

3부

당당하게 나서기

7장

가장 주변화된 이들을 중심으로

집안 형편상 나는 고등학교 내내 건강보험을 갖지 못했다. 심하게 아플 때면 다른 아이들처럼 근처 의원을 방문하는 대신 아버지의 손에 이끌려 새벽 5시에 일어나 집에서 약 1시간 거리의 멕시코계 사람들이 주로 사는 동네에서 베트남 의사가 운영하는 간판 없는 의원으로 향하곤 했다. 거기엔 항시 대기줄이 있었는데, 대부분 출근 전에 의사를 만나고 싶어 했기 때문이다. 우리가 주차장에 들어서자마자 상한 고기와 피 냄새를 풍기던, 의원 바로 옆에 있는 파리 날리는 정육점의 악취가 아직도 기억난다. 아버지가 주차를 하자마자 나는 차에서 뛰어내려 아직 열지 않은 의원 문에 달린 대기자 명단에 내 이름을 적었고, 그로부터 2, 3시간 뒤에나 내 순서가 왔다. 우리가 해야 하는 '문서 작성'은 그게 다였다. 그곳에서는 보험증서나 운전면허증, 신분증 등 어떤 서류도 요구하지 않았으며, 비용은 항상 20달러 고정이었고, 주사를 맞거나 정체 모를 항생제를 맞을 경우 20달러가 추가되었으며, 현금만 받았다. 나는 자신의 '주치의'에 관해 이야기하는 친구들이 부러웠다. 자신의 전반적인 건강 상태 및 병력을 파악하고 있고, 시간을 들여 여러 가지 치료적 선택지를 설명해주는 누군가가 있다는 것은 굉장한 호사인 것 같았다. 내 경우

엔, 통증이 아주 참지 못할 정도가 아니면 어떻게 해서든 의원에 가지 않으려 했다.

아플 때마다 의사를 만나지 못한다는 것이 건강보험 없는 위태로운 삶의 유일한 단점은 아니었다. 학교에 공결 처리를 위한 진단서를 제출할 수도 없었고, 접종 기록을 보유하는 게 어려운 이유를 설명해야 했으며, 때로는 특정한 활동이나 프로그램 참여가 배제되었다. 우리 시스템과 정책은 종종 모두가 이미 동등하게 모든 것에 접근할 수 있다는 가정을 가지고 설계되었기 때문에, 어느 하나에 접근할 수 없다는 것은 많은 것을 잃는 것과 같았다. 종종 나는 오늘날의 세계를 마찰 없이 살아나가는 데 필요한 여러 가지 것들에 대해 동등한 접근권을 갖지 못한 이들의 관점으로 교육 시스템, 그리고 우리 사회 전반이 설계된다면 그것은 어떤 모습일지 궁금하다.

'가장 주변화된 이들을 중심으로'라는 말은 무슨 뜻인가?

가장 주변화된 이들을 중심에 두는 것은 체계적 억압에 가장 영향을 많이 받는 이들을 중요시하고 중심에 둠으로써, 우리가 포괄적이고 효과적인, 궁극적으로 우리 모두에게 이로운 해결책을 만들 수 있다는 근본적인 믿음에 기반한 접근법이다. 이 접근법은 가장 주변화된 이들이야말로 충족되지 못한 필요와 체계적 불평등의 현실을 가장 명확히 파악하는 이들이기 때문에, 그저 포용되거나 고려되는 것을 넘어 이들에게 변화를 이끌 실제 권력이 주어져야 한다는 것을 인정한다. 다시 말해, 그들이 최고 수준의 리더십을 발현하기 위해 자원과 의사결정권을 의도적으로 재배치하고 그들의 목소리와 요구를 우선시할 필요가 있다. 또 특권을 가진 이들이 더 많이 알거나 더 잘 안다는 가정을 폐기해야 하며, 주변화된 이들의 삶의 경험, 지혜, 주체성, 존엄 등 그들의 온전하고 복합적인 면을 중시하는 시스템, 과정, 정책, 문화, 생산물을 고안해야 한다.

> 위태롭게 살아오는 동안 우리는 현실을 바라보는 특정한 방법을 발달시켰다. 우리는 바깥에서 안을 보기도 하고 안에서 바깥을 보기도 했다. 우리는 중심뿐 아니라 주변부에도 주의를 기울였다. 우리는 양쪽을 다 이해했다. 이런 식의 인식은 본체가 주변과 중심 둘 다로 이루어져 있는 우주의 존재를 상기시켰다. 우리의 생존은 계속해서 주변과 중심을 분리하는 사회적 인식과 계속해서 우리가 전체의 중요한 일부로서 필요한 존재라는 개인적 인정에 달려 있다.
>
> **- 벨 훅스**

그러면, 정확히 누가 '가장 주변화된 이들'인가?

가장 주변화된 이들에게 초점을 맞춘다고 해서, 누가 남들보다 더 혹은 덜 억압받는지 순위를 매기고 경쟁하면서 '덜' 주변화되었다고 여겨지는 이들의 경험을 사소한 것으로 치부하는 '억압 올림픽'에 참여하는 것이 아님을 알 필요가 있다. 오히려 이는 우리가 수백 년 동안 특정한 사회적 정체성 집단(예컨대 흑인, 원주민, 유색인, 장애인, 퀴어 및 트랜스젠더, 여성 등)을 주변화해오며 다른 이들(예컨대 백인, 시스젠더 이성애자, 비장애인, 남성 등)에게는 특권을 부여해온 체계적 억압의 영향을 인식할 것을 요구한다. 또 이미 주변화된 집단 안에서도 독특한 경험을 만들어내는 다양한 억압적 시스템의 복합적 효과를 이해하기 위해 교차성에 기반한 접근을 하도록 이끈다(킴벌리 크렌쇼 박사께 감사를!). 일례로, 우리는 백인 시스젠더 여성의 목소리에 귀를 기울이는 것만으로는 성차별 문제를 해결할 수 없다. 궁극적으로 모든 여성에게 도움이 될 훨씬 더 포괄적인 해결책을 고안하기 위해서는 유색인 여성의 요구가 무엇인지 살펴야 하며, 더 나아가 흑인 여성, 원주민 여성, 장애인 여성, 트랜스젠더 여성, 미등록자 여성, 비만인 여성, 퀴어 여성, 가난한 여성들의 경험을 중심에 두어야 한다. AAPI 공동체 내에서도 피부색과 계급에 따른 차별이 존재해, 대체로 더 어두운 피부색을 가진 이들이 더 밝은 피부색을 가진 사람들에 비해

• 위키피디아에 따르면, 이 용어가 처음으로 기록된 사례는 1993년 캘리포니아대학교 샌디에이고 캠퍼스에서 앤절라 데이비스(Angela Davis) 박사와의 대담에서 멕시코계 페미니스트 엘리자베스 '베티타' 마르티네즈(Elizabeth "Betita" Martinez)가 사용한 것으로 추정할 수 있다.

더 낮은 사회경제적 지위를 점하며 다양한 억압적 시스템의 영향에 더 취약한 채로 남겨지곤 한다. 이는 비교적 밝은 피부색의 AAPI 사람들이 주변화를 겪지 않는다거나 그들의 말에 귀 기울일 필요가 없다는 뜻이 아니라, 여러 가지 억압의 교차점에 놓인 이들의 경험을 고려하지 않고는 AAPI 사람들이 맞닥뜨린 억압을 해체하려는 노력이 불완전할 수밖에 없다는 뜻이다.

최근 몇 년 사이 BIPOC black, indigenous and people of color; 흑인, 원주민, 유색인라는 머리글자는 POC people of color; 유색인라는 머리글자보다 더 대중화되었는데, 그 용어의 기원은 1796년으로 거슬러 올라가며, 일반적으로 유색인 공동체라고 말할 때 삭제되고 단순화되는 경향이 있던 흑인과 원주민 공동체의 경험을 인지하고 중심에 두려는 노력에서 나왔다. 이 머리글자들의 효용성에 관한 논쟁은 9장에서 다루도록 미뤄두고, 이 구별이 중요한 이유에 대해 생각해 보자.

미국에서 인종주의를 이해하려 할 때, 흑인 혐오 인종주의, 원주민 혐오, 그리고 가끔 생략되기도 하는 제국주의에 대한 엄밀한 이해 없이는 가장 주변화된 이들을 중심에 두는 의미 있는 반인종주의 해결책에 다다르기가 불가능함을 나는 깨달았다. 왜냐하면 백인우월주의와 인종주의적 자본주의가 지원하는 이런 세력들은 노예제, 원주민 학살, 전 지구적으로 자행된 제국주의 전쟁이라는 미국의 특정한 역사를 통해 미국의(그리고 해외의) 모든 유색인의 경험을 근본적으로 결정하며, 모든 시스템이 구축되는 토대를 다지고 특정한 인종 집단이 미국에 뿌리를 내리게 된 과정과 이유를 설정하기 때문이다. 이처럼 복잡하고 진화하는 역사적 유산이 오늘날까지도 계속되며 대량 투옥, 인종 간 빈부격차, 이민 정책, 난민 정책 등등을 통해 모습을 드러낸다. 우리는 이 나라의 역사를 잊지 않고, 그것이 지속적으로 미치는 영향을 인식하고자 주의 깊게 살피며, 인종주의 및 기타 억압들의 맥락 안에서 가장 주변화된 이들을 중심에 두는 방법을 연마해야 한다.

가장 주변화된 이들을 중심에 둠으로써, 우리는 해결을 요하는 문제들의 영향을 가장 많이 받는 이들의 삶의 경험에서만 나올 수 있는, 우리가 가진 특권 바깥의 중요한 관점을 우리가 결핍하고 있지는 않은지 알아볼 수 있다. 이것은 절대적인 원칙이라기보다 어떤 맥락이나 범위에도 적용할 수 있는 접근법이다.

기후변화라는 긴급한 문제를 예로 들어보자. 기후변화가 유색인 공동체, 특히 흑인과 갈색인종, 원주민, 빈곤층, 장애인, 그리고 더 넓게 보자면, 가장 파괴적인 영향을 떠안게 되어 있는 가난하고 소득이 적은 나라에 미치는 불평등한 영향을 온전히 이해하지 않고서는 기후변화 문제를 적절하게 해결할 수 없다. 수많은 연구에 따르면, 미국에서 흑인 공동체 및 저소득층이 유독한 대기오염에 더 많이 노출되며, 백인 및 부유층에 비해 자연재해를 입은 후 가장 적게 지원을 받는데, 둘 다 몇백 년도 더 된 체계적 인종주의와 '레드라이닝'같은 인종주의적 정책의 여파에서 비롯한 결과다. 퍼스트네이션의 타라 하우스카Tara Houska의 설명에 따르면, 기후변화로 가장 나쁜 영향을 가장 먼저 받게 되는 원주민들은 환경에 의존하는 자신들의 광대한 지식에 기반해 오랫동안 기후변화에 대해 경종을 울려왔는데도 서구 과학계는 초기부터 무시했고 인정도 뒤늦었다. 원주민들은 환경정의 운동의 최전선에서 기업의 석유 추출과 송유관 건설에 맞서 싸우는 한편, 이 땅과 물과 공기, 그리고 인간의 삶을 보호하고 보존하기 위한 진귀한 지혜를 공유해왔다. 〈프로퍼블리카〉의 탈리아 뷰퍼드는 "지식은 줄곧 이곳에 있었던 이들에게서 나오며, 우리가 듣고자 하기만 한다면 우리는 그들로부터 많은 것을 배울 수 있다"고 상기시켜 준다.

'가장 주변화된 이를 중심에' 두자는 것은, 다음과 같은 질문을 하면서 우리 앞의 문제를 온전히 분석하는 데 핵심적인 일련의 경험들을 배제하거나 무시하지 말자는 뜻이다. 가장 영향을 많이 받는 이들은 누구인가? 여기에 없지만 반드시 있어야 하는 이는 누구인가? 가장 주변화된 이들이 일시적인 초대손님으로서가 아니라 사회를 바꿀 힘을 가진 리더로서 주변에서 중심으로 이동하려면 무엇이 필요한가?

- 은행이나 금융기관에서 특정한 인종이나 민족으로 구성된 지역의 거주민에게 담보대출 등을 제한하는 차별적 정책.

우리가 맞닥뜨린 가장 큰 문제는 지구를 구하는 것이 아니라 인간의 의식을 바꾸는 것이다. 구원이 필요한 것은 지구가 아니라 우리다.

- 슈테즈콧 마르티네즈

어떻게 해야 하는가?

KEYWORD 트랜스 혐오

몇 년 전, 나는 유튜브에서 우연히 다양성 워크숍을 진행 중인 한 무리의 사람들을 보게 됐다. 거기에는 다양한 인종의 여러 사람들이 포함되어 있었다. 백인 남성 퍼실리테이터가 문화횡단적 대화의 중요성을 이야기한 다음, 주변에 있던 몇몇 백인들 쪽으로 손짓하며 한 흑인 참가자에게 "자, 이 사람들에게 당신의 고통에 대해 이야기해주세요"라고 말했다. 나는 곧장 창을 닫아버렸다.

첫째, 특권층의 요구를 중심에서 배제하라

우리가 가장 주변화된 이들을 중심에 두는 데 실패하는 가장 흔한 이유 중 하나는 특권층의 요구를 중심에 두면서 주변화된 이들의 어깨에 감정노동과 교육노동이라는 짐을 지우기 때문이다. 주변화된 이들은 타인들이 배울 수 있도록 자신들의 트라우마를 다시 이야기하고 그 경험을 다시 살라는 요구를 받는다. 그들은 타인들이 불편함을 느끼지 않도록 분노와 상처를 누그러뜨릴 것을 요구받는다. 그들은 타인에게 자원이 될 수 있게 하루빨리 치유 과정을 마무리하도록(혹은 아예 건너뛰도록) 강요당한다. 2장에서 살펴본 백인 여성들에게 유색인 여성과 친구가 되라고 독려했던 백인 여성 진행자와 마찬가지로, 그 의도가 얼마나 진정성 있든 간에 특권층의 요구를 중심에 두고 우선시하는 패턴은 가장 주변화된 이들에게 계속해서 해를 끼치는 불공정한 역학관계를 재생산한다.

논바이너리 배우 겸 활동가인 인디야 무어Indya Moore는 트랜스젠더 의식 고취 주간 동안 진행한 인스타그램 라이브에서 최근 제모 시술을 받는 동안 있던 일화 하나를 들려주었다. 제모 시술을 해주던 시스젠더 여성이 자신에게 '질 성형'을 어디서 했는지 물으며 자신은 "자신의 질 모양이 마음에 들지 않는다"고 말했다는 것이다. 무어는 말했다. "그게 어떤 기분인지 이해하시겠어요? 갑자기 왜 내가 당신을 위한 자료가 되며 당신을 달래줘야 하죠?"

무어의 자세하고 가슴 아픈 설명에도 불구하고 수많은 사람들이 영상에 댓글을 남겨 그 시스젠더 여성의 '진심 어린 호기심'을 옹호하며 인디야가 '과하게 예민하고, 분노에 차 있으며 못됐다'고 평했다. "그 말에 왜 상처를 받나요?", "그냥 알려주지 그랬어요", "그 여성은 그저 말을 걸려던 것뿐일걸요"…… 관계를 이어나가고 공통점을 찾아내고 싶어 하는 게 인간의 속성이기는 하다(그럼에도 그 여성이 자신의 음순 모양을 마음에 들어 하지 않는다는 것은 트랜스젠더들의 의료적 트랜지션에 결코 비할 바가 아니다). 그렇지만 많은 이들이 알아차리지 못한 것은 주변화된 이들이, 무어의 표현에 따르면 '매개'로서, 혹은 다른 이들이 더 교육되고 안도하고 떳떳해지기 위한 자원으로서 기능하기를 기대하는 우리 사회의 매우 뻔한 패턴이다. 상처에 모욕을 더한 그 시스젠더 여성의 질문은 수많은 시스젠더들이 너무도 자주 보여주는 비인간화 경향을 따라, 다면적인 개성을 가진 트랜스젠더와 논바이너리들을 신체 부위로 환원해버리고 말았다.

우리를 짓누르는 무게에 굴하지 않고 자신을 설명하고, 우리 트라우마에 대한 분석 결과를 제공하고, 다른 이들의 배움을 돕고, 그들의 '진심 어린 노력'을 알아주라는 요구를 받는 것은 주변화된 정체성을 가진 이들 누구에게나 매우 흔한 경험이다. 이민자로서 나는 종종 미국으로 이주하고 영어를 배운 경험에 대한 질문을 받으며, 퀴어 여성으로서는 내 커밍아웃 이야기나 언제 퀴어로 처음 자각했는지에 대한 질문을 받는다. 사람들이 내게 절대로 이런 질문을 하지 않으면 좋겠다는 게 아니라, 내가 얼마나 자주 이런 질문을 맞닥뜨리는지 사람들이 이해하는 것이 중요하다는 얘기다. 사람들은 내가 다른 이들에게 말해주고 싶은 마음이나 범위에 대해서 먼저 묻

• 트랜지션 과정은 사람마다 다르게 나타난다. 트랜스젠더로 정체화하는 이라고 해서 모두가 의료적 트랜지션을 거치는 것도 아니다. 모든 이의 젠더 정체성은 타당성을 가지며, 그들의 트랜지션 과정이 어떻게 보이든 간에 온전히 존중받아 마땅하다.

지 않은 채 거의 항상 이런 질문을 대뜸 하곤 하는데, 자신들의 순간적인 호기심을 충족시키는 것 말고 다른 목적에서 질문하는 경우는 거의 드물다. 진실된 노력에도 불구하고 사람들은 때때로 배움과 관계 형성에 안달이 나 주변화된 이들의 요구, 가능한 범위, 욕망을 중시해야 한다는 점을 망각하며 그들에게 해를 입힌다. 때때로 우리는 우리 존재를 설명할 의무 없이 그저 존재할 공간이 필요하다.

트랜스젠더가 눈에 띈다고 해서 그들이 탐구 대상이 되어야 하는 건 아니다.

- 인디야 무어

사회가 주변화된 이들에게 특권층의 입맛에 맞는 방식으로 행하도록 부담을 지우는 것은 우리가 톤 다듬기tone policing를 할 때, 즉 메시지 자체보다 메시지가 전달되는 톤에 지나치게 집중할 때도 비슷하게 나타날 수 있다. 주변화된 이들이 무언가를 소리쳐 요구할 때 우리가 '예절'이나 '예의'를 들먹인다면 또다시 고통, 분노, 슬픔, 실망, 상처보다 우리의 감정적 요구를 우선시하는 셈이다. 톤 다듬기에 가담할 때 우리는 부정의에 대한 진솔하고 정의로운 대응을 위한 공간을 만드는 데 집중하는 대신, 메시지를 공손하게 은쟁반에 담아 대령하라고 요구하는 데 에너지를 쏟게 된다. 이는 또다시 '내 정서적 편안함이 당신의 것보다 더 중요하다'라고 말하는 것이며, 또다시 주변화된 이들을 깎아내리고 특권층의 권리를 중심에 두는 우월주의 문화의 불공정한 패턴을 지속시키는 것이다.

다음은 이러한 패턴을 알아차릴 수 있도록, 우리가 부지중에 주변화된 이들의 요구 대신 우리 자신을 중심에 두는 방식과, 이 역학관계를 바로잡을 수 있는 방법을 잘 보여주는 예시를 추가로 들어본 것이다.

- 주변화된 이들의 노동보다 우리의 교육을 우선시하는 방식: "제게 가르쳐줄래요?", "왜 그렇게 화가 나 있는지 알려주세요", "추천할 만한 자료가 있나요?" 같은 요구 대신, 주도적이고 지속적으로 스스로 배우고, 이미 존재하는 자료들을 활용하자. 누군가에게 무언가를 가르쳐달라고 요청하기 전에 항상 허락을 구하도록 하자. 적절하다면, 그들의 교육노동에 보상을 하도록 하자.
- 주변화된 이들의 문제보다 우리의 안락함을 우선시하는 방식: 우리의 방어기제를 발동시키는 불편한 진실을 희석시키고, 삭제하고, 톤 다듬기를 하는 대신, 불편과 안전을 구별하는 것을 연습하고, 도전받는다고 느낄 때면 방어 태세를 내려놓는다. 주변화된 이들의 삶의 경험을 온전히 인정하고, 진솔하고 정확한 언어가 완곡어법보다 환영받는 문화를 만들자.
- 요구를 충족시키려 할 때 우월감(구원자 콤플렉스)을 갖는 방식:

예컨대 집 없는 이에게 돈을 주려 할 때 망설이게 되는 이유는 그가 그 돈을 어떻게 쓸지 걱정하기 때문이다('마약 사는 데 돈을 쓰려나?'). 우리는 우리의 돈이 사용되는 방식을 통제하고 싶어 해서, 남을 위해 자신을 내어줄 때조차 자기 자신을 중심에 둔다. 그러지 말고, 주변화된 이들의 주체성을 존중하고, 그들도 자신에게 가장 좋은 방식으로 행동할 능력과 힘, 지식을 갖고 있음을 믿도록 하자.

- 주변화된 이들이 설정한 경계를 무시하는 방식: 특정 대화, 특히 정체성이나 삶의 경험에 대한 대화를 삼가달라는 주변화된 이들의 요청을 무시하거나, 감정노동을 요하는 이슈에 관한 우리의 생각을 동의 없이 곧장 쏟아내는 대신, 항시 타인의 수용 역량과 의지를 가늠할 수 있도록 동의를 구하자.

- 주변화된 이들을 희생시켜 '변화를 만드는' 방식: 소셜미디어의 시대에 많은 이들은 인종적 폭력(흑인에 대한 경찰 폭력이든 아시아계 혐오 폭력이든)을 담은 영상을 공유하는 것이, 전통적 미디어가 이를 다루지 않는 상황에서는 대중적 분노를 고조시키고 책임을 촉구하는 데 중요한 역할을 할 수 있다고 생각한다. 반면에, 흑인 공동체 내 많은 이들은 대중의 동원과 교육을 위해 흑인들의 트라우마를 선정적으로 다루고 단선적 서사를 영속시키고, 그러한 이미지를 반복 재생함으로써 공동체를 계속해서 트라우마에 빠지게 만드는 것을 비판해왔다.

아시아계 혐오 폭력을 묘사하는 영상이 급속도로 퍼지는 데 대해 아시아계 공동체 내에서도 비슷한 대화가 있었다. 그러한 영상을 비판하기도 하고 공유하기도 해본 사람으로서, 무작정 '공유' 버튼을 누르기 전에 멈춰서 생각해보려 한다. 이 일로 영향을 받은 공동체는 사건을 증폭시키는 것에 관해 어떤 요구를 하는가? 의식을 함양하기 위해 혹은 이런 폭력이 실재함을 믿게 하기 위해 이 영상을 퍼뜨릴 필요가 있는가? 더 넓게는, 다음과 같은 질문을 해야 한다. 행동으로 옮겨가기 전에 생존자의 증언 말고 시각적 증거가 더 필요하다고 여길 때, 우리는 누구의 요구를 중심에 두고 있는가? 트라우마의 영향을 가장 많이 받는 이들을 다시 트라우마에 빠뜨리는 것은 정의를 위해 싸우는 데 반드시 필요한 부작용인가? 오늘날 우리의 현실에서 이 질문들에 한 가지 정답만이 있다고 생각하지는 않지만, 그럼에도 우리 모두가 이 긴장을 붙들고 깊이 고민해야 한다고 믿는다.

• 미덕을 과시하거나 책임을 회피하기 위해 앨라이로서의 행동에 대해 공개적 인정을 바라는 방식: "그래도 나는 여성의 날 행진에 참여했어!", "BLM 운동에 기부금을 냈으니 난 인종주의자가 아니야" 같은 말로 스스로의 행동에 타당성을 부여하는 대신, 앨라이의 기초를 다시 찾아보고, 이 여정에 참여해야 할 더 깊은 동기에 대해 생각해보자. 앨라이로서 우리의 행동

은 시간의 제약을 받으며 우리 스스로를 드높이거나 책임을 면피하기 위해 사용되어서는 안 된다. 앨라이로서의 행동은 가장 주변화된 이들의 요구에 책임을 지면서, 일관성을 바탕으로 공정성과 정의를 달성하는 것임을 기억하자.

- 자신이 해악을 야기했을 때 자신이 여전히 '좋은 사람'임을 확인받으려는 방식: 의도하든 의도하지 않든 어떤 해악을 야기했을 때 재빨리 용서받으려 하고(더 나쁘게는, 즉각 용서받지 못할 경우 상대방을 비난하고) 자신은 좋은 사람이라고 강조하는 대신, 우리가 초래한 해악을 온전히 이해하고 피해를 복구하는 데 초점을 맞추며, 용서받겠다는 기대 없이 책임지는 법을 연습하자(이에 관해서는 8장에서 자세히 다룬다).

때로는 우리가 모순적인 조언을 받는 것처럼 느껴질 수 있다. "어떻게 주변화된 이들에게 부담을 주지 않는 동시에 그들의 이야기를 들을 수 있나요?" "그들이 이끌고 우리는 따라야 하는 것 아니었나요? 지금은 우리에게 스스로 찾아내고 알아서 할 일을 하라는 것처럼 들리는데요." 해답은 보통 양자 긍정 어디쯤 있기 마련이니, 정리를 좀 해보자. 맥락 분석과 함께 지속적으로 우리 자신을 중심에서 떼어내려는 노력이 수반될 경우, 가장 주변화된 이들의 이야기를 듣는 것과 그들에게 노동의 부담을 지우지 않는 것 둘 다 그들을 중심에 둘 수 있게 해줄 것이다.

백인 남성 CEO가 백인우월주의 문화의 현실에 경각심을 일깨우고자 회사의 유일한 흑인 직원 한 명(담당 직무도 아닌)에게 동의도 구하지 않고 성급하게 자신을 위해 교육을 해달라고 하는 경우를 예로 들어보자. 여기서 CEO는 조직 내 권력을 바탕으로 자신의 교육적 필요를 우선시하며, 흑인 직원이 주체성과 (아마도 무급일) 노동을 희생하게 만들었다. 그 CEO는 어떻게 했어야 옳을까? 우선 그는 자신의 욕망을 통제하고 자신의 긴급함과 뒤따르는 다른 감정들에 대해 생각해보고는 이렇게 질문해볼 수 있다. '나는 왜 이제야 이 현실에 눈을 뜬 걸까?' 혹은 '이 순간 나는 왜 무엇을 해야 할지, 무슨 말을 해야 할지 모르는 걸까?' 그다음에, 자신의 숙제를 다 하고 나서 그의 직원이 자신을 가르쳐줄 역량과 지식, 욕망을 가지고 있는지를 추정하지 않고 질문을 해도 되는지 허락을 구한 후, 직원의 시간과 전문성에 대한 추가적 보상을 제공할 수 있다. 하지만 사실 그보다 더 나은 방법은 준비된 흑인 인종정의 교육자를 고용해 자신의 뒤늦은 배움에 도움을 받는 것이다.

　　우리의 필요 대신 가장 주변화된 이들을 중심에 두는 것은 감정노동과 교육노동의 짐을 우리 어깨로 가져오는 것이다. 그것이 우리의 방어체계를 줄이고, 특권의식을 점검하고, 스스로를 교육하는 것일지라도, 그럼으로써 같은 집단의 사람들이 동의한 적 없는 일에까지 에너지를 계속해서 소모하게 하지 않을 수 있다.

둘째, 가장 주변화된 이들부터 고려하여 답을 디자인하라

내가 '가장 주변화된 이들을 중심에 두는' 방법을 처음으로 실천한 때는 대학에서 학내 퀴어 및 트랜스젠더 청년 활동가들과 함께 QYLC, 즉 퀴어 청년 리더십 캠프Queer Youth Leadership Camp를 열었을 때였다. 아직 커밍아웃하지 않아 고립감을 느끼고 괴롭힘을 당하기 쉬우며, 공적인 경로로만 접근 가능한 중요 자원으로부터 소외되어 있는 저소득층 유색인 LGBTQ+ 청년들에게 힘을 불어넣기 위한 목적을 지닌 여름 주말 캠프였다. 이들이 서비스에 접근하고, 프로그램에 참여하고, 자원을 얻는 과정에서 맞닥뜨리는 주된 문제는 법적으로 부모의 동의를 얻어야 한다는 점이어서, 청년 비영리단체나 공동체 기반의 단체들도 이들을 지원하기가 수월치 않다. 우리는 아직 커밍아웃하지 않은 퀴어 및 트랜스젠더 청년들이 모여 여러 가지 액티비즘과 자긍심 고취 방법을 배우면서 공동체를 구축하는 은밀한 기회를 만드는 방식으로 이 문제를 다루고자 했다.

우리의 계획은 청년들의 상황을 자세히 이해하고 그들의 눈높이에 맞는 프로그램을 설계하는 작업에서부터 시작되었다. 그 과정에서 우리는 그들의 안전, 접근권, 존엄한 권한을 수호하는 것을 가장 우선시했다. 우리 역시 대부분 대학에 입학하기 한두 해 전에 서로 비슷한 상황에 처해 있던 터라, 우리의 경험을 토대로 계획을 세우기 시작했다. LGBTQ+ 관련 웹사이트에 행사 홍보물을 올려 널리 알리는 대신(우리가 플립형 휴대폰을 사용하며, 노트북이 없는 많은 젊은이들이 공용 컴퓨터로 '웹서핑'을 하기 위해 학교 도서관으로 가야 했던 시절이다), 지역 고등학교에서 청년들에게 일대일로 다가갔고, 가족이나 친구들에게 우연찮게 아웃팅되지 않도록 홍보물을 따로따로 나눠줄 것을 학교 상담사들과 동성애자-이성애자 동맹GSA: Gay Straight Alliance 활동가들에게도 부탁했다. 또한 지역 식당과 가게로부터 현물 기부도 받고 모금을 통해 캠프 비용을 전부 마련해, 학생들이 캠프에 참여하는 데 금전적 부담이 없음을 분명히 알리려 했다.

우리는 행사 개요를 2가지로 다르게 준비했다. 하나는 청년들을 위한 것이었고, 다른 하나는 청년들을 '퀴어 캠프'에 보내는 게 내키지 않을 수 있는 부모나 후견인을 위한 것으로, QYLC를 분기별 청년 리더십 캠프Quarterly Youth Leadership Camp를 뜻하는 약자로 바꿔 알렸고('Q'로 시작하는 단어는 그리 많지 않았다), 대학입시 지원 과정, 장학금, 그리고 입시에 유리한 리더십 개발에 초점을 맞춘 부분을 강조했다. 우리는 캠프 자원봉사 학생들이 각 참여자들을 존중하는 마음으로 대하도록 훈련시켰으며, 흑인과 갈색인종 퀴어 및 트랜스젠더들에게 너무도 익숙한 압박적인 징계 조치를 반복재생산하지 않도록 만전을 기했다. 그 대신 우리는 갈등의 단계적 축소, 중재, 자기 마음 다스리기 기술 등을 연습했다. 기적처럼, 숨어만 있던 청년들이 우리를 찾기 시작했고, 그들의 지원서를 보며 우리는 만들고자 하는 공간의 필요성을 더욱 확신할 수 있었다. "저희 부모님께는 알리지 말아주세요." "저는 다른 동성애자들을 알지 못해요." "저와 같은 친구들을 만나보고 싶어요."

　마침내 우리가 만났을 때, 기간은 비록 사흘이었지만 서로의 아픔을 나누었고, 비난받을 걱정이나 폭력의 위협 없이 서로가 연결되는 소중한 기쁨의 순간을 경험했다. 내가 가장 좋아하는 부분은 캠프의 대미를 장식하는 장기자랑 시간으로, 기숙사 건물의 레크리에이션실에 마련된 무대 위에서 10대 친구들은 드랙 공연을 하고, 자작곡을 부르고, 시를 낭송하고, 춤추고, 연기하고, 만담을 하며, 그동안 숨겨왔던 자기 자신을 마음껏 표현했다. 우리는 눈물도 흘리고, 배를 잡고 웃기도 하고, 수도 없이 박수를 쳤다. 서로를 위해 곁을 내주며 귀한 소속감을 누리는 모습을 보며 나는 공동체가 가진 힘을 다시금 느꼈고, 방해받지 않은 온전한 인간으로서의 서로의 모습을 바라봐주는 것의 중요성을 상기했다. 캠프 이후, 참여했던 한 학생에게서 다음과 같은 페이스북 메시지를 받았다. "캠프가 제 생명을 구했어요."

　지금까지도 그 캠프를 꾸렸던 것이 내 인생에서 가장 자랑스럽고 성취감을 준 순간으로 남아 있다. 어쩌면 누군가는 우리가 무모했고 전략 면에서 정직하지 못했다고 말할 수도 있다. 나 역시 30대가 되어 돌아보니 당시 우리가 살짝 무책임한 리스크를 감수한 적이 전혀 없다고 반박할 수는 없을 것 같다. 그러나 우리 공동체 안에서 가장 주변화된 청년들에게 가장 필요하다고 여긴 것을 제공한 것 역시 사실이다. 명문대생으로서 제한적이나마 상대적 특권을 가지고 있었으며, 청년 당사자로서 자원에 접근할 수 있고, 또 어느 정도 보호받고 용서받을 수 있었던 우리는 가족과 친구로부터 숨어야 하고, 괴롭힘과 자살 충동, 우울증, 외로움 속에서 생존해내는 것이 일상이던 다른 청년들에게 힘을 북돋아주고 공동체 감각을 갖게 해주고 싶었다.

이 새로운 공동체 감각이 청년들의 삶을 어떻게 바꿔놓을 수 있는지 우리는 경험상 알고 있다. 우리가 지원하고자 했던 이들의 필요를 정말로 중심에 둠으로써 우리는 접근 가능하고 포용적인 경험, 모두가 자신을 드러내고 자랑스러워하며 축하할 수 있는 경험을 만들 수 있었다.

불행히도, 세계는 우리가 개최했던 캠프와는 반대되는 경험들로 가득 차 있어, 주변화된 이들의 필요는 뒷전으로 밀리고, 더 나쁜 경우 자원에 접근하기 위해서 이들은 추가적 부담을 져야 한다. 재정 지원부터 학술대회 참가권, 공급자 다양화 인증까지, 모두가 공정한 기회를 가질 수 있도록 고안된 많은 정책들은 이러한 지원을 받아야 할 이들에게 제한된 혹은 질 낮은 선택지(지출 방식을 한정하는 재정 지원, 접근권을 제한하는 무료 혹은 할인된 컨퍼런스 참가권 제공, 이미 자원 부족을 겪고 있는 영세 기업에게는 복잡하고 지난한 공급자다양화 인증 절차 등)를 통해 명백히 평균 이하의 경험만 제공하는 한편, 시간과 노동을 더 들여서 혜택을 얻으라고 요구해 그들에게 되레 추가적 부담을 지우는 결과를 낳곤 한다.

존엄성과 공정성의 경험에 주의를 기울이지 않으면, 우리는 주변화된 이들을 궁핍한 사람들로 낙인찍고 그렇게 대우하게 된다. 그들을 주변화하고 애초에 그들의 결핍을 만들어낸 것은 시스템이라는 사실을 인식하지 못하고, 마치 그들의 필요가 개인적 결핍에서 기인한다고 여기면서 말이다. '궁핍한 사람을 돕는다'는 문제적 태도는, 서류상의 결과가 좋은 것으로 나타나더라도, 주변화된 이들에게 부담을 전가하며 당연한 권리를 힘들여 쟁취해야 하게 만들고, 주변화된 이들을 그대로 주변에 머물게 하면서 권력 불평등을 유지시킨다.

　　소외된 이들을 위한 해결책을 마련한다고 주장하는 공간에서조차 가장 주변화된 이들을 배제하는 패턴이 나타나곤 한다. 청년 구성원을 포함하지 않는 청년을 위한 비영리단체, 노숙 경험이나 집을 가지지 못한 경험을 해본 구성원이 한 명도 없는 노숙인을 위한 비영리단체, 대부분 미국 기반의 백인들이 이끄는 저소득 빈곤국을 위한 비영리조직을 포함해, 나는 비영리조직의 이사회가 조직의 핵심 서비스의 실질적 수혜자를 포함하지 않는 경우를 종종 봐왔다. 트라우마를 끝없이 반복해서 설명해야 하고, 수많은 질문들로 가스라이팅을 당하고, 다른 주변화된 정체성 때문에 범죄자 취급을 받는 등 생존자에게 끔찍하기로 악명 높은 성폭력 신고 절차는 법체계가 폭력으로 피해를 입은 이들의 필요를 중심에 두지 않는 식으로 설계되었음을 상기시켜준다. 교육기관은 온라인 교육 플랫폼을 활용할 때

저소득층 학생들이 집에서 고속 인터넷이나 개인용 컴퓨터를 원활하게 사용하지 못할 수 있다는 사실을 신경 쓰지 않는다. 수많은 기업들이 좋은 인턴십 기회를 금전적 보상 없이 일할 수 있는 이들에게만 준다. 어떤 상점들은 결제 수단으로 신용카드만 받는데, 전체 미국인의 39%는 낮은 신용점수, 미등록 거주민 신분, 금융시스템에 대한 불신 등 다양한 이유로 신용카드를 소지하지 못한다. 많은 '진보적인' 행사들이 접근성 관련 정보에 대한 사전 공지 없이 접근성이 낮은 장소에서 열리거나, 성별 화장실만 있는 곳에서 열린다. 공중보건이나 금융 자원에 관한 중요 정보가 현지 거주민들이 사용하는 언어 대신 영어로만 전달된다. 연례 프라이드 퍼레이드는 안전 보장을 위해 지역 경찰과 계약을 맺는데, 이는 흑인과 갈색인종, 미등록 거주민, 장애인, 트랜스젠더, 유색인 퀴어 등에게 점점 더 적대적인 행사로 만들어버린다. 그들의 공동체가 바로 경찰 폭력에 항거하여 프라이드의 탄생을 이끈 자들인데도 말이다.* 가장 주변화된 이들을 소외된 채 내버려둔 사례와 방식은 매우 다양하다. 나는 인종 문제가 너무 논쟁적으로 여겨진다는 이유로 유색인 여성을 제

---

* 경찰 폭력에 맞선 LGBTQ+ 공동체의 저항의 역사는 매우 긴데, 1959년 로스앤젤레스의 쿠퍼스 도넛가게 사건, 1966년 샌프란시스코의 컴프트 카페테리아 사건, 1969년 뉴욕의 스톤월 항쟁 등에서 보듯 많은 부분 유색인 트랜스 여성들이 이끌었으며, 그 사건들은 우리가 지금 자긍심이라 부르는 것을 쟁취해냈다. 마샤 P. 존슨(Marsha P. Johnson), 실비아 리베라(Sylvia Rivera), 미스 메이저(Miss Major)를 비롯한 많은 이들의 격렬한 활동에 관해 찾아보자!

외했던 여성참정권 운동과 젠더 이분법에 도전하는 것은 너무 오르막길의 싸움이라고 여겨 트랜스젠더와 논바이너리들을 제외했던 1960년대의 동성애자 인권운동(그리고 일면 오늘날의 주류 LGBTQ+ 운동 역시도)을 기억하며 역사가 반복됨을 새삼 깨닫는다.

접근성은 가장 마지막에 추가되는 것이다. 우리가 맨 끝에 있다고 여겨질 때, 그것은 우리의 자신감, 정체성에 매우 큰 타격이며, 그 여파는 삶의 모든 국면에 미친다.

- 크리스틴 선 김

가장 주변화된 이들을 위해 문제를 해결하는 것이 꼭 소규모의 특정한 소수자들만을 위한 것은 아니다. 가장 주변화된 이들의 필요를 충족시키도록 고안된 정책, 제품, 문화는 실제로 훨씬 더 넓은 범위의 사람들에게 이득이 되기 마련이다. 《미스매치: 포용적 디자인이란 무엇인가Mismatch: How Inclusion Shapes Design》의 저자 캣 홈즈Kat Holmes와 마이크로소프트에서 일하는 그의 동료들이 설명한 디자인 방법론인 '포용적 디자인Inclusive Design'은 "인간 다양성의 전체"를 포함하는 디자인을 중시하며, 이는 가장 빈번하게 배제되고 주변화되는 이들의 필요에 초점을 맞춤으로써 가능하다. 그들은 이러한 접근법이 "상당한 제약처럼 보일 수 있지만 디자인 결과물은 실제로 훨씬 더 많은 사람들에게 이득이 될 수 있다"고 말한다. 그들은 자막 삽입 기능 같은 중요한 기술혁신이 시각 콘텐츠를 청각장애인 D/deaf*과 난청인들에게 접근 가능하게 만드는 방식뿐 아니라 내 가족들처럼 영어를 배우는 중인 사람들이나 공항 및 기차역처럼 혼잡한 곳을 지나야 하는 이들에게도 도움을 주는 방식을 예로 든다. 자막이 있는 영상은 없는 영상보다 시청률이 40% 더 높기 때문에, 자막을 제공한다는 점은 스마트 디지털 전략으로서 추가적 장점을 지닌다.

설계 과정에서 의도적으로 가장 주변화된 이들의 필요를 중심에 둠으로써 우리는 시스템 속에 불평등이 자리 잡게 하는 구식 방법에 저항하는 한편, 전면 수정된 해결책을 찾아 우리 모두를 이롭게 할 수 있다.

제약을 고려한 디자인이야말로 좋은 디자인이다.

- 포용적 디자인 툴킷

· 미국 수어 교육 서비스 기업인 '스타트 ASL'에 따르면, "청각장애 문화에서 'D'와 'd', 그리고 'd/Deaf'는 매우 중요한 용어다." 자막 및 번역 서비스 기업인 'Ai-미디어'는 대문자 D로 시작하는 'Deaf'는 자신을 문화적 청각장애인으로 정체화하거나 청각장애 공동체의 일원으로 여기는 이들이 사용하며, 소문자 d로 시작하는 'deaf'는 청각 상실이라는 신체적 조건을 뜻한다고 설명하며 둘을 구분한다. 양쪽 모두를 존중하기 위해 많은 이들이 'D/deaf' 혹은 'd/Deaf'라는 용어를 사용하고 있다.

셋째, 공간을 만들고, 자원을 이동시키고, 권력을 재분배하라

공정성과 정의를 향한 노정에서 진정으로 주변화된 이들을 중심에 두기 위해서는 특권층의 위치에서 그들의 필요에 관해 추정하지 않고 그들 자신이 해결책을 이끌어나가도록 주변화된 공동체에 속한 이들에게 자원을 이동시키고 권력을 다시 할당해야 한다.

2020년 2분기에 단체들은 신종 코로나바이러스의 재정적 여파에 대비하고자 했다. 2020년 4월이 되자 같은 해 1월에 비해 우리 회사의 잠재 고객은 60% 가량 급락했고 영업이익은 90% 곤두박질 쳤으며, 그달 우리는 간신히 적자를 면했다. 6월 초쯤에는 매출이 예상보다 훨씬 못 미쳐서 사업 모델 자체가 완전히 엉망이 되었다. 하지만 우리가 도산하기 전에 조지 플로이드의 끔찍한 살해 사건 때문에 전 세계가 뒤집어졌고, 흑인들의 삶을 위한 정의를 구현하고자 하는 사람들의 분노가 거리로 터져 나왔다. 갑자기 우리는 엄청나게 많은 기업들의 의뢰를 받게 되었다. 그 기업들 중 다수가 직전까지 다양성 관련 예산을 0으로 삭감하고 가장 주변화된 정체성을 지닌 직원들을 해고해왔음에도, 이제는 부정할 수 없는 정치적·사회적 터닝포인트를 만나 어떻게 응답해야 할지 궁리해야겠다고 아우성이었다. 우리의 잠재고객은 지난달에 비해 1,538% 증가했고, 그해 여름에는 900개에 달하는 조직들이 알음알음 입소문과 인터넷 검색을 통해 작디작은 우리 회사에 연락을 해왔다.

어떤 이들은 내가 안도감을 느꼈을 거라 예상했지만, 안도감은 결코 내게 찾아오지 않았다. 그 대신 나는 극심하게 누적된 트라우마를 목도하고 그것을 처리하는 과정에서 분노와 피로를 느꼈고, 갑작스럽게 밀려온 기업들의 순간적인 관심은 달콤하기보다는 썼다.

내게는 2가지 선택지가 있었다. 공격적으로 팀을 확장해 지난달의 손실을 만회할 만큼 가능한 한 많은 클라이언트를 유치할 수도 있고, 아니면 고객들에게 흑인들이 이끄는 다른 DEI 기업들을 소개해줄 수도 있었다. 호의에서가 아니라 그들이야말로 이 운동을 이끌기에 가장 적격인 이들이었기 때문이다. 신규 클라이언트를 수용할 수 있고 그럴 의향이 있는 흑인들이 경영하는 DEI 기업이 필요하다는 내 요청은 빠르게 퍼졌고, 내 소셜미디어에는 어마어마하게 많은 댓글이 달려서, 나는 공유문서를 만들어 컨설턴트들이 자신의 연락처 정보를 기록해 잠재적 고객들이 볼 수 있도록 했다. 며칠 만에 문서는 흑인이 경영하는 DEI 컨설턴트 기업 수백여 개가 등록된 든든한 편람이 되었고, 나는 이 문서가 제 기능을 하고 있다고 증명해주는 메시지들을 받았다. 가장 타격을 받은, 따라서 가장 적격인 이들이 자신만의 방식대로 고용되고 임금을 받았다. 항목이 800개가 넘는 그 데이터베이스는 지금까지도 유지되고 있으며, 흑인 혐오와 백인우월주의 문화를 극복하려는 노력에 도움받을 만한 흑인이 경영하는 DEI 컨설턴트 기업을 '찾을 수가 없다'는 기업들의 게으른 변명에 중요한 반증으로 작용하고 있다.

새롭게 각성한 백인 앨라이들이 해야 할 일은 인종 불평등을 해결할 또 다른 비영리조직을 설립하거나 사람들에게 포용력을 가르쳐줄 또 다른 AI 테크놀로지를 만드는 것이 아니다. 그들은 그저 한정된 자원으로 이미 훌륭하게 일하고 있는 주변화된 이들이 이끌고 있는 기존 조직들에 자신들의 금전과 인맥을 연결해주기만 하면 된다. 우리는 트랜스젠더와 퀴어들의 투쟁에 관한 대담에서 시스젠더 이성애자 앨라이가 연사로 나오는 것을 원치 않는다. 시스젠더 이성애자 앨라이가 그런 요청을 받을 경우, 자신이 점한 자리를 포기하고 그 자리를 트랜스젠더와 퀴어 당사자들에게 내주기를 바란다. 우리는 우리 모두를 대신할 백인 시스젠더 남성 정치인을 더는 원치 않으며, 그들이 BIPOC, 여성, 트랜스젠더, 논바이너리, 장애인, 무슬림, 시크교도, 이주민, 빈민인 후보를 대신해 모금운동을 해주기를 바랄 뿐이다. 그들의 자리에 서려 하지 말고, 당신의 자리를 내어주라. 그리고 그들이 당신이 상상할 수 있는 것보다 더 나은 길을 만들기 위해 해야 할 일을 하도록 믿어주길 바란다.

[주변성은] 저항할 수 있는 역량을 키워준다. 그것은 새로운 세계를 확인하고 창조하고, 대안을 상상할 수 있는 급진적 관점을 가능하게 해준다.
-벨 훅스

8장

지적받을 용기

어느 날 파스타를 삶는 동안 트위터 피드를 확인하다가 내가 존경하는 흑인 여성 활동가 한 분이 유명한 대학원 과정에 입학허가를 받았다는 소식을 올린 것을 보았다. 기쁜 마음에 나는 곧장 댓글로 축하 메시지를 달았다. "놀라운 소식이네요! 당신을 뽑은 그 학교가 운이 좋았어요. 진짜로, 다른 이들이 당신에게서 얼마나 많은 걸 배울지 생각하면 학교측에서 당신에게 수업료를 지불해야 할걸요." 몇 분 사이 내 트윗에 '좋아요'가 몇 개 달렸고, 얼마 후 나는 예상치 못하게 그에게서 내가 올린 트윗을 재고해달라는 응답을 받았다.

나는 어리둥절했다. '어라, 내가 한 말이 모욕적이었나? 어떤 면에서? 다른 사람들은 '좋아요'를 눌러줬는데……' 평소 다른 이들에게 교육하던 것처럼, 나는 즉각 사과하며 내가 한 말에 대해 생각해보겠다고 답했다. 그의 설명과 함께 다시 생각해보니, 내 의도는 그의 재능을 강조하려 한 것이었지만 내 경솔한 말은 그의 노력에 따른 성취가 갖는 가치를 평가절하했고, 해당 과정이 중요하다고 여겨 그 과정을 선택한 그의 의지를 은연중에 무시했다는 사실을 이내 알 수 있었다. 내가 쓴 트윗을 다시 들여다보니 역겹고 수치스러웠다. '이걸 지워야 하나, 아니면 다른 이들이 이걸 보고 배울 수 있도록 남겨둬야 하나?' 더 많은 사람들이 내 생각 없는 트윗을 보는 게 싫어서 나는 깊게 생각하지 않고(또 한 번 경솔했다) 지웠다. '후회되는 트윗을 관리하는 법'이라든지 '트위터 멍청이 극복하기 입문' 등 이런 일을 다루는 법에 관한 규칙을 알려주는 책이 있었으면 좋겠다고 생각했다. 그리고 지금의 내가 만약 시간을 되돌릴 수 있다면 지우지 않기를 선택하겠다.

파스타가 구제할 수 없을 만큼 불어터지게 된 것은 그의 그다음 트윗 때문이었는데, 사람들이 트위터 글을 작성하기 전에 생각을 했으면 한다는 내용이었다. 이쯤 되자 나는 완전히 정신을 못 차리게 되었다. 나는 영원히 사라져버리고 싶은 동시에, 내가 그를 포함해 사람들의 존중을 받을 만큼 여전히 좋은 사람임을 증명하고도 싶었다. 그래서 나는 미친 듯이 다른 이들의 위트 넘치는 통찰들을 끝없이 리트윗하며 내 트위터 페이지를 다른 글들로 도배하려 했다. '봤지? 나는 좋은 사람이란 말야! 내가 실수한 것들은 보지 말고, 여기 맨 위에 있는 것들만 봐줘!'

사회정의 운동을 한다는 것은 종종 용기 있고, 두려움 없고, 타인의 귀감이 되는 일이라고 여겨진다. 그럼에도 이 길을 가는 내 주변인들 거의 모두가 두려움, 불안, 수치심, 무력함의 감각을 가지고 있다. 대개는 선한 영향을 주고자 하지만, 때로는 우리의 선의가 의도치 않은 해로운 결과를 가져올 수도 있다. 그리고 이 예상치 못한 가능성이 지적당할 것에 대한 공포심과 결합해, 때때로 우리는 아무런 행동도 하지 않기를 선택하고, 이는 실제로 무위로 인한 피해를 초래하는 결과를 낳는다.

당신은 과거에 치유되지 않는 상처를 남기는 방식으로 지적당한 적이 있을 수 있다. 어쩌면 다른 이들이 공개적으로 지적당하는 것을 보고 몸서리친 적이 있을 수도 있다. 어쩌면 당신은 지적당한 적이 없고, 앞으로도 결코 그런 일을 겪지 않기를 바랄 수 있다. 어쩌면 당신도 나처럼 불안해하며 모든 행동에 대해 너무 많이 생각하는 경향이 있을 수 있다.

내 심리상담사는 매주 내가 난 이제 죽었다고 떠드는 걸 수년간 들어왔다. 하지만 상담사는 어떤 식으로든 언제나 내가 다시 중심을 잡을 수 있게 도와준다. 내 짜증나는 결함과 부끄러운 실수들에도 불구하고 여전히 나는 온전하고 가치 있으며, 지적당할 것에 대한 두려움은 누구나 느낄 수 있는 인간적인 감정이며, 그것이 내 이후 행동을 결정하거나 나 자신을 정의해버리지는 않는다는 사실을 상기시켜주었다. 이유가 무엇이든 간에 이 여정에서 효과적인 변화를 이끌어내는 행위자가 되기 위해 우리는 자신의 두려움과 그것이 우리에게 의미하는 바에 익숙해지고, 변화와 책임을 향한 더 큰 열망으로 그 두려움에 맞서는 연습을 해서, 두렵더라도 행동을 멈추지 않을 수 있어야 한다.

거리를 두고 넓게 보기

이 장에서는 우리 자신의 인간적인 면을 포용하면서도 책임감을 가지는 법에 초점을 맞출 텐데, 이 책임감 연습은 언제나 우리 행동 때문에 피해를 입은 이들을 중심에 두고 진행해야 한다는 점을 기억하길 바란다. 나는 지적당한 사람들이 피드백이 전달된 방식을 지적하거나, 자신의 순수한 의도와 다른 오해가 있었을 가능성 등 자신이 초래한 실제적 피해를 제외한 모든 것에 초점을 맞추면서 피해를 입은 이들로 하여금 설명, 적응, 동조 등 추가로 감정노동을 하게 만드는 경향이 있음을 끊임없이 목격해왔다.

나 역시 내가 피해를 입힌 이들의 맥락을 알고자 하거나 그들의 진실을 존중하기 전에, 그들이 내게 유리한 해석을 해주길 바라는 실수를 저지르기도 했다. 때로는 가능한 한 점잖고 온정적이고 사려 깊은 방식으로 지적받을 때조차 우리는 자의식 때문이든, 피드백을 주는 이에 관한 내면화된 편견 때문이든, 우리의 과거 경험과 현재의 마음 상태 때문이든 공격받았다고 느껴 도망치거나 싸우려 들거나 무대응으로 일관하게 될 수 있다.

책임을 진다는 것은 어려운 일이다. 지적받는 것도 어려운 일이다. 그러나 그것이 주변화된 사람으로서 일상적으로 해악을 경험하거나, 공정성과 정의를 위해 싸우는 대가로 보복을 당하는 것과 비교될 만큼 어려운 일일까? 당연히 그렇지 않다. 따라서 우리는 해악에 대한 생존자 중심의 접근법을 고수하고, 피해를 당한 이들을 희생시키면서 그것을 초래한 이들을 감싸는 습관을 중단해야 한다. 해악을 야기한 이들의 의도보다는 그로 인해 피해를 입은 이들이 실제로 겪는 충격에 초점을 맞춰야 한다.

이 장에서 언급하는 해악의 예시들은 대부분 장기적 학대나 심각한 형태의 폭력이 아니라 우리 주변 사람들 사이에서 흔히 발생하는 일이라는 사실을 유념하자. 나는 모든 종류의 해악, 폭력, 학대를 다루는 가장 옳은 한 가지 방법이 있다고 믿지 않으며, 맥락에 따라 책임을 지는 데 가장 적절한 도구를 분별력 있게 찾아내는 일은 매우 중요하다. 흑인 트랜스젠더 작가이자 활동가이며 〈웨어 유어 보이스Wear Your Voice〉의 편집자인 다샤운 해리슨Da'Shaun L. Harrison이 언급하듯, 해악과 학대를 구별하는 것 역시 중요하다. "해악harm이 의도적이든 아니든 일회성의 폭력 행위 혹은 고통을 가하는 행위라면, 학대abuse는 누군가의 신체, 정체성, 그리고/혹은 정서를 혹사시키고, 거칠게 다루고, 착취하는 지속적이고 반복적인 폭력이다." 이 장에서 살펴볼 내용은 사람 간 갈등, 일회성 피해, 일상적 실수들을 다루는 데 가장 적합한 것들이다.

지적당했을 때 해야 할 일

자, 당신이 낡고 둔감한 언어를 사용해 지적당했다고 치자. 아니면 소셜미디어에 주변화된 정체성 집단에 관한 문제적 스테레오타입을 지속시키는 내용을 게시했다고 치자. 어쩌면 당신은 기업의 경영진으로서 다양성, 공정성, 포용력을 증진하겠다는 약속을 지키지 않았다고 직원들로부터 비판을 받을 수도 있고, 사회생활에서 몰상식한 농담을 했다고 친구에게 지적당할 수도 있다. 이유가 무엇이든, 당신이 해악을 야기했다면 그것이 책임감을 연습하고 무너진 신뢰를 재건하는 데 한 걸음 나아갈 기회라는 점을 기억하자. 우리 회사 어웨이큰의 초기 교육 커리큘럼 설계 과정에서 나는 가능한 한 모든 사과의 프레임과 연구들을 찾아 조사하며 수많은 자료와 규율 속에서 일관성 있는 지침을 밝혀보려 했다. 다행히, 사회정의에 기반한 것이든 사회심리학이나 행동경제에 기반한 것이든, 아니면 내가 좋아하는 유튜브 영상 중 하나인 프란체스카 램지Franchesca Ramsey의 '지적당하기: 사과하는 법'에 나오는 내용이든, 사과의 철칙들 다수가 일련의 유사한 원칙들을 공유하고 있었다. 여러분이 지적당했을 때 대응하는 법을 도와줄 훈련에 관한 수많은 전문가들의 조언 가운데 가장 좋은 것들만 여기에 모았다.

첫째, 방어하려는 충동을 진정시키고 경청하라

대개의 사과의 철칙들이 이 부분을 뛰어넘는데, 공인받은 중재자이자 비폭력 대화를 공부하는 사람으로서 나는 어느 갈등 상황에서든 적극적 경청과 자기절제가 근본적인 핵심 기술이라고 믿는다. 어떤 행동이나 말을 하기 전에 일단 귀 기울여 듣고 스스로를 절제하는 데 집중하자. 당신이 어떻게 해악을 야기했는지 이야기하는 상대방의 말을 들을 때 자신의 신체에 어떤 반응이 일어나는지 인식하자. 대응하기 위해서가 아니라 이해하기 위해 경청하고, 메시지를 전달하는 어조가 아니라 메시지 자체에 주목하자. 숨을 쉬고, 앙다문 턱을 풀고, 발가락을 꼼지락거려도 좋다(진짜로 도움이 된다). 곧장 해명하거나 스스로를 변호하려는 즉각적인 방어적 본능을 알아차리고 조절하라. 흥분한 에너지는 숨을 돌려야 한다는 신호이므로, 잠시 시간을 갖고 되돌아본 후, 성급하게 반응하기 전에 다시 중심을 잡아야 한다. 제대로 된 책임을 지는 이 초반의 순간에 가장 중요한 것은 우리가 추가로 해악을 야기할 위험을 줄이는 일이다. 당신의 의도가 어떠했든 간에, 그들의 염려를 그들의 진실로서 받아들이자. "그런데 그들이 틀렸다면 어떡하나요?" 명심하자. 일어난 일에 관한 우리의 지각이 서로 다를 수 있으며, 각자가 느끼는 정서는 언제나 타당하다. 그들의 정서적 반응을 존중하고 타당한 것으로 대하고, 일어난 일에 대해 상대방이 어떤 감정을 갖거나 갖지 않아야 하는지를 당신이 미리 규정하지 마라.

둘째, 피해를 입혔다는 사실을 인정하고 사과하라
(혹은 우선 되돌아볼 시간을 달라고 부탁하라)

"죄송합니다." 가장 먼저 할 일은 사과다. 명확하게, 진심을 담아 사과하라. 당신이 들은 말을 곱씹어보고, 피해를 입은 이에게 당신이 그 점을 이해한다고 분명히 말하자.

"내가 ____(해로운 행위)를 함으로써 당신이 ____(영향)을 느끼게 만들었다는 사실을 잘 알겠습니다."

관계나 상황에 따라 상대방에게 그가 경험한 해악에 대해 더 명확하게 혹은 자세하게 설명해줄 수 있는지 물어볼 수도 있을 것이다. '당신이 ____했다면'이라든지 '그렇지만' 같은 말로 사과에 물타기를 하지는 말자. 그런 식의 사과는 기업의 전형적인 보여주기식 사과 아닌 사과의 언어다. 예컨대 "당신이 모욕적이라고 느꼈다면 미안합니다"라는 말은 당신의 행위가 모욕적인 것이 아니라 모욕을 받은 것이 그 사람의 선택이라는 뜻을 함축하며, 이는 궁극적으로 피해를 입은 이에게 책임을 전가하는 셈이다. 내가 받아본 가장 훌륭한 사과는 내가 겪은 해악을 상세히 짚는 과정이 포함되었는데, 그것은 사과하는 이가 내가 받은 상처를 온전히 이해하고 있음을 보여준다. 해악을 야기했음을 진심으로 인정하는 방어적이지 않은 사과를 경험하기란 매우 드물다는 점을 고려하면, 그저 피해의 내용을 정확하게 언급하는 것만으로도 완전한 사과라고 느낄 수 있다는 사실은 놀랍지 않다.

미아 밍거스의 '책임감의 네 부분: 진정성 있게 사과하는 법'은 누구나 읽어두면 좋을 글이다. "당신의 사과에 진정성이 없다면, 그것으로 당신은 더 큰 상처 및 피해를 줄 수 있다. 아무리 강조해도 지나치지 않은 것은, 만약 당신에게 사과할 마음이 없다면 아예 사과를 하지 않는 게 낫다는 것이다." 그저 당장의 불편함을 모면하기 위해 미안하다고 말하지는 말자. 자신의 행동에 대해 되돌아볼 시간이 필요하다면, 그 시간을 달라고 부탁하고 다시 돌아가 당신이 입힌 피해에 대한 이해에 기반해 사과할 수 있을 때까지 살펴보자("말해줘서 고마워요. 제대로 생각하고 대답할 수 있도록 잠시 시간을 갖고 되돌아봐도 괜찮을까요?").

셋째, 피드백에 대한 감사를 표하라

"수고스럽게도 제게 이 점을 알려주셔서 정말 감사합니다."

주변화된 이들이 시간을 들여 타인에게 가르침을 줄 때 그 추가적 감정노동과 교육노동은 자주 정당한 인정을 받지 못할뿐더러 때로는 잘못한 것으로 여겨지기도 한다. 그들은 당신이 보다 더 잘할 수 있다고 믿으며 당신과의 관계가 소중하다고 생각하기 때문에 지적을 하는 것이라는 사실에 감사하고, 그들이 당신에게 배워서 더 나아질 기회를 주었다는 사실만으로도 고맙게 생각하라. 많은 경우 누군가를 지적하는 데에는 어마어마한 용기가 필요하므로, 그들의 용기에 경의를 표하며 향후에도 그들이 피해를 목격할 경우 또다시 용기를 내도 안전감을 느낄 수 있도록 확신을 주자. 조직 내에서 권력 역학과 심리적 안전감을 주는 문화는 솔직한 피드백이 가능한 환경을 조성하는 데 중요한 역할을 한다. 끊임없이 건설적인 피드백의 역할을 인정하고, 비난하지 않고 솔직함을 환영하는 것에 대해 감사하는 환경을 만듦으로써 우리는 주변화된 이들과 권력을 제한적으로 갖는 이들이 소중한 피드백을 내놓아도 충분히 안전하다고 느낄 수 있는 심리적 안전감의 문화를 육성할 수 있다.

넷째, 용서를 바라지 않고 잘못된 점을 수정하라

"이 일을 바로잡기 위해 _____하고 싶어요. 신뢰를 회복하려면 제가 무엇을 해야 할까요?"

많은 사과 전문가들은 이것이 가장 어려운 관문이라고 생각한다. 무너진 신뢰를 회복하는 데 필요한 것은 사람에 따라 다를 수 있고, 실수를 바로잡는 것은 홀로 할 수 없는 일이기 때문이다. 수치심, 굴욕감, 사회를 주제로 연구하는 심리학 교수인 아론 라자르Aaron Lazare는 자신의 책《사과에 대하여》에서 사과의 과정을 일방적이지 않고 관계적인 것으로 설명한다. "사과는 종종 한 쪽에서 다른 쪽으로 향하는 일방적인 행위를 넘어 양자 간 대화, 심지어 협상을 수반한다." 또 수십 년간 사과에 대해 연구해온 고베대학교의 심리학자 오쓰보 요스케Yohsuke Ohtsubo의 놀라운 연구에 따르면, "대가를 치르는 사과는 그렇지 않은 사과(그저 '미안하다'고 하는 것)보다 더 진정성

있는 것으로 여겨진다." 오쓰보는 진정한 후회와 진심 어린 의도를
표현하는 데 있어 중요한 요소는 피해자에게 제공되는 가치가 아니
라 "가해자에게 드는 비용"이라고 정리한다.

소비자의 신뢰를 회복하기 위해 수백만 달러를 쓰는 기업이든
책임을 지는 의미로 직을 사임하는 정치인이든, 맥락에 따라 생각해
볼 수 있는 다양한 형태의 관계적, 제도적 만회의 방법들이 있다. 실
수를 만회하는 가장 좋은 방법은 피해를 입은 이의 실제 욕망과 필
요를 이해하는 것이다. 단, 상황에 따라 회복이 불가능할 수도 있고,
용서받지 못할 수도 있다. 명심해야 할 것은 책임을 지는 순간에 우
리 자신을 중심에 두지 않기 위해서는 즉각적 용서를 기대하지 않고
해악을 바로잡고자 해야 한다는 것이다. 피해 입은 이의 치유보다
우리 자신의 즉각적 안도감을 우선시하면서 일을 바로잡으려 할 경
우, 그것은 진심 어린 사과가 아니라 심리 조종의 도구일 뿐이다. 라
자르는 2005년 〈워싱턴포스트〉에 게재한 글에서 사과가 타인을 조
종하는 도구로 쓰일 경우, "강력한 화해의 행위가 될 수 있었을 것을
무의미한 모방으로" 바꿔버릴 수 있다고 말한다. "화해를 하는 대신
이러한 행위는 사람들 간의 거리를 더 넓힌다." 실수를 만회하고자
한다면, 가치에 부합하는 삶을 살 수 있도록 자신의 명분으로 다시
돌아오도록 하자.

다섯째, 더 나은 행동을 하라

"다시는 같은 일이 일어나지 않도록 _____ 하겠습니다."

신뢰를 쌓고 또다시 쌓는 일은 끈기와 시간을 요한다. 상황에 따라 당신이 향후 같은 잘못을 결코 반복하지 않을 것을 피해 입은 이가 이해할 수 있도록 현 시점 이후의 실행 계획을 이야기할 수도 있을 것이다. 일례로 현재 나는 연애 관계에서 각자 매주 심리상담을 받으며 자신의 정신건강을 돌보고, 자신의 필요를 정직하고 직접적으로 이야기하는 방법을 배우고 있다. 조직 내에서는 보다 공평한 채용, 승진 및 보상 관행을 달성하기 위한 구체적인 지표와 다각적인 전략 계획을 정립하는 것이 방법일 수 있다. 그러나 무언가 조치를 취하기 전에 진심 어린 마음과 계획이 있는지 확실히 해두길 바란다. 행동이 따르지 않는 약속은 치유 대신 피해와 불신을 더할 뿐이기 때문이다.

여섯째, 자신을 위해 지원을 받으라

지적받는 것은 편치 않은 일이고, 그것을 바로잡는 일도 쉽지 않다. 내가 지적받을 경우, 나는 스스로를 비난하고 고립시키면서 나 자신을 비인간화하는 나쁜 습관이 있다. 이런 순간에 자기자비를 발휘하는 것은 좋은 생각이지만, 그것이 생각보다 훨씬 더 어려운 일이라는 걸 기억하자. 신뢰할 만한 조언자들과 친구들로 구성된 지지 기반 네트워크는 내가 이 일에서 나 자신을 지켜내는 데 중요한 역할을 해주었고, 이것이 사회정의 운동에 장기적으로 헌신하는 모든 이에게 굉장히 중요한 부분이리라 생각한다. 나를 지지해주는 네트워크는 여과되지 않은 솔직함과 엄청난 애정을 갖고 내게 책임을 묻는 사람들로 구성되어 있다. 그들은 내가 실수를 잘 다루어 피해를 입은 이에게 감정노동을 시키지 않도록 도와주며, 그 상황에서 복잡한 감정과 불안정함을 느끼는 내 곁에 서준다. 내가 수치심의 굴레에서 벗어나지 못할 때면 그들은 부드럽게 내가 실수를 할 수 있는 인간이라는 사실을 상기시켜주는 한편, 책임을 지는 과정에서 진실성을 지키고 있다고 격려해준다.

때로는 이 난관을 헤쳐나가는 유일한 방법이 (사과를 한 후) 시간이 해결해주도록 기다리며, 힘든 감정들이 책임을 지는 과정의 일부임을 인정하는 것뿐일 수도 있다. 수치심과 자기혐오에 빠져 있다고 해서 우리가 초래한 피해가 사라지는 것도 아니고, 누군가에게 용서받을 수 있는 것도 아니다. 지지나 이해를 받을 자격이 없는 것처럼 느껴지는 고통의 순간에도, 깊이 있는 반성과 자기자비, 행동 변화, 일관성, 마침내의 치유 등은 모두 우리가 이 일을 계속해나가도록 만드는 중요한 부분임을 기억해야 한다. 우리 자신의 인간성을 회복하는 과정에서 우리는 모든 이가 성장할 수 있고 변화할 수 있다는 신념을 만들어간다. 그리고 우리는 이 일을 홀로 할 필요가 없다.

지적당하는 불편을 감수하기

우리 대부분은 아직 책임감이 우리 삶에서 자연스럽고 상식적인 부분으로 여겨지는 문화에 살고 있지 않다. 우리는 새로운 것을 시도하도록 장려되고 실수를 할 수도 있는 심리적 안전감의 문화 대신, 실패를 숨겨야 하는 응징과 수치심의 문화 속에 살아간다. 속도를 늦춰 미묘한 뉘앙스와 복잡성, 다층성을 허용하기보다 우리는 백인우월주의와 자본주의가 정의한 엄격한 잣대로 서둘러 사람들을 분류하고 범죄자로 간주한다. 우리는 취약성이 약점이며, 타인에게 해를 입히는 사람은 본질적으로 '나쁜' 사람이기에 추방되고 처벌받아야 한다고 배웠다. 이런 제한적이고 이분법적인 신념체계는 우리의 의도와 미친 영향, 그리고 우리의 행동과 됨됨이를 구별하기 힘들게 만든다.

우리 자신의 불완전성을 인식하게 되면 우리는 우리 행동의 영향과 바로잡을 가능성에 대해 탐구하려 하기보다 의도를 변호하기 바쁠 것이다. 지적당하는 기미가 보이자마자 우리는 자기방어 메커니즘을 돌리고, 우리의 무고함을 고수하며, 온 힘을 다해 우리가 피해를 초래하지 않았음을 증명하려 노력한다. 우리는 어서 시간이 흘러 지적한 이가 오해했음을 깨닫고, 실제 피해자는 우리 자신이 되기를 간절히 원한다. 우리는 두려움에 빠져, 자신의 복잡하고 다층적인 인간성 때문에 실수를 피할 수 없음을 인정하려 하기보다 '나쁜 사람'으로 분류되기를 우선적으로 거부하려 애쓴다. 원초적 대응기제로서 이 본능적 방어를 장착한 우리는 손상된 신뢰와 관계를 회복할 기회, 그리고 변화하고 성장할 기회를 스스로 박탈당한다. 하지만 몸소 지적당하기도 하고 타인을 지적하기도 한 수년간의 경험을 통해 내가 배운 바가 있다면, 우리 자신의 감정을 주의 깊게 들여다보고 그 감정들을 온전히 타당한 것으로 대하고, 조사하고, 통합함으로써만 비로소 우리는 우리의 가치관에 따라 이후의 행동과 대응을 선택할 수 있다.

그런데 '감정과 공존한다'는 것은 정확히 무슨 뜻일까? 그러니까, 실제로 앉아서 감정에 대해 곰곰이 생각하면 되는 것일까? 내가 이 여정에서 터득한 몇 가지 팁을 공유하자면 다음과 같다.

- 몸을 주의 깊게 살핀다: 감정을 느끼려 할 때, 나는 자꾸만 생각하고 분석하면서 감정을 지성으로 해결하려 한다. 내 상담사처럼 나보다 훨씬 더 지각 있는 사람들에게서 수년간 배운 바에 따르면 감정은 물리적으로 우리의 머리뿐 아니라 몸 안에도 살고 있다. 우리는 구역질, 심장 두근거림, 다리 떨기 등을 통해 감정을 느낀다. 얼굴 화끈거림, 목 메임, 손바닥의 땀을 통해서도 감정을 느낀다. 특히 우리가 사랑하고 존경하는 사람들에게 지적당했을 때 우리는 그것을 몸으로 먼저 느낀다. 그러므로 몸에서 일어나는 일에 주의를 기울이고, 몸의 긴

장을 풀고 침착함을 되찾도록 단계적 진정 기술을 연습하자.

- 내 감정을 인식하고 명명해본다: 많은 연구들이 '감정 라벨링affect labeling', 즉 감정에 이름을 붙이는 행위만으로도 우리가 경험하는 부정적 감정의 강도를 줄일 수 있음을 보여준다. 심리학자 매슈 리버먼Matthew D. Lieberman이 말하듯, 감정 라벨링은 싸우거나 회피하거나 양자택일의 생존 반응을 촉발하는 "정서적 반응에 제동을 건다". 일기 쓰기, 심리상담, 표출 등을 통해 감정에 이름을 붙이고 인식하는 것, 그리고 우리가 경험하는 정서에 관해 세심히 파악하는 것(글로리아 윌콕스 박사가 개발한 감정 휠이나 제프리 로버츠가 개발한 감정 어휘 휠은 그러기에 훌륭한 도구다)은 우리가 감정을 조절하고 추가적 숙고와 책임감 연습을 하는 데 도움이 될 수 있다.

- 회복의 시간을 갖는다: 최선을 다하더라도, 수치심과 비난의 굴레에서 빠져나와 작업에 다시 뛰어들 준비를 하기까지는 다소 시간이 걸릴 수 있다. 나 역시 실수를 한 뒤 지적을 받고 나서 빠르게 회복한 적이 없다. 대체로 며칠간 분노에서 부인, 슬픔, 수용에 이르는 단계를 거치며 어마어마한 자기연민, 자기비난, 무가치한 느낌에 시달리면서 강한 감정을 느낀다. 이런 순간에 중요한 것은 숙고의 시간을 급하게 보내버린다거나 다루기 어려운 감정을 회피하려는 유혹과 싸워야 한다는 것이다. 그러는 대신 스스로에 대해 온정을 가지고 의도적으

로 감정을 다루도록 연습하자.

의식적으로 숙고해보고 감정을 다룸으로써 우리는 그것들을 완전히 소화시켜, 갇혀 있던 에너지가 결국 흘러나와 추가적 피해를 발생시키는 일을 막을 수 있다. 고도로 지적인 우리의 문화는 감정과 신체의 본능적 지혜보다 논리와 데이터를 더 높이 평가하고, 부정적 감정을 우리 자신과 분리해 생각하고, 이지적으로 생각하고, 줄여나가라고 가르친다. 하지만 우리 감정을 찬찬히 들여다보는 일은 책임감을 연습하는 데 매우 중요한 부분이다. 감정과 교류할 수 있는 능력을 기억하고 중요하게 여기며 그것들이 들려주는 이야기들을 기꺼이 탐험함으로써 우리는 우리의 마음과 몸, 영혼을 가다듬어 정의와 치유를 위해 싸우는 일을 계속해나갈 수 있다.

맥락 속에서 지적하기

5장에서 언급했듯, 책임감을 연습하는 데 사용하는 도구는 맥락에 따라 달라져야 한다. 권력을 가진 가해자에게 책임을 묻는 방법은 우리가 일상 속에서 만나는 다양한 위치의 사람들에게 일회적 실수에 대한 책임을 묻는 방식과는 달라야 한다. 책임을 묻는 우리 자신의 위치 역시 고려해야 한다. 백인이 다른 백인을 지적하는 것과 유색인이 백인을 지적하는 것은 다르다. 역사적 맥락, 권력 역학, 정체성이 항상 작동하고 있음을 잊지 말자.

　사회정의 운동을 처음 시작했을 때 나는 무차별적으로 주변의 모두를 강경하게 비판하며 처단하려 했다. 새로운 개념이나 용어를 알게 될 때마다 맥락에 관계없이 여기저기서 사람들을 지적하는 데 그것을 사용했다. "그런 식으로 해선 안 되죠. 당신은 인종주의자/성차별주의자/억압자입니다!" 새로이 발견한 세상의 부정의에 대한 불타오르는 분노를 장착한 10대 활동가로서 나는 모든 이에게 책임을 물으려 했다. 나를 비롯해 많은 주변화된 이들이 겪던 피해에 대해 정당한 분노를 드러내는 한편으로, 맥락을 살피지 않고 이 운동에 익숙하지 않은 사람들을 비판하고 그들에게 망신을 준 것은 나자신의 불안정함을 잠재우고 내 목소리를 더 날카롭게 가다듬는 방편이기도 했다. 내 위치나 뉘앙스가 어떠하든, 최대한 비판이 가혹할수록 그것이 우리 모두를 위해 싸우는 유일한 최선의 방법이라고 생각했다. 그러면서 나는 내 가혹한 비판을 견딜 만큼 호기심이 강하지 않은 사람들을 내쳤고, 운동을 지속해나갈, 충분히 회복력 있는 명분을 아직 갖지 못한 이들의 관심을 잃었다. 나는 사람들이 스스로 부족하고 부끄럽다고 느끼도록, 스스로를 활동가나 앨라이라고 칭할 자격이 없다고 느끼도록 만들었다. 결국 나는 효과적인 변화의 매개자도 앨라이도 아니었으며, 오히려 변화를 위한 운동에서 문지기 역할을 했던 셈이다.

우리 모두는 각기 다른 맥락에서 서로 다른 역할을 수행한다. 우리는 우리가 속하지 않은 공동체의 앨라이로서 누군가가 '충분하지 않다'고 함부로 재단할 수 없다. 예컨대 비원주민으로서 나는 가장 영향을 받은 이들보다 더 크게 분노의 목소리를 내면서 필요한 교육 활동은 하지 않은 채, 원주민 공동체에 '충분히 좋은 앨라이'가 아니라고 타인에게 망신을 줄 자격이 없다. 그럴 경우 결과는 오로지 내가 도덕적 우월감을 느끼기 위해 다른 이들에게 일을 떠넘기고 잠재적 앨라이를 잃는 것뿐이다. 거기에는 인정받길 원하는 내 자아, 연대라는 허울을 두른 채 스스로를 중심에 두는 방종함만 있을 뿐, 변화를 이루기 위한 전략적인 방법도 내 위치에 기반한 비판적 행동 방식도 없다.

권력 불균형이 있는 곳이라면 어디든, 애정 어린 지적과 추가적 감정노동, 반복적 교육에 대한 부담은 가장 주변화된 이들의 어깨에 부당하게 지워지며, 더 특권을 가진 이들이 그 수혜를 입는다. 독특한 방식으로 지치게 만드는 이 부담을 사회적 위치 덕분에 해악을 덜 경험하는 이들이 공정하게 나누어 짊어져야 하며, 그러한 자신의 위치성이 감정적 여유와 에너지라는 특권을 갖게 한다는 사실을 이해해야 할 것이다. 나는 내가 속한 공동체에 해를 입히는 억압적 위력 때문에 상처받을 때, 처벌의 걱정 없이 내 분노를 표현하고 처리할 수 있기를 바란다. 한편으로, 나는 덜 상처받는 이들이 더 많은 설명과 교육을 필요로 하는 이들을 안내하는 감정적 부담을 맡아주었으면 한다. 주변화된 이들에게는 권력과 특권을 가진 이들에게 직접적으로 도전할 권리가 있다. 왜냐면 지적하는 행위는 일면 해악을 야기한 이들 혹은 해악을 야기하는 시스템에서 계속해서 이득을 얻고 있는 이들의 안위를 고려하지 않고 여과 없이 좌절과 상처를 표현할 자유를 용인하는 것이기도 하기 때문이다. 이러한 지적 행위를 매개로 주변화된 공동체들은 빼앗긴 존엄과 정의를 회복하고자 하며, 특권을 가진 이들은 주변화된 이들에게 톤 다듬기("좀 더 예의를 갖춰줄 수 없나요?", "왜 그렇게 항상 화가 나 있나요?" 등), 가스라이팅("항상 인종과 관련지을 필요는 없어요", "과민반응하고 있군요" 등), 정신적 무시("당신의 망상이에요", "왜 그렇게 심각해요?" 등), 처벌(승진 보류, 해고, 따돌림 등)의 형태를 이용해 존중의 개념을 전유해 무기로 휘두르지 않도록 주의해야 한다.

우리는 분노를 알아차리고 규율하는 연습을 계속 해나가야 하며, 그것은 우리가 이 여정에서 원칙을 고수하도록 도와줄 것이다. 나는 우리가 가혹한 비판과 가차 없는 예리함으로 모든 억압의 시스템을 붕괴시키고, 우리와 함께 싸우는 동안 실수하는 이들을 지적함에 있어 맥락을 고려하기를 바란다. 실수투성이였던 처음의 나를 떠올려보면, 훨씬 더 현명하고 훨씬 더 상처 입은 사람들이 의식이 막 확장되기 시작할 무렵의 나에게 가르침을 주고 성장을 이끌었음을 기억한다. 나 역시 스스로 배우고자 노력하긴 했지만, 무엇보다 그들의 애정 어린 지적들 덕분에 나는 이 활동을 계속해나갈 수 있었고, 역량을 키워 더 두꺼워진 낯으로 이후의 더 가혹한 비판을 다룰 줄 알게 되었다. 주변화된 이들에게 지적을 할 때 온정과 품위를 발휘해달라는 기대를 해서는 안 되지만, 나는 자주 격렬하고 열정적인 내 친구, 멘토, 스승들이 내게 베풀어준 관대함과 친절을 상기하고자 한다. 그리고 나 역시 평생 배워야 하는 사람으로서 겸손을 갈고닦으며, 새로이 유입되는 이들이 우리와 함께 머물며 더 잘 싸우도록 이끌고자 한다.

우리는 변화할 역량을 가지고 있다

나는 용서와 애정이 항상 연결되어 있다고 생각한다. 어떻게 하면 타인에게 잘못에 대한 책임을 묻는 동시에 여전히 그들의 인간성을 충분히 신뢰하며 그들이 변화할 역량을 갖고 있다고 믿을 수 있을까?

- 벨 훅스

이 책을 쓰기 시작하면서부터 매일같이 드는 생각은 '내가 실수 없이 해냈으면 좋겠다'는 것이다. 처녀자리이자 매우 불안이 많은 나는 최악의 상황을 가정하는 것이 습관으로 굳었고, 이는 불안정한 유년기를 버텨내며 체득한 나의 대응 방식이기도 하다. 불안이 아주

심한 날에는, 내가 가장 좋아하는 작가들이 내 이름을 듣는 순간 불쾌하다는 듯 눈살을 찌푸리고 아시아계 활동가들이 공동체를 대표해 나와 의절하는 것으로 시작하는 끔찍한 악몽이 현실이 되는, 소름 끼치게 자세한 상황을 그려본다. 반경 2미터 안에서 나와 함께 숨 쉬는 모든 사람들을 실망시킬 수 있다는 생각에 몸서리쳐진다. 내 의뢰인들 모두가 나와의 지난 작업들을 무효화하고, 친구들이 나를 알지도 못한다고 하거나 그들을 화나게 한 단 한 번의 일화로 나를 험담하는 상상을 하면서 말이다. 어머니가 매일 울고, 아버지가 고개를 저으며 내가 대학 졸업 직후 들어간 직장을 결코 그만둬선 안 됐다고 말하는 모습을 그려본다. 이 단계의 나는 스트레스성 폭식 단계를 뛰어넘었고, 해외 도피라는 선택지를 생각해보다가, 결국 트위터가 닿지 않는 나라는 없다는 걸 깨닫고 만다. 신파극 같은 이 상상 속 모험의 끝에 나는 자문한다. '도대체 왜 나는 모두를 실망시킬지 모를 책을 쓰고 있는가?' 내 작업을 충분히 깔아뭉개고 애초의 명분을 팽개쳐버린 뒤에, 나는 우선 세상을 향한 사과 편지를 써서 담당 편집자에게 검토를 부탁하겠다고 생각한다.

[책임을 지는 것은] 결코 쉽거나 편안해지지 않을 것이다. 그런데 그것이 무섭지는 않은 일이라면 어떨까? 책임감이란 우리가 피하려고 도망쳐야 할 것이 아니라 우리가 욕망하고 바라며, 소중하고 신성하게 여기는 무언가이기에 그것을 향해 달려와야 한다면 어떨까? … 그것이 처벌, 복수, 피

상성이 아니라 가치, 성장, 변화, 치유, 자유, 해방에 뿌리를 두고 있는 것
이라면 어떨까?

– 미아 밍거스

나는 미아 밍거스의 질문을 자주 곱씹는다. "책임지는 것이 무
섭지 않은 일이라면 어떨까?" 공개적으로 저격당하거나 지적받을
걱정을 했던 모든 순간을 스스로 돌아볼 때면, 나는 내 불안을 떠받
치는 내면 깊은 곳의 두려움, 즉 내 취약성을 들킬 것에 대한 두려움
과 내 정체성을 타인이 재단할 것에 대한 두려움, 오해받을 것에 대
한 두려움, 사랑하는 이들에게 버림받을 것에 대한 두려움, 나는 항
상 부족하다고 말하는 내 안의 비판자를 세상이 인정할 것에 대한
두려움을 발견한다. '하지만 책임지는 것이 무섭지 않은 일이라면?'
내가 틀릴 것에 대한 두려움 대신 고마운 마음과 더 나아지겠다는
각오로 피드백을 수용할 수 있는 내 능력을 믿는다면 어떨까? 오해
받을 것에 대한 두려움 대신 내가 처한 어떤 갈등 상황이든 더 잘 이
해할 수 있는 기회를 잡고, 내가 소중하게 생각하는 가치를 고수하
면서 스스로를 확증한다면 어떨까? 버림받을 것에 대한 두려움 대
신 내가 맺고 있는 관계들이 상호적 책임을 기반으로 하며 회복탄력
성을 바탕으로 수년간 서로를 지지해왔다는 사실을 신뢰한다면 어
떨까?
　이 일에 관해 평생 배우는 사람으로서 내가 확실히 아는 것 한

가지는 아무리 노력해도 나는 계속해서 해악을 야기하는 실수를 저지를 것이며 그 실수에 대해 결코 속상해하지 않을 수는 없다는 사실이다. 그렇지만 나는 실수를 저지르고 피해를 초래할지라도, 반성하고 책임을 지고 바로잡고 배우고 성장하고 스스로를 용서할 능력을 갖고 있다는 사실 역시 알고 있다.

그 누구도 억압적 시스템 안에서 투쟁하면서 오점을 남기지 않을 수는 없다. 벽을 해체하는 동안 덜 마른 페인트를 최대한 만지지 않기 위해 할 수 있는 일을 다할 테지만, 깨끗함을 유지할 수 있는 사람은 어쩌면 해체 작업 자체를 별로 하지 않은 사람일 수 있다. 이 운동에서 해악을 야기하지 않으려 최선을 다하더라도 우리는 실수를 할 것이다. 물론 스스로 배우고, 맥락을 고려하고, 가장 주변화된 이를 중심에 두면서 해악을 최소화하고자 노력해야 할 것이며, 때로는 완벽하게 행동하지 못하더라도 살아가면서 차차 배울 수가 있으리라는 사실을 숙지하며, 최선의 판단을 토대로 행동할 필요도 있을 것이다. 해악을 야기하지 않으려는 데 지나치게 몰두해 개입을 요하는 상황에서 과잉해석으로 인한 무기력의 순환에 빠지지 않도록 하는 것 역시 중요하다. 완벽성은 백인우월주의 문화의 명령이며, 우리는 이 불가능하며 인종주의적인 잣대로 우리의 행동 혹은 무위를 정당화할 수는 없다. 우리가 '완벽한' 방법을 찾고자 불안 속에서 꼼지락대는 동안 억압의 시스템은 우리를 비롯해 우리가 사랑하는 이들을 죽인다. 갈등을 만들지 않으려는 욕망에 매달리다 보면, 긍정적인 변화를 만들기 위해 개입할 기회를 놓칠 뿐 아니라, 기어코 주변화된 이들의 필요보다 우리의 필요를 더 중심에 놓게 된다. 또 우리 마음 깊은 곳에 자리한 두려움과 상처에 대해 알게 되고, 더욱 회복력 강한 관계를 형성할 소중한 기회도 놓치게 된다.

방어적인 태도 없이 비판적 피드백을 받아들이고, 책임감을 연습하고, 경로를 수정할 수 있는 역량을 키워보자. 이것이 이 운동에서 우리가 지속적으로 발휘해야 할 가장 중요한 기술 중 하나다. 그리고 열심히 노력하던 중 피해를 초래했을 경우, 당신 역시 용서를 받을 가치가 있음을 항상 기억하라. 우리는 이 운동을 위해 당신을 포함한 모든 이들의 변화 가능성과 역량을 믿어야 한다.

더 잘 알게 될 때까지 할 수 있는 한 최선을 다하라. 그리고 더 잘 알게 되면, 더 나은 행동을 하라.

– 마이아 앤절로

9장

언어를 통한 변화

"틀린 말을 하고 싶지 않아요"라든가 "뭐라고 말해야 할지 알려주세요"는 공정성에 관해 교육하는 강사이자 컨설턴트로서 내가 접하는 가장 흔한 정서이자 요구다. 옳은 일을 하고자 하는 이들은 일단 옳은 말을 하고자 하는 욕망 때문에 고통받는다. 포용적 언어라는 주제가 꾸준히 회자되고 있으며, 타인의 의식 및 지식 수준 혹은 무지와 잠재적으로 피해를 입힐 가능성 등을 판단하는 데 언어가 가장 명확한 척도가 되는 상황에서, 정확한 용어를 사용하는 데 집중하고자 하는 욕망은 이해할 만하다. 예컨대 혼성의 청중에게 "헤이 가이스hey guys"라고 인사하는 사람에 대해 판단을 내리기는 성차별주의와 가부장제를 둘러싼 그의 실제 신념과 행동을 파악하기보다 더 쉽다. 최신 경향을 반영한 언어를 이해하고 있다는 느낌은, 자신이 다른 공동체에 관해 별로 시간을 들여 생각하거나 배우지 않았음에도 적발되지 않으리라는 거짓 안전감을 갖게 할 수도 있다. 그저 유색인이라고 하는 대신 BIPOC(흑인, 원주민, 유색인)라고 하거나, 동성애자 대신 퀴어라고 주저 없이 말할 때는 약간의 성취감 같은 것을 느끼기도 한다. 우리는 자신이 조금 더 잘 알고 있고 조금 더 예민하다고 느낄지도 모른다. 이 쉽게 달성 가능한 목표와 실용적인 듯 보이는 영향을 고려하면, 사람들이 언제나 '말해야 할 것과 말해선 안될 것'의 최신 목록을 요청한다는 사실은 놀랄 일이 아니다.

그러나 일면 말해야 할 것들에 관해 엄격하게 정리된 목록을 제공하는 것의 문제는 많은 이들이 상황이 바뀔 경우 그에 따라 융통성 있게 분별력을 사용하는 데 실패하고, '옳은 것'이 '잘못된 것'으로 바뀌기도 하는 맥락을 고려하지 못한다는 것이다. 그 모든 옳은 말들을 외운 결과 정의에 도달할 수 있기를 바라 마지않지만, '포용력 사전'에 기대어 사회정의 운동을 해나갈 수는 없다. 일회성의 할일 목록처럼 고정된 용어 목록을 암기하면 일시적 안도감이 들 수는 있겠지만, 그것은 장기적으로 지속 가능한 방법이 아니다. 포용적 언어는 피해야 할 문화적 무례함에 관한 고정된 어휘 목록이라기보다는 하나의 접근법이자 진행형의 실천이다. 주변화된 공동체의 필요가 달라지고 시대가 변화함에 따라 언어는 항상 진화하고 있으며, 수없이 많은 뉘앙스와 존재의 아름다움을 포착하기 위해 새로운 언어가 끊임없이 만들어지고 있다. '무엇'에 집착하기보다는, 더 지속 가능한 기반을 '왜' 만들어야 하며 '어떻게' 만들어야 하는지 배우는 데 집중하기를 우리 모두에게 다시 한 번 요청한다. 철학자이자 정치운동가이며 '현대 언어학의 아버지'인 노엄 촘스키는 이를 탁월하게 표현했다. "시험에 통과하려고 훈련합니까, 아니면 창의적 질문을 하기 위해 훈련합니까?" 우리는 후자를 위해 훈련하도록 하자.

해로운 언어와
포용적 언어

우선 서로 다른 종류의 언어에 대해 이야기해보자. 물론 나는 언어학자가 아니며, 엄밀하지 않은 다음의 분류와 예시 목록은 포용적 언어의 기초에 관해 대화를 시작하려는 목적에서 나온 것이므로, 만약 독자 중 언어학자가 계시다면 내가 저질렀을 수도 있는 언어학적 죄를 용서해주시기를!

먼저 해로운 언어의 예시를 살펴보자.

- 배제하는 언어: 주변화된 정체성에 피해를 주거나 그들을 배제하거나 깎아내려 궁극적으로는 그들을 억압하는 시스템에 일조하는 모욕적이거나 둔감하거나 폭력적인 언어이다. 예를 들면 "그건 좀 게이 같아", "남자답게 굴어", '불법 이민자', '패 것',* '게토'** 등이 있다.
- 미묘하게 차별적인 언어: 데럴드 윙 수Derald Wing Sue는 '미

•   faggot. 주로 남성 동성애자를 비하적으로 일컫는 말−옮긴이

••   ghetto. '바르샤바 게토'처럼 나치 독일에서 유대인들이 거주하도록 지정한 지역. 지금은 미국의 흑인 거주지역 등 정치적·사회적으로 억압받는 소수자 집단이 주로 모여 사는 지역을 비하적으로 일컫는 말로 사용되고 있다.−옮긴이

묘한 차별microaggression[*]을 "의도적이든 아니든 낙인찍힌 집단이나 문화적으로 주변화된 집단을 향해 적대적이거나 경멸적이거나 부정적인 태도로 소통하는 단순하고 흔하며 일상적인 모욕들"이라고 정의한다. 예를 들면 "모든 이의 목숨이 중요하죠", "실제로 어디 출신인가요?", "우리는 다양성을 존중하지만, 문턱을 낮추고 싶진 않아요" 같은 말이나, 세련된 의사 표현을 한다는 이유로 흑인을 칭찬하기 등이 포함된다.

- 문화적으로 전유된[**] 언어: 자신의 이득을 위해 종종 허락 없이, 적절한 교육이나 인식 없이 타 문화로부터 선택적으로 취하거나 끌어오거나 해서 다른 용도로 사용하는 언어를 가리킨다. 가령 '파우와우', '영혼의 동물' 같은 원주민 용어나 비흑인이 온라인에서 자신의 모습을 흑인으로 표현하는 것[***] 등이 해당한다.

- 1970년 하버드대학교의 심리학자 체스터 피어스(Chester M. Pierce)가 고안한 '미묘한 차별'이라는 용어는 비흑인 미국인들이 흑인들에게 일상적으로 저지르는 모욕과 묵살을 설명하고자 한 것으로, 이후 다양한 주변화된 공동체로 확산 적용되었다. '미묘한 차별'은 행동일 수도 있고(흑인의 머리카락 만져보기), 환경적인 것일 수도 있는데(백인으로 가득한 학교에서 유일한 유색인으로 존재하기), 이 장에서는 언어를 통해 표현된 것에 집중한다.

-- 미묘한 차별과 비슷하게, 문화 전유는 복장, 관습, 행동, 언어 등 여러 가지 형태로 나타날 수 있다. 무언가가 전유된(appropriative) 것인지 적절하거나 진가를 인식한 것인지(appropriate/appreciative)를 결정하는 데에는 맥락이 중요한 역할을 한다(5장을 참조하라).

이어서 포용적 언어의 예시를 살펴보자.

- 힘을 북돋우는 언어: 보편적으로 포괄적이고(가령 '헤이, 가이스' 대신 '헤이, 팀'이라고 칭하기), 주변화된 이들이 불리길 원하는 대로 그들을 인정하고 지칭하며 그들에게 힘을 북돋는, 존중을 담은 언어를 사용한다(가령 '오리엔탈' 대신 '아시아계 미국인', '불법 이민자' 대신 '미등록자', '트랜스섹슈얼' 대신 '트랜스젠더'라고 칭하기).
- 되찾은 언어 혹은 재전유한 언어: 주변화된 이들이 스스로 힘을 강화하고 저항하는 행위의 일환으로 경멸적이거나 역사적으로 폄하의 의미로 쓰였던 용어를 되찾아 사용하는 언어다. 예를 들어 '퀴어', '흑인을 지칭하는 N으로 시작하는 말', '장애인disabled', '뚱뚱한 사람fat 등'이다. 이러한 언어는 사용에 앞서 충분한 맥락을 고려할 필요가 있는데, 이에 관해서는 잠시 후에 다룰 것이다.

나는 사람들에게 최신 용어 학습을 우선순위로 생각하지 말고

●●● 로런 미셸 잭슨(Lauren Michele Jackson)은 온라인상에서 자신의 행동을 흑인처럼 표현하는 것을 "흑인의 페르소나에 거주하는 행위"로 정의한다. "바람직한 혹은 멋있는 흑인 문화로 인식되는 것을 자기 것으로 만들기 위해 디지털 테크놀로지를 적용하려다 보면 민스트럴 쇼(minstrel show, 백인이 흑인 분장을 하고 공연하는 일종의 코미디 쇼)에서와 같은 방식으로 흑인성을 가장하게 된다." 디지털 공간에서의 흑인 분장은 비흑인이 대개 과장되고 과도하게, 연극적인 의도로 어떠한 메시지와 어조를 표현하기 위해 인터넷 밈과 흑인의 그래픽과 아프리카계 미국인의 토착 영어(AAVE)를 사용할 때를 말한다.

언어에 유의해야 하는 이유를 이해하는 깊이 있는 작업을 먼저 하라고 주의를 주지만, 언어가 변화를 만드는 데 실로 중대한 역할을 한다는 것은 논쟁의 여지가 없는 진실이다. 언어는 말 그대로 우리의 사고방식과 세계의 모습을 결정할 수 있다. 인지과학자 레라 보로디츠키Lera Boroditsky는 언어와 우리의 사고방식에 관해 수년간 연구를 했고, "우리 언어 속에 존재하는 구조는 우리가 현실을 구성하는 방식에 깊이 관여하며" 우리가 말하는 언어가 "우리 생각을 반영하거나 표현하기만 하는 게 아니라, 표현하고자 하는 생각 자체를 형성하기도 한다"는 사실을 발견했다. 보로디츠키는 2010년 〈월스트리트 저널〉에 게재한 글에서 다수의 흥미로운 예시를 들며 이 점을 설명한다. 예컨대 여러 가지 명도의 푸른색을 묘사하는 단어를 가진 러시아어 사용자들이 영어 사용자들보다 다양한 계열의 푸른색을 훨씬 더 빨리 구별해낼 수 있다. 보로디츠키에 따르면, 폼퓨라오 원주민The Pormpuraaw Aboriginal 공동체는 자신들의 언어에서 왼쪽, 오른쪽 같은 상대적 용어 대신 절대적 방위(동서남북)만을 사용하는데, 이러한 일관된 언어적 훈련 덕에 그들은 "어디에서든 방향감각을 잃지 않고, 낯선 지리적 환경에서도 자신의 위치를 파악하는 능력이 탁월하다."

앤드루 뉴버그Andrew B. Newberg와 마크 로버트 왈드먼Mark Robert Waldman은 《언어는 뇌를 바꿀 수 있다Words Can Change Your Brain》라는 책에서 언어가 우리 뇌에 미치는 영향을 다음과 같이 인정한다. "하나의 단어라 할지라도 신체적, 정서적 스트레스를 조절하는 유전자 표현에 영향을 미칠 힘을 가진다."

우리가 생각하고 사회를 조직하는 데 언어가 이토록 중대한 역할을 한다는 사실을 고려하면, 적응 능력을 갖추고, 의식적으로 그것을 실행하는 일은 매우 중요하다.

포용적 언어의 5가지 원칙

정해진 최신 용어 목록('무엇')은 금세 낡은 것이 될 수도 있고, 맥락에 맞지 않게 사용될 수도 있다. 그보다는 여러 상황에 적용 가능한 방식으로 언어를 사려 깊게 다루는 데 도움이 될 5가지 근본 원칙('왜'와 '어떻게')을 제시해보겠다.

첫째, 가장 보편적으로 포괄적인 언어를 사용한다

우선 무심코든 일부러든 타인을 소외시키는 언어가 어떤 것인지 살펴보고, 역사적으로 배제되고 주변화된 이들을 포함시키도록 우리가 사용하는 언어의 범위를 확장하도록 의식적으로 노력하자. 일반적으로는 사람들을 호명할 때 "하이, 팀hi, team"이나 "모두 안녕하세요greetings everyone", "어서오세요, 여러분welcome, folks" 등 젠더를 지칭하지 않는 언어를 사용하는 것이다. 또 직업을 묘사하거나 다양한 젠더를 가진 이들이 사용할 수 있는 제품을 묘사할 때 젠더중립적인 용어로 표현하려 하고(congressman/congresswoman 대신 congressperson, fireman 대신 firefighter, 여성 용품feminine product 대신 월경 용품menstrual product 등), 신체 부위를 젠더 정체성으로 곧장 연결하지 않고자 하는 움직임도 생겼으며(트랜스 남성, 논바이너리, 젠더퀴어 등 다양한 젠더 정체성을 가진 이들이 월경을 할 수 있으므로, '여성' 대신 '월경하는 사람'으로 지칭하기), 젠더 이분법을 강화하는 대명사(he/she 등)를 기본으로 하기보다 단수 'they' 대명사를 규범적으로 사용하려 하기도 한다. 기업에서는 'company all-hands(전사 회의를 뜻함)'나 'daily stand-up(일간 회의를 뜻함)' 같은 장애차별적인 언어를 'company-wide meeting'이나 'daily check-in'으로 바꿔야 한다는 요청이 생겨나고 있다. 배제하는 언어는 특정한 사람들은 특정한 공간에 속하지 않으며, 그들의 존재는 언어처럼 유연한 영역에서조차 인정받을 만한 가치가 없다는 명백하고도 미묘한 신호를 보낸다. 해로운 언어를 사용하고 유지하면 해로운 패턴을 더 지속시키게 되며, 배제하는 언어를 보편적으로 포용적인 언어로 바꿀 경우 기저의 편향을 없애 해로운 패턴을 파괴하는 데 기여할 수 있다.

가장 보편적으로 포용적인 언어를 사용할 수 있으려면 우선 언제 특정 용어나 언어가 배제적인 것이 되는지 알아차리는 훈련을 해야 한다. 억압적 역사나 문화 전유에 뿌리를 둔 용어나 표현은 추가적 지식이나 의식 없이는 포착하기 어렵기 때문에 끊임없이 배우고 미리미리 자료를 찾아보는 습관을 갖는 것이 중요하다. 예컨대 내가 테크 업계에서 일하면서 익숙해진 'grandfathered in'이라는 표현 뒤에 숨겨진 문제적 역사에 대해 알게 된 것은 그리 오래되지 않았다. 새로 변경된 내용의 적용을 면제받는 계약 조건이나 계약자를 일컫는 데 널리 사용되는 그 표현의 기원이 19세기 후반으로 거슬러 올라간다는 사실을 나는 잘 몰랐다. 1870년 비준된 수정헌법 제15조에 따라 흑인 남성은 투표권을 이론적으로는 갖게 된다. 현실에서는 문맹 테스트와 인두세 같은 주법이 의도적으로 설정되어 흑인의 투표권을 박탈하는 장애물 역할을 했다. 같은 법이 문맹인 백인 남성의 권리는 박탈하지 못하도록 1890년 노스캐롤라이나나 조지아 같은 남부의 많은 주에서는 '조부 조항'이 만들어져 직계 선조(즉, 할아버지)의 1867년 이전 투표권 유무에 따라 남성에게 투표권을 부여했고, 결과적으로 흑인 투표권자들을 배제해버렸다. 역사를 들여다보고 특정 개념, 용어, 언어가 어디서 기원했는지 질문하는 습관을 들이다 보면 우리는 지식의 범위를 넓히는 실용적 도구를 갖게 되는 동시에, 억압적 유산을 품지 않은, 정확하고 힘을 북돋는 언어를 사용해 우리의 이야기를 다시 쓸 수 있게 될 것이다.

둘째, 사람들이 자신의 정체성을 스스로 결정하도록 존중한다

진화하는 언어를 따라가려 노력할 때, 우리는 어떤 공동체도 단일하지 않다는 사실을 명심해야 한다. 정체성(들)에 관한 언어일 경우, 가장 '엄밀하게 올바른' 방식의 정체화에 관한 우리의 지식을 뽐내기보다 각자의 정체성을 스스로 결정하도록 존중하는 것이 훨씬 더 중요하다. 나는 동성애자들이, 특히 동성애 혐오로 인한 잔인한 폭력을 겪고도 생존한 나이 든 게이 남성들이 '퀴어'라는 되찾은 단어를 듣고 몸서리치는 모습을 본 적이 있다. 또 나는 다양한 그룹의 장애정의 활동가들에게서 끊임없이 배우고 있는데, 그중 어떤 이들은 사람을 앞에 두는 언어를 선호하고('장애를 가진 사람들people with disabilities', '자폐를 가진 사람a person with autism' 등), 다른 이들은 자신의 장애가 자신의 정체성에서 뗄 수 없는 부분이기 때문에 정체성을 앞에 두는 언어를 선호한다(장애인disabled, 자폐인autistic, 시각장애인blind, 청각장애인D/deaf 등). 여기서 실수해서는 안 되는 규칙이 있다. 당신의 지적 분석이나 개인적 견해를 토대로 타인의 정체성을 교정하려 들지 말라.

LGBTQ+ 공동체 내에서 자기정체화는 언제나 중요한 실천이었다. 나의 섹슈얼리티를 설명하는 데 사용하는 언어는 내가 자기발견을 거듭하는 동안 수년에 걸쳐 진화해왔다. 나는 각기 다른 시기에 다른 꼬리표를 선택해, 그저 나에게만 의미 있을 뿐일지라도 나를 가장 잘 드러내주고 스스로를 자랑스럽게 느끼게 해주는 가장 정확한 정체성에 도달하고자 했다.

고등학교 때 나는 처음으로 또래 여자애에게 빠졌다. 그는 매력적인 힙합 댄서였고 나보다 약간 나이가 많았다. 그가 춤추는 걸 볼 때면 황홀했고, 내 감정에 대해 혼란스러웠다. 나는 남자애들도 좋아했기 때문에 스스로를 레즈비언이라고 여기지는 않았다. '양성애자'는 너무나 엄격한 단어처럼 느껴졌고, 젠더 이분법을 함의하는 그 단어가 마음에 들지 않았다. 이전에 그저 책으로만 접해본 집단과 곧장 동일시할 준비가 되지 않은 상태였다. 나는 내 감정이 두려웠고, 그것이 내 정체성과 관련해 의미하는 바와 내 삶이 변화하게 될 모습이 두려웠다. 학교에서 모두가 동성애자라고 알고 있는 애들, 혹은 동성애자라고 추정되는 애들(그런 면에서 고등학교는 정말 별로다)은 고스 마니아이거나 동성애자로 커밍아웃한 생물 교사의 교실에서 점심을 먹곤 하는 너드들뿐이었고, 나는 그들과 아무런 공통점이 없는 것 같았다. 마침내 용기를 내 당시 내가 알고 있던 유일한 레즈비언인 또 다른 커밍아웃한 동성애자 생물 교사(퀴어와 생물학은 대체 무슨 관계일까?)에게 내 비밀스러운 '감정들'을 털어놓았을 때, 그분은 내가 학내 지하 LGBTQ+ 학생 모임을 찾도록 도와주었다.

그 모임은 매주 학생 4~6명이 참여했고, 모튼 선생님Mr. Morton이 지도해주었다. 우리는 매주 둥글게 모여 최근의 애정사, 감정, 가족 이야기, 두려움, 꿈에 대해 이야기했다. 모두가 말할 기회를 가졌고, 다른 이들은 모두 끄덕이고 웃고 울며 이야기를 경청했다. 나는 혼란스럽고 불편한 감정, 그 무엇에도 준비가 되지 않은 듯한 느낌에 대해 이야기했다. 헬로키티와 관련된 모든 것에 애착을 갖고 있으며 머리를 보라색과 파란색으로 염색한 다른 학생은 당시 내게 가장 잘 맞는 것처럼 느껴진 정체성을 알려주었다. "너는 퀘스처닝questioning이구나." '맞다. 나는 그거다.' 그 단어 자체에 불확실함이 깃들어 있었지만, 나는 그때처럼 나 자신에 대해 확신을 느껴본적이 없었다. 나는 '퀘스처닝'이었다! 나는 내 안의 힘을 느꼈고, 나를 지지해주는 이 상냥한 사람들(자신의 모습 그대로인 것을 나보다 훨씬 더 편안해하는 고스 마니아들과 너드들)뿐 아니라 나 자신에게도 이해받는 느낌이 들었다.

수년에 걸쳐 나는 더 이상 내 욕망을 두려워하지 않는 법을 배웠고, 내 정체성을 더욱 대담하게 드러내기 시작했다. 나는 바이섹슈얼로 정체화했다가, 잠시 동안 팬섹슈얼을 거쳐, 마침내 퀴어에 정착해 10년 넘게 그 정체성을 내 근거지로 삼고 있다. 내가 스스로를 탐색하는 동안 많은 이들이 내 정체성에 대해 자기 멋대로 매우 확고한 의견을 가졌으며, 요청한 적이 없는데도 주저 없이 자신의 의견을 내비쳤다. "너는 그냥 이성애자잖아." "여자는 몇 명 사귀어봤어요?" "딱 맞는 남자를 언젠간 만나게 될 거예요."* "당신은 그저 혼란스러운 것뿐이에요."

---

* 우리 사회가 절박하게 전형적으로 여성스러운 여성이 자신만의 욕망과 생래적 자기 감각을 표현한다기보다 남성과의 관계와 관련해 섹슈얼리티를 표현하고 이해한다고 여기려하는 것은 매우 걱정스러운 일이다. 개인의 성적 지향은 그 사람이 현재 파트너 관계를 맺고 있는 이(들)의 젠더와 관련이 없고, 자신만의 정의와 자아 감각을 토대로 한다는 사실을 명심하자.

정체성에 대한 이러한 가스라이팅은 많은 주변화된 이들에게 항상 일어난다. 트랜스젠더의 젠더 정체성은 개인들 사이에서뿐 아니라 기관에서도 의문시되고 의심되며(의료기관, 사법기관, 교육기관 등), 그들의 정체성을 인정하지 않고 범죄화하는 제도화된 정책과 법적 영향을 통해 그들의 자기정체화 능력은 규제당한다. 이민자들에게는 '불법illegal'이나 '이방alien' 같은 용어가 붙으며, '범죄자'나 '수감자' 같은 꼬리표가 붙은 이들은 생래적 개인성이 일련의 숫자들로 대체된 채 사회에서 추방된다. 비하의 의도로 일방적으로 경계를 지어 누군가가 자신의 정체성을 스스로 표명할 능력을 파괴할 때, 우리는 주변화된 이들을 비인간화하고 예속시킨 수세기에 걸친 억압적 전략을 모방하면서 그들의 역사, 행위주체성, 인간성을 말살하는 데 적극적으로 참여하는 것과 같다.

사람들이 스스로 정체성을 결정하도록 그들의 주체성을 존중하고, 우리 자신과 타인이 각자의 필요를 가장 잘 포착하는 언어를 탐구할 수 있게 하자. 사람들이 스스로를 정체화하는 방식에 대해 궁금할 때는, 그리고 맥락상 그것을 알아야 할 필요가 있다면(예컨대 이메일이나 강연에서 누군가에 대한 소개글을 작성해야 할 때), 추정에 기반한 부정확한 정체성을 사용하는 대신 상대방에게 명확하게 설명해달라고 부탁하는 편이 낫다. 조직 차원에서도 마찬가지로 할 수 있다. 점점 더 많은 조직들이 개인 정보를 요구하는 문서 양식에서 사람들이 스스로를 어떻게 정체화하는지 선택할 수 있게 한다. 나는 조직 측에 (규범으로 여겨지는 집단 이외의 정체성들을 타자화하는) '기타'라는 범주를, '스스로 설명하기/정체화하기'로 바꾸어 주체성을 되돌려주고 광범위한 다양성의 여지를 둘 것을 권유한다.

셋째, 누가 말하는지가 중요하다

"어째서 흑인들은 N으로 시작하는 단어를 써도 되고, 저는 안 되나요?" 이런 질문은 내가 살면서 학교, 직장, 워크숍에서 랩과 힙합을 좋아하며 묵음 처리 없이 전체 곡을 다 부르고 싶어 하는 비흑인들, 유명 흑인 코미디언의 농담을 그 '정취'를 바꾸지 않고 재연하고 싶어 하는 비흑인 동료들, '트렌드'를 따르기 위해 AAVE/BVE를 사용하는 비흑인 퀴어 및 트랜스젠더들에게 너무나 자주 들어온 말이지만, 여러분 중에서는 이런 질문을 하는 사람이 없기를 바란다. 이러한 이유로 지적당했을 때 사람들은 종종 자신이 '문화 인정'을 하는 것이지 문화 전유를 하는 게 아니라고 항변하며, 문화를 공유하고자 하는 순수한 욕망으로 시작해 수정헌법 제1조의 표현의 자유를 주장하며 끝맺곤 한다. 유념할 것은, 포용적 언어 혹은 사회정의와 관련된 것이라면 무엇이든 간에, 당신과 타인의 정체성을 포함하는 맥락이 중요하다는 것이다. 다시 말해, 누가 무엇을 말하느냐가 중요하다.

모든 정체성에는 우리 삶의 경험과 공동체의 역사적 유산이 담겨 있다. 어느 시점에 우리 중 누군가는 자신을 규정짓는 정체성 기호 없이 그저 사람으로 통하길 바랄 수도 있고, 어쩌면 누군가는 영혼이나 성격, 고유한 재능, 성취 등으로 알려지길 원할 수도 있다. 백인들도 자신이 그저 사람으로 통하고자 하는 걸 많이 봐왔으며(6장에서 언급했듯 실제로 이는 미디어와 스토리텔링의 관점에서 비롯된 것일 때가 많다) 나 역시도 같은 바람을 가졌는데, 인종주의, 성차별주의, 토큰화의 대상이 될 때는 특히 더 그랬다. 하지만 우리는 결코 정체성에서도, 타인과 상호작용할 때마다 정체성이 만들어내는 역학관계에서도 분리될 수 없다. 언어, 그리고 언어의 사용과 관련해 우리의 정체성이 대표하는 것과 역사적으로 대표해온 것은 매우 중요하다. 다시한 번 맥락은 그 핵심이 된다.

경멸적인 단어를 되찾는 일은 역사적으로 그 용어로 인해 피해를 입은 공동체가 저항하고 힘을 갖고자 하는 행동의 일환이다. 해당 억압적 용어의 직접적 타깃이 되어온 이들만이 힘을 갖는 과정으로서 그 용어를 되찾을 수 있다. 억압자 집단은 타인을 예속시키는 무기로 사용된 용어들을 언제 어떻게 되살려낼지를 결정할 수 없다. 여기서 중요한 점은, 억압자에서 억압받은 이들로 힘이 이동하는 것이다. 그 용어는 오랜 시간을 거치며 대중화되고 외부자들도 널리 사용하는 주류 언어가 될 수도 있지만('퀴어'처럼), 주변화된 공동체로부터 어느 정도 허가와 동의를 얻어야 하며, 태도, 신념, 행동 면에서 사회적 변화가 수반되어야 한다. 인종주의, 성차별주의, 트랜스 혐오, 동성애 혐오, 장애차별주의를 비롯한 다양한 형태의 억압이 여전히 만연하며 주변화된 이들에게 본능적으로 그 억압이 느껴지는 가운데, 주변화된 이들이 되찾으려 하는 억압적 용어가 그들을 억압하는 시스템에서 계속해서 이득을 취하고 있는 이들에 의해 아무렇지 않게 사용될 경우, 해당 언어의 애초 목적인 바로 그 폭력을 또다시 가하는 동시에 신뢰를 무너뜨리게 된다. 용어의 영향을 받지 않은 집단의 구성원이 맥락을 깊이 이해하지 못한 채 세심하게 주의를 기울이지 않고 되찾거나 재전유된 언어를 쉽게 여기며 사용한다면, 억압받은 이들의 행위주체성과 정당한 저항에 대한 권리를 훼손함으로써 피해를 초래할 수 있다.

일반적으로, 되찾은 언어를 사용할 때는 자신의 정체성과 그것이 되찾기를 하는 공동체와 맺는 역사적 관계, 억압의 현재적 맥락을 고려해야 한다. 어떤 용어나 표현을 쓰고자 한다면 그 이면의 동기에 대해 잘 생각해보며 이렇게 자문하자. '나는 왜 이 언어를 사용하고 싶어 하는가', 또는 '왜 이 언어를 사용해야 하는가?', '내가 이 용어를 사용할 경우 누구에게 이로운가, 혹은 누구에게 해로운가?', '나는 어떤 역사적 혹은 현재적 유산에 대해 고려했는가?'.

넷째, 피해를 묘사할 때는 특히 정확하게 한다

내가 영어를 배우는 동안 병원에 가는 것은 가장 힘겨운 일 중 하나였다. '통증이 있어요'나 '아파요'나 '둔탁한/날카로운 통증' 이상으로는 불편감을 정확히 표현할 수 없어서, 다채로운 형용사로 다양한 감각을 묘사할 수 있었던 한국이 그리워지곤 했다. 딱 들어맞는 영어 번역어가 없긴 하지만, 예를 들면 다음과 같은 어휘들이다.[*]

- 칼칼하다: 매운 고춧가루가 목에 걸려 가렵고 쓰라린 느낌이다. '목이 아파요' 대신 '목이 칼칼해요'.
- 찌릿찌릿: 몸속으로 전기가 짧고 날카롭고 재빠르게 훑고 지나가는 느낌이다. '다리가 저려요' 대신 '다리가 찌릿찌릿해요'.
- 시리다: 마치 누군가가 척추 속에 얼음을 한 바가지 쏟아부은 듯 몸서리치는 느낌이다. '이가 차가운 것에 민감해요' 대신 '이가 시려요'.

병원을 방문하면 나는 자동번역기의 도움을 받으려 했는데, 대개의 경우 내가 말하려는 뉘앙스를 포착하는 데는 실패했다. 나는 과장된 표정과 몸짓을 동원했지만 자주 좌절된 기분을 느꼈고, 의사가 실제로 적절한 처방을 내리기에 충분할 정도로 내 증상을 상세히 이해했는지 확신이 가지 않았다. 내 통증조차 정확히 전달하지 못하는데, 의사가 어떻게 나를 낫게 해줄 수 있겠는가?

---

* 각 형용사를 어떻게 묘사할지 상상해보는 건 내 재미 중 하나이며, 이 단어들을 모든 한국인들이 나처럼 번역하지는 않을 것이다!

해악에 관해 논할 때, 해악이 비롯된 정확한 원천과 그에 따른 올바른 해결책을 찾아내는 데에는 언어의 정확성이 매우 중요하다. 정확한 언어는 가능한 한 가장 진실된 이야기를 들려줄 수 있게 해주며, 책임져야 할 이들에게 제대로 책임을 물을 수 있게 해준다. 좋은 소식은, 우리가 사회에서 맞닥뜨리는 문제들을 정확히 묘사하기 위해 복잡한 한국어 형용사를 사용할 필요는 없다는 점이다. 나쁜 소식은, 정확한 단어가 존재하는데도 우리가 종종 상황의 현실을 정직하고 적절하게 포착하는 데 그것을 사용하지 못한다는 점이다.

가설에 근거한 다음의 헤드라인이 서로 어떻게 다른지 생각해보자.

1a: "유색인은 신종 코로나바이러스로 사망할 확률이 더 높다."
1b: "계속되는 체계적 인종주의와 양질의 보건의료 서비스에 대한 접근권의 불평등 때문에 유색인의 사망률이 백인의 사망률보다 더 높다."
2a: "여성은 젠더로 인한 직장 내 차별을 계속해서 경험하고 있다."
2b: "직장 내 성차별주의 문화와 남성 지배적 속성은 남성의 성공을 돕는 한편 여성에 대한 차별을 지속시킨다."

1a와 1b 사이, 2a와 2b 사이의 미묘하지만 중요한 차이를 알아

차리겠는가? 1a와 2a에서는 피해의 근원이 되는 원인(체계적 인종주의와 성차별주의)이 감춰져 있고, 주변화된 집단이 직면하는 불균형한 사망률과 직장 내 차별을 이끄는 동력을 포착하기 어렵다. 이런 문장은 우리 뇌를 속여 해악의 영향을 받은 이들과 해악을 연관시키고 그 연결고리를 감춰 문제적 인과관계를 형성한다. 감춰진 연결고리는 체계적 억압의 위력을 비가시화하는 한편, 주변화된 정체성과 그들이 겪는 불평등을 서로 연관시키도록 우리 뇌를 훈련시킨다. 이런 문장은 체계적 편향과 제도적 억압으로 인해 서로 다른 영향을 받기에 피해를 입지 않은 이들, 혹은 이득을 본 이들에 관해서는 언급하지 않는다. 이런 세부 사항이 미묘한 것으로 느껴지고 뉴스 헤드라인에는 불필요한 것처럼 느껴질 수도 있겠지만(하나의 헤드라인에 그 밖의 철자를 몇 개나 더 넣을 수 있을까?), 지나치게 단순화되고 불완전한 정보에 과도하게 노출될 경우 우리가 세계를 이해하는 방식과 무의식적으로 뇌가 학습한 바를 토대로 결정을 내리는 방식에 지속적이고 광범위한 영향을 미친다.

레라 보로디츠키는 테드 강연 '언어는 어떻게 우리의 사고방식을 형성하는가?'에서 다음과 같이 말한다. "언어는 우리의 아주 작은 지각적 결정에도 영향을 미칠 수 있습니다." 2010년 케이틀린 포지Caitlin M. Fausey와 함께 쓴 스탠퍼드 연구논문 〈미묘한 언어적 신호가 금전적 책임을 포함해 책임이 지각되는 방식에 영향을 미친다Subtle Linguistic Cues Influence Perceived Blame and Financial Liability〉

에서 바로 그 점을 증명했다. 그들은 아주 간단한 언어 변화로도 우리가 비난과 처벌에 접근하는 방식에 영향을 미칠 수 있음을 발견했다. 해당 논문에 포함된 한 실험에서는 참가자들에게 공연 마지막에 '의상 문제'로 인해 국영방송에서 재닛 잭슨의 가슴이 노출된 충격적인 일이 있었던 재닛 잭슨과 저스틴 팀버레이크의 2004년 슈퍼볼 하프타임 공연 영상을 보여준 실험이 있었다. 참가자들 한 그룹에는 행위자를 나타내는 뉴스 보도(예컨대 "팀버레이크가 의상을 찢었다")를, 다른 그룹에는 행위자를 나타내지 않는 뉴스 보도(예컨대 "의상이 찢어졌다")를 제시한 후, 공연자 중 어느 쪽에 비난과 금전적 책임을 물어야 하는지 질문했다.

그 결과, 보도에 사용된 언어적 프레임의 종류와, 비난과 금전적 책임에 대한 참가자들의 최종 판단 사이에는 강한 상관관계가 있었다. 행위자를 나타내는 언어로 보도를 접한 참가자들은 행위자를 나타내지 않은 보도를 접한 참가자들에 비해 저스틴 팀버레이크에게 53% 더 많은 금전적 책임을 물어야 한다고 응답했다. 포지와 보로디츠키는 다음과 같이 결론짓는다. "이 결과는 이 같은 언어적 프레임이 처벌을 결정하는 데 영향을 미친다는 사실을 보여준다."

미묘하면서도 외부의 영향을 받기 쉬운 언어적 프레임은 TV나 신문을 볼 때, 소셜미디어에 글을 게시할 때, 심지어 일상적 대화에 참여할 때 등 언제 어느 곳에서나 존재한다. 그러한 프레임의 파급효과는 어디에나 존재하는 해로운 스테레오타입 및 편견과 결합해,

학교, 직장, 법정, 병원, 이웃 관계까지 확장된다. 이는 우리가 누구를 더 자주 비난하고 처벌하는지(예컨대 학교는 같은 잘못을 저질러도 흑인 학생, 저소득층 학생, 장애인 학생에게는 다른 학생들에 비해 정학이나 퇴학 처분을 2배 더 많이 내린다), 얼마나 심하게 그들을 처벌하는지, 얼마나 신속히 배상이나 재활 기회를 제공하는지에 영향을 미친다.

사회정의 및 DEI와 관련해 논의할 때는 가장 정확한 언어를 사용하도록 세심하게 주의를 기울여야 한다. 스스로 다음과 같은 질문을 해보자. "해악은 정확히 어떤 것이었는가?" "누가 해악의 영향을 받았는가?" "누가/무엇이 해악을 야기했는가?" 해악을 묘사할 때는 희석된 언어나 완곡어법 사용을 피하자. 예컨대, 백인 경찰관이 조지 플로이드를 살해했을 때 어떤 이들은 그 사건이 "인종적으로 영향을 받았다"고 했고, 많은 기업에서는 '살해', '인종주의', '경찰 폭력'*이라는 말이 지나친 양극화를 초래할 것을 우려해 그러한 단어를 언급조차 하지 않았다. 그러나 많은 이들이 가장 정확한 단어의 사용만으로 양극화를 초래할 것을 두려워하는 이유는 너무나 오랫동안 우리가 정직한 긴장보다 인위적인 조화를, 불편한 진실보다 편안한 완곡어법을 더 우선시하며 진실들을 끊임없이 가려왔기 때문이다.

직접적이라는 이유로 불편을 야기하는 단어를 사용하기를 두려

---

* 〈월스트리트 저널〉이 분석한 35개의 기업 성명 중 8개만이 '살해'라는 단어를 사용했고, 1개만이 '경찰 폭력'이라는 단어를 사용했다.

워하지 말자. 직접적임과 정직함이 핵심이다. 이 경우 '인종주의'나 '무의식적 편견' 대신 '흑인 혐오 인종주의'나 '백인우월주의' 같은 말을 사용해 살해를 묘사하는 편이 더 정확했을 것이다. 전자의 프레임을 따르는 어떤 기업들은 '무의식적 편견'이라는 주제에 관한 다양성 교육을 서둘러 실시했고, 치안과 관련해서든 직장과 관련해서든 백인우월주의 문화와 흑인 혐오 인종주의의 역사에 관한 더 직접적이고 효과적인 대화의 시간을 가질 기회를 놓쳐버렸다.

우리는 고통에 대한 올바른 해결책을 강구할 수 있도록 직접적이고, 명확하고, 정확하게 피해를 묘사해야 한다. 마찬가지로, 누가 피해를 입었는지 설명할 때도 가능한 한 구체적이어야 한다. 구체성이 필요할 때에도 '유색인'이나 'AAPI' 같은 연대적 용어가 과용되는 경향이 있다. 이러한 용어가 힘과 자원을 연합하고 서로 다른 공동체들 간 연대를 구축한다는 구체적인 (그리고 중요한) 목적을 위한 것이긴 해도, 특정 인종이나 특정 민족에 관련된 이슈일 경우 그 차이를 명명하는 편이 더 도움이 된다. 만약 우리가 흑인 공동체에 유독 영향을 미치는 이슈에 대해 논하고 있다면, 그 문제를 설명할 때 '유색인'이나 'BIPOC'라는 용어를 사용하지 않도록 유의하자. 그저 그것이 흑인 공동체에 영향을 미치고 있다고 말하면 된다. 하와이 원주민들에게 유독 영향을 미치는 이슈라면, 'AAPI'라는 포괄적 용어를 쓰지 말고, 그저 그것이 하와이 원주민 공동체에 영향을 미치고 있다고 말하자. 해당 공동체가 운동의 중심에 설 수 있도록 구체적으로 말할 필요가 있다.

　마지막으로, 명확한 언어를 사용해 피해의 원인을 분명히 하고, 피해자나 생존자에게 비난을 전가하지 않는 표현을 사용하도록 하자. 2020년 4월 29일, 〈뉴욕타임스〉는 "코로나바이러스에 감염된 수감자가 출산 후 산소호흡기 쓴 채 사망"이라는 헤드라인과 "연방교도소 여성 수감자로서는 처음으로 코로나바이러스에 감염 후 사망한 안드레아 서클 베어는 메스암페타민 판매죄로 2년형을 받고 막 복역을 시작한 참이었다"라는 부제가 달린 기사를 게재했다. 이 헤드라인은 위험하고 비인간적인 교도소 내 상태에 관한 긴급한 실제 문제를 포착하는 데 실패했을 뿐만 아니라 '수감자'라는 일차원적 꼬리표를 사용하고 사건과 직접적 관련이 없는 수감 정보를 드러내며 피해자의 인간성을 파괴한다. 이러한 피해자 비난은 역사적으로나 오늘날에나 흔하며, 거기에는 특정한 인구집단을 범죄와 연관 짓고 다른 이들은 무고하다고 가정하기 위한 다양한 편견이 작용한다. '테러리스트'나 '폭력적' 같은 단어들은 흑인과 갈색인종, 무슬림 용의자를 묘사하는 데 과용되는 반면, 백인 용의자에게는 범죄의 잔혹성을 유화시키는 편견이 사용된다('자국민 테러리스트' 대신 '정신적으로 질병이/문제가 있는'이라고 하고, '강간범' 대신 '스탠퍼드대 수영선수'라고 하는 등).

　개인이든 집단이든 기관이든 체계적 억압이든 구체적인 행위자를 언급하지 않은 채 해악이 수동적으로 존재하게 하지 말고, 역사적으로 쉽게 비난의 대상이 되어온 공동체가 아닌 실제 해악의 원인을 향해 정직하게 책임을 묻자. 우리는 억압적 시스템이 가하는 해악의 영향을 받는 개인이나 공동체에 회복에 대한 책임을 전가하지 않도록 경계해야 한다. 정확한 언어 사용은 올바른 문제에 올바른 해결책을 찾는 데 핵심적일 뿐만 아니라 우리가 의식적으로 언어를 사용하는 연습을 하는 데에도 핵심적인 도움이 되며, 그럼으로써 우리는 우리가 사용하는 언어가 역사적 사건을 기억하는 방식과 이야기를 들려주는 방식을 결정할 수 있다는 점을 이해하게 된다.

> 전 세계에서 수백만 명이 전 지구적 기근의 영향을 받았다고 말할 때 우리가 말하려는 것은 수백만 명의 사람들이 몸속 영양분 결핍 때문에 신체적으로 근육과 기타 조직의 퇴화를 겪고 있다는 사실이다. 물적 현실을 논하려는 의지가 없을 때, '부정의'는 모호한 단어다.
>
> **- 소냐 르네 테일러**

다섯째, 임의적 규정에 얽매이지 않는다

주변화된 공동체의 필요를 우선시하면서 스스로 기민한 상태를 유지하고자 한다면, 우리에게 백인우월주의적 신념을 지속시키는 기존 규범을 수호하는 경향이 있다는 점에 유의해야 한다.

누군가가 내게 "우와, 당신은 정말 영어를 잘하는군요!"라고 한다면 그건 무슨 뜻일까? 아시아계 사람들의 말하기 방식, 즉 '세련되지 않은' 억양, 잘못된 문법, 기초적 수준의 어휘를 사용한다고 그들이 가정하는 것과는 다른 방식으로 내가 말하는 걸 들은 사람들은 꽤 자주 놀라움을 표현하고 인지부조화를 드러낸다. "당신은 영어를 잘하는군요"는 달리 말하면 "당신은 아시아 사람처럼 말하지 않는군요"이다. 칭찬으로 한 말이지만 기저에 깔린 가정은 그저 모욕적인 경멸일 뿐이다. 그런 말을 접하면 나는 이런 의문을 갖게 된다. '만약 내가 '아시아' 억양으로 말했다면 어땠을까? 그건 왜 '잘하는 영어'로 여겨지지 않는 걸까?'

언어학자인 노엄 촘스키는 워싱턴대학교에서 진행한 한 인터뷰에서 "잘하는 영어good English"라는 이 개념을 비판한다. "이런 용어는 언어학적으로는 아무 의미가 없고, 사회정치적 의미만 가집니다." 촘스키는 잘하는 영어가 사람들이 일상적으로 쓰는 "길거리 말들street speak"보다 내재적으로, 언어학적으로 우월하다기보다는 그것이 잘하는 영어로 여겨지도록 인준되는 권위의 구조를 연구하는 것이 중요하다고 지적한다. 촘스키의 설명에 따르면, '잘하는 영어'를 우리가 학교에서 배워야 하는 이유가 바로 '잘한다'라는 임의적 규정은 인간이 실제로 서로 대화하는 자연스러운 방식을 반영한 것이 전혀 아니기 때문이다.

우리는 살아가면서 무엇이 '적절한' 혹은 '잘하는' 영어이며 무엇은 그렇지 않은지를 학교, 직장, 권위적 인물이나 주변 사람들과의 상호작용 등을 통해 계속해서 배운다. 나는 문법에 집착하곤 했다. there과 they're를 구별하고, 'photo of he and I'를 'photo of him and me'로 고쳐주지 못해 안달하는 등 사람들의 별것 아닌 실수를 교정해주려 했다. 이 짜증나는 행동이 내게는 내 인종과 이민자 신분을 토대로 사람들이 추정하는 바와 달리 내가 영어를 잘할 수 있음을 전시하며 이 나라에 대한 내 소속감을 드러내고자 하는 미묘한 방식이었다. 하지만 백인우월주의 문화를 이해하고 그것을 걷어내는 나만의 작업을 통해 나는 억양(특히 비유럽권 억양)이든 문법이든 어조든 사람들의 의사소통 방식을 규제함으로써 부유한 백인들을 다른 이들과 분리하고자 하는 기득권층이 정의한 적절성에 대한 자의적인 규칙을 지속시킬 수 있다는 사실을 알게 되었다. 이러한 임의적 언어 규제는 지배집단에 부응하기 위해 미리 설정된 규칙에 근거해 부유한 백인이 아닌 이들을 주변화하고 불리하게 만드는 것을 정당화하는 한편, 전체 현실, 복잡성, 지배집단 바깥에 있는 이들의 맥락을 일부러 외면한다. 대다수가 비백인인 나라(중국, 나이지리아, 멕시코 등)에서 생겨난 억양을 가진 사람들은 덜 지적으로 보이고 '억양이 없는' 이들(하지만 그저 어떤 억양만을 정상화했을 뿐, 모두가 억양을 가지고 있다)이나 유럽 백인들의 억양을 가진 이들(영국인, 호주인 등)보다 더 소통하기 어렵다고 여겨지며, 그에 따라 미묘하거나 노골적인 불명예와 함께, 취업의 기회와 승진의 빈도가 줄고, 사회의 특정 영역에 대한 접근성이 제한되는 등의 물적 결과를 낳는다.

'제대로 된proper' 영어라는 규칙에 집착하는 것은 종종 그 자체로 특권이 되기도 하며, 따라서 제안된 변화들이 더 포용적인 결과를 가져올 수 있을 때조차 사람들은 변화를 거부한다. 예컨대 많은 이들이 논바이너리를 지칭하는 방법 혹은 누군가의 대명사가 알려지지 않았을 때 추정하는 것을 피하기 위한 방법으로서의 단수형 'they' 사용을 '문법적으로 올바르지 않다'는 이유로 반대했고, 일부는 여전히 반대하고 있다.* 때로는 명확하게 정의된 규칙들이 있어 이해하는 바를 공유하고 편안함을 느낄 수 있기도 하지만, 다른 경우 전통을 지킨다는 명목으로 그 자체로는 가치를 가지지 않는 무언가를 보호한다는 덫에 빠져 변화를 거부하고, 따라서 우리가 지지하고 신경 써야 하는 이들을 희생시키게 된다.

마지막으로, 제대로 된 영어(이쯤 되면 내가 '제대로 된'이라는 말을 주로 백인과 연관해 사용한다는 점이 명확해졌기를 바란다)를 위한 지침을 준수하는 경향은 기호화되고 함축적인 언어의 사용을 통해 드러나며 타인에게 해악을 끼치는 억압의 여러 형태와 편견을 가릴 수도 있다. 다음번에 누군가가 "좋은 동네가 아니야"(주로 흑인이나 갈색인종, 저소득층이 많이 사는 동네를 묘사하는 기호화된 언어) 혹은 "그 여자는 우리 회사 컬처에 적합한 사람이 아닌 것 같아"(눈에 띄는 차이, 종종 직업적 책임과 무관한 정체성에 기반한 편견을 토대로 후보에서 제외시킬 때 사용하는 기호화된 언어) 혹은 "그 남자는 운영적 자질이 부족해"(대체로 키가 크고 시스젠더에 이

---

* 단수형 'they'는 이미 14세기부터 영어권에서 사용되고 있었고, 2019년 9월 메리엄웹스터 사전에 정식으로 등재되었다.―옮긴이

성애자 비장애인 백인 남성인 임원진의 전통적 특성에 들어맞지 않는 사람을 무시하기 위해 사용되는 기호화된 언어)라고 말할 때 알아차리자. 이는 의식적으로든 무의식적으로든 편견을 사회적으로 받아들일 수 있을 만큼 '예의 바르고' '적절하게' 표현하는 몇 가지 흔한 예시일 뿐이다. 왜냐면 "라틴계 사람들이 사는 동네라서 난 여기 살고 싶지 않아"라고 말하는 것은 너무 거칠다고 여겨지기 때문이다. 오랜 시간을 거치며 축적된 해로운 영향은 체계적 불평등을 유지하는 데 기여한다.

포용적 언어를 추구하는 우리는 우리 자신의 조건화, 즉 우월한 것으로 간주하고 존중해야 한다고 배운 것에 대해 알고 있어야 하며, 의식적으로 임의적 규칙들을 버리고자 노력해, 힘을 북돋고 널리 확장 가능하고 수용적이며 언제나 변화하는 다차원적인 의사소통 방식을 위한 공간을 마련해야 한다. 우리는 '제대로 된' 영어에 집착하지 않도록, 또 규칙 고수를 최종적 목표로 오인하지 않도록 주의해야 하며, 언어는 더 깊은 연결, 표현, 이해를 가능케 하는 인간이 가진 가장 오래된 도구 중 하나라는 사실을 기억해야 한다.

너무 지나치다는 것은 얼마나 지나치다는 뜻일까

일상적인 대화에서 '미쳤다'라는 단어를 불쑥 내뱉은 데 대해 처음으로 지적받았을 때 나는 긍정적인 반응을 하지 못했다. 의심스러운 표정으로 "그러기야? 내가 생각해도 좀 과한 것 같은걸"이라고 말했다. 나를 부지런히 지적하며 책임지는 연습을 도와주는 동료 리즈Liz는 그 단어를 아무렇지 않게 사용하는 것이 얼마나 정신질환을 겪는 이들을 낙인찍는 일인지 설명했고, 그 단어가 과거 자신에게 부정적인 꼬리표로 달려 있었던 개인사를 들려주었다. 애정을 담은 그의 설명에도 나는 곧바로 납득이 되지는 않았다. 나는 그 단어 자체는 해롭지 않으며, 너무나 주류 언어가 되어 더는 누구에게도 모욕을 주지 않는다며 내 감정에 더 신경을 썼다. 게다가 나는 사람들이 여전히 '구루'나 '영혼의 동물' 같은 전유된 용어 등 '훨씬 더' 해로운 언어를 없애고자 싸우고 있는 마당에 우리는 무해하고 사소해 보이는 문제에 집중하고 있다는 사실이 좀 짜증났다. 나는 우리가 이 문제에 지나치게 얽매여 좋은 의도를 가진 사람들이 고개를 저으며 포용적인 언어를 사용하려는 작업 자체를 그만두고 말도 안 된다고 하며 관심을 거둘까 봐 걱정되었다. 다시 말해, 나는 주변화된 이들이 요구하는 간단한 변화도 극렬히 거부하며 언어로 인해 가장 영향받은 이들의 필요보다 다수에게 호소하는 데 더 신경 쓴다고 내가 씩씩대던 사람들과 정확히 똑같이 굴고 있었던 것이다. 표현의 자유와 역차별이란 단어를 언급하지 않았을 뿐, 그 순간 나는 그런 사람이 되어버렸다.

우리가 변화의 필요성에 관한 분명한 설명과 피드백을 받았음에도 변화를 거부한다면, 그 거부의 근원적인 원인은 요청 자체의 타당성이나 문제에 대한 이해 부족이 아니다. 그 경우 종종 내면에 깊이 숨겨진 무언가가 드러난다. 내가 지적받던 순간 붙들고 있었던 것은 해악의 원인이 되고 싶지 않다는 내 욕망이었다. 나는 그 어떤 잘못도 책임도 없이 그 단어를 계속 사용하고 싶었던 것이다. 나는 두 마리 토끼를 다 잡고 싶었다. 수정헌법 제1조에 따라 정부는 "표현의 자유를 제약"할 수 없지만, 표현의 자유가 항상 해악을 야기하는 것으로부터 자유로운 것은 아니다. 아이브럼 X. 켄디 박사는 〈애틀랜틱〉에 게재한 글 '우리는 여전히 노예소유주의 공화국에서 살아가고 죽어가고 있다'에서 무언가를 할 자유freedom to와 무언가로부터 안전할 자유freedom from를 구분하는 것의 중요성을 이야기한다. 이 구분은 내게 매우 중요한 사실을 알려주었다. 그 덕분에 나는 (내가 해악을 야기하고 있다는 지적을 듣지 않은 채) 해악을 야기할 자유를 유지하고 싶어 하는 내 욕망과, 해악으로부터 자유롭게 존재하기 위한 주변화된 이들의 정당한 투쟁 사이의 차이를 제대로 구분할 수 있게 되었다. 이 2가지 요구는 매우 뚜렷이 대조되며, 그렇기 때문에 항상 분별력을 사용해 해악을 야기할 자유가 아니라 해악으로부터의 자유를 위해 싸우며 그 둘을 같은 것으로 뭉뚱그리지 않는 것이 중요하다.

　　요 근래 '정치적 올바름'에 대한 신경질적 반응이 늘고 있으며, 포용적 언어와 과도한 민감성 사이의 경계가 점점 논란이 되고 있다. 2015년 도널드 트럼프는 정치적 올바름을 자신의 발언을 규제하고 검열하는 것과 동일시하며 정치적 올바름에 대한 증오에 기름을 부었다. "이 정치적 올바름이란 것이 우리 나라를 완전히 죽이고 있습니다. 아무 말도 할 수가 없어요. 당신이 오늘 무언가를 말하면 저들은 그것이 좋지 않은 이유를 찾아낼 겁니다." 역사적, 현재적 맥락을 고려하지 않을 경우, 포용적 언어 사용은 주변화된 이들을 위해 평등, 존엄, 정의를 복원하고자 하는 체계적 접근이라기보다는 서로에게 예의를 차리기 위해 그저 정치적 올바름을 표현하는 방법으로서 곧장 성가신 일이 될 수 있는 것으로 잘못 낙인찍힌다.

'정치적 올바름'이란 용어의 초기 사용 중 하나는 1934년 〈뉴욕 타임스〉 기사 '독일에서 개인의 자유가 사라지다'에서 찾아볼 수 있다. 기사는 나치 독일 정부의 프로파간다와 모든 통신 및 저널리즘에 대한 탄압을 묘사한다. "모든 기자들은 허가를 받아야 하며, 허가는 정치적으로 올바른 견해를 가진 순수 '아리안'들에게만 부여된다." 이 시기에 나치 독일이 정의한 '올바름'에 저항하는 이는 누구든 처벌받았고, 그중 일부는 수용소로 보내졌다. 나치 독일과 관련한 맥락에서 정치적 올바름에 저항하는 것은 체계적 억압과 정부의 억압적 프로파간다에 저항하려는 것이었기 때문에 이해할 만하다. 반면에 오늘날의 의미에서 주로 포용적인 언어를 더 채택하는 것에 관한 정치적 올바름에 저항하는 것은 그들에게 지원이 될 수 있는 변화를 쫓아버리며 말 그대로 주변화된 이들을 위한 투쟁에 반하는 행위라 할 수 있다. 오늘날 포용적 언어 관련 논의를 차단하기 위해 '정치적 올바름'이란 용어를 무기처럼 사용하는 태도는, 변화의 기저에 깔린 의도를 깊이 이해하고 들여다보려는 것('왜')이 아니라, 제안된 언어 변화('무엇')에 대한 표면적 차원의 반응이다. 내 목표는 정치적 올바름 자체 혹은 그것과 관련한 여타 형태의 세뇌를 옹호하려는 게 아니라, 표면상의 정치적 올바름에 대한 욕망 이면의 당위성('왜')을 옹호하려는 것이다.

포용적 언어에 관한 한, 항상 선택은 우리 몫이라는 점을 기억하자. 누구도 우리의 의사에 반하여 우리에게 무언가를 말하거나 말하지 못하도록 강요할 수는 없다. 그러나 포용적 언어는 포용력, 공정성, 정의에 대한 우리의 가치, 그리고 그 가치를 따르는 삶과 관련해 우리의 선택을 기꺼이 재고해보는 데서 시작한다. 그것은 얼마나 작다고 여겨지든 간에 잠재적 영향과 해악을 기꺼이 고려해보는 일이며, 가장 적은 가능성일지라도 그것을 줄이기 위해 우리의 노력과 불편을 감수할 만한 가치가 있는 일이라고 굳게 믿는 일이다.

그 후로 나는 '미친'과 '제정신이 아닌'이라는 단어에 대한 생각을 바꿨고, 항상 내 반응을 묘사할 정확한 형용사를 찾아내지는 못하지만, 대체할 말을 찾으려 할 때마다 뇌가 열심히 일을 하므로 내 어휘력이 훨씬 나아졌다고 말할 수 있다. 대개는 "그거 정말 대단하다!"라는 표현으로 웬만큼 대체 가능하며, 덤으로 나 때문에 누구도 피해를 입지 않는다는 사실도 알게 된다.

진행 중인 실천으로서의
포용적 언어

우리가 언어적 트렌드를 포착하는 최전선에 있는 모든 공동체에 접속하지 않는 한, 항상 다양한 공동체에 포용적이고 그들에게 바람직한 최신의 언어이자 최선의 언어를 알 수는 없다. 모든 것을 알 것이라는 기대는 누구도 하지 않는다. 그러나 사회정의에 헌신하는 사람이라면 변화에 열려 있고 주변화된 이들의 필요에 책임감을 느낄 것이라 기대되는 것은 사실이다. 계속해서 배우며 정보를 갱신하도록 도와줄 접근성 높은 자원은 아주 많다. 다양한 정체성을 가진 이들이 쓴 글을 읽고 풀뿌리조직 활동가들의 팟캐스트와 강연을 듣고, 소셜미디어 피드를 다양화하고, 다양한 공동체가 만든 '저널리스트를 위한 지침'을 읽으면서 서로 다른 공동체의 언어에 몰입해보는 것은 매우 유용하다는 점을 깨달았다. 역사적으로 억압받은 이들의 알려지지 않은 역사에 대해 배우고, 다양한 단어와 구절의 어원에 관해 호기심을 갖는 것은 지금도 진행 중인 내 배움의 여정을 지탱해주었다.

옳은 말들을 그저 아는 데서 멈추지는 말자. 해로운 언어를 발견하면 파괴하고 변화를 옹호하면서 포용적 언어의 가치를 삶에 적용하도록 하자. 자원을 공유하고 그때그때 사람들에게 지적함으로써 서로의 배움을 지원하자. 내가 일한 많은 테크 기업에서는 엔지니어들이 수십 년간 전산 작업에서 코드 위계를 나타내기 위해 널리 사용되어온 '블랙리스트', '화이트리스트', '마스터/슬레이브 브랜치' 등의 문제적인 공학 용어를 바꾸자고 하며 변화를 이끌었다. 나는 사람들이 소셜미디어에서 편향적인 뉴스 헤드라인을 지적하며 저널리스트들에게 비판적 사고와 양심을 더 요구하는 것을 보았다. 포용적 언어를 실천하고 편향된 언어적 프레임이 가진 해로운 순환을 파괴할 기회는 어디에나 있다. 우리는 그저 알아차리기 시작하고 이 수동적으로 작동하는 해로운 순환을 파괴하기만 하면 된다.

언어는 중요하고, 말에는 결과가 따른다. 우리는 언어를 통해 의미를 부여하고, 아주 작은 변화일지라도 우리가 자신과 타인, 세계를 바라보는 관점에 근본적으로 영향을 줄 수 있다. 언어는 우리가 마음대로 사용할 수 있는 강력한 도구이며, 우리는 긍정적인 변화를 만드는 데 그것을 사용해야 한다. 트랜스젠더 청소년의 경우 그저 자신들이 선택한 이름과 젠더 대명사를 정확하게 불러주는 것만으로도 그들의 자살률을 낮출 수 있다. '오리엔탈'이라는 말에서, 1960년대 아시아인들의 정치적 액티비즘으로 탄생한 용어인 '아시아계 미국인'으로 명칭이 바뀌면서 미국에 거주하는 아시아인들은 공통의 억압과 삶의 경험에 뿌리를 둔 집단적, 동맹적, 정치적 정체성을 형성할 힘을 갖게 되었다. 우리의 다양하고 아름다운 섹슈얼리티를 설명하기 위해 언제나 새로운 단어와 정체성이 생겨나고 있으며, 우리는 계속해서 서로에게 새롭고 다양한 방식으로 가시화되고 인정받고 소속감을 느끼는 경험을 선사한다. 아직까지 명명되지 않은 무언가에 대한 언어를 갖는 것은 우리가 사회를 형성하고 서로 다른 삶의 경험과 정체성, 개념들을 적법한 것으로 인정하는 데 매우 중요하다. 그리고 인정받고 축하받아야 하며, 스스로를 가장 진실하게 표현하면서 자유로워져야 할 사람들은 항상 더 있다.

암기한 단어들이 우리가 변화를 만드는 데 유능한 사람이 되게 해주는 것은 아니다. 우리 모두가 열망하는 변화에 더 가까워지기 위해 필요한 것은 언어의 힘과 무게에 대한 깊은 이해, 타인을 향한 진실된 염려에서 우러나온 신중하고 애정에 기반한 접근법, 그리고 불편을 감수하고 지속적으로 기민함을 유지하는 태도다.

10장

패턴 깨부수기

우리가 소규모로 실천하는 것이 시스템 전체의 패턴을 결정한다.

- 에이드리엔 마리 브라운

출산 예정인 친구의 축하 파티에서 주인공인 친구가 남자아이를 뜻하는 파란색 스티커와 여자아이를 뜻하는 핑크색 스티커를 준비해 방문객들이 아이의 성별을 추측해보게끔 했다고 상상해보자. 다들 신이 나서 "당연히 남자아이지. 네가 먹고 싶어 하는 음식을 보면 딱 알아!"라며 맞장구를 쳐준다. 당신은 이런 놀이가 젠더 이분법을 유지하고 은근한 형태의 트랜스 혐오를 조장하는 데 기여한다는 사실을 알고 있다. 당신은 불편한 마음이 든다. 어떻게 하겠는가?

혹은 당신의 상사가 식당에서 아시아계 미국인 직원에게 실제로 어디 출신이냐고 묻는다고 상상해보자. 또 식료품점 계산 줄에 서 있는데, 앞 사람이 계산원에게 무례하게 "당신 억양 때문에 무슨 말인지 알아들을 수가 없군요"라고 말한다고 상상해보자. 이웃사람이 당신에게 지나가는 말로 주말에 자신의 집 근처에서 노숙하는 사람이 있어서 경찰을 불렀다고 이야기하는 걸 상상해보자. 백인 동료가 면접에 온 한 흑인 지원자에게 "굉장히 의사 표현을 세련되게 하네요”라고 칭찬한다고 상상해보자. 네트워킹 행사에서 자기소개 시간에 주최자가 모두에게 각자의 '영혼의 동물'을 말해달라고 요청하는 것을 상상해보자. 어린이 축구 교실에서 감독이 "뛰어! 사내자식이 계집애처럼 겁먹지 말고!"라고 소리치는 것을 들었다고 상상해보자.

나는 여러분에게 이와 같은 상황을 그려보기를 권한다. 당신이라면 그 상황에 개입하겠는가?

정말로?

각각의 상황에서 어떻게 행동하거나 말할 것인가? 당신을 가장 초조하고 불안하게 만드는 상황은 어느 것인가? 또 어느 것이 당신을 가장 화나게 하고, 어느 것이 가장 망설이게 하며, 곧장 행동할 준비가 되어 있는 상황은 어느 것인가? 각 상황에서 어떤 의문이 드는가?

미묘한 차별 같은 일상적 해악을 목격할 때 개입한다는 것은 아주 불편하고 어색한 느낌일 수 있다. 몇 년에 걸쳐 나는 많은 사람들이 여성의 날 행진이나 '흑인의 목숨도 소중하다' 시위에 참여하는 등의 집단행동을 통해 '더 큰' 형태의 폭력을 다루는 것보다 대인관계에서의 해악을 중단시키는 것을 더 어려워한다는 사실을 발견했다. 변화의 매개자가 되고자 하는 많은 이들의 선언적 욕망과, 그들이 말하는 가치에 언제나 부합하지는 않는 일상적 행동 사이의 격차가 야기하는 부조화가 만연하다는 사실은 부인할 수 없다. 이 격차를 줄이는 것이 우리가 해야 할 작업이며, 해악을 목격할 때 개입하는 것은 우리가 진실성을 유지하는 주된 방법 중 하나이다. 이러한 순간들, 특히 무시해도 될 정도의 해악이라고 여겨지는 일상적인 순간들은 개입에 필요한 근육을 발달시키고, 우리가 직접적으로 영향을 미칠 수 있는 사람들로 구성된 주변 문화를 만들어나가는 데 매우 중요하다. 그러나 아무리 지식이 충분하고 지적 분석이 탄탄해도 (나를 포함해) 많은 이들이 우리 삶 속에서 해악을 중단시키는 데 실패했던 후회스러운 순간을 어렵지 않게 떠올릴 수 있다.

방관자를 위한 교육은 많지만 그중 적지 않은 과정에서 일상적 해악에 개입하는 훈련이 부족하다. 사람들이 해악에 개입하지 않는 흔한 이유를 꼽아보면 다음과 같다.

- 해악을 그 순간에 바로 알아차리지 못한다: 어떤 이들은 당시 일어나는 일이 해롭다는 사실을 단순히 깨닫지 못했다고 한다. 혹은 해악을 알아차렸을 때는 이미 개입하기엔 너무 늦은 것처럼 느껴졌다고 한다(하지만 아닐 수 있다!). 사람들은 자신의 정체성과 맥락에 따라 상황을 다르게 경험하고 해석하기 때문에, 삶의 경험이나 인식을 공유하지 못할 경우 누군가에게 아주 중요한 무언가가 다른 이들에게는 '별일 아닌' 것처럼 보이기도 한다(하지만 이는 여전히 사회적 의식을 지속적으로 함양하는 것만큼이나 권력의 위치를 다양하게 재현하는 것이 중요하다는 사실을 강조한다).
- 내 역할이 아니라고 생각한다: 어떤 이들은 자신의 역할, 사회적 정체성, 해악을 경험하는 사람이나 지속시키는 사람과의

관계, 해악의 성격을 포함한 다양한 요인들 때문에 자신은 개입할 처지가 아니라고 느낀다.

- 지식이나 기술이 부족하다: 어떤 이들은 방법을 몰라서 실패한다. 어떤 말을 사용해야 하는지, 공개적으로 개입해야 할지 말아야 할지 알지 못하고, 잘못된 개입으로 해악을 바로잡지 못하고 가중시킬까 봐 두려워서 개입 자체를 하지 못하는 것이다.

- 두려움을 느낀다: 어떤 이들은 개입할 경우 신체적으로든 다른 면에서든 안전하다고 느끼지 못한다. 어떤 이는 자신의 사회적 지위, 관계, 평판에 미칠 부정적 여파를 두려워하고, 어떤 이는 일자리, 교우관계, 특정 공간과 특권에의 접근권을 잃을까 봐 두려워한다.

- 책임감을 느끼지 못한다: 어떤 이들은 자신에게 개입해야 할 책임이 없다고 여긴다. 그 이유는 아무도 책임지는 행위를 하고 있지 않기 때문이거나, 혹은 다른 사람들이 개입할 거라고 믿기 때문이거나, 자신이나 자신의 공동체가 그 해악의 영향을 직접 받고 있지 않으므로 해당 이슈에 직접적 관련이 없다고 느끼기 때문이다.

- 우선순위에서 낮다: 어떤 이들은 해악을 인지해도 자신의 역량이 부족하다거나, 자신이 더 시급하고 중요하다고 여기는 더 우선적인 것들이 있다는 이유로 개입하지 않기로 한다('여

기에 할애할 시간은 없어').

- 공감하지 못한다: 때때로 어떤 이들은 그냥 아무 신경도 쓰지 않는다.

사람들이 해로운 행동, 패턴, 문화, 시스템에 개입하지 않는 이유는 셀 수 없이 많으며, 자신의 맥락과 해악의 성격에 따라 그 이유는 바뀌곤 한다. 그렇기 때문에 선제적 자기성찰을 통해 우리가 가치에 부합하는 행동을 하지 못하게 하는 것이 무엇인지 짚어보는 것, 그리고 개입의 전략을 미리 수립하는 것은 큰 도움이 될 수 있다. 이런 연습을 하면서 우리는 항상 우리의 동기로 다시 돌아오게 된다. 해악을 목격했을 때 개입하는 것이 '당신에게' 중요한 이유는 무엇인가? 해악이 일어나는 그 순간에 바로 개입하는 것은 어떻게 당신이 스스로 원하는 사람이 될 수 있게 도와주는가?

작은 것이 큰 것을 만든다

죽어가는 사람들보다는 덜 중차대해 보이는 것(누군가가 타인의 이름을 잘못 발음하거나 젠더를 오인하는 경우 정정해주기, 장애차별적이지 않은 용어 사용을 제안하기 등)에 주의를 기울이자고 하면 때때로 사람들은 이렇게 말한다. "더 중요한 것에 집중해야 해요." "그게 정말로 지금 당장 중요한가요? 사람들이 죽어가고 있어요." 앞서 이야기했듯 나 역시 예외가 아니어서, '미친crazy'이라는 말을 비하적 용도로 사용하지 말아달라는 요청에 거부반응을 일으켰었다. 이처럼 사소해 보이는 것을 일축해버리는 이들은 그것이 실상 '더 심각한 것들'과 연결되어 있음을 이해하지 못하기에 여러 모로 아쉽다. 그대로 내버려둘 경우 방임적인 문화를 유지함으로써 훨씬 더 중대한 차원의 해악을 야기할 수 있기 때문에, 사소한 위반 사항을 지적하는 것은 중요하다. 사소한 위반을 경시하는 반응은 이분법적 사고와 백인우월주의 문화가 지닌 결핍의 사고방식*을 반복 재생산하며, 미묘한 해악을 다루는 것은 더 심각한 형태의 폭력에 집중할 수 없다는 뜻으로 치부된다(이는 결코 사실이 아니다). 사실, 큰 문제와 작은 문제를 동시에 다루면 그것들이 서로 연결되어 있는 방식, 서로를 지탱해주며 위험한 폭력의 순환을 지속적으로 반복하는 방식을 함께 연관지어 파악할 수 있다.

제46대 대통령 취임식이 있기 몇 주 전, 〈월스트리트 저널〉은 백인 남성이 기고한, 다음과 같은 문장으로 시작하는 칼럼을 게재했다. "영부인, 바이든 부인, 질Jill, 어이. 작지만 중요한 문제라고 생각하는 것에 관한 약간의 조언. 혹시 당신 이름 앞에 '박사'라는 호칭을

• scarcity mindset. 자원이나 기회가 한정되어 있어 그것을 저장하는 데 집착하거나 그것을 얻기 위해 남들과 경쟁해야 한다고 생각하는 심리—옮긴이

빼면 안 될지요?" 내가 이 칼럼에 간략한 코멘트를 달자 시스젠더 백인 남성인 한 친구가 내 글에 댓글을 달았다. "이 칼럼은 물론 불만스럽지만, 이게 지금 당장 중요한 문제인가요?" 하지만 이것은 우리가 살고 있는 가부장제에 깃든 음흉한 여성 혐오의 또 다른 예시를 보여주기 때문에, 확실히 중요한 문제가 맞다. 게다가 중요한 일이 아니라고 생각하고 이 해악의 함의를 제대로 이해하려 하지 않는 사람들은 점점 더 여성, 유색인, 유색인 여성의 성취를 일상적으로 누락시키고, 부지중에 그들의 호칭을 무시하고, 자격을 인정하지 않고, 무심결에 그들을 강등시켜도 무방한 방임적인 문화를 만드는 데 일조한다. 이에 더해, 여성과 남성 간 임금격차(논바이너리의 임금격차에 관한 데이터는 여전히 파악조차 힘들다), 특히 유색인 여성과 백인 남성 간 임금격차, 다양한 제도 및 시스템 내 권력의 자리에 여성과 유색인 여성이 과소재현되는 것, 과학계에서 일하는 흑인 여성의 48%와 라틴계 여성의 47%가 행정직이나 잡역부로 오인된 적이 있다는 사실, 여성이 남성보다 더 자주 말 끊김을 당하거나 맨스플레인을 당하는 잘 알려진 현상 등등…… 그림이 그려질 것이다.

미세한 차원의 해악을 알아차리고 주의를 기울이자고 요청할 수 있는 능력은 우리가 더 큰 이슈를 다루는 역량을 키우는 데 매우 중요하다. 이 사소해 보이는 것들의 효과는 전혀 경미하지 않다. 그 효과는 우리가 서로를 인식하고, 결정을 내리고, 한 집단에 특권을 주는 동시에 다른 집단들을 주변화하는 시스템을 만드는 방식에 지속적으로 영향을 미친다. 미아 밍거스의 말처럼, "우리 사이의 작은 것을 다루지 못하면서 어떻게 커다란 것을 다룰 수 있겠는가?"

> 작은 상처나 신뢰의 붕괴를 다루는 법을 배움으로써 우리는 더 큰 해악을 다루는 데 필요한 기본기를 배울 수 있다. 그 배움은 더 큰 형태의 해악과 폭력(상처가 갈등이 되고, 갈등이 해악이 되고, 해악이 폭력이 되는 등)을 **줄이고 예방**하는 데도 도움이 된다.
>
> **– 미아 밍거스**

미투운동이 한창이던 2017년에 〈애틀랜틱〉은 "성적 괴롭힘을 가하기 쉬운 조직을 만드는 3가지 요인"이라는 제목의 글을 실었다. 그 글은 "남성 중심적이고, 고도로 위계질서가 강하며, 나쁜 행위를 잘 용서하는" 조직일수록 성적 괴롭힘과 성폭력이 더 많이 일어날 수 있음을 보여주는 중요한 연구 결과를 다룬다.

3가지 요인, 즉 여성의 과소재현(특히 임원급에서), 권력 불균형, 방임적 문화 중에서 "직장 내 성적 괴롭힘에 가장 크게 영향을 미치는 것은 조직이 해당 행위에 대해 얼마나 방임적인지"라고 연구자들은 결론짓는다. 전반적으로 책임감이 결여되어 있으며 힘 있는 자리에 있는 사람들이 직원들의 불만을 대수롭지 않게 여기는 이 방임적 문화는 일터에 국한되지 않는다. 많은 이들이 성차별적, 인종차별적 농담을 하는 코미디언을 보며 초조한 마음으로 따라 웃고, 어른들은 자기 아이가 다른 아이들을 괴롭히도록 내버려두며 "사내아이들이 그렇지 뭐"라면서 웃고, 힘 있는 사람들이 수년에 걸쳐 수차례 혐의를 받아왔음에도 아무런 제지도 받지 않고 끔찍한 비위행위를 저지르는 것을 우리는 계속해서 목도한다. 차별과 괴롭힘을 금하는 법과 정책들은 존재하지만, 우리 사회 전체가 방임의 문화 속에서 작동하고 있다. 변화에 내포된 정신을 제대로 이해하고 수용해 우리 모두가 현상유지에 도전하는 각자의 역할을 다하고 모든 수준의 해악에 주의를 기울이며 집단적 책임감을 수행하지 않을 경우, 정책 변화는 표면적 변화에 그치기 쉽다. 가족 내 문화든 친구나 이웃 간 문화든, 학교나 직장 내 문화든 우리에게는 문화의 방향을 바꿀 수 있는 엄청난 힘이 있다. 아무것도 하지 않는 것은 그 자체로 능동적 선택이며, 일종의 공모 행위다.

나도 이해한다. 우리가 가진 사회적 유대가 방해받는다고 생각하면 상당히 불편하다. 특히 개입의 결과가 명확하지 않을 경우, 우리 자신의 평판과 사회적 입지를 거는 것은 정말로 무서울 수 있다. 하지만 그러한 순간에 우리는 안락함을 향한 우리의 욕망과 타깃이 된 공동체의 안전에 대한 필요를 구분해야 하며, 그들의 안전을 위해 우리의 안락함을 기꺼이 희생할 각오를 해야 한다. 5장에서 언급했듯, 사람들은 종종 주변화된 이들의 안전에 대한 필요와 특권을 가진 이들의 편안함 유지를 혼동하곤 한다. 힘을 가진 이들이 해악을 야기했다고 지적받은 후 자신들이 '안전하지 않다'고 느낀다고 주장할 때, 그 말은 그들이 도전받았다고 느끼고 불편하다고 느낀다는 뜻이다. 주변화된 이들이 해악을 경험하는 상황에서 우리가 그들의 안전을 요구할 경우, 우리는 안전을 가장 문자적인 의미, 즉 정신적·정서적·신체적 피해로부터의 안전이라는 의미로 사용하는 것이다. 어떤 이들은 악의 없어 보이는 농담, 미묘한 모욕, 공격, 무시를 포함한 미묘한 차별, 언어적 괴롭힘이 얼마나 더 끔찍하고 명백한 형태의 폭력의 초석이 되는지를 이해하지 못한다. 이러한 음험한 형태의 폭력이 다뤄지지 않는다면 곧 허용되고 규범이 되어 억압의 수준이 조금씩 피라미드의 꼭대기로 올라가는 것을 알아차리지 못하게 만든다. '그건 너무 게이 같아'라는 오늘의 표현은 '그는 패겟이야'라는 내일의 표현을 가능하게 할 수 있으며, 그다음 날에는 퀴어와 트랜스젠더에게 차별적인 정책, 그들을 향한 학교 내 언어적·신체적 폭력, 퀴어 클럽을 겨냥한 총기난사, 트랜스젠더, 특히 흑인 트랜스 여성에 대한 거대한 폭력으로 이어질 수 있다.

혁명은 일회성 행사가 아니다. 기존의 낡은 대응 방식에 대한 진정한 변화를 만들어낼 수 있는 아주 작은 기회를 놓치지 않도록 항상 경계하는 것이 혁명이다.

- 오드리 로드

개입하는 방법에 관한 몇 가지 팁

우리가 다른 이들에게 바랐던 것은 옳은 것과 그른 것을 빠르게 알아차리는 능력, 무시하기보다는 직면하려는 명료한 정신 등이다.

– 샤넬 밀러

미묘한 차별을 당하거나 목격했을 때는 심호흡을 하고 이른바 '미묘한 저항microresistance', 즉 타깃이 된 이들과 그 앨라이들이 그 상황에 대처하고 대응하고 도전해 궁극적으로 억압의 시스템을 해체할 수 있도록 힘을 불어넣어주는 개인적 차원 그리고/혹은 집단적 차원의 작은 노력을 발휘하는 것이 도움이 될 수 있다. 여러 가지 형태의 노력이 가능할 텐데, 다음번에 누군가가 문제적인 말이나 행동을 할 때 적용해볼 수 있는 실용적인 팁과 전략 몇 가지를 들어보겠다. 단, 다음의 전략들은 지독한 해악이나 괴롭힘, 학대, 폭력이 아닌, 흔한 형태의 미묘한 차별이나 무신경한 농담을 접했을 때 적용할 만한 것들이며, (트위터의 모르는 사용자가 아니라) 관계 유지에 문제가 없는 사람들과 상호작용하는 상황에서 가장 잘 작동할 것이다.

- 본능을 일깨운다: 사건이 일어나는 바로 그 순간에 알아차릴 수 있도록 연습하고, 자신의 본능을 믿는다. 무언가가 약간 잘못되었다고 느껴지거나 신체적으로 무언가 불편감이 느껴진

다면 그 감정을 떨쳐버리거나 무시하지 않고, 붙들고 규명하려 노력한다.

- 잠시 멈추는 순간을 갖는다: 즉각적인 반응이나 우리 팀이 '일시정지 단어pause-word'라고 부르는 말("그런가?", "잠깐만" 등)을 골라 상황을 잠시 멈추고, 자신의 그다음 대응에 대해 생각할 시간을 번다. 이것이 습관이나 본능적 행동이 될 때까지 연습하자.

- 명확하게 알 수 있도록 질문한다: 상대방의 말에 대해 더 자세히 설명해달라고 요청하는 것이다("궁금해서 그러는데, 그렇게 이야기하는 이유가 있나요?", "그게 무슨 뜻이지요?" 등). 그러면 생각할 시간을 더 벌 수 있고, 그들의 맥락에 관한 정보를 더 얻을 수 있다. 또 상대방으로 하여금 자신이 말하거나 행동한 것에 대해 의식적으로 생각하게 하는 데도 도움이 된다.

- 영향에 대해 설명한다: "당신이 _____(해로운 말이나 행동)을 했을 때 나는 _____(감정)을 느꼈고, 그것은 _____(효과)를 가져왔어요." 타인을 비난하거나 낙인찍기보다 그들의 행동이 당신에게 미친 영향을 이야기하는 데 집중하는 것이다. 즉, "그런 말을 하다니 당신은 인종주의자이군요"라고 쏘아붙이는 대신 자신의 감정을 설명한다. 그러면 상대방의 방어적 태도를 자극하지 않고 당신이 그로부터 받은 영향을 분명하면서도 덜 공격적으로 전달할 수 있다.

- 스스로의 배움의 과정을 본보기로 제시한다: 자신만의 배움의 여정을 공유하는 것은 타인을 무장해제하는 훌륭한 방법이다. 나는 이 대중적인 교육 기술을 퍼실리테이터로서 일하기 시작한 초기에 일찌감치 배웠고, 긴장을 누그러뜨리고 심사숙고하게끔 하는 데 여러 번 사용했다. "나는 _____라고 생각하곤 했는데, _____를 배운 후에는 이제 _____라고 생각하게 되었어요"의 형태로 이야기하는 것이다. 예컨대, "나는 추수감사절이 감사를 표현하는 휴일이라고 생각하곤 했는데, 백인우월주의의 끔찍한 역사와 원주민 학살에 대해 배운 후에는 이제 우리가 가족들에게 추수감사절의 실제 역사에 대해 알려줘야 한다고 생각하게 되었어요" 등이다.

- 행동 변화를 요구한다: 가능하다면, 문제적 행동을 대체할 만한 대안을 제시한다. "_____(바뀌어야 할 행동)을 하는 대신에 _____(바람직한 행동)을 해줄 수 있을까요?" 담담하게 그러한 행동을 멈춰달라고 요청하는 것도 괜찮다. "_____(바뀌어야 할 언어)라고 말하는 걸 그만했으면 좋겠어요."

- 추가적 교육이나 자료를 권한다: 상대방의 배움의 과정을 지원해줄 여건이 된다면, 다시 이야기할 시간을 내어준다("다음에 이에 관해 당신과 더 이야기할 수 있으면 좋겠는데, 어때요?" 등). 나아가 상대방이 의식을 높이도록 도와줄 자료를 공유해줄 수도 있다(책, 기사 등).

- 적절하다고 여겨질 경우, 해악의 영향을 받은 이들의 안부를 확인한다: 해악의 영향을 받은 다른 이들이 있을 경우 그들에게 다가가 지원을 해준다("그런 일을 겪다니 유감입니다. 제가 지원해드릴 것이 있을까요?", "도움이 필요할 때면 제가 곁에 있다는 걸 기억해주세요" 등).

상황에 따라 위 전략들을 섞어 사용할 수도 있다. 어떤 상황은 좀 더 까다롭게 느껴지며 추가적 피해를 줄이기 위한 자기만의 접근 방식을 마련할 때 더 신중하게 주의를 기울일 필요가 있다. 일례로 언젠가 누군가가 나를 다른 이름(다른 아시아계 여성의 이름이라든가 내 성씨인 '킴')으로 불렀을 때, 주변에 있던 다른 이가 개입해 실수를 정정해주면서도 그 실수가 '아시아인들을 서로 구별할 수 없다'는 흔한 미묘한 차별이라고 설교를 늘어놓지는 않아 고마워한 적이 있다. 만약 그랬다면 아시아인들에 대한 많은 인종주의적 문제나 1800년대 이래 미국의 인종학살에 관한 본격적인 역사 강의 등등이 이어졌어야 했을 것이다. 물론 해악을 야기한 사람은 그 영향에 대해 배워야 하고 벌어진 일을 성찰해야 하는 건 맞지만, 그걸 반드시 내 앞에서 해야 할 필요는 없다. 갑자기 내가 교육의 주제가 되어 원치 않게 조명을 받을 수도 있기 때문이다. 이러한 상황에서는 이례적으로 재빨리 실수를 바로잡고 넘어간 후, 나중에 실수한 사람과 따로 이야기를 해 실수의 영향에 대해 충분히 알려주는 편이 낫다. 때로는 화제

전환이나 주의 분산 같은 간접적 개입(비아시아계 남성이 자신의 아시아계 아내에 대해 나와 관련지어 이야기하려 할 때 내가 개인적으로 자주 쓰는 전략이다)을 통해 대화의 흐름을 바꾸는 것이 더 효과적이고, 타깃이 된 이에게 더 안전한 방법일 수 있다.

명심할 것은, 대인관계 내 갈등 상황에서 긴장을 고조시키거나 해악을 야기한 이에게 창피를 주어 처벌하는 것이 목표가 되어서는 안 된다는 점이다. 그보다는 해악을 명확히 지칭하고 긍정적인 변화를 향한 집단적 책임 실천을 도우며 최대한 존경과 품위를 담아 가장 영향을 많이 받은 사람이나 공동체*의 필요를 충족시키는 것을 목표로 삼아야 한다.

해악에 개입하는 연습에는 자신만의 스타일, 강점, 개선 가능한 영역에 대해 이해하고 연습을 거듭해 접근법을 다듬어나가는 것이 포함된다. 그리고 만약 개입할 기회를 놓쳤을 경우, (누가 해악을 야기했는지 알고 있다면) 언제든 다시 그 상황으로 돌아갈 수 있다. 용기를 내 다시 시도해보는 것이다. "저기요, 혹시 지난주에 있었던 일 관련해서 이야기 좀 나눌 수 있을까요? 더 빨리 이 문제를 언급하지 못해 죄송하지만, 생각을 좀 해보고 나니 얘기를 나눠야겠다 싶었어요."

- 타깃이 된 집단이 물리적으로 존재하지 않더라도 해악은 일어날 수 있다. 예를 들어 누군가가 동성애 혐오적 농담을 했을 때 그곳에 퀴어가 없다고 해서 그 농담이 해롭지 않은 것은 아니다.

"제가 머릿속에서 이 생각을 지울 수가 없는데, 우리 잠깐 이야기 좀 나눌까요?"

언제나 두 번째 기회가 선물처럼 마련되어 있는 것은 아니지만, 그럴 기회가 있다면 꼭 붙잡기를 바란다. 만약 당신이 힘을 가진 위치에 있거나 주어진 상황에서 상대적으로 특권을 가지고 있다면, 당신의 위치를 이용해 반드시 그 상황에 개입하고 해악을 중단시켜야만 한다. 해악에 개입하는 부담감과 책임감은 언제나 가장 특권을 가진 이들의 몫이어야 하는데, 그 이유는 그들이 가장 많은 것을 갖추고 있기 때문이 아니라 처벌을 받거나 부정적 여파를 맞을 위험성이 가장 낮기 때문이다.

> 용기는 모든 덕목 중 가장 중요하다. 용기가 없다면 다른 덕목을 일관되게 실천할 수 없기 때문이다. 다른 덕목들을 불규칙하게 실천할 수는 있어도 용기가 없다면 한결같이 실천할 수는 없다.
>
> – 마이아 앤젤로

개입하기 위한 접근법은 바로 당신이 해악을 경험하는 사람이거나 해악의 직접적 타깃일 경우 달라진다. 직장이나 학교에서의 미묘한 차별이든 길에서 당하는 신체적 위협이든 해악을 경험할 경우 스스로의 안전을 도모하기 위해 당신은 생존을 위한 본능적 대응을 할 수 있다. 상황이나 사람에 따라 반응은 각기 다른 양상으로 나타날 수 있지만, 인종적 폭력과 젠더 폭력의 생존자들과 함께해본 내 경험에 따르면 사람들은 얼어붙거나, 해리[*]가 발생한다거나, 심지어 순간적으로 해악을 야기한 이를 달래려 하기도 한다. 나는 즉각적 반응을 한 것 혹은 하지 못한 것을 후회하는 인종적 폭력과 젠더 폭력 피해자들에게서 종종 메시지를 받곤 한다. "어떻게 해야 할지 전혀 몰랐어요." "저는 그냥 얼어붙었어요." "너무 수치스러웠어요." "나 자신을 위해 나설 수 있었더라면 좋았을 것 같아요." 이런 말을 들으면 나는 분명히 말한다. "그건 당신의 잘못이 아니었어요."

앞에 제시한 팁들을 당신이 모두 연습해왔음에도 곧장 얼어붙어 즉시 무슨 말을 해야 할지, 어떤 행동을 취해야 할지 모르는 것은 너무나 정상적이며 이해할 만한 반응이다. 당신은 충격과 혼란을 경험할 수 있고 심지어 당신이 경험한 것이 '실제로' 해로운 것인지 아닌지 의문을 가질 수도 있다. 방금 일어난 일에 당신이 과민반응하는 것인지 의문을 가질 수도 있고, 평정심을 회복하려 하는 동안 당황스러움을 느낄 수도 있다. 당신이 폭력의 대상이 되었을 때 해악을 지적하거나 해악을 야기한 이를 교육하는 것은 당신의 책임이 아니라는 사실을 꼭 기억해야 한다. 그리고 안전하지 않은 상황에서 스스로 빠져나오거나 상대방(들)에게서 떨어지는 것은 저항의 행위

- disassociation. 신체적인 도주가 불가능할 때 정신이 도주하며 현실과 분리된다는 뜻의 심리학 용어—옮긴이

다. 그러니 당신이 스스로를 방어할 수 없었던 때와 관련한 일말의 죄책감, 수치심, 자격미달의 감각으로부터 해방되길 바란다. 그것은 당신의 잘못이 아니었다.

두 번째로 용감한 사람의 힘

수년간 방관자를 위한 트레이닝에 참가해보기도 하고 직접 진행해보기도 하면서 나는 좀 더 주의를 기울일 필요가 있는 불완전한 대화들이 반복되는 것을 봐왔다. 일단 해악을 발견하면 사람들은 개입하는 방법을 배우는 데 집중하곤 하는데, 최초의 개입 이후에 벌어지는 일에 대해서는 거의 대비되어 있지 않다. 해로운 문화가 너무나도 자주 아무런 도전을 받지 않고, 따라서 변화하지 않는 이유를 이해하기 위해서는 최초의 개입을 가로막는 장벽이 무엇인지뿐 아니라 누군가의 첫 용감한 저항 행동의 사후적 여파가 무엇인지도 살펴봐야 한다. 다시 말해, 누군가가 개입을 한 이후에 벌어지는 일에 대해 간과할 수 없는 것이다.

다음과 같은 흔한 상황을 가정해보자. 회의 중 누군가가 인종주의적 혹은 성차별적 농담을 하거나 모욕적 용어를 사용했다. 이에 한 용감한 사람이 방관자를 위한 트레이닝에서 배운 전략을 사용해 그 상황에 개입한다. 모두가 자리를 고쳐 앉고, 어색한 긴장감이 흐르며 분위기가 무거워진다. 사람들은 주눅 든 가해자가 "당신 말이 맞네요. 제가 나빴어요"라고 사과하는 동시에 여기서 이 상황이 종료되리라 상상하고 싶어 한다. 그러나 이와 같은 상황에 있어본 많은 사람들은 상황이 그렇게 흘러가는 경우는 드물다는 사실을 알고 있다.

해로운 문화에 펀치를 가하면 자주 다음과 같은 카운터펀치를 맞는다. "너무 예민하게 굴지 말아요. 농담이잖아요." "에이, 그냥 가볍게 생각해요." 그리고 몇몇은 피식거리며 웃는다. 그 순간은 빠르게 지나갈 것이고, 사람들은 순간적인 불편함을 필사적으로 잊고자 하며 다른 이야기로 넘어갈 것이고, 용기 낸 사람만 소외된 채 남겨질 것이다. 그리고 어쩌면 더 주목해야 할 것은, 용기 낸 사람을 재빨리 소외시킴으로써 나머지 사람들에게 향후에라도 현 상태를 흔들려는 시도를 포기하게끔 만든다는 점이다. 이는 음험한 형태의 억압이 허용되고 반대자들이 처벌받으며 모두의 기억에 공포를 심는 방임적 문화를 강화하기도 한다. 우리는 모두 입을 다물어야 한다는 점을 되새기며 회의실을 나서게 될 것이다.

당신은 다른 이들이 똑같이 느낄지 아닐지 확신하지 못해 상황에 개입하려다가 물러서본 적이 몇 번 있는가? 사회적 규범을 깨는 유일한 사람이 될까 봐 어떤 말을 하지 못한 걸 후회해본 적이 몇 번 있는가? 나서서 발언했다가 지지해주리라 믿었던 이들에게 실망하며 혼자 눈총을 받은 적이 몇 번 있는가? 경제학자이자 정치학자인

티무르 쿠란Timur Kuran이 수행한 선호 위장preference falsification에 대한, 즉 사회적 압박 아래서 자신의 진짜 선호를 잘못 재현하는 행위에 대한 연구는 인간이 사회에 받아들여지기 위해 얼마나 자주 자신의 진실된 욕망과 어긋나게 행동하는지를 보여준다. 이로써 왜곡된 현실이 만들어지고 타인들은 사회의 영향을 받아 행동을 결정하기 때문에, 우리 모두가 개인적으로는 같은 방향의 생각을 갖고 있더라도 결국 좀 더 사회적으로 수용 가능하리라 여겨지는 것을 유지하는 방식으로 행동하고 만다. (마치 한 사람이 디저트를 주문하지 않겠다고 하면 다른 모든 이들 역시 디저트가 필요 없다고 말하는데, 실은 모두가 디저트를 먹고 싶어 하는 상황! 약간 옆길로 샌 이야기다.)

쿠란에 따르면, 선호 위장은 거대한 사회적·정치적 결과를 가져올 수 있는데, 그중 하나는 집단적, 공개적 거짓말이 '정치적 가능성을 숨기는' 데 기여하는 것이다. 그러나 주목할 점은 사소한 사건 하나만 더 생긴다면, 많은 이들이 싫어하지만 아직은 보존되고 있으며 표면적으로는 널리 받아들여지는 것처럼 보이지만 실제로는 한순간 붕괴되기 쉬운 규범, 구조, 정책, 시스템 등에 관한 진실의 수문장이 열리기 일보 직전이라는 사실을 보여준다는 것이다. 쿠란은 "정책이나 전통이나 체제의 지원이 대체로 인위적이라면, 사건은 아무리 사소할지라도 예상치 못한 거대한 변화를 만들어내는 시류를 작동시킬 수 있다"고 말한다. 그리고 은밀한 집단적 공모의 순간에 제일 먼저 나서는 용기 있는 사람 다음에 '두 번째로 용감한 사람'이 나설 때, 그들은 함께 상황을 바꾸고 혁명적 변화를 향한 기회를 찾아낼 수 있다.

　제일 먼저 나선 용감한 사람을 보면서도 현장으로 뛰어들지는 않는 방관자들은 내가 '지연된 동지애'라고 부르는 행위, 즉 해악에 개입할 중요한 기회가 지나가버리고 난 뒤 위험부담이 완전히 없어진 상태에서 위험을 감수한 이에게 열정적으로 경이와 감사를 표현하는 연극적 공감 전시라는 거슬리는 습관을 갖고 있다. 모든 일이 벌어지고 난 이후에 다음과 같은 말 혹은 정서를 얼마나 자주 접해봤는가? "회의 때 당신이 한 일은 정말로 용기 있고 감동적인 것이었어요!" "당신이 거기서 했던 얘기에 완전히 동의해요." 제일 먼저 나선 용감한 이에게 필요한 것은 실시간의 연대이지 사후적 감사가 아니다. 문제시되지 않은 해악과 폭력이나 제일 먼저 나선 용기 있는 이가 홀로 남겨지는 걸 반복적으로 목도하는 경험은 우리의 집단적 정서에 오래 남는다. 그러한 경험은 우리의 두려움을 더 악화시키며 투쟁은 혼자서 하게 되는 것이라는 느낌을 갖게 만든다. 그에 따라 우리는 변화를 향한 신념을 빠르게 잃게 되며, 타인이 해악을 경험하는 것을 보아도 덜 개입하게 된다. 시간이 흐르며 우리는 냉소주의와 분노를 쌓아갈 수 있으며, 그것은 우리 스스로에게도 운동에도 독이 될 수 있다. 우리는 문제에 개입하는 것과 관련한 실제적 위험부담이 없어질 때까지 기다리지 말고 실제로 중요한 바로 그 순간에 나서는 법을 배워야 한다. 제일 먼저 나선 용감한 이의 방관자가 되는 대신 그 순간에 개입의 힘을 배가시키는 두 번째로 용감한 이가 되어보자. 그때 당신이 나선다면 매우 훌륭한 영향을 미칠 수 있을 것이다.

> 매 순간이 무언가를 조직할 수 있는 기회이며, 모든 사람은 잠재적 활동가이고, 1분 1초가 세상을 바꾸기 위한 변화의 순간이다.
> **- 돌로레스 후에르타**

앞서 언급한 회의 상황에서 사람들이 키득거리고 비웃을 때 누군가가 곧바로 나서서 "그만하시죠"라든가 "맞는 말이에요" 혹은 "전혀 우스운 이야기가 아닌데요"라고 말한다고 상상해보자. 해악을 야기한 이가 사과나 인정을 하지 않는다고 해도, 두 번째 용감한 사람의 존재는 개입의 효과를 극대화하고 가장 먼저 나선 도전자의 진정성을 더욱 굳건하게 다져줄 것이다. 가장 먼저 나선 사람을 지지함으로써 그 사람에게뿐 아니라 상황을 주목하는 모든 이에게 확신과 연대의 메시지를 전하게 된다. 그리고 어쩌면 다음번에는 다른 누군가가 나머지 사람들이 자신을 지지해주리라 믿으며 첫 번째 용감한 사람의 역할을 시도하게 될 수도 있다. 이것이 바로 우리가 여성 혐오, 동성애 혐오, 트랜스 혐오, 인종주의, 장애차별주의, 연령주의를 비롯한 온갖 억압을 악화시키는 방임적 문화를 진정으로 바꿔내는 첫 걸음이다.

영웅 한 사람으로는 운동이 될 수 없다

KEYWORD 성폭력

우리는 두려울 때 비로소 진정한 용기를 실천할 수 있다.

- 미아 밍거스

2017년 다음과 같은 뉴스 헤드라인을 본 뒤 얼마 되지 않아 나는 급성장 중이던 테크 기업의 임원급 직무를 사직했다. "CEO, 성적 괴롭힘 혐의로 전(前) 직원에게 고소당해." 해당 전 직원은 내 동료이자 친구인 비Bea였는데, 나는 그해 여름 저녁 회사 워크숍에서 그녀가 괴롭힘을 당한 직후 충격을 받고 트라우마를 맞닥뜨린 모습을 목격한 바 있다. '큰일났다'는 연락을 받고 달려가 쿵쾅대는 심장으로 그의 숙소 방 문을 두드리던 때를 기억한다. 비는 아무 말 하지 않았지만 절망에 빠진 듯한 표정을 보니, 생존자로서의 내 경험으로 미루어볼 때 무슨 일인지 알 것 같았다. 이전에도 비가 우는 걸 본 적은 있지만 이런 방식은 아니었다. 나의 개인적 트라우마가 내 몸을 훑고 지나갔다. 나는 비 역시 평생 동안 이 순간으로 몇 번씩이나 되돌아올 수밖에 없을 것임을 너무나 잘 알고 있었다.

CEO는 그 일에 대해 책임지려 하지 않았고, 회사는 사건을 덮으려 했다. 나는 인사담당 부서가 해당 사건을 비가 스스로 꾸며낸 이야기인 것처럼 표현할 때 그가 느낀 분노와 불신을 기억한다. 엄청난 위험부담(직업적 평판 저하와 미래의 고용 기회 감소, 소송에 필요한 수천 달러의 비용과 수개월의 시간 소비, 자신과 두 살배기 아들을 포함한 가족에 대한 사생활 침해 가능성 감수 등)에 대해 숙고해본 뒤, 비는 소송을 하기로 결심했다. 예상대로 회사가 망설임 없이 자원과 권력 네트워크를 이용해 진행의 매 단계에서 그를 위축시키고 입을 막으려 했기 때문에, 법적 다툼은 고되고 끔찍했다.

사소한 행위이더라도 부정의에 맞서 목소리를 내기로 결심하는 것은 언제나 용기 있는 일이다. 별로 힘을 갖지 못한 이가 권력자들에 맞서 직접 행동을 하기로 결심할 때는 순간적 용기를 넘어 상당한 정도의 대담함과 확신이 필요하다. 정의를 위한 투쟁에서 현상유지를 옹호하는 이들은 자신들의 권력을 위협하는 것은 무엇이든 짓누르려 전력을 다한다. 그리고 대담하게 정의를 위해 싸우는 이들과 근접한 사람들의 의무는, 변화를 추구하지 않는다면 적어도 불가피한 역풍으로 인한 고통을 달래기 위해 그들과 연대하는 것이다. 정의를 위한 투쟁에는 언제나 역풍이 따르기 마련이다. 가장 먼저 나선 용감한 사람은 거의 항상 '비정상', '까다로운 사람', '트러블메이커', '목소리 큰 사람'으로 여겨져 소외되곤 한다. 첫 번째 사람 다음에 두 번째 사람이 나서지 않는다면 변화를 향한 여정은 매우 힘들어진다.

두 번째 사람 역시 역습으로부터 꼭 안전한 것은 아니다. 내가 비의 주장을 뒷받침하는 증거를 제시한 이후 회사는 예정되어 있던 내 승진 발령을 미뤘다. 내가 기밀유지 서약서에 서명하지 않은 채 회사를 그만두자 CEO의 변호사에게 여러 번 협박을 받았다. 나는 계획 없이 퇴사를 했다. 13년 만에 처음으로 소득원이 없어졌고, 생계를 감당할 수 없게 되거나 어머니를 부양할 수 없게 될지 모른다는 생각에 사로잡혔다. 그때는 겁이 났지만 이제 와서 되돌아보자면, 회사와 공모한 것을 후회하는 경우가 내게는 훨씬 더 두려운 일이다. 두 번째 용감한 사람이 되는 것은 한편으로는 혼란스러운 경험이었고, 동시에 해방감을 주고 대가를 치르는 결과도 따랐다. 유념할 것은, 두 번째로 용감한 사람에게도 사회정의 운동에 평생 헌신한다는 것은 대가를 치를 수밖에 없는 일이라는 사실이다.

내 전 동료들 대다수는 그 사건에 관해 알면서도 회사에 남기로 결정했다. 직원 80여 명 중 비와 나, 그리고 역시 자신의 경험을 바탕으로 연대의 힘을 이해하고 있던 사내 유일한 흑인 여성 마리사, 3명만이 회사를 그만두었다. 나머지는 회사를 그만두기에 적당한 때가 아니라거나 그 사건이 적당한 이유가 아니라고 결론짓고는 다음과 같이 말했다.

"당신이 왜 그만두는지 알아요. 비에게 일어난 일은 정말 유감이에요. 마음 잘 추스르길 바라고 있어요."

"제가 집을 사려고 하잖아요. 그래서 지금 당장은 이직할 수가 없네요."

"어디로 이직해야 할지 아직 잘 모르겠어요."

"저는 그런 일에 관여하고 싶지 않은 것 같아요."

"지금은 그냥 가만히 있으라고 제 변호사가 조언하더라고요."

동료들은 잃을 것이 너무도 많았다. 그리고 나는 이해한다. 열심히 진행하던 일을 포기하거나 자신과 사랑하는 이들의 안락한 삶을 위태롭게 할 위험을 무릅쓰기는 어렵다. 자신은 그 해악에 책임이 없다고 믿는데도 무언가를 포기해야 한다고 생각하면 불공평하다고 느낄 수도 있다. 그러나 사실 동료들의 무위는, 처벌받지 않고 해악을 지속시킨 CEO에 대한 암묵적 승인으로 작용해 해악의 심각성을 경감시켰고, 그 해악은 분명 끔찍한 일이지만 더 큰 봉기를 일으키기에는 부족한 일처럼 여겨졌다. 우리가 해악과 폭력을 야기하는 시스템의 일부일 때, 우리는 무행동을 지속하고 상대적 특권을 고수함으로써, 어느 순간 자신이 흐릿한 공모의 경계에 서 있는 것을 발견하게 될 것이다. 모든 사람이 서로 다른 맥락을 가지고 있고 우리 모두 모순 속에서 살아간다는 점을 감안하면, 회사에 남기로 결심한 이들이 틀렸다고 말할 도덕적 권위는 내게 없다. 그럼에도 남기로 한 사람들이 다음의 사실을 알았으면 한다. 그들의 행동이 틀린 것은 아닐지라도 그들이 무해하다고는 말할 수 없다.

가끔 나는 직원의 절반이 사표를 쓰겠다고 위협했다면 무슨 일이 일어났을지 궁금하다. 아니면 그중 일부가 회사를 그만두는 대신 사내에서 분노의 목소리를 높이며 단결해 경영진에게 책임을 묻고 정책과 문화의 변화를 촉구한다면 어땠을까. 두 번째로 용감한 사람이 가진 진정한 힘은 해로운 현 상태를 벗어나 지속 가능한 변화를 향한 물결을 실어나르는 연결고리가 되어주는 것이다. 우리 3명의 유색인 여성이 뜻을 표현했지만, 사내에서 어떤 움직임을 만들지는 못했다. 변화를 만들려면 '두 번째로 용감한 사람'이 5명, 혹은 10, 15, 20명 더 필요했다. 도미노가 세 번째를 끝으로 멈추면서 변화를 향한 움직임은 중단되어 고요한 타성의 상태로 돌아갔다. 이제는 그곳에 목소리를 냈던 3명조차 없다.

미투운동의 진정한 힘은 '나Me'가 아니라 '역시Too'에서 나온다. 수천 명의 두 번째로 용감한 사람들이 유해한 비관론자들의 잡음을 몰아내며 파급효과를 일으켜 사람들로 하여금 그들의 힘을 믿게 하는 것이다. 다시 말해, 두 번째로 용감한 사람은 한 사람이 아니다. 그것은 일련의 사건들을 토대로 주어지는 정체성이 아니라 도미노 효과를 만들기 위해 우리 모두가 해야 할 역할이므로, 우리 각자는 다음 사람에게 영감을 주는 힘을 가져야 한다. 진정한 운동은 가장 용감한 목소리를 가진 한 사람이 만드는 게 아니다. 운동은 많은 사람들이 물결에 탄력을 싣는 책임감을 수행할 때 일어난다. 운동은 투쟁 속에 있는 사람이 홀로 다치지 않도록 그 안에 함께 뛰어드는 일이다. 운동은 세상 사람들에게 우리가 당신의 편이 되어주고 있으므로 당신도 용기를 낼 수 있다고 신호를 주는 일이다. '두 번째로 용감한 사람'은 첫 번째로 용기를 낸 이가 거인에 맞서는 것을 목격하는 누구라도, 어느 때든 할 수 있는 역할이다.

우리가 언제나 첫 번째로 용기를 낸 사람의 위치에 있지는 않을 수 있지만(어쩌면 다른 사람만큼 빠르게 해악을 발견해내지 못할 수도 있고, 두려움 때문에 망설일 수도 있다), 다른 누군가가 첫 스텝을 밟았을 때 두 번째 기회를 잡아 소신껏 자신의 가치를 실천할 수 있다. 만약 당신이 첫 번째로 용기 낸 사람이 아니라면, 자신 역시 무언가를 감수하고 있음을 온전히 자각하면서 두 번째 사람으로서 용기를 내자. 우리에게 연대가 중요하므로, 또 진정으로 중요한 순간에 권력의 균형을 바꾸는 작은 변화의 불씨가 될 수 있으므로, 두 번째로 용감한 사람이 되도록 하자. 첫 번째 사람과, 형국이 전환되면 뛰어들려고 기다리고 있는 나머지 사람들 사이의 연결고리가 되자.

변화에 묘책, 단 한 사람, 유일한 방식이란 없다. 말 그대로, 바늘을 아주 살짝 옮기기 위해 우리 모두가 할 수 있는 모든 것을 풀가동할 뿐이다. 우리 함께 일하자. 우리 함께 치유하자. 모두가 나와 함께 일할 준비가 되었다면, 내가 당신에게 해줄 말은 이것뿐이다. 미투.

- **타라나 버크**

11장

기꺼이 포기할 것은 무엇인가

자신에게 중요한 것을 얼마나 기꺼이 희생하고자 하느냐에 따라 공정성과 정의에 헌신하는 우리의 노력을 수치화한다면 어떨까? 우리가 '공정성과 정의를 위해 내가 무엇을 할 수 있을까?'라고 묻는 대신 '공정성과 정의를 위해 내가 무엇을 기꺼이 포기할 수 있을까?'라고 묻는다면 어떨까? 이때 대답은 어떻게 달라질까?

DEI에 관한 공개적 선언을 하려고 준비하는 간부급 리더들에게 내가 던지는 중요한 질문 중 하나는 다음과 같다. "좀 더 다양하고, 평등하고, 포용적인 조직을 건설하기 위해 여러분이 기꺼이 포기할 수 있는 것은 무엇인가요?" 포기할 수 있는 것에 관한 진솔한 대화를 나누는 것은 지속 가능한 DEI 전략을 구축하는 데 매우 중요하다. 그럼에도 많은 조직이 현재 상태를 해체하는 작업에 고유한 여러 가지 갈등을 다루기도 전에 해야 할 행동으로 곧장 뛰어들어 가까운 미래에 실패를 맛보고 동료들에게 실망감을 안기곤 한다. 조직이든 개인이든 변화의 대가를 예측하고, 명명하고, 협상할 수 있는 능력은 예상치 못한 희생 요구로 많은 이들이 여정을 포기하는 시련의 구간에 대비할 수 있게 해주는 동시에, 좋은 의도를 가지는 것을 넘어서는 우리의 헌신이 얼마큼의 압력을 견딜 수 있는지 시험해보는 데 도움이 된다.

변화의 대가는 다양한 형태로 나타날 수 있다. 돈('같은 물건을 구매할 때 거대기업 대신 영세 사업장에서 더 많은 비용을 치를 의향이 있는가?')이나 시간('토요일에 자원봉사 활동에 시간을 쓸 의향이 있는가?')처럼 계량 가능할 수도 있고, 평판('내 직업적 평판 혹은 사회적 지위를 걸고 상사를 지적할 수 있는가?')이나 권력('주변화된 이들을 위한 공간을 만들기 위해 내가 가진 의사결정 권한이나 자격을 포기할 수 있는가?'), 자아 및 자긍심('내가 잘못했다는 것을 인정하거나 공개적으로 지적당할 의향이 있는가?'), 안전('시위대에 가담하거나 누군가가 공개적으로 괴롭힘당하는 것을 목격할 때 개입할 의향이 있는가?'), 편안함('사회생활에서 유해한 농담을 중단시킬 수 있는가?'), 우리가 소중히 여기는 감정적 전통이나 관습('운동팀의 인종주의적 마스코트나 태아 성별 확인 파티나 닥터 수스의 동화책* 같은 어린 시절의 수집품을 기꺼이 포기할 수 있는가?')처럼 수량화할 수 없는 것일 수도 있다.

무언가와 맞바꾸어 포기하는 트레이드 오프**는 우선순위를 매기는 데 핵심적인 부분이며, 우선순위를 매기는 것은 우리가 중요하

● 닥터 수스(Dr. Seuss; Theodore Seuss Geisel)의 어린이를 위한 동화책 중 《그리고 내가 멀베리가에서 보았다고 생각한 것(And to Think That I Saw It on Mulberry Street)》, 《내가 동물원을 운영한다면(If I Run the Zoo)》, 《매켈리것 연못(McElligot's Pool)》, 《지브라의 제트 다음에 관하여(On Beyond Zebra!)》, 《스크램블드 에그 슈퍼!(Scrambled Eggs Super!)》, 《고양이의 퀴즈(The Cat's Quizzer)》 등은 인종차별적 주제와 묘사로 비판받았다.─옮긴이

●● trade-off. 대체로 양립하기 어려운 목표에 대해 하나를 얻으면 다른 하나를 잃게 되는 상황을 일컫는 말로 대립되는 요소 중 한쪽을 위해 다른 한쪽을 희생시키는 것이다.

다고 말하는 목표들을 달성하는 데 매우 중요한 부분이다. 기업들은 항상 목적에 걸맞게 무언가와 맞바꾸며 선택을 하고 있다. 예를 들어, 상품의 모든 기능을 완벽하게 조정하는 것보다 시장에 신속하게 출시하는 것을 우선시하거나, 현재 시장 참여에 집중하기 위해 해외 진출을 연기하는 결정을 내리는 것 등이다. 그럼에도 공정성과 정의를 이루는 작업의 경우, 많은 이들이 좋은 의도만으로 큰 결과를 이끌어낼 수 있다고 믿으며, 그것을 실현하는 데 필요한 대가를 과소평가하는 듯 보인다. 조직이 아니더라도, 우리는 진보적이라고 여겨지는 캘리포니아에 거주하며 스스로 인종주의에 반대한다고 말하는 부모들이 자기 자녀들의 대학입학 기회가 축소될까 봐 두려워서 적극적 우대 조치*에 반대표를 던지고, 집 앞마당에 정치적 진보주의자 푯말을 박아둔 주택 소유자들이 집값이 떨어질까 봐 자기네 동네에 노숙인을 위한 쉼터와 저렴한 주거지를 설립하고자 하는 정책에 반대표를 던지는(님비현상이라 일컫는) 모습을 접하곤 한다. 우리가 스스로 배워 의식을 높이는 것만으로는 충분하지 않다. 진정한 변화는 매일매일 배운 바를 행동으로 옮기는 의식적인 선택을 통해 시작될 수 있으며, 종종 공정성과 정의를 위해 무언가를 어렵사리 포기해야 할 수도 있다.

- Affirmative Action. 사회적 약자나 소수 집단에게 교육과 취업 등에서 기회를 확대하기 위해 마련된 정책이며, 역사적 불평등을 해소하고 공정한 기회를 보장하는 것을 목표로 한다.

진실로 정직해지기

불행히도, 이 일에 헌신하고 있다고 말하면서 무엇도 포기하지 않으려는 경우는 그리 드물지 않다. 온라인에서 이미지를 포스팅할 때 이미지에 대한 설명이나 대체 텍스트˙를 함께 제시하는 실천이 잘 알려져 있음에도, 종종 공정성을 옹호하는 이들이 그러한 실천을 누락해 예술작품, 사진, 인포그래픽 등에 대한 접근성을 차단하는 경우를 볼 수 있다. 나 역시 예외가 아니었으며, 죄책감을 덜 느끼려고 내 나름대로 정당화를 하기도 했다. '나를 팔로우하는 사람 중 시각장애인이 있을 확률이 얼마나 되겠어?' '이 이미지가 설명을 요할 만큼 내게 정말 중요한 것인가?' '다음번에 설명하지, 뭐.' 콘텐츠에 대한 접근성을 더 높이기 위한 노력을 건너뛰기로 한 내 결정은 내가 주장하는 가치와 포용력에 대한 직접적 위반이며, 공정한 접근권보다 나 자신의 편의와 효율을 우선시하게 되는 결과를 낳는다. 마찬가지로, 수어ASL 통역가나 자막 없이 행사를 진행하려 하거나, 휠체어로 접근할 수 없는 장소에서 행사를 개최하려 하거나, 사람들에게 접근성 관련 요구사항을 사전에 질문하는 절차를 누락할 때마다 나

• 대체 텍스트(alt text)란, 이미지 같은 웹페이지상의 비문자적 요소에 대한 문자적 설명을 일컫는다. 대체 텍스트는 시각장애인들이 화면 읽기 프로그램을 이용해 그러한 요소들에 접근할 수 있게 해준다.

는 장애인 공동체와 내 가치관을 희생시키고, 적극적으로 내 시간과 돈을 포기하지 않기로 결정하는 것이다. 이러한 의도적 공모의 순간에 나는 스스로를 '앨라이'라고 포장하는 대신 내가 해악을 야기하고 있다고 정직하게 인정해야 한다.

불가피한 포기가 있을 수 있다는 사실을 애초부터 분명히 숙지하고 포기할 수 있는 것과 없는 것에 대해 진솔하게 이야기함으로써 우리는 더 알맞은 기대치를 설정하는 한편, 의도치 않은 해악을 최소화할 수 있다. 이와 관련해 나는 항상 널리 환영받지는 못하는 관점을 갖게 되었는데, 나는 조직이나 리더들이 주변화된 이들의 안전과 힘을 지키는 데 헌신하겠다고 자신들의 미덕을 과시하기보다, DEI나 사회정의를 우선시할 의향이 부족한 데 대해 솔직해지기를 바란다. 조직의 리더들은 너무 자주 다양성과 포용력에 관한 거대하면서도 모호한 비전을 내세우지만, 결국 자신들이 가진 무언가를 포기해야 할 때면 대가가 너무 크다는 생각 때문에 그것을 이행하는 데 실패하고, 이는 피할 수 있었던 거대한 인지부조화로 이어지곤 한다.

샌프란시스코에 기반을 둔 암호화폐 거래 플랫폼인 코인베이스Coinbase는 거칠긴 하지만 솔직하게 표명한 경우다. 2020년 코인베이스의 CEO 브라이언 암스트롱Brian Armstrong은 블로그에 코인베이스가 '임무에 중점을 두는 기업'이며, '내부 분열을 일으켜' 임무에 집중하지 못하게 만드는 사회운동에는 참여하지 않을 것이라고 밝히는 논쟁적인 글을 올렸다. 또 현 직원 중 이에 동의하지 않는 이가 있다면 관리자와 상의해 코인베이스가 아닌 '다른 적합한 곳으로 이직하라'고도 명시했다. 그의 형편없는 논리에 동의하지는 않지만, 나는 그의 투명함이 신선하고, 일면 도움이 된다고 생각했다. 그는 분명히 선을 그어 기업 안팎의 사람들에게 중요한 메시지를 전달했고, 그에 따라 사람들은 코인베이스와의 관계에서 어떻게 참여할지에 관해 올바르게 결정할 수 있게 되었다.

결국에는 코인베이스와 연극적인, 즉 궁극적으로 공허한 약속을 하는 기업들 양쪽 다 다양성과 포용을 위해 아무것도 하지 않음으로써 해악을 야기하고, 이내 억압의 시스템을 강화하는 현상유지에 기여할 것이다. 그러나 공허한 약속을 하는 기업의 경우, 희망이라는 유혹적인 메시지와 정반대의 현실이 완전히 분리되어 주변화된 이들을 가스라이팅하고 그들의 진심 어린 지원과 노고를 착취하는 등 해악은 훨씬 더 교묘하고 미묘하고 지속적인 속성을 가질 것이다. 자신의 미덕을 과시하는 기업과 개인들은 잘 포장된 공허한 제스처를 통해 부정하게 이득을 얻고자 함으로써 결국 더 기만적인 방식으로 해악을 야기하게 된다.

안타까운 현실은 백인우월주의 문화는 투명함과 책임감을 억제한다는 것이며, 이는 현재의 시스템 내에서 근본적인 정직성을 훨씬 더 실천하기 어려운 과제로 만드는 것이다. 내가 진행한 한 비영리기구 임원 워크숍에서 참가 임원들은 조직의 리더로서 최근의 해고가 흑인 직원들에게 더 많은 영향을 주었음을 인정하는 올바르고 '법적으로 안전한' 방법에 관해 합의하는 데 3시간 넘게 걸렸다. 그들은 해고를 다루는 방식에 문제가 있었다고 동의했지만, 의식적으로든 무의식적으로든 자신들이 인종주의적으로 편향되어 있었다는 점이 조금이라도 암시되면 법적 소송을 맞닥뜨릴 것이라는 생각에 집착했다. 실수를 인정할 경우 그들은 법적 위험부담을 감수하게 될 텐데, 이는 시스템이 원칙에 기반한 책임감을 실천하거나 그저 옳은 일을 하는 것을 훨씬 더 어렵게 만드는 근본적인 곤경 속으로 우리를 몰아넣는 방식을 잘 보여준다.

우리 회사를 그저 마케팅 도구로만 사용하고 싶어 했던 기업과의 수십만 달러짜리 계약을 거절하는 것부터 저명한 테크 업계 리더들을 공개적으로 지적함으로써 내 평판과 고용 가능성 저하를 감수하는 것에 이르기까지 나는 여러 가지 결정을 내려야 했고, 그것은 이 일에 내가 얼마나 헌신하고 있는지를 시험대에 올렸다. 그러나 불편한 진실은, 내가 가치관을 지키기 위해 내게 중요한 것들을 희생하는 데 언제나 성공하지는 못했다는 사실이다. 나와 내 가족에게 돈은 근원적인 트라우마를 자극했으며, 내 가치관에 따라 살고자 할 때 무언가를 희생한다는 것은 경제적 안전을 위협할 수 있기에 특히나 두려운 것이었다. 나의 아버지는 파산을 2번 겪었는데, 2번 다 가장 취약한 집단을 더욱 궁핍하게 만드는 시스템의 실패(예컨대 아버지가 부동산업에 종사하던 2008년의 서브프라임 모기지 사태 같은) 때문이었다.

2009년 어느 날 아침 견인트럭 소리에 잠에서 깬 아버지는 낯선 이들이 자신의 소지품이 그대로 들어 있던 자가용 차를 몰수해가는 모습을 보았는데, 아버지가 자동차 대금을 마저 다 치를 수 없었기 때문이었다. 수년간의 등골 휘는 노동 후 처음으로 마련한 집도 은행에 압류되면서 아버지는 마지막 자긍심마저 잃었다. 지난 10여 년에 걸쳐 아버지는 파산에서 간신히 벗어날 수 있었지만, 그가 항상 열망했던 안락함과 안전감은 여전히 손에 쥘 수 없었다. 오랫동안 나는 돈이 아버지의 존엄을 회복하거나 다시 사올 수 있는 방법이라고 생각했고, 나는 우리 가족이 미국에서 결코 갖지 못했던 경제적 안정을 이루는 것을 평생의 목표로 삼아왔다. 파트너와 내가 우리의 첫 집을 장만하기로 결심했을 때 이 모든 트라우마가 표면으로 떠올라 몇 주 동안 나를 괴롭혔다. '대출을 갚을 수 없게 되면 어쩌지?' '우리가 파산하면 어쩌지?' '우리 가족을 어떻게 부양하지?' '내가 어쩌다 집을 소유할 자격이 있다고 생각하게 됐지?'

여러 주택담보대출 기관을 비교해보던 중 메이저 금융기관에 있는 지인을 통해 매우 좋은 계약 조건을 제안받게 되었다. 절차를 밟는 동안 해당 은행의 잔학한 인종주의적 역사, 차별, 그들이 야기한 해악에 책임지지 않는 태도를 알게 된 나는 처음에 그 은행을 고려 대상에서 지워버렸다. 그러다 문득 나는 우리 앞에 놓인 선택지를 두고 난감해하며 망설이고 있는 나를 발견했다. 나는 스스로 타협하려는 나 자신을 발견했고, 내 가치관을 따를 것인지 더 유리한 대출 조건을 선택할 것인지 고민하며 며칠간 괴로워했다(당연히 주택 매매 계약서 날인은 연기되었고 매도자는 매우 불만스러워했다). 마침내 나는 윤리적 기준에 반해 그 조건을 받아들였다. 수년간 열심히 일해 마침내 목표를 이뤄낸 데 대한 자긍심을 느끼는 대신 나는 5만 달러를 아끼기 위해 내가 중요시하는 가치들을 팔아넘긴 스스로에 대한 혐오감을 느끼며 계약서에 서명을 했다.

내가 중요하다고 표명한 가치들 앞에서도 종종 어떤 것들을 희생할 수 없거나 희생하고 싶지 않은 순간들은 계속해서 생긴다. 원칙을 고수하지 못한 경우에 관한 이야기들을 사람들에게 들려주곤 하는 이유는 용서나 면죄부를 얻기 위해서가 아니라 가치에 걸맞게 산다는 것이 도덕적으로 올바른, 단순화된 슬로건보다 훨씬 더 복잡한 것임을 설명하기 위해서다. 분명히 말하건대, 나는 내 개인적 이득을 얻고자 내가 표명한 가치를 저버리는 일이 결코 없었다고 말할 수 없다. 때로는 필요해서, 때로는 치유되지 않은 상처 때문에, 아니면 욕망 때문에 그러곤 하지만, 이유를 불문하고 그러한 선택을 했다면 자신의 공모 사실을 솔직하게 인정해야 하며, 구체적으로 책임을 지는 노력을 기울여야 한다. 가치를 따라 사는 삶에 방해가 되는 것들을 이해하기 위한 첫 걸음은 진실해지는 것이며, 그럴 때 비로소 타협하기로 한 우리의 선택이 낳은 해악을 바로잡기 시작할 수 있다. 또 이처럼 진솔한 심사숙고를 하면 향후 우리의 가치에 더 부합하는 선택을 하는 데 도움이 된다. 내가 생각하는 가치에 부합한 부의 축적과 재분배가 어떤 모습인지 탐구하고 가치를 실행하지 못하게 막는 금전적 트라우마를 적극적으로 다루는 작업은 내가 책임감을 실천하는 데 매우 중요한 부분이며, 그것은 내가 결핍과 두려움의 영향을 받지 않고 더 현실적인 방식으로 이후의 결정을 내리는 데 도움을 주었다. 이러한 행동이 내가 내린 5만 달러짜리 결정에 면죄부가 되어주지는 않지만, 나의 선택과 그 의미에 대해 정직하게 파악하는 것은 중요하며 내가 비판하는 시스템을 유지하는 데 내가 공모하고 있는 것은 아닌지 따져봐야 한다는 점을 상기시켜주었다.

가치에 부합하는 삶을 살고자 한다면, 우리는 스스로 원하는 사람이 되기 위해 무엇을 희생할 수 있고 무엇을 희생하고 싶지 않은지 진솔하게 자문해볼 기회를 수없이 맞닥뜨릴 것이다. 공정성과 정의에 대한 우리의 헌신은 한쪽으로 기울어진 정의의 저울을 바로잡는 데 필요한 순간에 우리가 가진 특권과 편의를 포기할 의향이 있는지에 따라 시험되고 평가될 것이다. 이것이 언제나 쉽지는 않을 것이고(정말이지 결코 쉽지 않다), 우리는 완벽할 수 없지만, 진실성을 지키고 부족함에 대해 책임을 지고자 애쓰는 과정에서 우리는 원칙을 지키며 살아가는 능력을 갈고 닦을 수 있다.

주변화된 이들이 진 희생의 무게

주변화된 이들은 자발적으로든 아니든 권력과 특권을 가진 이들에 비해 일상적으로 무언가를 얻기 위한 대가로 더 많은 것을 포기하며 살아간다. 이들은 존엄, 안전, 안락함, 문화, 진정성, 건강, 인간성 등 더 큰 희생을 강요당하며 유해한 공간에서 살아내고자 노력한다. 다른 맥락에서 상대적 특권을 가진 우리가 무언가를 포기해야 하는 불편한 결과에 대해 걱정하는 동안, 많은 주변화된 이들이 백인우월주의의 규범 바깥에 존재한다는 이유만으로 처벌되곤 한다. 일례로, 우리는 가족간 저녁식사 자리에서 누군가의 동성애 혐오적 농담에 대해 지적하는 불편을 감수할 가치가 없다고 결정할 수 있지만, 한편으로 내가 봐온 많은 퀴어와 트랜스젠더들은 가족의 동성애 혐오와 트랜스 혐오 때문에 원가족˙으로부터 소외되었기에 그런 결정을 할 수가 없다.

좀 더 미묘한 예로는, 이미 주변화된 이들에게 위험부담과 희생을 추가적으로 져달라는 종종 암시적이고 때로는 명시적인 기대가

- '원가족(family of origin)'이 우리가 양육된 가족 단위(생물학적 가족, 입양 가족, 법적 후견인, 그 밖의 양육자 등)를 뜻하는 반면, '선택한 가족(chosen family)'은 '가족'에 대한 자신만의 정의 및 관련 가치들에 기반해 지지 시스템으로서 의식적으로 고른 이들을 지칭한다.

부과되곤 하는데, 같은 시스템 속에서 살아가는 특권을 더 가진 이들은 그만큼의 기대를 자주 받지 않는다. 주변화된 이들은 현상유지에 보상을 주는 시스템 안에서 위험부담과 여파를 부당하게 많이 감내고 있으며(예컨대 유색인과 여성은 직장에서 다양성을 주장한다는 이유로 불이익을 받고 지적당하는데, 백인 남성은 같은 부정적인 여파를 직면하지 않아도 된다), 공정성과 정의의 측면에서도 해악이 발생하면 개입하고 스스로의 안전을 담보로 변화를 촉구하면서, 부정의에 맞서 목소리를 높이는 데 여전히 주도적인 역할을 맡고 있다.

한편 특권과 권력을 더 많이 가진 이들은 스스로가 위험을 감수할 때조차 부정적 여파를 맞을 가능성이 더 적은데도, 뒤로 물러나 있기 일쑤다. 우리 회사를 처음 차렸을 때, 왜 초기 클라이언트의 대다수가 유색인 여성, 특히 기업의 다양성 트레이닝에 우리의 사회정의 기반의 접근법을 시도해보고자 한 중간관리자급의 흑인 여성이었으며, 왜 더 높은 직급의 백인 여성 인사담당자들은 우리의 제안이 대개 백인 남성인 사내 직원들에게 너무 '급진적'이라며 거절했을까? 왜 권력을 훨씬 덜 갖고 있고 잃을 것은 훨씬 많은 주변화된 이들이 항상 그러한 위험부담을 먼저 지게 될까? 그리고 이들이 희생을 더 많이 하지 못할 경우 가장 가혹한 비난을 받아야 하는 건 어째서일까?

그렇다. 우리는 언제나 가능한 한 우리의 가치에 근접하게 살 수 있는 선택의 여지를 가지고 있다. 주변화된 이들에게 순수함을 유지하며 순교자가 되어 타인에게 책임을 물으라고 하기 전에, 권력, 역사, 트라우마의 미묘한 뉘앙스와 맥락을 무시하지 말고 사람들이 불리한 선택지들 중 하나를 골라야만 하게 만드는 시스템의 힘을 살펴도록 하자. 가령 작디작인 문화적 역량을 보여줬다는 이유만으로 이미 많은 특권을 누리는 백인 경영진에게 찬사를 보내는 사람들이, 때때로 결핍보다 편안함을, 불이익보다 순간의 안전을 선택한 주변화된 사람들에게는 무자비하게 비난을 퍼붓는 것을 보면 당황스럽기 그지없다.

이 같은 부당한 눈총과 비난은 공공 영역에서뿐 아니라 DEI 현장 내에서도 흑인 여성을 가장 두드러지게 표적으로 삼는 것 같다. 그리고 내 경험과 비슷하게, 많은 주변화된 이들은 영리 조직에서 일하려면 어떤 식으로든 고통스러운 대가를 치러야 한다. 자신의 원칙에 따르느라 자신과 가족이 부채를 청산하도록 도와줄 수 있는 기회를 마다해야 하거나, 그 기회를 잡고서 자신의 가치와 공동체를 저버렸다고 생각하며 참담한 수치심과 자기처벌 속에 살아가거나 둘 중 하나다. 이것은 억압적인 시스템에 의해 정교하게 설계된, 이래도 저래도 실패할 수밖에 없는 이분법적 함정이다.

6장의 메시지를 반복하며 분명히 말하지만, 나는 주변화된 이들이 해악을 야기할 경우 그것을 용서하자거나 억압을 지속시키는 데 그들이 공모하는 걸 널리 이해하자고 주장하는 것이 아니다. 내가 주목하는 것은 미묘한 뉘앙스와 맥락을 고려하고, 가짜 이분법을 만들어내는 전반적인 조건을 문제 삼고, 특정 집단에 불공평한 기대를 하면서 다른 이들에게 계속해서 특권을 주는 행동 패턴을 지적하는 것이다. 때때로 주변부에 있는 사람들은 자신의 정체성과 맥락에 따라 어떤 것을 포기할 수 없을 수도 있는데(월급이나 이민 비자나 건강보험 때문에 유해한 직장에 머무른다든지, 돈을 아끼려고 월마트나 아마존에서 장을 본다든지, 문제적인 기관의 지원금을 받는다든지), 이는 포기하고 싶은 마음이 없어서가 아니라 그것이 그들의 생존 여부에 중요한 부분을 차지할 수 있기 때문이다.

주변화된 이들이 종종 생존과 진정성 사이에서 균형을 잡으려 지치도록 정신적, 정서적 전투를 치르는 동안, 대부분의 특권을 가진 이들은 먹고살기 위해 신념을 버리거나 미래를 지키기 위해 선을 넘을 필요가 없다. 나는 모든 주변화된 이들이 바로 이러한 풍요로움을 맛볼 수 있기를 바란다.

우리가 모두를 위한 평등과 정의를 보장하는 작업에 굳건한 마음으로 헌신하는 한편, 실제로 우리 모두는 다양한 맥락에서 서로 다른 필요를 가지고 이 어지럽고 결함 많은 세계를 최대한 잘 살아내려 노력한다. 억압의 시스템은 많은 경우, 특히 이미 주변화된 이들에게는 더더욱, 포기를 어렵거나 불가능하게 만드는 방식으로 존재를 드러낸다. 이 작업에서 끊임없이 긴장이 지속되는 이유 중 하나는 이러한 복잡성과 모순을 동시에 다루면서도 서로의 내재된 인간성을 잃지 않아야 하며, 우리가 가장 격렬한 분노를 쏟아야 할 대상은 오직 나쁜 선택과 더 나쁜 선택만을 만들어낸 폭력적인 시스템이라는 것을 항상 기억해야 하기 때문이다. 우리는 가치에 따라 살며 책임의식을 놓지 않고자 최선을 다하는 한편, 착취로 가득한 사회에서 주변화된 이들이 불가능한 도덕적 완벽성보다 생존을 우선시한다고 그들을 비난하고 비인간화하고 그들에게 수치심을 주는 손쉬운 길을 가지 않도록 저항할 필요가 있다. 우리는 인간성을 저버리지 않고도 단련될 수 있다. 가치에서 벗어났을 때 우리는 자기 자신과 서로에게 책임을 묻는 동시에 우리의 선택으로 생겨난 해악을 줄이고자 정직하게 노력할 수 있고, 또 그래야만 한다. 우리는 억압의 시스템을 해체하기 위해 항상 연대하는 한편 계속해서 권력을 가진 이들에게 더 많은 희생을 요구해야 한다.

억압받는다는 것은 선택지가 없다는 뜻이다.

- 벨 훅스

희생이라는 짐 재분배하기

주변화된 사람들이 감내해야 할 희생의 종류를 더 많은 권력과 특권을 가진 이들과 비교하여 공평하게 만들려는 노력은, 주변화된 사람들에게 어려운 결정을 회피할 수 있는 면죄부를 주려는 것이 아니다. 그보다는 애초에 기회나 자원을 많이 갖지 못한 상황에서 그들의 어깨에 놓인 불공평한 희생을 재분배하거나 상대적으로 특권을 가진 이에게 그 무게를 이동시켜 부담감을 완화하는 것이라 할 수 있다. 다른 이들의 안전을 위해 우리의 안락함을, 다른 이들의 존엄을 위해 우리의 체면을, 착취에서 자유로운 타인의 생계를 위해 우리의 최대 이윤을 희생하자는 것이다. 우리에게는 주변화된 이들을 향한 부정적 파급효과를 줄일 수 있는 조건을 만들 기회가 있으며, 이는 모두가 옳은 일을 하기 더 쉽게 만든다. 더 많은 사람들이, 그리고 더 많은 특권을 가진 사람들이 연대하여 이 짐과 위험부담을 나누어 짊어진다면 우리의 필수적인 희생은 더욱 공정하게 분배되고 성공의 기회는 늘어날 것이다.

어느 해엔가 나는 유명한 컨퍼런스에서 인사 담당자들을 대상으로 발언을 하게 되었다. 무보수의 일이었지만 수천 명의 산업 리더들에게 광고될 행사에 참여할 기회를 잡고 싶었다. 행사가 있기 2주 전, 웹사이트에서 해당 컨퍼런스에 참여하는 다른 연사들의 사진을 쭉 살펴보던 나는 주변 사람에게 들릴 만큼 크게 욕을 내뱉었다. 20여 명의 연사들 중 나만 유색인이었던 것이다. 나는 투덜대며 컨퍼런스 주최측에 이메일을 보내 유색인 연사를 더 섭외해 사태를 시정할 것을 요구했고, 그러지 않으면 나 역시 행사에 참여하지 않겠다고 했다. 담당자는 마치 어깨를 으쓱하듯이, 연사를 변경할 시간이 없으니 내년에는 더 신경 쓰겠다고 답장을 보냈다. 그래서 나는 그 중 개인적으로 알고 지내던 2명의 백인 연사에게 이메일을 보내 지원을 요청했다. 그들은 내게 더 이상의 짐을 지우지 않고 바통을 넘겨받아 백인인 컨퍼런스 조직 담당자에게 시급함을 설명하고 압력을 가해 흑인 및 갈색인종 연사들에게 연락했고, 결국 주최측은 흑인 연사를 섭외했다. 막판의 조치였고 토큰화의 위험도 있었기에 이것이 진정한 '승리'라고 생각하지는 않지만, 기꺼이 자신의 직업적 평판과 기회를 잃을 위험을 감수하고 변화를 위한 압력을 행사하며 다양성 면에서 이미 제한적인 연단에서 내가 자리를 지킬 수 있게 해준 백인 연사 2명에게는 정말 고마웠다. 만약 내 최후통첩이 묵살되어 내가 컨퍼런스에 불참했더라면 관련자 모두가 실패하는 상황이었을 것이다. 나는 우리 회사의 중요한 사업을 자세히 설명할 플랫폼을 잃었을 것이고, 컨퍼런스 참가자들은 가치 있는 다양한 관점을 놓쳤을 것이며, 결과적으로 아무런 실제적 변화도 없었을 것이다.

2014년 '원주민 행동 미디어 Indigenous Action Media'는 '앨라이 대신 공범: 동맹 산업복합단지를 폐지하기-원주민의 관점 Accomplices Not Allies: Abolishing the Ally Industrial Complex. An Indigenous Perspective'이라는 글을 게시했다. 저자들은 앨라이라는 개념이 상품화되고 "효과도 의미도 없게" 된 점을 강조하며 타인이 범죄를 저지르도록 도와주는 사람이라는 뜻의 '공범 accomplice'이라는 개념을 제안한다. "그러나 우리는 누가 우리 뒤를 봐줄 것인지 알고 있어야 한다. 더 적절한 표현으로는 '누가 우리와 함께하며 우리 편인가? 투쟁에서 지지와 연대를 제공하는 앨라이가 (대개 일시적으로) 지는 위험부담은 공범이 지는 위험부담과는 아주 다르다. 우리가 해방을 향한 투쟁에 연루되어 함께 맞서 싸울 때, 우리는 공범이라 할 수 있다. 지지와 연대가 범죄화됨으로써 앨라이 개념은 폐기될 수 있다."

공범 프레임은 사법체계의 도덕성에 도전한다. 어떤 실천이 합법이고 적법하다는 이유만으로 도덕적이거나 정당해지지는 않는다. 공정성을 이루기 위해서 때로는 부당한 법이 없어져야 하며, 그러한 법을 어기는 사람들은 아무리 도덕적으로 올바르더라도 범죄자가 될 위험을 스스로 감수한다. 일례로 미국에서 노예제와 인종분리 정책은 합법인 동시에 부당했으며, 적극적으로 정의를 위해 싸우려는 사람들은 부당한 법에 저항하는 위법을 저질러야만 했다. 이 공범 프레임은 집단적 해방에 헌신하는 이들에게 백인우월주의 사회에서 정의를 위해 싸우는 대가로 불공평하게 범죄자가 되고 처벌받는 것을 포함해 주변화된 이들이 맞닥뜨리는 것과 같은 종류의 위험부담을 지게 하면서, 그저 지지자가 되는 것을 넘어 공범이 될 것을 요청한다. 실제 삶에서 이 프레임의 예시는 백인이나 상대적 특권을 가진 이들이 흑인과 갈색인종 시위 참가자들이 받는 물리적 피해와 체포의 위험을 이해하면서 BLM 시위에서 인간 바리케이드를 형성하고 경찰을 직접 대면하는 전략을 짜는 경우 찾아볼 수 있다. 나는 프레임의 원래 의도를 희석하지 않고자, 물질적 위험부담(범죄자화, 투옥,

신체적 안위 등)을 동반하는 부당하고 억압적인 사법체계에 맞서 싸우는 맥락에서만 '공범'이라는 용어를 사용한다.

원주민 행동 미디어가 지적했듯, 진정한 공모는 흔히 체포의 위험이나 안전이 보장되지 않는 직접적인 실천의 영역으로 제한되며, 480명 넘게 체포되고 300명 넘게 부상당한 다코타 송유관 시위* 같은 현장 행동이 그 예다. 우리가 늘 공범이 되지는 못하겠지만, 우리가 명심해야 할 중요한 교훈은 여러 가지 위험부담을 나눠가지고, 아무것도 감수하지 않는 지지 개념에 문제를 제기하고, 해로운 시스템이 정의하는 정의正義 대신 주변화된 이들을 위한 진정한 정의와 안전을 지향하는 것이다.

긍정적 측면을 잊지 않기

계속해서 희생의 중요성을 설파하긴 했지만, 정의를 위한 여정에서는 우리가 무언가를 포기하고서 얻는 것 역시 너무나 많아 그

● '다코타 송유관(Dakota Access Pipeline)'은 미국 중서부를 관통하는 지하 송유관으로, 2016년 4월부터 2017년 2월까지 건설 반대 시위가 있었다. 송유관이 지나는 원주민 보호구역의 사람들은 송유관이 해당 지역의 수질을 심각하게 악시키고 문화유산을 파괴할 가능성이 있다고 하며 건설을 반대했고, 경찰은 겨울철에 시위대에 물대포를 쏘는 등 무자비하게 진압했다. 행정부가 바뀌면서 공사 중단과 재개를 겪었지만, 2020년 7월 미 연방법원은 환경영향평가가 부실하다는 이유로 송유관 폐쇄 명령을 내렸다.

결정을 의미 있게 만들기 때문에, 포기하는 것에만 집중해서는 안 된다. 모든 포기에는 긍정적인 측면이 있는데 우리는 그것에 대해선 잘 생각하지 않는다. 노벨상을 수상한 심리학자이자 경제학자인 대니얼 카너먼Daniel Kahneman과 그의 동료 아모스 트버스키Amos Tversky는 최초로 '손실 회피'라는 경제학 원칙, 즉 등가의 이득을 얻는 것보다 손실을 피하는 것을 더 선호하는 인간의 경향성을 발견했다("5달러를 줍는 것보다 5달러를 잃지 않는 것이 더 낫지"). 카너먼은 이를 다음과 같이 간단명료하게 표현한다. "손실에 대한 반응은 등가의 이득에 대한 반응보다 더 강하다."

댄 에리얼리Dan Ariely가 말하듯 "예측 가능하게 비이성적인" 우리 인간은 손실에 대한 본능적 저항에 따라 잠재적 이득에 대해 아는 바가 없을 때에는 특히나 더 포기에 동의하기 어렵다. 함께 일하는 조직 리더들에게 다양성을 존중하며 공정한 조직을 만들기 위해 자신이 어떤 희생을 치를 의향이 있는지 명확히 하도록 압력을 가할 때마다 나는 다음과 같은 질문을 하곤 하는데, 개인적으로 우리 스스로에게도 같은 질문을 적용해볼 수 있다. 우리가 얻는 것은 무엇인가?('소송 빈도 감소'처럼 구체적일 수도 '직원 몰입도 향상'처럼 추상적일 수도 있으며, 개인에게는 폭력 감소, 회복력 있는 관계, 지역사회 참여 등도 가능하다) 긍정적인 면 중 어떤 것을 과소평가하고 있는가? 가치에 부합하는 삶을 살 경우, 단기적으로 그리고 장기적으로 우리는 무엇을 얻는가? 어떻게 하면 그러한 이득을 조직 내에서나 개인적 삶에서 분명하게 알릴 수 있을까? 가장 주변화된 이들의 필요를 우선시하는 포용력 있고 공정한 해결책은 언제나 결국 모든 사람에게 이득이 된다는 점을 기억하자.

의사결정을 할 때 공정성과 정의를 위해 크고 작은 포기를 감행하는 사람들을 볼 때면 희망적인 느낌을 받는다. 아무 말 말고 조용히 있으라는 법무팀의 조언에도 급여 격차의 존재를 인정하고 개선하고자 하는 경영진, 원래의 광고가 주변화된 이들을 진실하게 재현하지 못한다는 이유로 작업 전체를 수정하는 데 추가적 시간과 자원을 투입하는 광고대행사, 자신이 상속받은 토지, 권력, 부를 재분배하기 위해 리소스 제너레이션Resource Generation 같은 조직을 통해 활동하는 청년들이 그 예다. 또 불공정한 작업 조건에 항의하며 파업에 힘을 모으는 직원들부터 비윤리적 실천에 대해 내부고발을 하는 용감한 개인들과 그들을 보호하려 모인 사람들까지, 자신의 생계에 대한 위험을 감수하면서까지 자신이 가진 권력이나 특권을 억압적 시스템을 저지하는 데 사용하며 연대 활동을 하는 사람들도 보았다. 리스크가 분담되고 더 많은 이들이 집단적 해방을 위해 서로 결속할 때, 리스크 자체는 덜 위험해진다.

공정과 정의라는 가치를 위해 위험 부담을 감수하고 접근권, 자원, 특권, 안전, 편의, 지위, 체면, 권력을 기꺼이 포기할 때, 우리는 스스로 진정성을 지킬 수 있을 뿐 아니라 정의·자유·치유에 대한 공통의 헌신으로 특징지어지는 더 깊고 진실된 연결의 가능성을 열어젖히게 된다. 목적과 의도를 가지고 선택하는 것은 우리가 매일 바라는 모습에 더 가까워지게 하는 평생의 연습이며, 나에게 이것은 매우 매력적이고 긍정적인 측면으로 다가온다.

12장

트라우마를 조심스럽게 다루기

"나 자신을 돌보는 것은 사치가 아니라 자기보호이며, 그것은 정치적 전투 행위다"라는 오드리 로드의 유명한 구절은 종종 원래의 맥락과 무관하게 인용되곤 한다.《폭발적인 빛A Burst of Light》에 등장하는 해당 구절은 오드리 로드가 두 번째로 암과 싸우는 동안 집필한 부분으로, 그는 인종주의, 성차별주의 이성애중심주의에 대항한 싸움을 맞닥뜨린 주변화된 이들에게 저항 행위로서의 생존은 매우 중요하다고 강조한다. "인종주의. 암. 둘 중 어떤 것이든, 공격하는 자는 이기기 위해 정복을 해야 하지만, 저항하는 자에게는 생존만이 필요하다." 자신의 생존과 치유를 위한 로드의 노력은, 지금도 그렇지만 흑인 여성을 비롯한 억압받는 이들의 목숨, 존엄, 치유에 가치를 둔 적이 없는 사회에서 일종의 정치적 저항 행위였다.

요약하자면, 자기를 돌보는 것은 거품 목욕이라든가 요가 명상 같은 게 아니다. 특히 이처럼 트라우마의 역사와 맥락을 고려하지 않는 것은 우리 주변에 만연한 백인우월주의의 패턴이다. 주변화된 이들이 어깨에 진 부담의 무게와 그들의 트라우마의 광범위함을 자주 상기하지 않을 경우, 우리가 정확히 무엇을 위해 싸워왔고 또 싸우고 있는지 잊기 쉽다. 수십, 수백 년간 주변화된 이들을 향해 지속되어온 체계적 폭력을 인정하기를 망각할 경우, 애초에 그러한 특징적인 고통을 만들어낸 조건들을 드러내고 그것들을 겨냥하지 않은 채 자기돌봄이라는 상품화된 미사여구를 사용해 치유의 책임을 개인에게 부과하는 것은 너무 간편한 방편일 뿐이다. 개인적 차원에서든 시스템의 차원에서든 지속적이고 반복적인 트라우마의 편재성을 인정하는 것은 환원적 분석과 근시안적 해결책을 피하는 데 매우 중요하다.

개인적 관계 차원에서 트라우마에 대해 둔감한 반응을 보일 경우 가스라이팅, 톤 다듬기, 영적 우회*처럼 여겨질 수 있으며, 전형적으로 지속적인 트라우마의 여파를 전혀 받지 않은 이들에게서 주로 이런 반응을 볼 수 있다. 시스템 차원에서는 체계적 억압의 유산에 관한 역사적 맥락을 고려하지 않은 정책들이 생길 수 있고, 5장에서 살펴보았듯 역사적 잘못을 바로잡고자 하는 이들은 공정한 경쟁의 장이 존재한다는 잘못된 가정과 우리 사회가 이미 능력주의라는 허위 서사에 맞서 어려움을 겪게 된다.

여러 사람이 이견을 보이는 열띤 논쟁에서 나는 개인들이나 여러 주변화된 공동체의 역사적, 현재적 트라우마의 무게에 관한 이해와 계산이 심각할 만큼 다양한 층위로 존재하는 것을 종종 본다. 이

---

* spiritual bypassing. 영적 개념이나 수행으로 인간의 기본적 욕구, 심리적 상처, 해결되지 않은 감정적 문제, 발달과제 등을 회피하려는 경향−옮긴이

문제를 제대로 다루지 않을 경우, 좁혀지지 않는 의견 차이로 기존의 불평등과 해악의 순환고리가 여러 세대, 여러 공동체에 걸쳐 악화되면서 우리는 함께 앞으로 나아가지 못할 수 있다.

트라우마의 맥락을 이해하기

KEYWORD 체벌에 관한 이야기, 노예제와 인종학살의 트라우마에 관한 묘사, 성폭력, 친밀한 관계 내 폭력에 관한 언급

미국으로 이민 오기 전 한국의 가톨릭계 초등학교에 다니던 6년간 나는 동기부여를 위한 주요 도구로 사용되던 공개적 수치심과 체벌을 경험했다. 신체적 통증뿐 아니라 학급 아이들 앞에서 공개적으로 교사에게 맞는 수모에 대한 겁에 질린 나는 두려움 때문에 매일 기를 쓰고 숙제를 빠짐없이 해 갔다. 미술 준비물을 깜박하고 안 가져왔다든가, 시험 성적이 나쁘다든가, 실수로 이름을 안 쓰고 숙제를 제출했다든가, 교사에 따라 체벌을 행하는 이유는 매우 다양했다. 어떤 교사들은 막대자로 손바닥을 때렸고, 어떤 교사들은 수업시간 내내 교실 앞에서 무릎을 꿇고 양팔을 드는 등 힘든 자세나 팔굽혀 펴기 자세로 벌을 서게 했으며, 어떤 교사들은 소리를 지르며 멍청하고 게으르다거나 '너희 가족을 욕먹인다'며 야단쳤다. 공개적으로 망신을 주어 다른 아이들이 절대로, 결코 경거망동하지 않도록 고

통의 기억을 각인시키는 것이 핵심이었다. 내가 여동생과 싸울 때면 우리를 때리면서도 함께 울곤 했던 우리 어머니를 포함해 일부 사람들은 '사랑하기 때문에 때린다'라고 말했다. 한편 미국에서는, 아시아인들의 엄격한 훈육 방식과 학업 성취에 대한 극렬한 집착에 관한 이야기가 과도하게 엄격한 엄마, 즉 타이거 맘Tiger Mom과 감히 규칙을 어길 생각도 못 하고 열심히 공부하는 아시아계 학생들에 대한 희화화된 묘사에 스며든다. 아시아계 청년들을 진심으로 걱정하는 척하는 수많은 백인들은 이렇게 묻곤 한다. "아시아계 부모들을 왜 그렇게 엄격한가요?" "어떻게 자기 아이들을 그렇게 대할 수 있죠?" 이런 질문에는 도덕적 우월감의 흔적이 배어 있는 듯하며, 백인들은 어째서 자기 조상들의 잔학성은 그토록 쉽게 망각하곤 하는지 놀라울 따름이다.

2021년 한국은 아동에 대한 체벌을 금지한 62번째 국가가 되었다. 이제는 흔하게 접할 수 있는 휴대전화 카메라로 학생들이 교실 내 가혹한 체벌을 찍고 공유하기 시작하던 2000년대 초반부터 교내 체벌을 금지하자는 압력이 있어왔다. 그즈음부터 학교 등에서의 체벌 금지는 한국인들 사이에서 논쟁적인 주제가 되었다. 많은 보수적인 한국인들은 체벌이 우리 문화의 중요한 부분이자 교육자, 연장자, 훈육, 근면성에 대한 깊은 존경에 뿌리를 둔 전통이라고 했고, 다른 이들은 이미 큰 부담감을 주는 경쟁 사회에서 성취에 대해 엄청난 압박을 받고 있는 청년들에게 공포심을 심어주는 그러한 실천은 중단할 때가 되었다고 주장했다. 한국의 교내 체벌이 당나라에서 유교 기반의 교육체계를 들여온 10세기부터 시작되었다고 널리 알려져 있기는 하지만, 한국의 일부 학자들은 체벌이 일제강점기 동안 조선 사람들이 겪은 고초를 모방한 극단적인 사례라고 주장한다. 한신대학교 강순원 교수에 따르면, "식민지기 체벌은 특히 가혹했는데, 학생들이 조선의 문화를 배우려는 관심을 표할 경우 채찍질을 당하기도 했다. 일제강점기 이후에 한국은 서구적 교육 시스템을 더 많이 수용하기는 했지만, 그에 따라 자본주의 이데올로기에 몰두하게 되면서 학생들 간 유례없는 경쟁이 초래되었다."

작가이자 트라우마 전문가인 레스마 메너켐Resmaa Menakem은 자신의 책《내 할머니의 손My Grandmother's Hands》에서 치유되지 않은 트라우마의 지속을 문화로 착각하는 경향에 대해 경고한다. "[치유되지 않은 트라우마가] 여러 가족과 세대를 거치면서 전달되고 증폭된다면 그것은 문화처럼 보이기 시작할 수 있다. 그렇지만 그것은 문화가 아니다. 시간이 지나며 맥락을 잃어버린 트라우마의 기억일 따름이다."

'누가 우리에게 그렇게 때리라고 가르쳤지?'라고 나 자신에게 질문하는 대신, 제멋대로인 백인 아이들이 식당에서 뛰어다니는 모습을 보며 '쟤들은 안 맞고 커서 저래'라고 농담한 적이 얼마나 많던가. 메너켐은 흑인의 몸과 마음을 치유하는 일의 중요성을 강조하며 맥락을 잊지 말자고 호소한다. "[흑인 가정에서 흔히 쓰는] '매

맞다'라는 뜻의 'whupping'이라는 어휘는 수세기 동안 미국의 표준 관행이었던 '채찍질whipping'이 약간 순화된 말이다. 플랜테이션plantation 감독관들은 일상적으로 흑인의 신체에 채찍질을 가했는데, 거기에는 처벌의 목적과 통제의 목적이 모두 있었다."

백인 폭력의 유산, 치유되지 않은 흑인들의 트라우마, 그런 트라우마가 세대에 걸쳐 지속되고 되살아나는 것이 분명한 방식으로 연결되어 있다고 한 메너켐의 주장은 내게 각성의 순간을 마련해주었다. 메너켐은 글로벌 사회에 사는 우리가 얼마나 자주 온전한 맥락에서 탈구된 이야기를 지어내, 거대한 폭력의 근원과 가해자들의 정체는 공개되지 않는 반면 치유되지 않은 트라우마를 가진 희생자들이 오늘날의 고통을 전적으로 책임지게 되는 위험한 현실을 만들어내는지 폭넓은 관점에서 조망한다. 맥락 안에서 트라우마에 접근하고 그 이유를 조사하는 이 새로운 방식의 지식을 갖게 된 나는 이제 우리 민족에게 자행되어온 광범위하고 지속적인 폭력의 유산에 대한 비판적 관점을 통해 '문화'로 여겨져온 수많은 트라우마를 재평가할 수 있게 되었다.

미국심리학회는 '트라우마'를 "사고, 강간, 자연재해 같은 끔찍한 사건에 대한 정서적 반응"으로 정의한다. 충격과 부인이라는 즉각적 반응이 흔하며, 장기적 반응으로는 "예측 불가능한 감정, 플래시백(갑작스러운 트라우마 상황 회상), 관계 내 긴장감, 두통이나 메스꺼움 같은 신체 증상" 등을 포함한다. 트라우마는 예컨대 심리적, 신체적 영향을 지속적으로 받는 교통사고 같은 일회적 사건처럼 다양한 것으로부터 기인할 수 있다. 그러나 나는 주변화된 사회적 정체성을 가진 이들에게 가해지는 시스템과 대인관계 내에 만연한 억압에서 비롯하는 트라우마에 집중해 이 주제를 논하려 한다. 부정할 수 없는 인종주의적 트라우마의 영향, 즉 "인종적 편견과 민족에 대한 차별, 인종주의, 증오범죄에 의한 정신적·정서적 상처"로 정의되는 인종 기반의 트라우마적 스트레스RBTS에 대한 수많은 연구가 있다. 모든 인종주의적 사건이나 인종적 편견이 트라우마로 경험되는 것은 아니지만, 모든 인종주의적 트라우마는 다양한 형태의 인종주의적 폭력에서 기인한다. 많은 연구에 따르면, 장기적 트라우마의 부정적 증상은 정서와 정신건강에 국한되지 않고 심각한 신체적 질병을 유발할 수 있기에, 트라우마의 원천을 줄이는 것과 역사적으로 경험된 트라우마의 치유가 둘 다 긴급하고 중요해진다.

그럼에도 현재 우리 사회는 애초에 트라우마를 만들어낸 폭력의 경험을 중단시키기는커녕, 억압받는 이들이 치유를 우선시할 수 있도록 적절한 조건조차 제공하지 못하고 있다. 심리상담 치료에 접근하는 것을 예로 들어보자. 진정으로 트라우마에 대해 잘 알고 사회적으로 의식 있는 접근법을 사용하는 정신건강 전문가를 찾는 것만큼이나 유색인 정신건강 전문가를 찾는 것은 너무나도 어렵다. 게다가 건강보험 문제도 존재한다. 많은 사람들이 여전히 건강보험을 갖고 있지 못하기 때문에 치료에 접근하는 것 자체가 믿을 수 없이 어려운 일이며, 설사 건강보험이 있다고 해도 대개의 보험사가 심리치료를 보험 적용 범위에서 제외한다. 대부분의 심리상담사가 표준적 업무 시간 이외에는 일을 하지 않기 때문에, 특히 업무시간에 유연성이 없는 일자리를 가졌거나 시급제로 일한다면 심리치료를 위한 시간을 내는 것도 어려울 수 있다.

친밀한 파트너의 폭력 때문이든 해로운 가족관계 때문이든, 심리치료에 접근하는 것이 안전하지 않은 위치에 있는 사람도 있을 수 있다. 아시아계 사람들을 포함해 많은 유색인 공동체에서 정신건강 문제를 둘러싼 낙인도 여전히 존재하기에 유색인이 정신건강 서비스를 찾는 비율은 백인보다 3배 적다. 그리고 어떤 이들은 병리화되거나 범죄자 취급을 받거나 고발당하거나 무시되거나 가스라이팅 당할까 봐 두려워 정신건강 서비스를 제공하는 기관을 신뢰하지 못할 수도 있다.

우리가 적극적으로 치유를 위해 애쓴다고 해도, 시스템에 내재해 있는 같은 형태의 폭력이 장애물이 되어 계속해서 트라우마를 만든다. 트라우마를 만들어낸 조건이 변하지 않는 한, 우리는 비슷한 트라우마를 다시 겪을 위험을 감수하게 되고 결코 상처를 완전히 치유할 수 없을지도 모른다. 내가 생성적 소마틱스Generative Somatics의 창립자이자 《트라우마의 정치학The Politics of Trauma》의 저자인 스테이시 헤인스Staci K. Haines가 제시한 트라우마의 정의를 높이 평가하는 한 가지 이유는 이와 같은 더 광범위한 시스템 분석을 포함하기 때문이다. "[트라우마는] 우리의 안전, 소속감, 그리고 존엄성에 대한 본질적인 필요를 깨거나 배신하는 경험, 일련의 경험들, 그리고/또는 사회적 조건의 영향들이다." 나아가 헤인스는 '체계적 트라우마'를 "특정 집단들에 반복적으로 가해지는 침해, 착취, 묵살, 박탈"이라고 명명한다.

개인에 초점을 두는 트라우마에 대한 전통적 접근법이 '어떻게 치유할 수 있을까?'를 질문한다면, 트라우마에 대한 체계적 접근법은 '애초에 치유되어야 할 트라우마가 왜 이토록 많은가?'를 질문한다. 우리가 개인들의 트라우마와 그것을 생성하고 지속시키는 조건들을 서로 연결할 때, 개인적 자기돌봄은 집단적 치유의 기반을 마련할 지속 가능한 진정한 변화를 가져오기에 충분치 않다는 현실을 이해할 수 있다.

또 다른 중요한 개념은 '역사적 트라우마' 혹은 "거대한 집단적 트라우마 경험에서 비롯되어 일생에 걸쳐 작용하며 세대 간에 전승되면서 축적되는 정서적·심리적 상처"이다. 이 용어는 1980년 미국 원주민 사회운동가이자 정신건강 전문가로서 라코타Lakota 공동체

• 시스템적 트라우마에 관한 이 질문들과 언어는 훌륭한 작가이자 퍼실리테이터이며 내가 어웨이큰에서 함께 일하는 영광을 누린 친구인 어맨다 마차도(Amanda Machado)가 내게 소개해준 것이다.

에서 여러 세대에 걸쳐 전해져온 학살, 식민화, 강제이주, 동화로 인한 정서적·심리적 트라우마의 지속적 효과에 대해 연구한 마리아 옐로호스 브레이브하트Maria Yellow Horse Brave Heart에 의해 처음으로 개념화되고 고안되었다. 2000년 발표한 글에서 그는 우울, 분노, 자살 충동, 낮은 자존감, 심리적 문제로 인한 몸의 질병을 포함하는 역사적 트라우마에 대한 여러 가지 반응을 설명하는데, 그것들은 모두 "이 트라우마에 대한 반응으로 나타나는 일련의 특징들"이다. 수년에 걸친 브레이브하트의 연구는 라코타 공동체 내에서 관찰된 특정 사례와 영향에서 시작했지만, 유사한 의미와 패턴이 대규모로 트라우마를 겪고 억압받은 여러 인구집단에서 나타나며 해결되지 않은 비애가 세대에서 세대로 전해져 내려온다.

집단적 치유를 향한 여정에서 우리는 먼저 역사적 유산과 트라우마를 발생시키는 시스템을 검토해야 한다. 항상 역사적으로 억압받은 이들의 고통을 맥락화하는 실천을 통해 우리는 그들이 치유될 수 있는 조건을 이해하고 해결책의 범위를 확장해 폭력적인 패턴을 중단시킬 수 있다. 또 우리는 광범위한 시스템에서 우리가 담당하는 역할을 비판적으로 검토하고, 우리가 빈곤의 대물림, 차별적 분리, 대량수용 등 폭력적인 조건으로부터 도움이나 혜택을 받지는 않았는지 질문해봄으로써 스스로를 타인의 트라우마에 대해 무고한 방관자로 여기고 싶어 하는 유혹에 저항하고, 치유를 가능케 하는 조건을 형성하는 데 적극적인 참여자가 되어야 한다.

역사적으로 해결되지 않은 비애가 역사적 트라우마 반응에 수반되는 감정이다.

– 마리아 옐로호스 브레이브하트

트라우마끼리 서로 충돌할 때

KEYWORD 폭행, 흑인 혐오 인종주의에 관한 묘사

몇 년 전 밤에 내 어머니는 샌프란시스코에서 흑인 남성에게 폭행과 강도를 당했다. 그는 어머니의 머리를 세게 내리쳐 콘크리트 바닥에 쓰러뜨렸고, 어머니는 다리를 다쳐 피를 흘렸다. 그는 어머니가 아끼던 선글라스와 한 달치 집세가 현금으로 들어 있던 핸드백을 빼앗아 달아났다. 그 사건은 어머니에게 신체적·정서적 상처를 남겼고, 어머니가 다시 집 밖을 나가기까지는 많은 용기가 필요했다. 며칠 뒤 어머니는 한 흑인 남성이 길 반대편에서 자신을 향해 걸어오고 있음을 알아차렸다. 얼마 전 공격당할 때의 공포를 어머니의 몸이 기억했고, 어머니의 생존 본능은 도망치라고 말했다. 어머니가 길을 건너자 그 흑인 남성은 어머니의 갑작스러운 움직임을 알아차렸고 이렇게 물었다. "왜 길을 건너가셨죠? 저는 위험한 사람이 아닙니다!" 어머니는 몹시 당황해 내게 전화를 걸어 자초지종을 이야기했다. 그날, 백인우월주의 문화를 배경으로 두 사람의 트라우마가 서로

충돌한 것이다.

　스테이시 헤인스에 따르면, 내 어머니의 본능적 반응은 모든 인간에게 내재해 있는 5가지 흔한 생존 반응, 즉 싸우기fight, 도망치기flight, 얼어붙기freeze, 굴복하기appease, 해리하기dissociate 중 하나다. 이러한 반응은 우리를 안전하게 해주는 자연스러운 보호 기제이지만, 때로는 실제 위협과 위협이라고 간주되는 것을 구분하지 못해 무분별하게 사용되기도 한다. 헤인즈는 "한번 상처를 입거나 위험에 처하면, 우리의 자동적 방어기제는 대개 같은 피해가 다시 발생할 것이라고 가정하고 일반화한다. 이럴 때 우리가 방어를 중지하고 믿을 만한 선한 사람들과 상황을 알아보기란 쉽지 않다. 오히려 나쁜 일이 다시 일어나기를 기다리는 것처럼 느껴지기도 한다. 이러한 생존 반응은 고통과 절망, 불신, 고립을 만들어낼 수도 있다. 우리는 안전, 사랑, 존엄성, 타인들의 행동을 잘못 평가할 수 있다."

　맥락을 고려할 때, 내 어머니의 생존 반응은 이해할 만하다. 그럼에도, 널리 존재하는 흑인 혐오적 스테레오타입의 영향을 받아(어머니를 공격한 자가 백인 여성이었다면 어머니가 모든 백인 여성에게 두려움을 갖게 되었을까? 난 아니라고 생각한다) 즉각적으로 모든 흑인 남성을 향해 두려움을 과도하게 일반화한 것은, 적절하게 다뤄지지 않고 방치될 경우 타인과 어머니 자신에게 계속해서 해악이 될 수 있다.

　내 어머니의 행동에 대한 그 흑인 남성의 반응 역시 이해할 만하고 타당하다. 백인우월주의 문화에서 '위협적'이라거나 '위험하다'고 간주되곤 하는 흑인과 갈색인종 사람들은 어머니가 보인 행동 같은 미묘한 차별을 자주 겪는다. 이러한 경향을 방치한다면 흑인과 갈색인종 사람들에 대한 경찰 폭력이 적법하다고 여겨지게 되고, 그들을 표적 삼은 과도한 단속과 대량 투옥를 정당화하며, 지나친 경찰조사를 받고 신뢰성을 의심받는 흑인 및 갈색인종 청소년들을 학교에서 교도소로 이어지는 인생 경로로 더욱더, 부당하게 몰아넣을 수 있다. 그 순간에 어머니가 했어야 하는 행동에 대한 정답이 무엇인지는 모르지만, 나는 똑같이 타당성을 가지는 서로 다른 현실들이 우리 주변에서 언제나 부딪히고 있어 한 사람의 트라우마 반응이 다른 이의 트라우마 반응을 촉발시킬 수 있고, 상처받은 모든 영혼은 안전과 이해를 갈망한다는 사실은 알고 있다.

　직접적이든 간접적이든, 누구도 우리 주변 도처에서 벌어지는 시스템의 폭력과 관계 내 폭력의 영향으로부터 자유롭지 않다. 예컨대 백인우월주의적 망상은 유색인에게만 해로운 것이 아니며, 백인들에게서도 공동체를 앗아간다. 레스마 메너켐은 "백인 신체 우월주의의 궁극적 아이러니"는 백인 미국인들이 "보호받고 봉사받는다는 명목으로 … 성인으로서 삶에 필요한 기술을 온전하게 발달시키지 못하게 되어" 그들 다수가 "트라우마에 더 취약해지고, 스스로 더욱 연약하고 위협받는 느낌이 들게 되는 것"이라고 말한다. 수많은 백인 임원들과 함께 작업해본 경험상 나는 이 점에 동의한다. 나는 많은 백인 임원들이 표면적 자신감 아래 깊은 곳에 두려움, 수치심, 그리고 자신이 우월하고 지배적이고 전능해야 한다는 내면화된 백인 우월주의적 기준에 따른 자신의 능력과 가치에 대한 불안을 숨기고 있는 것을 목격해왔다. 이 내적 부조화는 종종 무서울 정도의 분노나 지위, 돈, 사람, 권력에 대한 정복욕뿐 아니라, 자기 자신, 자신의 혈통, 그리고 주변 사람들과도 제대로 관계 맺지 못하는 양상으로 나타나기도 한다.[*]

폭력의 발자국은 항상 보이는 것보다 더 크다.

더러운 고통의 위험

KEYWORD 아시아계 혐오 인종주의에 관한 이야기들

고통은 중요하다: 우리가 고통을 어떻게 회피하는지, 고통에 어떻게 굴복하는지, 고통을 어떻게 다루는지, 그리고 고통을 어떻게 초월하는지.
- 오드리 로드

수용전념치료ACT, acceptance and commitment therapy에서 '깨끗한 고통clean pain'은 무언가 끔찍한 일이 일어났을 때 우리가 느끼는

· 그러나 충격적인 점은, 사회가 주변화된 이들의 트라우마는 범죄화하면서 백인들의 트라우마 반응에는 종종 보상을 준다는 사실이다.

자연스러운 고통으로 여겨진다. 반면 레스마 메너켐에 따르면, '더러운 고통dirty pain'은 "회피, 비난, 부인의 고통"이다. 더러운 고통은 상처 입은 사람들이 "가장 상처 입은 부분에서부터 반응해, 잔인하고 폭력적이게 되거나 신체적·정서적으로 도망칠 때" 일어나는데, 그에 따라 심지어 그들 자신과 주변인들에게 더러운 고통을 추가로 얹게 될 수도 있다. 내면화된 억압을 통해서든 고통의 무기화를 통해서든, 치유되지 않은 트라우마의 부작용은 때때로 억압의 순환을 우리 스스로 지속시키는 데 공모하게 한다. 이는 비록 조건적이고 일시적일지라도 상대적인 권력, 특권, 그리고 안전을 얻기 위해서일 때가 많다.

갓 도착한 이민자로서 나는 아시아계 혐오 인종주의와 외국인 혐오의 노골적인 타깃이었다. 미국에서 중학교를 다니기 시작한 첫 주에 백인 소년 둘이 점심시간에 나에게 다가왔다. 내가 미리 준비한 자기소개를 입 밖으로 꺼내기도 전에 한 소년이 내 면전에 바나나를 들이대고 말했다. "너 이게 뭔지 알아? 이건 바! 나! 나!라는 거야!" 나는 맞서 싸울 말을 잃은 채 거기에 치욕스럽게 서 있었다. 그 뒤로 매일 나는 한국어를 사용하지 않았고 좋아하는 한국 음악도 듣지 않았으며, 생존을 위한 투쟁을 시작했다. 한국식 억양을 버리고, 다른 한국인 이민자들과 거리를 두고, 백인 아이들에게 다가가는 등 백인에게 동화되고자 애썼다. 나는 빈번하게 새로 사귄 백인 미국인 '친구들' 사이에서 웃음거리가 되기를 자처했고, 그들은 내게 발음하기 어려운 단어들을 말하게 시킨 후 내 발음을 따라 하곤 했다. 나는 아무리 가식적이더라도, 또 내 존엄을 희생시켜서라도 그들에게 받아들여지기를 갈망했다. 그리고 마침내 실제로 그렇게 되기 시작했다고 생각했다. 다만 내가 실제로 느낀 것은 그들이 진정으로 나를 받아들였다는 느낌이 아닌 자기혐오로, 그 감각을 통해 나는 나와 같은 이들을 소외시킴으로써 백인 친구들과 더 비슷해졌다고 착각하게 되었다. 어느 날 내가 백인 친구들과 걸어가던 중 바닥에 앉아 와자지껄 웃으며 점심을 먹고 있던 한국인 아이들 앞을 지나갈 때 나는 한국인 아이들의 낯 두꺼움에 대한 수치심과 동시에 그들이 내 험담을 할까 봐 불안감을 느꼈다. 나는 '쟤네는 내가 지들보다 영어를 더 잘해서 견딜 수 없는 거야'라고 속으로 되뇌며 걸어갔지만, 그 아이들이 무엇 때문에 웃는지 궁금한 것은 어쩔 수 없었다.

> 피해자를 가해자로 만듦으로써 시스템은 지속되며, 모든 이가 이 억압의 시스템에 공모하게 된다.
> **- 티무르 쿠란**

이러한 억압의 내면화가 세대에 걸친 끊임없는 사회화의 순환에 의해 강화되면서 나타나는 위험한 영향은 여러 측면에서 관찰할 수 있다. 사회적으로 특권을 가진 사람들조차도, 동일한 규모의 체계적 억압이나 트라우마를 경험하지는 않더라도, 소외와 상처를 경험한다. 이들의 치유되지 않은 상처는 사회적 권력과 특권, 그리고 그 권력을 유지하기 위해 체계적 억압을 지속하려는 적극적인 의지와 결합할 때, 사회에 훨씬 더 가혹한 영향을 미칠 수 있다. 마치 남성성을 박탈하는 식의 괴롭힘을 당한 적 있는 남성이 주변화된 젠더를 비하하고, 지배하려는 행동을 수반하며 분노의 방향을 해로운 남성성 쪽으로 트는 것처럼, 혹은 백인 활동가가 백인으로서 자신의 특권을 인정하길 거부하고 오직 자신의 주변화된 정체성만을 주장하며 그 주변화된 정체성과 인종주의가 교차하는 지점에서 유색인 활동가 대신 자신이 중심에 서려 하는 것처럼 말이다. 그리고 이 집단적 고통의 전이collective pain transfer는 우리의 몸을 통해 계속해서 순환하며, 타인의 몸으로 주입되고, 억압적 시스템을 지탱하는 촉수를 더 많이 만든다.

내가 깨닫게 된 것은 제대로 치유되지 않은 내 상처가 나를 백인우월주의와 자본주의 문화의 유혹에 더욱 취약하게 만든다는 점이다. 이 유혹은, 사회가 혐오하고, 경멸하고, 소외시켜온 사람들보다 내가 더 낫고, 더 가치 있고, 더 자격이 있다고 계속 믿기만 한다면, 나 역시 일말의 안전감, 소속감, 그리고 풍요의 일부분을 얻을 수 있다는 속삭임이다. 트라우마 전이의 순환에 갇힐 경우, 사다리의 맨 밑에 있지 않은 이상 자신은 괜찮다고 굳게 믿으면서 억압적 사회 계층화와 구조를 맹렬히 옹호하게 되기 쉽다. 그러나 내 트라우마는 내게 상처 입힌 것과 같은 잔학성을 손쉽게 반복하려는 본능적 경향을 설명해줄 수는 있어도, 내게서 책임을 면제해줄 수는 없다. 메너켐이 상기시켜주듯, "나에게 트라우마가 있다"라는 말은 "치유하라는 신호이지 해악을 야기해도 된다는 신호가 아니다". 메너켐은 이 점을 특히 백인 독자들에게 강조하지만, 나는 이것이 내게도 적절한 메시지라고 생각한다.

집단적 치유는 결코 쉬운 일이 아니지만, 매우 중요한 일이다. 억압적 시스템과 그 모든 불공평함에도(또 그것들 때문에), 우리 모두는 자신의 트라우마를 치유하기 위해 싸워야 한다. 우리 자신의 인간성과 기쁨을 상실한다는 것은 너무나도 큰 희생이기 때문이다.

치유를 위한 조건을 형성하기

KEYWORD 강간에 대한 이야기

치유는 필요한 곳에서 우리가 싸울 수 있게 해주며, 우리가 바라는 곳에서 사랑할 수 있게 해준다.

– 프렌티스 헴프힐

대학 시절 전 남자친구에게 강간당했을 때, 나는 정신이 육체를 이탈하는 경험을 했다. 맞서 싸우는 게 소용없고 폭력을 피할 수 없음을 깨닫자 내 영혼은 몸을 떠났고, 나는 기숙사 방 침대 위에서 나 자신을 내려다보았다. 그 시간 내내 나는 무감각했다. 몇 년 동안 나는 이 일을 단 한 명을 제외하곤 아무에게도 말하지 않았다. 말하지 못한 것이 수치심 때문이었다고는 생각하지 않는다. 더러운 고통 때문에 너무 역겨워서 토할 때까지, 가능한 한 일어난 일을 부정함으로써 나 자신을 보호하려는 생존 반응이 장기화되었던 것 같다. 열 살짜리 몸에 체벌을 가하는 교육 시스템 속에서 자라온 경험부터 갑자기 의사소통 능력과 함께 나의 언어로 스스로를 정의하는 주체성을 잃게 된 미국으로의 이주 경험에 이르기까지, 내 몸에 대한 통제를 상실했다는 감각은 수년 전부터 내 삶에서 반복해 나타나고 있었다. 나는 더 이상 스스로를 무한한 가능성을 가진 영웅이 아닌, 간신히 매일의 수모를 견디며 살아남으려 노력하는 사람으로 여기고 있었다. 나는 그런 순간들이 나를 집어삼키거나 그것으로 정의되지 않도록 하기 위해 스스로를 달래고 해리하는 생존 반응에 의존했다.

아, 그러나 이 처리되지 않은 더러운 고통은 내 발목을 잡았다. 과거 경험은 성인기의 대부분 동안 내 삶의 방식을 결정했고, 나는 너무도 자주 박탈당했던 통제감과 존엄성을 지키고자 무던 애를 썼다. 동료들이 업무상 변경 사항을 미리 공유하지 않을 경우, 나는 그들이 나를 존중하지 않는다고 빠르게 판단하곤 한다. 만약 누군가가 의도치 않게 선을 넘는다면, 나는 방어벽을 치고 다시는 누구도 믿지 않겠노라 다짐한다. 대인관계에서 위험이 발생할 첫 징후가 드러난다 싶으면 내 몸은 조절 기능을 잃고, 내 정신은 싸울 준비를 하거나 혼자 소외되기 전에 미리 떠난다. 그리고 좋은 일이 생길 경우, 나는 우선 의심을 먼저 해본 후 최악의 상황에 대비해 실망감을 통제하려 한다. 과잉각성과 회의주의는 나를 계속해서 다치게 만든다.

끊임없이 유색인 여성을 존중하지 않고, 믿지 않고, 착취하고, 학대하는 사회에서 내 생존 반응은 자주 나를 안전하게 해주기도 한다. 선을 명확히 긋고, 해로운 관계에서 도망치고, 직접적으로 해악을 다루는 데 내 생존 반응은 도움이 된다. 예리한 감각 덕분에 나는 신체적으로 피해를 입을 수도 있었을 수많은 위험한 상황에서 빠져나올 수 있었다. 그렇지만 그 감각이 과하게 발동될 경우 분별력을 흐릴 수 있고, 진심으로 내 행복을 바라는 사람들과 함께 연결되고 치유하고 안전을 확인할 기회에서 멀어질 수도 있다는 점 역시 인정한다.

다행히도 지난 몇 년에 걸쳐 나는 어떤 종류의 조건이 내 트라우마 반응을 가장 악화시키는지, 어떤 조건이 나를 가장 편안하게 만드는지 식별할 수 있게 되었다. 나는 내가 취약함을 드러낼 수 있는 관계와 나를 방어적으로 만드는 관계의 유형을 이제 이해하기 시작했다. 트라우마에 대한 인식을 전제한 문화와 트라우마를 만들어내는 문화 양쪽의 속성들을 각각 확인하는 과정에서, 나는 체계적 억압이 널리 존재함에도 서로의 치유를 지지해줄 수 있는 조건을 만들 기회가 동시에 존재한다는 점을 분명하게 알 수 있었다.

다음은 우리 모두가 인정받고 안전함을 느낄 수 있는 문화를 조성하기 위해 시작할 수 있는 몇 가지 방법이다.

- 주체성을 회복하고 각자의 경계선을 존중한다: 관계 내에서 혹은 조직 안에서 요구하기, 공유하기, 질문하기로 곧장 뛰어들기 전에 미리 허락과 동의를 구하는 연습을 하자. 이것은 우리의 트라우마나 타인들의 트라우마를 드러내고 공유해야 하는 상황에서 특히 중요하다. 선택지를 제시하고 다른 이들의 선택을 존중하는 것은 상호존중, 주체성, 건강한 경계선을 중시하는 문화를 만드는 데 도움이 된다.

- 서로를 위한 안전한 공간을 마련하는 연습을 한다: 안전한 공간을 마련한다는 것은 '누군가를 위해 신체적, 정신적, 정서적으로 곁에 있어준다'는 뜻이다. 그러기 위해 우리는 적극적 경청을 연습할 수 있으며, 이를 통해 우리는 의심하고 투사하고 문제해결에 몰두하거나 자기 자신을 중심에 두지("아, 나도 그런 일이 있었어!") 않고 온전한 이해를 할 수 있다.

- 주변화된 이들의 반응에 내재한 타당성과 진실을 인정한다: 우리가 각자의 정체성과 맥락에 따라 서로 다른 경험을 하고 다르게 분석할 수도 있지만, 각자의 정서는 항상 타당하고 진실하다는 점을 명심하자. 특히 누군가가 자신의 피해 경험을 이야기할 때면, 그 이야기를 믿어주고, 또 당신이 그를 믿고 있다는 확신을 주자. 우리가 타인의 삶의 경험을 머리로 생각해 논쟁하기 시작할 경우("진짜 그런 일이 일어난 게 맞아?", "그들은 그런 뜻이 아니었을 것 같은데"), 아무리 좋은 의도였다고 하더라도

피해자를 비난하는 문화를 만드는 데 무심코 일조하는 셈이며, 그 안에서 생존자들은 가스라이팅당하고 다른 이들에게 자신이 겪은 현실을 설득시켜야 하는 부담을 지게 된다.

• 역사를 통해 맥락화한다: 주변화된 공동체들이 지닌 서로 다른 종류의 역사적 트라우마를 이해하는 것은 우리의 현재 상황을 맥락화하는 데 매우 중요한 단계다. 억압받은 이들이 말없이 견뎌온 역사적 트라우마에 관해 배우고, 생활 속에서 개인적·관계적 행동을 이해하는 능력을 확장하려 노력하자. 만약 당신이 백인이라면, 여러 세대에 걸쳐 내려온 관련 유산에 대해서도 배우자. 많은 유색인들에게 트라우마를 안긴 시스템을 유지하고, 거기서 이득을 얻고, 그리고/혹은 그 시스템에 대항하는 데 당신과 당신의 선조들이 담당한 역할은 무엇인가?

• 체계적 트라우마 극복을 미화하거나 주변화된 이들의 회복력에 찬사를 보내지 않는다: 아무리 좋은 의도라고 해도, "당신은 정말 강하군요!"라든가 "저는 절대 당신처럼 못 했을 거예요!" 같은 말은 트라우마를 개인의 경험으로 축소하고 극복의 책임을 개인에게만 떠넘겨, 주변화된 이들에게 짐을 안기고 나머지 사람들과 시스템의 책임은 면제해버린다. 그러지 말고 스스로 이렇게 질문하는 습관을 들이자. "내가/우리가 무엇을 해야 주변화된 이들이 끝없이 회복력을 기르는 수고를

하지 않아도 되게 될까?" "타인들의 치유를 돕기 위해 내가/ 우리가 무엇을 할 수 있을까?" 불평등에서 기인한 트라우마를 극복해야 하는 부담이 주변화된 이들에게 부당하게 부과되기 쉽다는 사실을 인정하자("그런 경험을 했다니 너무나 유감입니다." "정말 이루 말할 수 없이 힘겨웠겠어요. 제가 당신을 지지할 방법이 있을까요?").

- 만약 당신이 조직적 권력을 가지고 있다면, 돌봄을 제도화하라: 대인 관계 내 지지를 넘어, 정신건강 관리에 접근권을 제공하고 이를 실제로 이용하는 데 있어 불이익이 없도록 하는 등 조직적 변화를 일으키자. 백인우월주의 문화를 해체한다는 것은 돌봄과 공정성의 문화를 구축하는 것을 의미한다. 여기에는 공정한 임금, 인간적인 노동환경, 균형 잡힌 노동시간, 편견 없는 고용 및 승진, 투명하고 명확한 성취목표와 기대 사항, 그리고 주변화된 이들의 필요를 중심에 둔 포용적인 팀 내 역학관계 등이 포함된다.

결코 누군가가 가진 트라우마 혹은 치유되지 않는 트라우마를 그 사람의 탓으로 돌리거나 비난해서는 안 된다는 점은 아무리 강조해도 지나치지 않다. 내 심리상담사가 정기적으로 내게 상기시켜 주듯, 우리는 타인의 고통이 아닌 자신의 고통만을 진정으로 이해할 수 있을 뿐이다. 타인의 고통과 그에 대한 표현을 해석하거나 재단하거나 통제해서는 안 되며, 우리는 자신의 고통만을 책임질 수 있을 뿐이다. 즉, 우리는 무엇이 누군가에게 트라우마를 촉발시키는지 아닌지, 무엇이 '진짜' 위협인지 아닌지, 무엇이 '깨끗한 고통'이고 무엇이 '더러운 고통'인지, 누군가의 치유 과정이 얼마나 빨라야 하는지 또 얼마나 느려야 하는지 결정할 권리가 없다. 따라서 내가 집단적 치유의 중요성에 관해 쓸 때는 다른 이들에게 치유하라고 요구해야 한다는 뜻이 아니라, 당신과 내가 각자의 상처를 연민에 기반한 비판과 책임의 관점으로 살펴보는 동시에 너무도 많은 이들에게 계속해서 상처를 주고 있는 시스템에서 비롯한 트라우마가 남긴 커다란 발자국을 들여다보자는 뜻이다. 이번 장의 나머지 부분을 읽는 동안 이 점을 명심하길 바란다.

우리는 치유될 자격이 있다

내가 세상 사람들에게 진정으로 알리고 싶은 것 중 하나는 치유가 가능하다는 사실이다. 회복력이 어떤 모습인지는 우리가 정의하는 것이다.
- 타라나 버크

상품화된 요즘의 자기돌봄을 넘어 진정한 치유를 시작하려는 우리의 선택은 그 어느 때보다 긴급하다고 생각한다. 치유는 우리 자신의 회복을 위해 필수적일 뿐 아니라 사회정의 운동과 뗄 수 없는, 원칙적이고, 자비로우며, 회복력 있는 연대의 물결을 형성하는 길이기도 하다.

치유되지 않은 트라우마에 잠식되어 있을 경우 우리는 분별력을 박탈당한다. 이때 우리는 편안함을 잃고 고도로 긴장된 경계 태세를 유지하게 되는데, 이는 시간이 흐르면서 큰 피해로 이어진다. 치유되지 않은 트라우마는 우리의 관계를 파편화하고, 우리가 신뢰하고 희망하고 꿈을 꾸고 연결감을 느낄 수 있는 능력을 박탈한다. 그것은 우리의 운동을 내부에서부터 잠식해간다. 치유되지 않은 우리의 트라우마를 이용하는 것은 억압자들이 휘두르는 가장 강력한 무기 중 하나다. 치유되지 않은 트라우마가 더 확산되는 것을 막으려면 근면성, 선제적으로 책임지기, 공동체의 지지를 받으며 하는 심도 깊은 자기 작업이 필요하다. 내 작업의 경우에는 이 억압적 시스템이 내 가슴에 새겨놓은 나 자신이 무가치하다는 확고한 느낌에 굴하지 않고, 내가 치유될 자격이 있다는 믿기 어려운 진실을 깨닫고 받아들이는 일 또한 포함하고 있었다.

우리에게는 우리 자신과 우리의 운동, 선조들과 미래 세대를 위한 치유의 방법을 찾아낼 기회가 있다. 우리에게 해를 입힌 폭력에 대한 책임을 우리가 져야 하는 것은 아니지만, 부드러움, 애정, 분별력을 가지고 트라우마를 다루는 것은 우리가 통제권을 쥐고 선택할 수 있는 영역이다.

내게는 치유 과정 역시도 트라우마 경험만큼이나 엉망진창이었지만, 그 여정은 내가 한 인간으로서 그리고 사회정의 운동에 전념하는 활동가로서 성장하는 데 아주 중요한 역할을 했다. 다음은 내가 끝없이 이어지는 치유의 여정에서 배운 것들 중 일부로, 특히 유색인과 반복되는 시스템에 의한 트라우마에 종속된 이들에게 맞춰진 것이다.* 여러분도 각자에게 유용한 것을 찾아내 실천해보기를 바란다.

- 내게 책임이 있는 것과 없는 것을 명확히 한다: 우리는 우리에게 트라우마를 안긴 폭력에 대해 책임질 필요가 없다. 또 다른 이들에게 우리의 트라우마에 관해 설명하고, 드러내고, 구미에 맞게 다듬는 등 타인을 교육해야 할 책임 역시 없다. 우리에게 책임이 있는 것은 우리의 트라우마를 직시하고, 그것을 어떻게 치유할지 선택하는 일이다.
- 나의 트라우마를 이해하고자 한다: 안전한 느낌이 드는 방식으로, 그리고 스스로 통제할 수 있는 범위 내에서, 여러 세대에 걸친 트라우마와 선조들의 트라우마를 포함해 나 자신의

---

* 만약 당신이 백인이거나 반복되는 시스템적 트라우마로부터 자유로운 사람이라 생각된다면, 이 목록을 통해 주변화된 이들의 부담을 덜기 위해 당신이 무엇을 할 수 있는지 찾아낼 수 있기를 바란다. 타인에게 무기로 휘두르거나("당신 스스로 치유하면 되잖아요!") 타인의 치유를 재촉하기 위해 이 목록을 사용해서는 안 된다.

트라우마를 이해하려고 한다. 가능하다면 사회적으로 의식 있는 상담사나 치유자, 소마틱 코치somatic coaches 등 전문가의 도움을 받아도 좋다.

- 나의 감정에 이름을 붙이고 그 감정을 존중하는 연습을 한다: 스스로를 가스라이팅하거나 축소시키거나 깎아내리지 않고 자신의 진실을 존중하고 고통을 인정하는 것은 매우 중요하다. 일기를 쓰거나 안전하다고 여겨지는 사람들을 곁에 두고 말해보는 등 우리는 스스로 이 작업을 수행할 수 있다.

- 자신의 경계선을 정하고 그 선을 존중한다: 경계에 관해 내가 가장 좋아하는 인용구 중 하나는 작가이자 신체화 코치embodiment coach이며 퍼실리테이터인 프렌티스 헴프힐Prentis Hemphill의 다음 구절이다. "경계란 내가 당신과 나를 동시에 사랑할 수 있는 거리입니다." 우리는 사람들을 밀어내기 위해서가 아니라, 적합한 사람들을 우리 곁으로 더 가까이 끌어당기기 위해 경계를 설정한다. 우리가 안전감을 느끼기 위해 필요한 것들을 이해하고 이야기하고 존중하는 것은 우리의 치유 여정에, 그리고 타인들과 함께 신뢰를 구축하는 데 아주 중요한 실천이다. "나는 아직 그것에 대해 말할 준비가 되지 않았는데, 주제를 바꿀 수 있을까요?", "좀 생각해볼 시간이 필요해요. 나중에 다시 이야기할게요."

- 온전한 나 그대로를 지지해주는 사람들을 주위에 둔다: 나의

고통에 조심스럽게 접근하며 온전한 나를 있는 그대로 지지해주는 사람들을 곁에 둠으로써 우리는 분별력을 실천하는 동안 취약한 상태가 되어도 괜찮으며, 이는 가장 아픈 상태에서 결정을 내리지 않도록 돕고, 보다 안전하게 상처를 다루는 데 도움이 된다.

- 나의 생존 반응을 촉발시키는 경향이 있는 요인, 이른바 트리거(trigger, 방아쇠, 민감한 주제)에 대해 이해한다: 우리가 무엇 때문에 방아쇠가 당겨지는지를 이해하면 우리의 경험을 미리 관리할 수 있고, 반응이 촉발되었을 때를 되돌아볼 수 있다. 방아쇠가 당겨졌다는 느낌이 들 때면 나는 다음과 같은 질문들을 지침 삼아 마음을 진정시키려 한다. '무슨 일이 일어나고 있지? 내가 위험에 처한 건가? 이것이 내 생존 반응인가? 어디가 아프지? 왜? 다시 안전감을 느끼려면 무엇이 필요한가?' 그런 다음 경계를 설정하고 충족되지 않은 나의 필요를 채우기 위해 주변에 요청하는 연습을 한다. 방아쇠가 당겨지는 순간에 우리는 항상 우리의 필요를 명확히 표현하거나, 자극을 받은 순간에 명확한 해결책을 찾을 수 있는 능력을 갖추고 있지 않을 수도 있다. 그래도 괜찮다. 우리는 스스로 상처를 다루고 그 강도를 중화시킬 시간을 충분히 가져도 된다.

- 몸에 주의를 기울여보고 몸에 관한 앎을 쌓는 연습을 한다: 우리가 인간의 트라우마를 지식으로만 극복할 수는 없다. 트

라우마는 지성적으로 분석한다고 해서 치유되지 않는다. 치유는 몸과 다시 연결되고 몸이 환경에 반응하는 방식을 신뢰해야 가능하다. 트라우마가 어떻게 우리 몸에 자리 잡고 있는지에 대해 호기심을 갖고, 그것을 몸을 통해 흘려보내고 해소하는 데 도움이 되는 신체적 실천에 참여함으로써 우리는 많은 것을 배울 수 있다.

- 선조들의 가치와 회복력을 참고해 대처 전략을 발전시킨다: 역사적으로 억압받은 모든 공동체는 놀라운 회복력과 신성한 전통을 가지고 있다. 트라우마를 초월하는 것에 관한 연구에서 브레이브하트는 전통적 가치와 세대 간 지지를 통한 치유의 가능성을 강조한다.

- 나의 트라우마를 이해하거나 공유하는 공동체를 찾아 집단행동에 참여한다: 시스템에 의한 억압의 맥락에서 우리의 트라우마를 이해할 때, 타인들과 함께 사회변화를 이끌어내는 것은 놀랍도록 힘이 나고 성취감을 주는 일일 수 있다.

치유는 우리를 위한 것인 동시에 다른 이들을 위한 것이기도 하다. 때때로 우리는 집단행동을 통해 치유를 시작한다. 때때로 치유는 우리를 집단행동으로 이끈다. 치유와 사회적 행동 사이, 내면적 사랑과 외부를 향한 사랑 사이의 이 상호의존은 당신의 삶과 우리의 삶 모두를 긍정하는 것이다.

- 스테이시 헤인스

다른 모든 것과 마찬가지로 치유는 선형적이거나 명료하거나 완전한 과정이 아니다. 어떨 때는 앞으로 두 걸음 전진했다가 다시 뒤로 세 걸음 물러나는 것처럼 느껴질 수도 있다. 트라우마를 치유하려면 조심스럽게 접근해야 하고, 맥락과 역사를 기억하는 동안 우리 자신을 의식적으로, 그리고 부드럽게 다룰 필요가 있다. 우리 모두가 진정으로 치유되기 위해서는 개인적 수준의 자기돌봄을 넘어 시스템과 집단 차원의 변화가 있어야 한다. 우리는 가장 상처 입은 이들이 더 희생하거나 추가로 트라우마를 겪을 위험을 감수하게 하지 않고서 치유될 수 있는 조건과 시스템을 만들어내야 하며, 특히 우리 각자가 상처 입은 부분들이 불가피하게 서로 충돌할 때는 회피하거나 부인하거나 깎아내리거나 해결하려 들거나 과도하게 지성적으로 접근하지 않고, 집단적 고통의 복잡성과 광범위함을 부드럽게 다루는 역량을 키워야 한다.

지금 글을 쓰는 나는 이미 '치유된' 자리에 있지 않고 끊임없이 치유를 향해 투쟁하는 위치에 있다. 나는 내 앞에 있는 실제 또는 인식된 위협과 무관하게, 내 상처를 여과 없이 표현할 수 있는 상호 동의에 기반한 공간을 만들어주는 사람들과 함께 천천히, 하지만 확실하게 치유를 찾아가고 있다. 그들의 따뜻한 마음은 부드럽게 나를 잡아주고 안아주며 내가 안전하다는 것, 내가 가치 있다는 것, 그리고 과거와 현재의 충족되지 않은 필요를 감안할 때 내가 느끼는 모든 것이 정당하고 이해된다는 것을 상기시켜준다. 쉽지 않지만 안전한 이 공간에서 나는 내가 사랑하고 신뢰하는 사람들과 함께 내가 중요하게 여기는 가치로 되돌아오며, 나 스스로 자기위안과 책임을 동시에 실천하려 한다. 나의 투쟁은 폭력과 트라우마를 만들어내는 억압적 조건과 시스템과의 싸움이며, 이 점은 변치 않을 것이다.

치유하기로 선택하는 것은 용기와 사랑에서 비롯된 급진적 행동이며, 우리가 달리 행동하길 원하는 시스템에 맞서 자신과 공동체를 사랑하겠다는 결정이다. 치유의 과정은 어쩌면 가장 어렵지만 가장 큰 보상을 주는 일이며, 사회정의 운동에서 가장 목적에 부합하는 작업일 것이다. 가장 주변화된 이들의 집단적 치유를 활성화하는 것이 결국엔 이 모든 작업의 가장 중요한 포인트일지 모른다. 그 모든 어려움에도 불구하고, 나는 우리가 치유하기를 선택하길 바란다.

이 여정은 생각보다 더 길 수 있고, 트라우마가 계속해서 당신을 찾아올 수도 있다. 당신에게 상처 입힌 사람이 되려고 하지 말라. 당신의 힘을 부드럽게 사용하라. 상처 입히고자 싸우지 말고 희망을 주기 위해 싸우라. 이 삶에서 당신이 안전, 기쁨, 자유를 누릴 자격이 있음을 알기 때문에 싸움에 임하라. 다른 누구의 삶이 아니라 당신의 삶이기 때문에 싸우라. 나는 그렇게 싸웠고, 여기에 있다. 되돌아보면, 나를 의심하고 상처 입히고 거의 정복까지 한 이들은 전부 희미하게 사라졌고, 나만이 여기에 서 있다. 그러니 이제 시간이 되었다. 먼지를 털고 나아가는 거다.

– 샤넬 밀러

13장

자기만의 해방적 도구 갖기

KEYWORD 2021년 3월 16일 애틀랜타주 마사지숍에서 벌어진 총격 사건과 함께, 총기 난사, 여성 혐오, 성폭력, 강간, 살인, 미국 제국주의, 아시아계 혐오 폭력, 경찰 폭력, 전쟁범죄 등을 포함하며, 그 외에 잠재적으로 트라우마를 자극할 수 있는 여러 주제를 다룬다.

우리는 정의를 향한 여정 중에, 고통을 멀리서 관찰하는 사람들로 변해버리고, 이 모든 작업의 토대인 억압이 초래하는 실제 인간적 영향을 잊어버리기 쉽다. 나 역시 이 혐의로부터 자유롭지 않으며, 때때로 잔학한 공격이 자행되는 와중에는 약간의 둔감함이 필수적인 방어기제인 것처럼 느껴진다. 그러나 어떤 종류의 사건들은 이미 굳어버렸다고 생각했던 심장을 터뜨리고, 숨겨왔던 감정의 파도가 물밀 듯 밀려나오게 해 폭력의 실제적 비용을 상기시킨다.

2021년 3월 16일 벌어진 애틀랜타 마사지숍 총격 사건은 미국에서 아시아계 여성, 내가 한국계 여성으로 살아오는 20여 년간 꽁꽁 숨기며 억눌러온 기억을 밖으로 터뜨려버린 사건이었다. 한국 사람들은 우리 민족이 분노가 많다고 말한다. 자라는 동안 나는 할머니에게서 우리가 "한 맺힌 민족"이라는 말을 자주 들어왔다. 한국어로 '한恨'이란 여러 세대에 걸친 깊은 슬픔, 애환, 분노를 포함하는 복합적 정서를 뜻한다. 식민지기, 제국주의, 수차례의 전쟁, 영원한 이산가족을 양산한 분단국가 등으로 특징지어지는 여러 세대에 걸친 집단적 트라우마와 저항이 우리 민족의 피를 타고 흐른다. 나는 모든 구성원의 목소리가 사회적으로 수용 가능한 것보다 훨씬 더 크고, 모두가 시끄럽게 웃고, 시끄럽게 싸우고, 과장되게 말하는 시끌 벅적한 분위기의 집안에서 자랐다. 그러나 열정적이고 맹렬하고 한 많은 우리 민족은 미국에서 모범적인 소수자, 즉 조용하고 탈정치적 이며, 소심하고, 감사할 줄 알며 어떻게든 항상 사과를 잘하는 사람들이 되라는 기대를 받는다. 그것은 우리, 적어도 나와 내 부모님에게는 부자연스럽고 난감한 일이었다. 내면의 불꽃을 가두고 선조들로부터 내려온 분노를 잠재운 채 어떤 이들은 자신의 일부를 죽이고 남은 부분이라도 잘 살아낼 기회를 갖게 했다. 이것이 우리가 '동화assimilation'라 부르는 것일 테다.

아시아계 여성 6명을 포함한 애틀랜타 총격 사건의 희생자 8명에 관한 소식을 정신없이 파고드는 동안, 살면서 내가 만난 백인 남성들의 목소리가 총격범의 사진을 통해 흘러나왔고, 그들의 말은 유리 조각이 되어 오래된 상처를 다시 헤집었다.

해군기지 근처의 일식당에서 서빙 일을 할 때의 기억들. 술에 취한 노령의 백인 남성이 내게 말한다. "어이, 귀여운 아가씨, 사케 한 잔 줘봐." "여기, 이거 마셔봐! 빼지 말고!" "근무 끝나고 뭐해?" *3개의 마사지숍.*

더 끔찍한 결과로 치달았을 수도 있는, 수없이 많은 안 좋은 데이트에 관한 기억들. "한국 여자랑은 아직 안 해봤는데." "네 거기가 백인 여자애들 것보다 더 꽉 조일 게 분명해." "오래 사랑해줄게!"˙ *8명 사망.*

백인 남성 동료들과 상사들이 회식 때 내 어깨를 주무르던 기억들. 그들의 숨은 알코올 냄새를 뿜어냈고 흐릿한 눈은 내 몸을 훑으며 위안과 즐거움을 찾고 있었다. "내 와이프가 아시아계야." *아시아계 여성으로 추정.*

백인 남자와 처음으로 사귀며 학대당한 기억들. 그는 내가 전화를 받지 않으면 소리를 질렀고, 내 의견을 말하면 업신여겼으며, 내가 헤어지자고 할 것 같을 때마다 '창녀', '나쁜 년' 등으로 불렀다. "섹스하는 동안 한국말로 말해봐." *동기는 밝혀지지 않음.*

미국에서 사는 내내 나는 백인 남성들 눈에 이국적인 성적 대상 혹은 충성심 가득한 헌신적인 일꾼으로 여겨져왔다. 그들의 기대에서 벗어날 때마다 나는 처벌되었고, 즉시 영원한 이방인 아니면 나쁜 년이 되었다. 백인 중심적인 주류 미디어가 뉘앙스, 관점, 그리고 이 끔찍한 학살을 그 자체로 설명할 언어('마사지숍에서 일하는 아시아계 여성을 노린 공격')를 결여하고 있었음에도, 나는 도대체 무슨 일이 일어난 건지 이해하기 위해 그들의 보도에 의존할 필요가 없었다.

그 뒤 며칠간 나는 4명의 한국인 피해자들이 일하는 동안 영어 이름을 별명으로 사용했기에 유가족을 찾기가 어렵다는 소식을 접

● 'me love you long time'. 영어권에서 아시아계 여성들을 성적 대상화하는 말. 1987년 스탠리 큐브릭 감독의 영화 '풀 메탈 재킷'에 등장하는 베트남계 성매매 여성의 대사였던 것이 대중문화로 녹아들면서 아시아계 여성에게 성적 모욕을 주는 의도로 사용되게 되었다.—옮긴이

했다. 나는 곧바로 내 별명 '미셸'에 대해 생각해보았다. 미국을 방문하는 동안 어떤 금발 소녀가 그 이름으로 불리는 것을 보곤 어린 내가 스스로 정한 이름이었는데, 그것이 지금은 멀어진 한국에서의 삶과는 동떨어진 내 정체성의 전부가 되어버렸다. 그리고 나는 피해 여성들이 살아가는 동안에도 죽음의 순간에도 맞닥뜨린 종류의 폭력을 겪지 않아도 되게끔 막아주는 특권을 가진 내가 안락한 웨스트 엘름 가구와 고무나무 화분으로 꾸며진 거실에 앉아 그 사건의 피해자들과 나 자신을 비교하는 것이 심히 부당하다고 생각했다.

나는 애틀랜타 사건으로 희생된 8명을 기리는 최선의 방법에 관해 수없이 고심했지만, 옳은 답을 찾았는지는 여전히 확신하지 못한다. 중요한 것은 그들의 삶, 그들이 남긴 것, 그 모든 복잡한 맥락들을 기억하고, 살아가는 동안 그들을 살해한 폭력을 근절하기 위해 내가 할 수 있는 바를 행하는 것일 테다. 또 이 잔혹한 범죄가 짐승 같은 한 백인 남성이 저지른 개별적 사건으로서가 아니라 다층적 폭력이 그 여성들을 취약하게 만들었기에 가능했던 사건으로서 기억되는 것이 중요하다. 그리고 나는 정의를 찾기 위해 우리 각자가 자신을, 억압적 힘에 맞서고 가장 주변화된 이들에게 안전한 미래를 구축하는 데 책임이 있는 생태계의 일원으로 여겨야 한다고 주장하고 싶다.

폭력을 맥락화하기

백인 남성 우월주의적 폭력을 해체하기 위해서는 역사적 맥락과 교차성을 고려하며 전 지구적 관점으로 그것을 전체적으로 이해할 필요가 있다. 일부분에 대한 이해라도 생략될 경우, 그것은 음지에서 활개를 칠 것이고, 우리는 가짜 평등과 단순한 서사의 늪에 빠질 것이기 때문이다. 예컨대, 애틀랜타 총격 사건에서 아시아계 여성에 대한 그토록 극단적인 폭력을 가능케 한 다양한 요인들을 이해하고 여러 가지 주변화된 정체성이 서로 교차할 때 그들이 맞닥뜨리는 특정한 취약성을 포착하기 위해서는 최소한 인종, 젠더, 계층의 상호작용에 대한 분석과 함께 충분한 역사적, 현재적 맥락 분석이 필요하다.

이 사건은 '아시아계 혐오'로만 규정할 수 없으며 그들의 일로 인해 성적 대상화와 범죄화를 경험하는 아시아계 여성이 직면한 독특한 억압에 관한 것이라고도 할 수 있는데, 그 기원은 페이지법 Page Act이 제정된 1875년으로 거슬러 올라간다. 페이지법은 미국의 최초의 제한적 이민법으로, 매춘에 종사하게 되리라는 혹은 '외설적이고 부도덕한 목적'으로 이민 오는 것이리라는 일반화된 추정하에 중국 여성들의 입국을 금지했다. (아시아계 여성에 대한 과도한 성적 대상화부터 성노동의 범죄화, 동아시아인들을 서구의 실존적·도덕적 위협으로 여긴 황색 공포yellow peril라는 인종주의적 수사의 횡행에 이르기까지) 이미 중국 혐오적이고 인종주의적이던 사회에 수많은 지속적인 영향을 미치고 있던 페이지법을 발판 삼아 결국 1882년에는 중국인배척법이 제정되었고, 모든 중국인의 미국 입국을 금지하는 동시에 이미 미국 사회에 존재하던 중국인들에게 미국 시민권 획득 기회를 배제해 아시아계 혐오의 긴 역사적 유산을 지속시키기에 이르렀다.

폭력 행위 자체도 끔찍하지만, 경찰, 미디어, 사법체계의 결탁이 수년에 걸쳐 더 공고해진 것을 보듯, 백인우월주의 문화의 패턴은 그 사건이 알려진 순간부터 반복재생산되었다. 무엇이 인종주의적 폭력 혹은 젠더 폭력인지 아닌지 결정하며 사건이 증오범죄가 아니라고 못 박는 사법처분부터, 곤경에 처해 있었으며 조부모의 사랑을 받는다는 식으로 백인 남성 가해자에 대해 즉각적 연민을 표하는 동시에 피해자들을 비가시화하는 백인 중심적 주류 미디어, 피해자들의 이름을 잘못 표기함으로써 그들의 존엄 말살하기, 저임금 마사지 숍 노동자와 성노동자에 대한 일상적이고 흔한 명예훼손,* 뉘앙스와 맥락과 상황에 대한 다층적 측면을 포착하지 못하는 시스템까지 열거하자면 끝이 없다.

애틀란타 총격범은 백인 남성의 분노, 특권, 폭력으로 인해 이

---

* 분명히 말하자면, 모든 마사지숍 노동자가 성노동자는 아니다. 그리고 둘 사이의 잦은 연관성은 성노동에 대한 낙인과 결부되어 그들이 실제로 어떤 노동을 하든지 상관없이 마사지숍 노동자와 성노동자 모두를 범죄와 폭력의 흔한 타깃이 되게 만든다는 사실을 인정할 필요가 있다.

여성들을 대상화하지 않고 인간으로 보는 데 실패했으며, 미디어는 일단 사건이 인종주의적이며 아시아계 혐오에 기반한 것임을 파악하지 못했고 사건 발생 초기에 피해자의 삶 대신에 범인의 인생을 서사화함으로써 또 다른 폭력을 행사했다. 24시간이 지나기 전에 경찰에서 서사가 나오기 시작했고, 체로키 지역 경찰서장이 범인의 진술을 공유하며 이렇게 덧붙였다. "어제는 그자에게 매우 안 좋은 하루였어요. 그래서 이런 일이 벌어졌죠."

백인 중심주의적 주류 미디어의 부당하고 부적절한 보도는 신속하게 백인 가해자를 인간화하는 것을 넘어서 계속되었으며, 다수의 뉴스 채널은 피해자들의 이름을 공개할 때 당황스러울 정도로 문화적 무능을 보여주었다. 이는 다시 한 번 백인우월주의 문화의 패턴을 따른 것으로, 백인성의 기준에서 벗어나는 그 어떤 것도 부주의하고 빈번한 명예 실추 혹은 그보다 못한 대우를 받는다. 공표된 피해자 명단 속 이름들은 철자가 틀려 있었고, 성과 이름이 뒤바뀌어 있는 경우도 있었으며, 몇몇의 이름은 중간에 끊겨 일부가 중간 이름처럼 이니셜로 표시되기도 했다. 분명 많은 기자들이 피해자들의 성명과 관련한 관습에 무지했고, 그토록 필요하고 습득하기도 쉬운 지식을 알아볼 생각도 안 했던 것이다. 긴급성의 문화를 추구하는 뉴스보도는 엄밀한 타임라인에 따라 애도할 것을 요구한다. 그래서 뉴스에서는 일부 피해자 유가족들의 동의를 얻지 않고 부정확한 이름들을 공표했고, 그럼으로써 그들의 주체성과 존엄을 재차 박탈했다. 미디어, 기업, 선의의 개인들이 엉망으로 공표된 이름들을 서둘러 실어나른 것은 아시아계 혐오 폭력에 대한 한 해에 가까운 침묵에 뒤따른 것으로, 특히나 공허하게 들렸다.

이 미국이란 나라에서, 심지어 고국에서조차 아시아계 여성들이 진정으로 안전한 적이 있었다고 말하기는 어렵다. 왜냐하면 아시아계 여성을 포함해 실제로 모든 유색인 여성들은 미국에서뿐만 아니라 전 지구적으로, 역사적으로나 현재적으로나 백인우월주의와 가부장제의 폭력의 대상이 되어왔기 때문이다. 한국인들은 제국 일본군, 미국군, 그리고 한국 정부를 포함해 다수의 가해자들에 의해 한국 여성들이 전쟁의 무기로서 비인간화되고 착취되고 강간당하고 죽임당한 식민지 경험, 전쟁, 미 제국주의의 유산에 대해 익숙하다. 1950년대부터 1980년대까지 약 100만 명의 한국인 여성이 "미군 최고위자가 인가한 국가 주도 성매매 산업에 (다수가 강제로)* 소집되었다." 1992년 한국 동두천의 미군부대 백인 병사가 저지른 26세 성노동자 윤금이 씨에 대한 끔찍한 강간살인 사건은 많은 한국인들의 가슴 속에 여전히 기억되고 있으며, 수많은 군부대 성폭력 사건이 아시아태평양 지역에 만연한데, 이 지역은 일본, 하와이, 남한, 괌

---

* 이 특정 역사적 맥락에서 이 점을 명확히 하는 것이 중요한 만큼, 성노동과 강요된 성매매를 혼동하지 않는 것도 중요하다. 합의에 의한 성노동과 강요된 성매매를 혼동할 경우 성노동자를 범죄화하게 되며 중요한 자원에 대한 접근권과 그들의 일에 대한 통제권을 축소시키게 될 수 있다.

에 집중된 미국 본토 외 최대 규모의 미군 병력이 주둔하고 있는 곳이다.

애틀랜타 학살에 대한 우리의 이해와 해결책은, 정복하고 범하고 착취하고자 하는 백인 남성 우월주의와 제국주의의 시선의 직접적 타깃 혹은 애틀란타 총격범의 말에 따르면 "유혹"하는 존재인 전 세계의 아시아계 여성 및 태평양제도 여성과 연결하지 않고서는 불완전할 수밖에 없다. 이곳에서의 폭력은 그곳에서 계속되며, 수십 년 동안 이루어진 이 폭력의 규모는 많은 이들이 상상할 수조차 없는 수준이다.

> 나 같은 여자들은 우리 조국이 미국과 동맹이 되기 위해 가장 크게 희생되는 존재다. 돌이켜보자면, 나는 내 몸이 내 것이 아니라 정부와 미군의 것이라 생각했다.
>
> —전 씨•

• 2015년 〈폴리티코〉에 게재한 데이비드 바인(David Vine)의 글은 '전 씨'의 이야기를 들려준다. 스스로를 '전 씨'라고만 소개한 한 성노동자는 1956년에 18세의 나이에 전쟁고아로 미군기지에 왔다. 몇 년 되지 않아 그는 임신했고, 미국에서라면 더 잘 살 수 있으리라 기대하며 아들을 미국으로 입양 보냈다. 2008년 미군 병사가 된 아들은 어머니를 찾아 나섰다. 전 씨는 폐기물을 수집해 팔면서 공적 지원에 기대어 살고 있었다. 전 씨는 아들의 도움을 거절했고, 자신에 관해선 잊어버리라고 아들에게 당부했다. 전 씨는 "저는 엄마로서 실패했어요"라고 말했다. "이제 와서 그애에게 의지할 권리가 내겐 없지요."

백인우월주의의 도구, 공권력

우리 모두는 기대치와 대응 방식에 대한 낡은 청사진, 오래된 억압의 구
조를 내면화하고 있으며, 우리는 그러한 억압적 구조가 만들어낸 삶의 조
건을 바꾸는 동시에 내면화된 그것들 역시 바꿔야 한다. 주인의 도구로는
결코 주인의 집을 무너뜨릴 수 없기 때문이다.

- 오드리 로드

아시아계 미국인 공동체가 집단적으로 가슴 아파했지만, 책임,
정의, 트라우마 치유에 관한 비전의 측면에서는 맹렬하고 폭넓은 의
견 불일치가 있었다. 초기의 경찰 브리핑에 이어, 이 사건을 증오범
죄라고 칭하기를 거부한 경찰에 대한 즉각적 반발이 일었다. 많은
아시아계 사람들이 인종주의적, 여성 혐오적, 경제적 지위 차별적 폭
력에 트라우마를 입은 공동체 전체에 가스라이팅을 가한 경찰과 미
디어에 분노했고, 그것은 정당했다. 몇몇은 이미 지난 몇 달간 반복
적으로 잇따르며 증가세에 있던 아시아계 혐오적 거리 폭력에 대응
하는 경찰 개입을 더 늘리라고 요구하고 있었다. 많은 아시아계 유
명 인사들이 가해자 체포를 지원하기 위해 포상금을 내걸었고, 일부
정치인들은 증오범죄 특별전담반을 신설할 것을 경찰에 촉구했다.
불과 몇 달 전에 '#흑인의_목숨도_소중하다' 게시물을 올리고 경찰
예산을 깎으라며 시가행진을 벌였던 인플루언서들이 이제는 경찰력

강화와 예산 증설을 요구하고 있었다. 안타깝게도, 이것은 인종 간, 그리고 심지어 공동체 내에서도 표면적인 연대의 허울을 무너뜨리며, 해결되지 않은 갈등과 억압적인 패턴으로 가득한 우리의 연대의 불안정한 기반을 드러내는 불편한 현실 점검 역할을 했다. 애틀랜타 총격 사건이 있은 지 채 2주도 지나지 않아 뉴욕경찰은 아시아계 증오범죄 특별전담반을 꾸렸고, "단속을 강화화기 위해" 사복을 입은 비밀 요원들을 거리에 배치했다고 자랑했다.

백인우월주의는 특히 우리가 연결을 가장 필요로 하는 순간에 고립된 성벽을 세우고, 우리를 하나로 묶어주는 점들 간 연결을 끊어버리는 데 능숙하다. 누군가에게는 아시아계 노인들을 향한 공격과 애틀랜타 총격 사건은 진행 중인 경찰 예산 삭감 및 교도소 폐지 움직임과 연결된 것으로도, 그들이 정의를 위해 찾는 바로 그 시스템에 의해 유지되는 백인우월주의라는 공통된 뿌리의 부산물로도 보이지 않는 것이 분명했다. 계속되는 폭력에 분노하고 트라우마를 입은 많은 사람들은 인터넷상에서 가해자에게 가장 가혹한 처벌을 내리라고 요구했다. 사형을! 무기징역을! 백인우월주의 문화는 처벌과 복수에 집착하며, 그 영향 아래서 우리는 적으로 설정한 이가 피 흘리기를 바라는 동안 우리가 휘두르는 무기에 가장 크게 영향 받을 이들(경찰에 의해 부당하게 타깃이 되고 피해를 입는 미등록 아시아인들, 아시아계 퀴어와 트랜스젠더들, 아시아계 빈민들, 아시아계 장애인들, 아시아계 범죄자와 수감자들, 생존을 위해 노동하는 아시아인들, 아시아계 시크교도와 무슬림, 흑인과 갈색인종계 혼혈 아시아인들)에게 적용될 위험한 덫을 망각한다. 우리 중 가장 취약한 이들을 망설임 없이 추방하고 공격하고 범죄화하고 죽여온 시스템에 더 많은 권력을 부여함으로써, 우리는 결국 우리의 고혈로 우리를 더 많이 가두게 될 더 큰 감옥을 만드는 기계에 기름칠을 하고 있었다. 이는 앞으로 우리 중 가장 주변화된 이들에게 더 많은 범죄화, 더 엄격한 형벌, 더 잦은 교도소행을 안기게 될 길이었다.

궁지에 몰리고 절망하게 되면 우리는 그것이 독인지 아닌지 식별하기도 전에 백인우월주의의 도구가 우리 상처를 치유해줄 유일한 약이라고 믿으면서 당장의 안심을 위해 그것에 손을 뻗도록 훈련되어 있다. 현재의 패러다임이 가진 한계 속에서 어떤 이들은 우리의 인간성을 우선시한 적이 결코 없는 제도로부터 정의를 기대하게 된다. 그러나 우리는 범죄임을 지정하는 구조 자체가 누가 범죄자가 되고 누가 보호받아야 하는지 결정하는 데 있어 백인우월주의적 '기준'을 강요하는 시스템의 부산물이라는 점, 그리고 많은 이들이 흑인 혐오, 노예제, 자본주의의 긴 역사에 뿌리를 둔, 그리고 본능적으로 백인우월주의적인 경찰 제도의 희생자가 되어왔음을 잊어서는 안 된다.

경찰력을 강화하라는 요구에 맞선 이들은 오랫동안 AAPI 공동체를 조직해온 활동가 및 교도소 폐지론자들로, 그들은 우리 공동체에 남아 있는 경찰 폭력의 발자취를 기억해야 한다고 주장했다. AAPI 여성 리드AAPI Women Lead의 공동창립자인 코니 원Connie Wun 박사는 졸업식 몇 시간 전에 펜을 든 채 경찰의 총을 뒤에서 맞고 죽임당한 베트남계 미국인 고등학생 토미 레Tommy Le를 기억하자고 호소한다. 마찬가지로, 19세의 중국계 미국인 청소년 크리스천 홀Christian Hall과 30세의 필리핀계 해군 퇴역 군인 앤젤로 퀸토Angelo Quinto는 모두 애틀랜타 학살 사건이 있기 불과 몇 달 전에, 정신 건강 위기 상황에서 출동한 경찰의 손에 의해 처참한 죽임을 당했다. 2017년 뉴욕에서 38세 중국계 마사지숍 노동자 양 송Yang Song이 지속적인 경찰의 성폭력과 단속 협박을 당하다가 경찰 급습으로 살해당한 사건 이후 아시아계 마사지숍 노동자와 성노동자를 지원하고자 설립된 풀뿌리동맹인 레드 카나리 송Red Canary Song은 "경찰은 결코 성노동자나 마사지숍 노동자나 이민자들을 안전하게 지켜준 적이 없다"며 경찰력 강화를 요구하는 여론을 비판하는 성명을 냈다. AAPI가 이끄는 수많은 진보 단체를 포함해 300개가 넘는 다인종 단체들이 해당 성명서에 연명을 했다. 활동가이자 저널리스트인 헬런 지아Helen Zia와 교수이자 영화제작자인 르네 타지마페냐Renee Tajima-Pena를 포함해 몇몇은 2명의 백인 남성에게 맞아 사망한 중국계 미국인 빈센트 친Vincent Chin에 대한 기억을 떠올렸다. 미국 사법체계의 관점에서 빈센트 친의 목숨은 3,000달러의 가치 이상으로 여겨지지 않았으며, 사법체계가 2명의 백인 남성의 행동보다 그들의 공허한 말을 믿기로 한 탓에 친을 살해한 그들은 과실치사로 기소되어 집행유예로 끝났다.

우리를 안전하게 지켜줄 대안적 해결책을 찾는 방향으로 사람들의 생각을 돌리려 노력하는 동안 나는 몇몇 사람들로부터 사법체계가 아시아인들을 옹호해준 사례를 들며 의문을 제기하는 메시지를 받았다. 그러나 우리는 15세의 흑인 소녀 라타샤 할린스Latasha Harlins를 죽이고도 500달러의 벌금만을 낸 두순자 사건이나 아카이 걸리Akai Gurley의 죽음에 대해 800시간의 봉사활동 명령만을 받은 피터 랭Peter Liang 사건처럼 매우 문제적인 사례들을 들며, 또 백인 우월주의적 시스템이 흑인의 목숨을 존중하지 않는 것과 아시아인의 목숨을 가치 있게 여기는 것을 뒤섞으며 편협한 시야로 사법체계가 '우리 편'이라고 믿어서는 안 된다.

애틀랜타 총격 사건 나흘 뒤 피해자들에 관한 정보가 아주 조금씩 드러나기 시작했을 때 나는 〈워싱턴포스트〉의 한 기사에 언급된 세부사항을 발견했다. 기사는 태연한 어조로 피해자 중 한 명인 딜레이나 애슐리 야운Delaina Ashley Yaun의 남편이자 멕시코계 남성인 마리오 곤잘레스Mario Gonzalez가 범인으로 '오인되어' 체포되었고 자신의 아내가 죽어가는 동안 몇 시간 동안이나 수갑을 차고 있었다는 사실을 전했다. 나는 미친 듯이 정보를 더 찾으려 했지만, 스페인어로 곤잘레스를 인터뷰한 스페인어 뉴스 채널 '문도 히스파니코'에서 그가 구금되어 있는 동안 줄곧 "내 아내 어디 있어요? 내 아내 어디 있어요?"라고 물었다는 사실 외에는 무슨 일이 일어났는지에 관한 보도를 더는 발견할 수 없었다. 곤잘레스는 수갑 때문에 멍든 손목을 보여주었고 경찰이 왜 자신을 그토록 험하게 대했는지 알지 못했다고 말했다. "어쩌면 제가 멕시코계라서일까요. 잘 모르겠어요."

선택받은 소수의 안전을 위해 경찰력을 요구하는 것은 가장 취약한 이들을 소모 가능한 존재로 여기며 백인우월주의의 어젠다를 지원하는 역할을 할 뿐이고, 그로써 우리는 집단적 해방을 위한 운동에 균열을 더하며, 그 균열 옆에 트라우마로 인해 떨리는 우리 손을 잡은 억압자들과 함께 우리의 이름도 새기게 된다. 백인우월주의의 손도장은 계속해서 어디에나 존재하게 될 것이고, 심지어 그것에 대한 우리의 대응 안에도 마찬가지로 존재하게 될 것이다.

지배자의 도구를 내려놓기

그레이스 리 보그스는 캘리포니아대학교 버클리캠퍼스에서 가진 앤젤라 데이비스 박사와의 대담에서 "모든 것을 새롭게 상상하자"고 촉구하며 자신이 "비전 있는 조직화visionary organizing"라 부르는 것에 관해 이야기했다. "우리는 모든 위기를 위험이자 기회로 여겨야 합니다. 위기는 우리의 삶, 제도, 그리고 우리가 기대했던 모든 것에 큰 피해를 주기 때문에 위험하지만, 동시에 우리가 창의적으로 변할 수 있는 기회이기도 합니다."

애틀랜타 총격 사건은 우리가 애초에 우리에게 해를 입힌 무기로 정의나 치유를 이룰 수 없다는 또 다른 고통스러운 가르침을 주었다. 그것이 우리를 안전하게 지켜주지 않는 시스템에 본능적으로 동조하는 것이든, 흑인혐오와 백인우월주의에 뿌리를 둔 처벌적 정의의 틀 안에서 답을 찾는 것이든 말이다. 대신, 우리는 주인의 도구를 내려놓고 가장 주변화된 이들의 관점으로 구상된 새로운 해방적 도구, 즉 궁극적으로 우리가 그리는 모두를 위한 정의와 자유에 다다를 수 있게 도와주는 도구를 상상해야 한다.

애틀랜타 총격 사건이 진공 상태에서 일어난 것이 아님을 이해하는 것은 중요하다. 그저 나쁜 백인 한 명이 어느 날 아침 일어나 3개의 마사지숍에 총격을 가하기로 결심해서 일어난 사건이 아니다. 그런 관점은 우리를 극악무도한 살인자로부터 거리를 두게 만드는 백인우월주의의 편리한 서사이자 사건을 과도하게 축소하는 서사이다. 그보다는 폭력과 그것이 촉발하기까지의 긴 과정을 맥락에 의거해 이해해야 하며, 그 안에서 우리가 담당하는 적극적인 역할을 확인해야 한다.

사회로서 그리고 개인들로서 우리는 존재의 삭제를 통해서든, 편견에 기반한 서사를 강화함으로써든, 여러 차원에서 벌어지는 해악에 대해 방관자를 자처함으로써든, 어떻게 일상 속에서 노동계급 아시아계 여성에 대한 인종주의적 폭력, 젠더 폭력, 계급적 폭력을 지속시키는 데 공모해왔는가? 어떻게 우리는 아시아인, 이민자, 여성, 저임금 이주노동자, 성노동자, 모든 주변화된 이들에 대한 억압에 의존하는 시스템에서 혜택을 얻어왔으며, 그 시스템을 적극적으로 파괴하기 위해서는 무엇을 해왔는가? 어떤 식으로 우리는 이 사건을 낳은 조건의 일부가 되어왔으며, 이런 폭력이 다시는 일어나지 않게 하려면 (우리 내면적으로, 서로 간에, 그리고 우리가 소속된 일터, 학교, 가족, 교회, 이웃 등 영향력이 행사되는 모든 영역에서) 무엇을 바꿔야 하는가? 어떻게 하면 사건의 직접적 영향을 받은 이들뿐 아니라 같은 억압의 시스템으로부터 계속해서 영향받아왔으며 앞으로도 영향받게 될 이들을 포함하는 생존자들의 필요를 중심에 두고 그들을 지원할 수 있을까? 이 작업에서 우리 모두는 각자 맡아야 할 역할이 있다. 그리고 우리는 진지하게 자기 자신과 맺는 관계를 바꾸어 세계를 변화시켜야 한다. 우리의 변화는 모든 형태의 억압을 끝장내는 데 필요한 해방적 도구의 일부이기 때문이다. 주인의 도구를 대체함으로써 우리는 영원히 우리를 안전하게 지켜줄 해결책을 상상하고 실현하는 과정을 시작할 수 있다.

> 8명의 피해자와 그들의 기억을 기리며, 우리가 여전히 여기에 존재하는 동안, 이 같은 위기의 순간뿐 아니라 우리 삶을 구성하는 모든 고요하고 비가시화되고 초라한 순간에도 서로를 보호하고 서로 사랑하도록 하자.
> – 혜진 심

'변혁적 정의transformative justice' 혹은 TJ는 광범위한 사회정의 운동에서 내 역할을 다시 상상하고 재정의할 수 있게 도와준 하나의 프레임이다. 미아 밍거스에 따르면 TJ는 "폭력, 해악, 학대에 대응하는 정치적 프레임이자 접근법이다. 가장 기본적으로는 추가적 폭력을 만들지 않고서 폭력에 대응하고자 하며, 그리고/혹은 해악을 줄여 폭력을 경감시키고자 한다." 밍거스에 따르면 TJ는 경찰이나 교도소 같은 국가권력에 기대어 대응하지 않으며, 억압적 규범이나 자경주의를 강화하지도 않는다. 그 대신, "치유, 책임, 회복력, 관련된 모두를 위한 안전 등 폭력을 예방한다고 여겨지는 것들을 일구는 데" 집중한다.

학자이자 교도소 폐지 활동가인 루스 윌슨 길모어Ruth Wilson Gilmore 박사가 제기한 다음의 질문이 교도소 폐지론과 변혁적 정의를 위한 운동에 초석이 되어주고 있다. "사람들이 문제를 해결하는 데 폭력과 해악 사용에 기대게 되기 쉬운 조건은 무엇인가?" 교도소 폐지론의 선구자들의 가르침의 뿌리에는 해악의 가해자 개인을 넘어 책임주체의 범위를 넓혀 우리 모두가 그러한 해악이 발생하도록 허용한 시스템, 문화, 행동들에 각자 공모해온 방식을 되돌아보는 것의 중요성이 있다고 나는 배웠고, 여전히 그렇게 배우고 있다.* 폭력을 뿌리 뽑는 데 일조하기 위해서는 선악이나 피해자-가해자 이분

• 나는 수년간 TJ를 실천해왔고 폐지론 운동을 이끌어온 마리암 카바(Mariame Kaba), 루스 윌슨 길모어 박사, 앤젤라 데이비스(Angela Davis) 박사, 시라 하산(Shira Hassan), 미미 킴(Mimi Kim) 박사, 미아 밍거스, 에이드리엔 마리 브라운(Adrienne maree brown), 데레카 퍼넬(Derecka Purnell), 코니 원 박사 같은 이들로부터 모두가 계속해서 배워나가고, BIPOC가 이끄는 풀뿌리 조직과 폐지론자들의 활동을 지지하기를 장려한다.

법을 넘어 생각하고 우리 일상의 크고 작은 행동들에 대해 책임지는 것이 우리에게 점점 더 중요해진다.

변혁적 정의에 관해 생각할 때면 나는 종종 내 3년간의 폭력적 연애에 대해, 그리고 어떻게 나와 그 사람의 인생이 다를 수 있었을 지에 대해 생각해보곤 한다. 만약 그가 자신의 상처를 돌보고 책임 감을 실천할 수 있도록 도와주는 주변인들이 있었다면, 그래서 나에게 상처 주는 것을 막을 수 있었다면, 우리의 삶은 어떻게 달라졌을 까? 비교적 작은 해악이 고립되어 곪다가 학대로 변하게 두지 않았 더라면, 어쩌면 그것은 나를 향한 궁극적 힘의 행사로 치닫지 않았 을 수도, 즉 이별 후 나를 강간하지 않았을 수도 있을 것이다. 경찰 대신 정신건강 전문가들이 도움을 구하는 그의 절규에 응답했더라 면 상황이 어떻게 달라졌을지 궁금하다. 그들이라면 어쩌면 나의 고 통 역시도 알아차렸을 것 같다. 결국 나는 그가 가해자인 동시에 백 인 이성애적 가부장제의 피해자이기도 하다고 생각하며, 고의로 내 게 고통을 가한 그를 결코 용서하지는 않지만, 나는 이제 책임 부과 의 범위를 그 사람을 키워낸 백인 남성 우월주의적 사회와 강간 문 화로 확장하고자 한다.

그레이스 리 보그스가 "모든 것을 다시 상상하자"고 했음에도 나는 종종 현재의 패러다임 내에서 가능하다고 하는 것 너머를 상상 하기 어려워하는 한계에 봉착하곤 한다. 활동가들이 교도소 폐지와 경찰력 예산 삭감을 주장할 때 대부분의 사람들이 보이는 즉각적 반응은 공포인데, 대안을 예상하기가 너무 어렵기 때문이다. 나 역시 경찰 없는 삶을 상상할 수 없었다. '위험한 사람들'이 날뛰며 '질서 정연한' 사회에 대혼란을 초래하는 악몽을 가정하는 데서 상상력이 멈추는 것이다. 그러나 실제로는, 나는 살면서 다양한 폭력을 휘두르는 사람들을 많이 접했지만, 그들의 폭력은 범죄화되기는커녕 오히려 보호받았다. 반면, 거의 20만 명에 이르는 무고한 사람들, 특히 흑인과 갈색인종인들이 잘못된 선고로 부당하게 수감되어 있는 경우를 수없이 봐왔다. 또 미국이 세계 어느 나라보다 더 많은 인원을 수감하고 있는데도, 우리는 전혀 폭력으로부터 자유롭지 않으며, 미국은 안전한 나라와는 거리가 한참 멀다. 대안적 비전이 없으면 우리는 우리에게 도움되지 않는 것일지라도 버리기 어려워하며, 많은 이들이 수감 시스템을 중심에 두지 않는 사회를 상상할 수도, 구체적으로 설명하기도 힘들어 한다. 하지만 그것이 가능하다면 어떨까? 우리가 억압적 시스템을 점차적으로 개선하는 데 그치지 않고 급진적 재구성을 바탕으로 완전히 갈아 치우는 것을 목표로 한다면 어떨까? 그저 일부가 아니라 그 모든 것이 가능하다면? 그리고 그것이 이미 이루어지고 있다면?

> 우리가 오늘날 더 인도적인 경찰력을 요구하는 것처럼, 사람들은 그 당시에 더 인도적인 노예제를 요구했다.
> – 앤젤라 데이비스

더 공정하고 평등하고 안전한 대안적 미래를 새롭게 상상하는 것은 가능하며, 우리는 무無에서 시작하지 않는다. 흑인과 원주민이 이끄는 풀뿌리조직과 교도소 폐지론 활동가들, 전국을 가로지르는 다인종 및 교차적 조직들의 동맹은 이미 우리 사회, 우리의 관계, 우리의 안전이 어떤 모습이어야 하는지 새롭게 상상해나가고 있다. 정신건강 위기에 대한 비경찰적 대응인 '정신건강 먼저 MH First' 정책을 시작한 오클랜드시의 '경찰테러 반대 프로젝트 Anti Police-Terror Project'에서 보듯, 부당한 시스템의 영향을 가장 크게 받는 이들은 안전에 관한 공동체 기반의 해결책을 마련하는 작업을 이끌어나가고 있다. '경찰을 부르지 마세요 Don't Call The Police' 웹사이트에는 현재 미국 전역에서 접근 가능한 수많은 유사한 노력을 하는 조직들의 목록을 제시하고 있다. 지속적인 아시아계 혐오 폭력에 맞서 싸우기 위해서 풀뿌리단체와 공동체들이 함께 "우리의 안전은 우리가 지킨다"라는 구호를 즉시 실행하고자 했다. 오클랜드시 차이나타운의 20개가 넘는 비영리단체, 협회, 개인들로 구성된 오클랜드 차이나타운 동맹 Oakland Chinatown Coalition은 신속히 다양한 자원활동가 그룹을 꾸려 차이나타운 대사 프로그램 같은 계획을 추진하고, 자원봉사자들을 모집해 동네를 돌아다니며 노인들과 동행하는 등 오클랜드 차이나타운의 안전을 지키기 위한 대화와 행동에 나섰다. 폭력 사건을 추적하고 그에 대응하고자, 아시아태평양 계획 및 정책 의회 Asian Pacific Planning and Policy Council, 사회적 약자 우대정책을 지지하는 중국인들Chinese for Affirmative Action, 샌프란시스코 주립대학교의 아시아계 미국인 연구 학과는 사법체계에서 독립된 'AAPI 혐오를 중단하라' 고발 웹사이트를 개설했고, 10개 이상의 서로 다른 아시아어로 된 온라인 양식을 만들어 폭넓은 참여를 장려하고 자료를 한데 모으고자 했다.

경찰이나 정부로부터의 어떠한 물질적 지원도 없는 상황에서 폭력 생존자와 피해자 유가족을 지원하고자 셀 수 없이 많은 '후원해주세요GoFundMe' 웹페이지가 개설되었다. '아시아계 혐오 폭력에 관해 아시아계 연장자들에게 말 걸기'라는 안내문이 소셜미디어에 게시되어 개인들에 의해 중국어, 타갈로그어, 인도네시아어, 몽어*, 베트남어, 일본어, 한국어, 비사야어 등으로 번역되었다. 청년 활동가들은 전국에서 집회와 시위를 조직했고, 치유사와 상담사들은 가상의 안전 공간을 만들어 감정을 다루는 과정이 필요한 사람들이 찾아올 수 있게 했다. 기부금에 기반해 의료 지원팀과 무술가가 지도하는 자기방어 수업 또한 열렸으며, 수천 명의 사람들이 방관자를 위한 트레이닝에 참여해 필요 시 개입하는 능력을 쌓고자 했다. 온갖 인종의 사람들이 함께 모여 동료, 친구, 이웃의 안부를 확인했고, 이 위기의 순간을 넘어 더 깊은 유대감을 다지고자 했다.

● Hmong. 중국과 동남아 등지에 분포하는 몽족(묘족)들의 언어. 묘어 혹은 중국식으로 먀오어(Miao)라고도 한다.─옮긴이

한편, 애틀랜타 총격 사건이 발생한 지 2달 후, 인종을 초월한 연대와 더 많은 경찰 배치에 반대하는 지역 조직화 운동이 활발한 가운데, 오클랜드의 백인 여성 시장은 향후 2년간 경찰 예산을 증액하고, 경찰 초과 근무 수당에 할당된 예산을 거의 2배로 늘리는 새로운 예산안을 발표했다. 시장은 아시아 혐오 폭력 증가의 원인을 경찰 예산 삭감을 요구한 탓으로 돌리며 흑인 공동체와 아시아계 공동체가 서로 싸우게 만들려 한다고 이미 비판받고 있었다. 시장의 예산안을 읽어보니 두어 달 전 AAPI 공동체를 향한 민주당 소속 시장의 활기찬 영상 메시지가 머릿속에 떠올랐다. "우리는 여러분을 위해 싸울 것입니다. 여러분은 이곳에서 환영받고 있습니다." 백인우월주의 시스템 내에서 권력을 가진 이들을 믿고 의지하며 우리를 대신해 싸우고 "환영"해주기를 바라는 것만으로는 충분하지 않다. 우리는 스스로 안전을 요구하고 쟁취해야 한다. 우리는 그들의 의식이 깨어나기를 그저 기다릴 수만은 없다. 그런 날은 결코 오지 않을 것이기 때문이다.

그저 그들에게 항의하며 더 잘할 것을 기대하지 않고 대안을 새롭게 상상하는 능력은 우리에게 달려 있다.

- 그레이스 리 보그스

함께 치유하기

애틀랜타 총격 사건이 있은 지 정확히 일주일 뒤, 지역 활동가들은 오클랜드의 매디슨 공원에서 촛불 추모회를 개최했다. 슬픔에 잠긴 사람들이 모여 함께 애도하고 기억하고 위로했다. 공원에 도착하자마자 화로에서 타오르는 불의 냄새를 맡았고, 그 옆에 있는 연사들 중에서 대부분 아시아계 여성인 우리 공동체 리더들의 낯익은 얼굴을 발견했다. 여러 인종으로 구성된 연대 네트워크 못지않게 군중은 AAPI 디아스포라의 다양성을 반영하고 있었고, 모두가 서로 팔짱을 끼고 집단행동을 통해 치유를 시작할 준비가 되어 있었다.

집회를 조직한 이들은 이 사건에서 살해당한 6명의 여성 중 4명이 한국계이고 2명이 중국계였던 그들의 민족성을 고려해 한국계와 중국계 여성을 중심에 두려 했다. 집회 진행에는 미국 수어, 한국어, 중국어 통역이 포함되어 있었고, 진행자는 오클랜드시의 오랜 공동체 조직 활동가이자 오클랜드 라이징Oakland Rising의 총괄책임자인 한국계 여성 리즈 석liz suk이었다. 한국계 미국인 구어 시인이자 내 친구인 미셸 '머시' 리는 열정적인 퍼포먼스를 통해 우리 마음을 달래주는 동시에 우리의 용기에도 불을 지폈다. '인민들의 오클랜드 시장'이자 경찰테러 반대 프로젝트의 공동창립자인 캣 브룩스Cat Brooks는 흑인과 아시아계 사람들의 연대가 중요하며 "저들은 우리가 이기고 있기 때문에, 그것도 함께 이기고 있기 때문에 우리를 잡으러 온다"라고 말했다. 희생자들을 위한 풍성한 제단이 마련되었고, 그것은 꽃, 촛불, 편지, 사진, 그리고 모래를 채운 향로에 담긴 향부터 우리 가족이 제사를 지낼 때 하듯 꼭지 부분을 깎은 한국 배를 담은 접시까지 문화적 중요성을 갖는 물건들로 장식되었다. 사람들은 이 제단 앞에 무릎을 꿇고 앉아 기도했다.

어느 시점엔가 한국어 통역 자원봉사자가 영어로 이루어진 연설 중 하나를 한국어로 번역하는 것을 어려워했다. 해당 연설에는 원래 준비된 것에서 벗어난 내용이 있었고, 미묘한 뉘앙스를 담은 문장들을 아무런 도움 없이 동시통역해야 했던 것이다. 통역사는 청중들에게 한국어로 사과했고, 청중 가운데 즉석에서 한국어로 통역을 할 수 있는 이가 있는지 물었다. 아무도 나서지 않고, 통역사는 지금은 아무 소용이 없는 노트만 보며 서 있었다. 그의 등은 외로워 보였다. 많은 생각을 하지 않고 내가 나섰다. "제가 그렇게 잘하진 못하지만, 어쩌면 우리가 서로 도와서 해결할 수 있을지도 모르겠어요." 그래서 우리는 함께 서서 차례로 마이크를 잡았고, 너무 많은 단어들을 건너뛰면서도 어떻게든 관중 속의 한국 어르신들을 현재의 순간과 연결하기 위해 애쓰면서 한 단어씩 대충 번역하며 통역을 해나갔다. 어떻게 번역해야 할지 알 수 없는 단어들이 너무나 많았다. 경찰 예산 삭감? 기후 위기? 집단적 해방?! 그러나 통역사의 도움과 청중들의 너그러움 덕분에 우리는 서로의 곁에서 프로그램을 끝까지 마칠 수 있었다.

한국계 퀴어 및 트랜스젠더 풍물패인 '이음새'*가 공연을 시작하자 나는 그 리듬에 내 몸이 공명하는 느낌을 받았다. "우리는 춤을 통해 선조들의 슬픔을 달랜다. 그들의 혼은 말하고자 한다! 그러니 당신도 자신의 몸을 사용하도록! 몸을 흔들자! 발을 구르자!"라고 풍물패를 이끄는 한국 태생의 도희 리가 말했고, 이어서 그는 다양한 슬픔, 애환, 갈망의 노래이자 한의 소리인 판소리를 시작했다. 우리도 그를 따라 공원 중앙으로 이동해 여러 개의 동심원을 만들어 풍물패 사람들과 섞였고, 아이들은 그 중심부에서 신나게 웃고 춤추며 뛰어다녔다. 여러 대의 장구 소리에 맞춰 몸을 움직이면서 우리는 발소리로 괴로움을 말했고, 손뼉의 열기로 분노를 느꼈으며, 몸을 흔들어 고통을 표현했다. 우리는 울부짖고, 고함치고, 울고, 또 웃었다. 그토록 심각한 비극과 트라우마의 순간에 우리는 감히 공동체적 기쁨을 되찾았고, 거리두기가 장기화되던 팬데믹 시기에 서로의 존재에서 위안을 구했다. 내가 계속해서 발을 구르고 손뼉을 치는 동안 나는 조부모님과 증조부모님의 영혼이 나를 붙들어주고, 내 고통

• 도희 리(Dohee Lee)의 웹사이트에 이런 글귀가 있다. "이음새는 샌프란시스코 베이 에어리어에 거주하는 한인 풍물패이다. 디아스포라 상황에서 한국인들이 함께 연주하는 것은 강력한 영적 행위이자 정치적 행위이다. 이를 통해 우리는 우리의 문화와 정체성에 연결되고 그것들을 되찾을 수 있으며, 한국에서 군부독재를 끝장내고자 정치적 봉기가 있을 때 꾸준히 존재를 드러내온 풍물패가 지닌 저항의 역사를 지킬 수 있다. 한국계 이민자, 페미니스트, 퀴어, 트랜스, 혼혈, 입양인으로서 우리는 거리에서, 우리의 동지들 곁에서 연주하며, 경찰 폭력, 전쟁, 미국과 해외의 제국주의에 저항하면서 사람들에게 에너지와 리듬과 연대를 가져다주고자 한다."

을 어루만져주고, 내가 누구인지, 우리가 누구인지, 우리가 항상 어떤 사람들이었는지 상기시켜주는 것을 느꼈다. 즉, 우리는 전사, 생존자, 몽상가, 치유자였다. 나는 선조들의 슬픔을 달래 희생자의 영혼들이 가야 마땅할 평화의 자리에 당도할 수 있도록 그들이 이끌어주기를 바라며, 억눌린 가슴속 슬픔을 바람 부는 청량한 공중에 토해냈다. 그리고 이 집단적, 신체적 애도의 과정 속에서 나는 내가 발딛고 설 땅을 찾아내기 시작했다.

풍물패의 공연이 끝나고 내 옆에서 춤추던 한 흑인 여성이 나를 보더니 이렇게 속삭였다. "나는 당신을 모르지만 당신은 내 자매예요."

가장 마지막 활동은 초를 켜고 연등을 날리는 행사였다. 특히 바람이 많이 부는 날이어서 연료에 불을 붙이는 데 애를 먹었다. 약간의 씨름을 한 끝에 연등은 하늘로 떠올랐지만, 이내 강풍이 불어 아래로 내리꽂혔다. 모두가 헉 하는 소리를 냈고, 나는 순간 연등이 추락해 꺼질 것이라고 생각하며 발가락까지 오므렸다. 그런데 그 순간, 선조들의 영혼에 위로와 희망의 상징을 바라는 우리의 간절한 바람이 닿았는지, 포기를 모르는 그들의 영혼이 개입해 땅으로 내려온 연등을 공중으로 끌어올렸고, 연등은 계속해서 푸른 하늘 위로 올라가 소중한 여덟 영혼의 품 안으로 들어갔다. 그제야 나는 악물고 있던 턱을 풀고 옅은 미소를 띠며 안도의 한숨을 쉬었다. '고마워요, 할머니, 할아버지.'

4부

함께 움직이기

14장

자기만의 최전선에서

우리는 당장 많은 것을 뒤흔들어 이론화와 분석에 덜 집중하도록 해야 한다. 그런 것 말고, 우리가 행동할 수 있는 실질적인 방법들에 더 집중하라. 많은 이들과 함께 다같이 행동할 방법을 찾으라. 우리는 어떤 행동을 취할 수 있는가?

– 마리암 카바

사회정의에 관련된 프레임워크들, 언어, 비판적인 사상들이 더 '주류화'되며 접근성이 높아짐에 따라, 나는 희망과 함께 경계심도 느낀다. 마리암 카바가 예리하게 지적했듯이, 나는 사람들이 우리의 운동을 단순히 개념으로만 생각하며, 실천이 결여된 지성화의 덫에 빠질 것을 두려워하기 때문이다. 나는 '올바른 말을 아는 것'에 집착하면서도 책임지는 정신은 부재한 조직들, 그리고 그 조직의 리더들이 '데이터에 기반한' 불공정 분석을 중시하면서도 더 안전한 조건과 공정한 구조를 만들려는 실제적 노력은 별로 기울이지 않는 듯, 이러한 패턴이 계속 반복되는 것을 보아왔다. 나는 무의식적 편견 인식 트레이닝이 흥미로운 사고 실험으로만 사용되고, 오늘날에도 전력 가동 중인 수세기 동안 지속된 체계적 억압을 지적하는 데는 거의 쓰이지 않는 것을 보곤 하며, 독서모임을 꾸려 어려운 텍스트를 연구하면서도 그 어떤 실제적 참여도 없이 진지한 대화에서 그치는 사람들에 대해 듣곤 한다.

이 장은 여러분이 배운 모든 것을 행동으로 옮기기를 바라는 나의 간절한 요청이다.

생존은 학문적 기술이 아니다.

- 오드리 로드

어찌 됐든 시도하자

2년간 우리 팀은 저명한 최고경영자 MBA 과정 내에서 1년짜리 공정성 교육 프로그램을 꾸렸다. 전 세계 굴지의 기업 임원들로 구성된 학생들을 고려할 때, 우리는 이 프로그램이 미칠 영향이 10배로 커질 수 있겠다고 생각했다. 우리는 이 임원들이 여기서 배운 것을 자신들의 조직에 적용해 공정하고, 포용적이며 다양성 넘치는 일터를 만들어 수천 명에게 이득이 되게 하기를 바랐다. 우리 회사 어웨이큰에서는 항상 모든 워크숍을 마칠 때마다 약속 실천을 강조하는 시간을 가지며, 각 참가자에게 다음 30일 동안 자신의 조직에 도입할 수 있는 구체적인 행동을 하나씩 약속하도록 요청하고, 서로

짝을 지어 책임 파트너를 지정하는 마무리 시간을 가진다. 그중 어떤 워크숍에서 한 참가자가 조직 내에서 사람들의 젠더 대명사를 질문하고 공유하는 것을 일상화하겠다고 약속했을 때, 한 백인 남성 참가자가 이렇게 반응했다. "하, 우리 회사에서는 절대 안 통할걸요. 그런 건 캘리포니아에서나 가능한 일이죠." 몇몇 다른 참가자들이 웃으며 동의의 뜻으로 고개를 끄덕였다. "아, 확실히 우리 회사에서도 마찬가지예요. 직원들이 절 우습게 볼 거예요." 나는 가능한 한 진지한 태도로 그 사람에게 물었다. "혹시 시도해보셨어요?"

우리는 일을 시작하기도 전에 시도조차 하지 말아야 할 수많은 이유들을 논한다. 이 모든 것이 헛된 일이며, 그래봤자 아무것도 변하지 않을 테니 차라리 오늘 주어진 것에 집중하며 내 살길이나 찾자고 생각한다. 매일 나는 다음과 같은 의심, 냉소, 주저함의 말들을 너무 많이 듣는다.

"우리는 결코 _____(인종주의, 자본주의, 경찰, 교도소 등)을 없앨 수 없을 텐데, 왜 굳이 시도를 해야 하죠?"

"내 주변 사람들은 이런 것에 전혀 신경 쓰지 않아요."

"변화를 만들기엔 우리 조직에서 나는 아무런 힘이 없어요."

대부분 두려움에 뿌리를 둔 이런 정서는 우리 삶의 모든 곳에 침투한다. 많은 사람들이 까다롭거나 피곤한 사람으로 여겨져 소외될까 봐 두려워하며 가족 모임이나 사교 모임에서 '정치적인' 대화를 꺼내기를 불편해하고, 어떤 이들은 아무리 문제적이라 해도 타인의 관점이나 행동에 도전하는 것은 자신의 역할이 아니라고 여긴다. 어떤 이들은 투쟁의 규모에 너무나 압도되고 무력함을 느껴 스스로 거리를 두며 '더 용감한 사람들'에게 그 일을 떠넘긴다. 다 기권하고 현상유지로 돌아가는 것은, 비판 받으면서도 애써야 하는 특권을 가진 이들뿐만 아니라, 연극적인 연대와 깨진 약속의 반복에 끊임없이 실망한 이들에게도 유혹적인 선택지처럼 느껴질 수 있다. 끊임없이 무엇도 충분치 않다고 말하는 사회에서 나 역시 나보다 훨씬 더 거대한 힘의 무게에 짓눌리고 반복되는 폭력의 패턴에 무력감을 느끼며 사기가 떨어질 때가 있다. 이따금씩 나는 넷플릭스 메인 화면을 멍하게 스크롤하거나 의미 없는 틱톡 영상을 보면서 마음을 다른 데로 돌린다. 그러나 자발적 무감각의 순간이나 필요한 휴식의 순간에도 나는, 다른 많은 이들의 경우 지치더라도 완전히 투쟁에서 벗어나 있을 여유가 없다는 사실, 그리고 나 역시 사랑하는 이들과 나 자신의 생존이 걸려 있기에 무한정 한가하게 있을 수 없다는 사실을 기억해낸다.

어떤 날에는 완강하고 무심해 보이는 사람들이 지배하는 엄청난 시스템에 균열을 일으키는 것이 불가능하게 느껴질 수도 있겠지만, 해방을 위한 저항운동은 여러 세대에 걸쳐 끊임없이 역사를 다시 쓰고 부정의를 바로잡아왔다는 사실, 그리고 그 운동은 결코 끝나지 않았으며 비전을 가진 흑인, 원주민, 유색인 활동가들, 원칙과 용기와 공동체성에 강점을 지닌 변화의 주도자들에 의해 바로 지금 여기서 계속되고 있다는 사실을 기억하자. 현상유지를 옹호하는 이들은 우리에게 투쟁은 소용없는 것이라는 믿음을 심어주고자 하지만, 이 냉소주의를 몰아내고 무엇이 가능한지를 끊임없이 새롭게 상상하는 집단적 힘을 되찾는 것은 억압의 시스템을 흔드는 유일한 방법으로 증명된 정치적 저항 행위이다. 앤젤라 데이비스 박사가 말했듯, "세계를 급진적으로 바꾸는 일이 가능한 것처럼 행동해야 한다. 그리고 항상 그래야 한다". 그러니 어찌 우리가 시도하지 않을 수 있을까? 오늘날 이곳까지 우리를 데려온 여러 세대에 걸친 이 작업을 기억하면서 우리는 변화가 불가능하며 그것을 위해 노력할 가치가 없다고 말하는 억압적 시스템의 거짓말을 거부해야 한다.

시도하라. 특히 당신이 상대적 특권과 힘을 가지고 있다면 더더욱. 사람들이 '이상주의자'라며 당신을 조롱할 수 있다는 사실을 인지하고, 반격을 받을 것을 인지하고, 처음부터 '제대로' 못할 수도 있음을 인지하고, 자신의 두려움을 인지하면서 시도하라. 오늘의 부당한 현실에 만족하기를 거부하고, 너무도 자주 유일한 선택지로 제시되는 나쁜 선택과 더 나쁜 선택 사이의 가짜 이분법을 거부하라. 대담하게 시도하고 더 큰 꿈을 꾸라. 시도하고 계속해서 다시 시도하자. 주변에 당신이 분노할 만한 부정의가 너무 많기 때문에, 당신이 능동적으로 참여를 시작할 수 있는 입구는 전혀 부족하지 않다. 퀴어와 트랜스젠더들은 자신의 성적 지향이나 젠더 정체성 때문에 대부분의 미국 여러 주에서 여전히 합법적으로 해고될 수 있고 서비스를 거절당할 수 있다. 난민과 이주민의 자녀들은 여전히 수용소에 갇혀 있다가 강제추방을 당한다. 대량수용은 더뎌지지 않고 있으며, 기업들은 계속해서 수용된 사람들을 값싼 노동력으로 착취한다. 빈곤처럼 성노동은 여전히 범죄화되어 있고, 정치인들은 여전히 유색인들의 투표권을 합법적으로 박탈할 수 있다. 학교에서 교도소로 연결되는 경로는 흑인과 갈색인종의 청소년들에게서 젊음과 미래를 빼앗고 있다. 인종주의적으로 표준화된 시험과 특례입학은 부유한 백인 학생들에게 특혜를 준다. 원주민들은 여전히 수백 년의 노예제에 대한 자신들의 땅을 되찾지 못하고 있고, 원주민 여성과 소녀들이 실종되고 살해되는데도 공적 분노는 크게 일지 않는다. 흑인들은 여전히 보상을 받지 못했고, 그들에 대한 차별적 정책은 여전히 계속된다. 흑인 및 원주민 산모와 아기들은 여전히 불균형적으로 높은 비율로 사망한다. 아시아계 미국인들이 구타당하고 목숨을 잃고 있는 가운데, 해외 동포들과 태평양 섬 주민 동지들은 미국 제국주의와 미군 점령에 맞서 싸우고 있다. 학교에서 어린 학생들이 총기난사의 가능성에 대비해 훈련을 받고 있으며, 정치인들은 여전히 공허한 '애도와 기도'를 보낸다. 수백만 명이 적절한 지역사회의 보조나 제도적 보조를 받지 못하고 여전히 정신건강 위기로 고통받고 있으며 우리의 보건의료 제도는 여전히 사람들의 생명보다 이윤을 우선시한다. '식품사막'이 여전히 존재하며, 인종차별적 환경정책 역시 실재한다. 그리고 부정의가 일어나는 모든 곳에서 이미 수년째 저항하고, 해체하고, 재건하고 있는 사람들이 있다. 그들과 함께하라. 그들의 말을 경청하고 그들의 선례를 따르라.

자기 자신의 최전선에서 시작하기

내 친구이자 멘토인 칼라얀 멘도사Kalaya'an Mendoza가 최근 내게 상기시켜주었다. "최전선은 시위가 열리는 거리만이 아니다. 우리가 활동하는 모든 곳이 최전선이다." 우리 모두는 각자의 최전선이 있으며, 긴 시간에 걸쳐 꾸준히 긴급함을 가지고 진솔한 노력을 기울여야 한다. 그리고 그 작업을 혼자서 할 필요는 없다. 더 공정한 세계를 만드는 일에 진심이라면 2명이든, 5명이든, 7명이든, 10명이든, 모을 수 있는 만큼 주변 사람들을 모아 무언가를 성취하는 데 헌신하자. 하나의 이슈를 잡아 함께 파고드는 거다. 우선은 대화에 참여하는 것처럼 작게 시작해 지역 풀뿌리조직이나 비영리조직에서 사람들과 함께 자원 활동을 할 기회가 있는지 알아볼 수도 있다. 행동하는 단계로 이어지는 독서모임에 참여할 수도 있다. 이웃 사람들을 모아 서로의 안전을 지키고 경찰 권력에서 벗어나기 위한 계획을 만들 수도 있다. 동료들과 함께 조직을 만들어 주변화된 이들을 힘 있는 자리에 두는 평등하고 포용적인 노동조건을 요구할 수도 있다.

가족 구성원들을 모아 정치적 참여를 함께할 수도 있다. 상상력을 발휘하고, 창의적으로 활동하라.

우리는 힘 있는 자리에 있는 사람들에게 공개적으로 책임을 묻는 데는 꽤 능숙해지고 있다. 그러나 우리 역시도 무언가를 바꿀 힘을 가지고 있으며, 어쩌면 더 중요하게는 해악을 끼칠 힘 역시 가지고 있음을 인정하면서 어떻게 일상에서 우리 자신에게 책임을 물을 수 있을까? 워크숍 커리큘럼을 짤 때, 우리 팀은 억압이 개인적 영역에서부터 대인 관계, 조직, 그리고 시스템에 이르기까지, 우리 사회의 모든 층에서 어떻게 나타나는지를 반드시 설명하려고 노력한다. 이로써 체계적 억압과 그것이 우리 각자 내면에 미치는 영향 사이의 불가분한 연결고리를 보여주는 것이다. 우리의 가장 내밀한 생각과 믿음이 우리의 행동을 이끌고, 그 행동이 정책과 구조를 좌우하는 결정을 만들어내어 결국 우리 사회 전체에 영향을 미친다는 점을 강조하여, 억압의 고리가 지속되도록 보장하는 방식을 설명한다. 동시에, 이러한 연결성을 밝히는 것은 우리가 각 수준에서 그 고리를 끊을 수 있는 실제적인 힘과 기회를 가지고 있음을 분명히 드러낸다. 우리가 삶에서 내리는 모든 결정들은 중요하며, 이러한 결정들은 우리가 해결하고자 하는 불평등을 악화시킬 수도 있고, 또는 현상 유지의 연쇄 반응을 중단시키는 의식적인 선택이 될 수도 있다.

그러므로 우리는 끊임없이 스스로 질문해야 한다. 불평등의 눈덩이를 불리는 데 가담하지 않기 위해 우리는 어떠한 역할을 해야 할까? 어떻게 우리가 지금 이곳에서 그러한 효과를 중단시킬 수 있을까? 영향력을 미치는 다양한 영역에 참여하는 방법을 일부나마 제시한 다음의 아이디어 목록이 여러분이 변화를 위한 여정을 지속하는 데 영감을 주기를 바란다.

개인적 영역에서의 참여 방법

이 영역은 내면의 작업과 대인관계 내 작업에 관한 것이다. 끊임없이 자신을 이해하고, 자신의 행동을 되돌아보고, 인식하고, 책임을 실천하고, 자신의 명분을 평가하고 재평가하고, 해로운 패턴을 걸어내는 작업 없이는 의미 있는 일을 할 수 없다. 개인적 영역에서의 적절한 행동 예시를 살펴보자.

- 자신의 사회적 정체성(인종, 젠더, 계급, 연령, 시민권 상태 등)을 탐구하고 자신을 더 큰 억압의 시스템 속에 위치시켜본다. 억압의 시스템에서 어떤 이득을 얻는지, 그것을 어떻게 지속시키는지, 혹은 그것으로부터 어떤 해를 입는지 살펴본다(3장을 참조하라).
- 자신의 신념, 세계관, 자신과 타인에 관한 서사를 질문해보고, 의도적으로 해로운 패턴을 해체하고 스테레오타입이나 우월주의의 거짓에 근거한 신념을 걸어낸다(4장을 참조하라). 하버드 암묵적 연합 검사Harvard's Implicit Association Test가 자신의

숨겨진 편견을 알아내는 한 가지 방법으로 사용될 수 있지만, 일상에서 매일 의도적으로 알아차리고 비판적으로 질문함으로써 여러 가지 방법으로 자신이 가진 편견을 알아볼 수 있다.

- 계속해서 공부한다. 연구에 따르면, 반反 고정관념 훈련이 우리 뇌의 해로운 고정관념을 다른 연상으로 대체하도록 재설계하는 한 가지 방법이 될 수 있다. 새로운 정보는 이야기를 통해 제시될 때 가장 잘 배울 수 있다는 사실을 고려해, 주변화된 이들이 다양한 이야기를 들려주는 책, 영화, 팟캐스트 등을 통해 스테레오타입에 반하는 서사에 몰입해보는 것이다. 역사적으로 그들을 평가절하하고 비가시화해온 제도를 향해, 숨겨진 역사를 포함해 아직 들려지지 않은 이야기들을 더 많이 다루라고 요구한다(6장을 참조하라).

- 지적받을 경우 자신의 감정적 반응을 조절하기 위해 자기 관리 연습을 하고, 실수에서 배움을 얻고 더 잘할 수 있는 자신의 능력을 믿는다(8장을 참조하라). 자신의 트리거가 무엇인지, 즉 자신이 어떤 것에 자극받는지 알아보고, 당신의 어떤 상처가 보살핌을 요하는지 관심을 갖는다(12장을 참조하라).

- 자신의 동기를 자주 떠올리며 계속해서 이해에 깊이를 더한다. 상황이 달라짐에 따라 이 여정에 대한 자신의 헌신의 정도를 재평가한다(2장을 참조하라).

대인 관계 영역에서의 참여 방법

이 영역에서 우리의 작업은 관계적이며, 해악을 발견하거나 경험할 경우 거기에 개입하고, 해악이 발생하지 않도록 함께 방지하는 데 중점을 둔다. 우리는 교육과 역량 강화를 통해 힘을 얻어, 서로의 차이를 존중하고, 회복력 있는 관계를 만들고, 책임을 실천하는 일에서 서로를 지지한다. 이 영역에서의 적절한 행동 예시를 살펴보자.

- 해로운 농담, 톤 다듬기, 가스라이팅, 크레딧 빼앗기, 전형화, 맨스플레인 혹은 화이트스플레인, 희롱, 괴롭힘, 신체적 위해 등 해로운 행위를 목격하면 개입한다(10장을 참조하라).
- 해악을 야기했다고 지적받았을 경우, 사과하고 반성하고 바로잡고 변화된 행동을 약속함으로써 책임을 실천한다(8장을 참조하라).
- 다른 이들을 지지하며 곁에 서는 여러 가지 방법을 배운다. 적극적 경청의 기술을 습득하면 힘든 시기를 겪고 있거나 해악을 경험하고 있을지 모르는 이들을 인정하고 지지해줄 수 있다(12장을 참조하라).
- 자신의 접근권과 자원을 주변화된 이들과 나눈다. 상호부조에 참여하고 정보를 투명하게 공개하고, 네트워크 및 플랫폼을 공유한다. 자원의 공정한 재분배는 정의 실현의 일환이다(3장과 11장을 참조하라).

- 사람들에게 함께 배우자고 권하며 억압에 반대하는 모든 것에 관해 주변 사람들을 교육한다(10장을 참조하라).

조직의 영역에서의 참여 방법

직장이든 학교든 지역 협회든 종교적 공간이든 자원봉사 모임이든, 조직 차원의 작업은 광범위한 공정성과 포용력을 구축하는 문화, 과정, 정책을 만드는 것을 목표로 해야 한다. 힘 있는 자리에 있는 이들은 지속 가능한 변화를 만드는 데 참여해 그것이 조직 전체에 스며들 수 있게 해야 하며, 개인, 특히 경영자들은 조직의 규범이 개발되고 강화되고 관리되는 방식과 권력이 분배되는 방식에 있어 진실성과 가치의 일치 values alignment를 보장하는 역할을 해야 한다(4장과 10장을 참조하라). 이 영역에서의 적절한 행동 예시를 살펴보자.

- 공정성 감사를 시행해 조직의 구성원을 채용하고 임금을 지급하는 방식, 포용하고 힘을 실어주는 방식, 혜택을 주는 방식, 주변화하는 방식, 승진시키거나 해고하는 방식 등 조직의 모든 영역에 걸쳐 다양한 층위의 접근권과 공정성을 조사한다. 체계적 억압의 패턴과 특성을 지속시킬 수 있는 조직의 방침, 가치, 비공식적 규칙을 검토하고 그것을 의도적으로 수정한다.
- 개인의 선의나 의지에 기대기보다는, 가드레일 역할을 할 수

있고 더 공정한 결과를 낳을 수 있는 조건을 만들어내는 데 도움이 되는 절차적 개입을 시행한다. 예컨대, 공정에 대한 사람들의 개인적 판단과 감각에 기대는 대신, 채용과 승진에 관한 표준화된 기준과 숙의 절차를 만든다. 회의 규칙을 개발해 참여 규범을 설정한다(말 끊기 금지, '나'를 주어로 말하기 등). 일상적인 조직 문화 구축(멘토링 활동, 사회적 행사 기획 등)이나 행정 업무(일정 관리, 필기 등)처럼 중요하지만 과소평가되는 '사무실 가사 노동'을 공식 업무화하고 돌아가며 맡아, 유색인 여성만 그 일을 떠맡지 않도록 한다.

- 심리적 안전을 느낄 수 있는 문화를 계획하고 만들어 관계적 리스크가 환영받을 뿐 아니라 규범적인 것이 되게 하고, 주변화된 이들이 부정적인 영향을 받지 않고 현 상태에 도전할 수 있게 한다. 한 팀으로서 대화와 교육에 참여해 공정과 정의에 뿌리를 둔 공통의 언어와 가치들을 구축한다.

- 어느 조직도 진공 상태로 존재하지 않는다. 조직이 주변 지역 사회에 미치는 영향에 관해 논의한다. 지역사회의 이해당사자들과 관계를 맺고 그들이 필요로 하는 것들을 지원할 수 있는 기회가 있는지 알아본다. 배움의 기회와 접근성을 만드는 지역사회 조직과 프로그램에 투자한다(주변화된 이들, 특히 청년들을 위한 인턴 제도, 멘토링, 도제 시스템 등).

- 정책 변화를 이끌어낼 힘을 가진 자리에 있지 않을 경우, 다른

동료들이나 공동체 구성원들과 함께 요구한다. 편지를 쓰고, 보이콧을 하고, 파업을 하고, 노조를 조직한다. 조직의 모든 직급 수준에서 다양한 대표성을 요구하고, 풀뿌리의 힘을 키워 조직의 불공정을 근절한다. 자신이 구매하는 조직, 투자하는 조직, 기부하는 조직, 가까이에 있는 조직 또는 알게 된 조직에 공평성을 증진하기 위한 구체적 행동을 요구한다.

시스템의 영역에서의 참여 방법

앞의 영역에서 벌어지는 행동들이 모두 합쳐지면 시스템의 차원에서 변화를 촉구하는 데 도움이 될 것이다. 이 영역에서 우리는 정책 변화, 근본적 해체 혹은 근절, 주변화된 이들을 중심에 두는 새로운 시스템의 재구성을 통해 시스템 차원의(사법체계, 교육제도, 경제체제 등) 개혁을 요구하는 것이다. 이 영역에서의 적절한 행동 예시를 살펴보자.

- 지역 정책에 관여한다. 진보적 법안을 통과시키고, 예산을 요구하고, 진보적 후보자를 선출하는 데 노력한 지역 풀뿌리조직들에 주목한다. 공개적 회합에 참석하고, 선출직 공무원들에게 주변화된 주민들의 요구를 귀 기울여 들을 것을 요구한다. 시위, 보이콧, 다양한 공동체에 광범위하게 긍정적 영향을 줄 수 있는 변화를 요구하는 여타 행동들에 참여한다. 억압적

인 이들을 자리에서 몰아내는 데 표를 던진다.

- 연합의 힘을 지렛대로 사용한다. 전략적 연합을 통해 다수의 조직이 연대해 무언가를 요구하는 것(조직들이 다인종적으로 연합해 법안을 공동으로 지지하기, 교육과정을 변경하도록 여러 학교 이사회가 함께 압박하기)은 변화를 위한 매우 효과적인 도구다.
- 억압적 시스템 없는 대안적 미래를 구상하고 만들고자 노력하는 비전을 가진 리더들과 풀뿌리조직으로부터 계속해서 배운다. 예컨대 우리 세대의 가장 시급하고 중요한 싸움 중 하나인 교도소 산업복합체 폐지 운동을 더 잘 이해하려 한다.

우리는 매일 우리의 정체성에 부합하는 결정을 할 수많은 기회를 만난다. 원칙에 따른 각 결정의 파급 효과는 부당한 규범을 무너뜨리고, 주변 사람들을 일깨워 이러한 세부 사항들이 어떻게 폭력적인 시스템을 지속시키는지 주목하게 할 것이다. 우리는 모두 변화에 영향을 미칠 수 있는 큰 힘을 가지고 있다. 수세기에 걸친 체계적 억압의 산을 넘는 것이 너무 크고 어려운 일처럼 느껴질 때, 그리고 그 앞에서 자신이 너무 작게 느껴질 때, 통제할 수 있는 선택지를 찾아내고 이미 그 일을 하고 있는 사람들을 찾아보자. 자신에게서 시작해 그 영향이 자신의 가정으로, 이웃으로, 공동체로 퍼져나가게 하자. 침실에서 교회까지, 주방에서 학교까지, 뒤뜰에서 의회까지, 길거리에서 직장까지, 동네에서 교도소까지, 모든 억압의 시스템을 향하는 우리의 최전선은 서로 연결되어 있으며, 그것은 해방의 장소로 변할 수 있음을 잊지 말자. 우리 모두가 각자의 자리에서 책임 있게 싸우고, 모든 시스템의 혁명적 변화를 향해 최전선을 밀어붙인다면, 나는 우리가 승리할 수 있고, 반드시 승리할 것이라고 믿는다.

우리 각자의 내면에는 작으나마 인간다움이 존재해, 거듭해서 위기를 조직하고 우리의 미래를 모두 먼지로 갈아버리는 기계가 우리를 위해 작동하지는 않는다는 사실을 알고 있다. 우리의 반대편에 선 그 극악무도한 힘이 억압의 가짜 위계를 만들지 못하게 막으려면, 우리는 흑인을 향한 어떤 공격도, 여성을 향한 어떤 공격도, 우리 모두를 향한 공격임을 알아차릴 수 있도록 스스로 배우고, 우리가 지탱하는 시스템이 우리에게 도움이 되지 않는다는 사실을 깨달아야 한다.

-오드리 로드

15장

공동체 안에서 기쁨을 발견하기

이것은 액티비즘이 아니다. 이것은 더 온전히 살아 숨쉬고자 하는 작업이다.

- 자나야 칸

몇 년 전, 우울감이 나를 사로잡으며 내 안에 존재하는 줄도 몰랐던 종류의 암흑 속으로 빨려 들어가던 때, 이 세상에 더 이상 존재하지 않으면 어떨까 하는 생각이 순간적으로 머리를 스쳤다. 그것은 얼마나 자유로운 느낌일까. 내가 항상 몰고 다니던 먹구름이 더는 다른 이에게도, 어쨌거나 내게 별로 신경 쓰지 않는 듯한 이 세상에도 짐이 되지 않게 되겠지. 한때 내게 기쁨을 주었던 그 모든 것에 나는 흥미를 잃었고, 하루하루는 생존에 필요한 최소한의 형식적이고 공허한 제스처들로 채워졌다. 즉, 일어나고, 양치를 하고, (어제도 그랬지만) 오늘은 샤워를 건너뛰고, (종종 침대에 누워) 이메일에 답장하고, 깨작거린 음식으로 배를 대충 채우고, 미래를 과도하게 걱정하지 않으려 하고, 잠자는 일뿐이었다. 기대되는 일이 하나도 없었다. 나는 결코 내게 휴식을 허락하지 않는 이 세계에서 살아남는 유일한 방법으로 내 몸에 밴 순수한 의지력 하나로 하루하루 억지로라도 일을 해내고자 애썼다. 당시 나는 친구를 만날 정서적 여유도 신체적 기력도 없었다. 사람들을 만나는 것이 너무 부담스러웠고, 내게 애정을 갖고 있는 이들에게 관심을 기울일 여력도 남아 있지 않아 죄책감마저 들었다. 내 인생 전체, 나 자신의 가치가 타인에게 도움이 되는 능력으로 정의되어 왔기에, 아무것도 내어줄 것이 없게 된 나는 내 우울보다 나은 것을 만나야 마땅한 이들에게 내 존재가 원치 않은 무게로 여겨질 것이라는 예민한 자의식을 갖게 되었다. 방향을 잃고 수치심에 찬 나는 내 존재가 완전히 무가치하게 느껴졌다.

그러나 어떤 이상한 이유로 사람들이 계속 내 곁에 있어주었다. 내 친구들은 아무런 기대 없이 내 공허한 세계에서 나와 함께해주었다. 그들은 내가 응답할 기력이 없을 때조차 계속 내 안부를 물으며 '우리가 여전히 여기 있다'고 상기시켜주었다. 그들은 내 문제를 해결하려 하지 않고 그저 내 곁에 앉아 기꺼이 내 멍한 상태를 함께 목격해주었다. 그것은 내가 싸워야 할 전투였지만, 친구들은 내가 더 깊은 나락으로 떨어지고 있을 때 자신들의 그물로 나를 건져주었고, 비록 암흑 속에 갇혀 있더라도 내가 혼자가 아니라는 것을, 팔만 뻗으면 나를 둘러싸고 있는 그들이 내가 당시 땅을 찾을 수 있을 때까지 손을 잡아줄 준비가 되어 있음을 보여주었다.

이루 말할 수 없이 다정한 내 주변 공동체가 내게 가르쳐준 것은 가치(사랑받고 보호받고 존중받을 가치, 살아갈 가치)를 증명하기 위해 무언가를 행할 필요가 없으며, 가치를 얻는 대가로 무언가를 되돌려줄 필요도 없다는 것이었다. 나는 그저 존재만으로도 가치 있었다. 나는 그저 존재만으로도 가치 있다.

그리고 다른 모든 이들도 마찬가지다.

우리가 살아가는 세계는 인간으로서 우리의 생래적 가치를 의문시하는 메시지들과 우리가 자격이 없다고 말하는 시스템들로 채워져 있다. 존중을 얻기 위해서는 사회에 기여해야 하며, 편안함을 얻기 위해서는 돈이 있어야 한다고들 한다. 소속감을 얻기 위해서 우리는 백인성의 이상에 맞추고 그들에게 호소해야 한다. 빼앗긴 땅에서 '합법적'으로 존재하려면, 또는 지성을 증명하려면 공인된 종이쪼가리를 쟁취해야 한다. '정상'으로 규정되는 의학 교과서에 그려진 것과 같은 몸(비장애인의 몸, 시스젠더의 몸, 뇌 기능이 정상 작동하는 몸 등)을 갖고 있어야 하며, 그렇지 않을 경우 배척되고 병리화되고 범죄화되고 안전 및 자원에 대한 접근권을 차단당한다. 자신과 사랑하는 이들을 먹이고 살리기 위해, 그리고 바라건대 지금의 현실보다 좀 더 편안한 미래를 얻기 위해 끝없이 노동해야 한다.

그러나 살아가는 것은 우리가 타고난 권리다.

인간으로서의 가장 기본적인 필요를 충족하며, 폭력과 착취 없이 살아가려는 것이 결코 터무니없는 요구처럼 여겨져서는 안 된다. 그러므로 매일 나는 우리 모두에게 내재되어 있지만 너무나 쉽게 잊어버리는 지혜에 주목하려 한다. 즉 우리 각자는 주눅 들지 않고 기쁨, 존엄, 안전, 자유를 누리며 삶을 온전히 살아갈 가치를 가지며, 이는 우리가 그것을 획득했기 때문이 아니라 그저 우리가 존재하기 때문이다. 이 진실을 지키기 위해 나는 그 반대의 메시지를 전하는 억압적 힘에 저항하고 그것을 해체하는 데 헌신한다.

굳건한 관계들: 우리 운동의 토대

운동은 대중의 숫자가 아니라 중요한 연결 속에서 탄생한다.

- 그레이스 리 보그스

굳건한 우리의 인간관계는 사회정의 운동에서 가장 과소평가 되었으나 가장 강력하고 끈질긴 전략이다. 내가 만들어낸 가장 영향력 있는 변화들은 회복력 있는 관계에 기반한 공동체에서 함께 만들어낸 것들이며, 서로를 믿지 못하는 상황에서 우리의 꿈들이 더 멀리 뻗어나가지 못하고 단명하는 경우도 겪어봤기 때문에, 나는 그것이 진실임을 잘 알고 있다. 에이드리엔 마리 브라운이 말했듯, "운동의 힘은 관계의 힘에서 나오며, 그것은 깊이로만 측정될 수 있다". 함께 이루고자 설정한 목표만큼이나 우리가 서로를 위해 얼마나 나서는지가 중요하다. 왜냐하면 우리는 이루고자 하는 목표를 관계 안에서 실천하며, '소규모 실천이 전체 시스템의 패턴을 결정하기' 때문이다.

서로에 대한 끊임없는 돌봄이야말로 우리의 집단적 해방을 향한 가장 정의롭고, 애정 깊으며, 공정한 길이다. 나는 이 목표들이 같은 것이라고 생각한다. 굳건한 관계와 공동체적 돌봄은 근본적 가치이며, 그것 자체가 운동이기 때문이다. 그리고 우리가 함께하는 여정의 동기와 방식, 공통된 비전을 향해 함께 나아가는 과정 또한 모두 중요하다. 그러니 우리는 백인우월주의의 도구로 변화를 향해 불도저처럼 밀고 나가면서 주변화된 이들에게 트라우마를 남기는 식으로 운동을 할 수는 없다. 폭력에 영향받는 실제 삶보다 지성적으로 폭력을 분석하는 싸움을 우선시하는 운동 또한 마찬가지다. 겉치레 연대나 억압의 패턴을 넘어, 진정한 돌봄과 서로에게 올바르게 행동하려는 헌신이 있는 한 우리 모두에게는 여지가 있다.

우리가 추구하는 종류의 변화는 제도적인 만큼 세포조직과도 같고, 개인적이고 친밀하며, 문화적인 동시에 집단적인 것이다. 우리는 사랑과 정의를 동의어로 만들고자 한다.

— 프렌티스 헴프힐

그러나 다양한 사회정의 운동 현장에서 수많은 사람들과 함께 일해온 내 경험에 비추어보면, 대개의 사람들의 삶에서 이처럼 가치를 서로 공유하는 관계는 놀랍도록 드물다. 우리에게 반복되는 외로움이라는 패턴은 매우 문제적이며, 그것은 여정의 시작 단계에 있는 이들에게서 가장 흔하게 나타난다. "이것에 대해 누구와 이야기해야 할지 모르겠어요." "활동을 함께할 사람이 아무도 없어요." "가족과 친구들은 엮이기 싫어해요." 사람들이 새로이 발견한 자신의 의식을 이해하려 노력하는 동안, 많은 이들은 가족과 친구 등 직접적 관계에 있는 이들이 '아직 이해하지 못한다'는 것을 깨닫고는 고립과 실망을 경험한다. 어떤 이들은 대부분의 친구관계가 서로의 온전한 인간성에 대한 애정에 뿌리를 두기보다 피상적이고 사무적이었다는 냉정한 현실을 자각하기도 한다. 그러면 스스로 배우는 과정과 행동 변화를 동시에 지속해나가기가 훨씬 더 어려워지기도 하는데, 장기적 변혁을 향한 우리의 길에서 주변 상황이 성패를 좌우할 수 있기 때문이다. 어떤 이들은 혼자서 이 여정을 계속하기 어려워하며 결국 일을 포기할 수도 있고, 어떤 이들은 오랜 친구들이나 가족과의 관계에서 첫 갈등이 나타나면 그 관계를 끊고자 하는 충동을 느낄 수 있다. 그리고 삶에 위기가 닥치거나 힘든 일이 생겼을 때, 기존에 가치를 공유하는 지지 네트워크가 없는 이들은 종종 홀로 괴로워하기 쉽고, 아무리 좋은 의도를 가졌다 하더라도 그들의 지인들은 그 고통을 제대로 이해하고 인정해주지 못할 수 있다.

좋은 소식은, 기존의 관계를 새로운 관계로 가꿔내기에 늦은 때란 없다는 사실이다. 새로운 관계가 생길 가능성만큼이나 기존 관계에서 더 깊이 관계 맺을 기회는 도처에 있다. 소셜미디어의 시대이긴 하지만 나는 사람들에게 오프라인에서 직접이든 화상으로든 사람들과 실시간으로 만나라고 권한다. 함께 커피를 한잔하고, 지역 집회에서 만나고, 전화를 걸어 이야기하는 등의 잊혀져가는 기술을 되살려보자. 진정한 관계는 인스타그램 댓글이나 위트 있는 한 줄짜리 트윗 문구로 형성되지 않으며, 공인된 중재자로서 나는 특히 관계적 갈등을 소셜미디어 메시지로 해결하려 하지 말 것을 당부한다. 개선될 기회 없이 갈등이 일어날 때 많은 관계가 버려진다. 갈등은 어렵고 서로에게 입힌 상처에 대해 책임지는 것은 더 어렵다. 우리는 실수할 것이고, 그 과정은 혼란스럽고 어색하고 불편할 수도 있다. 하지만 갈등은 우리가 중요시하는 가치를 실천하면서 더 깊은 신뢰를 쌓을 기회를 제공해주기도 한다. 원칙을 가지고, 충분한 연민을 가지고 갈등과 상처를 다루는 역량을 길러보자. 어떤 관계를 계속해서 유지해나가고 싶은지, 어떤 관계는 우리의 필요에 따라 잠시 휴식기를 갖고 싶은지 생각해보는 것도 도움이 된다. "이 관계가 갈등이라는 불편이 있더라도 내가 계속 유지하려 노력하고 싶은 관계인가? 아니면 내게 너무 해롭고 안전하지 않아서 (지금 당장은, 아니면 영원히) 벗어나고 싶은 관계인가?"

아버지와의 관계를 생각하면 나는 한없는 따뜻함을 느낀다. 우리는 수년 동안 서로 말하지 않고 지내기도 했고, 두 번 다시 서로의 삶에 들어갈 수 있을지 의문을 갖기도 했다. 이루 말할 수 없이 고통스러운 갈등과, 서로에게 끼치고 각자가 견뎌온 상처들에도 불구하고 아버지와 내가 다시 서로를 찾을 수 있어서 기쁘다. 우리는 천천히 다시 관계를 쌓아가고 있고, 비록 사회가 아버지에게 그가 남자이기 때문에, 한국인이기 때문에, 또는 힘없는 이민자이기 때문에 자신의 감정을 표현할 필요가 없다고 가르쳐왔지만, 이제야 우리는 함께 사랑을 표현하는 방법을 배우고 연습하고 있다. "사랑에서 용기가 생긴다"라는 노자의 말이 맞는 것 같다.

우리는 모두 우리 삶 속의 관계들에 더 관심을 기울여야 한다. 그것이 우리 운동의 기반이기 때문일 뿐만 아니라, 그저 우리에게 서로가 필요하기 때문이다. 나는 내 인생의 사람들에게 너무나 많은, 내가 받을 자격이 있다고 생각하는 것보다도 훨씬 더 많은 것을 받았다. 그 사람들이 있기에 내가 지금 여기에서 여러분을 만나고 있다. 그들은 형태와 기원은 다르지만 각자의 상처 덕분에 회복력 있는 관계와 치유를 향한 길을 가게 되었다. 내가 느끼는 감사한 마음은 거대하고 압도적이며, 나는 그 마음으로 이 운동과 그 사람들에 대한 약속을 스스로 지키고자 한다. 그러니 사랑하는 이들의 안부를 묻고 그들이 실제로 어떻게 지내고 있는지 살피자. 할 수 있는 모든 방법을 동원해 그들에게 너무나도 사랑한다고 말하자. "네 생각을 하고 있었어." "밥은 잘 먹고 다녀?" "사랑한다, 친구야." "사랑해요, 우리 가족." "존재해줘서 너무나 고마워요." 우리는 이런 말을 자주 듣고 읽을 필요가 있다. 끝나지 않는 폭력, 증오, 냉소, 분노로 가득한 이 세계에서 나는 우리의 기쁨이 혁명적이라는 점을 우리가 기억했으면 한다. 나는 여러분이 기쁨, 치유, 애정에 기반한 연결의 순간을 많이 발견하기를 바란다. 이러한 순간들은 도전적인 모든 상황에서 우리가 이 작업을 함께하는 이유를 기억하게 도와줄 것이다.

저들이 우리를 증오하는 것보다 나는 당신을 더 사랑한다

우리는 공정, 정의, 모두를 위한 해방이라는 같은 목표를 원하고 있지만 언제나 같은 생각을 하고 있는 것은 아니다. 변화를 향한 투쟁을 해나가면서 우리는 약속한 바에서 벗어나거나 기대에 못 미칠 때 서로를 용서하고 보완해야 하는 어려운 과제를 맞닥뜨리게 된다. 어쩌면 우리 앞에 놓인 가장 도전적인 일 중 하나는 우리의 모든 불완전함, 모순, 위선을 딛고 우리끼리 실제로 가치를 공유하는 상태에 도달하고, 놓아버리기 가장 쉬운 순간에 서로를 더욱 끌어당기는 일일 것이다.

나는 종종 학생 시절 풀뿌리조직에서 활동하던 때를 떠올리곤 한다. 우리는 전술에 관해 언제나 동의하지는 않았지만, 우리가 항상 같은 편이며, 진짜 적은 우리 모두를 억누르는 억압의 시스템이라는 사실을 알고 있었다. 우리 내부의 갈등이 얼마나 심각해지든 서로를 위해 나설 때가 오면 우리는 항상 서로에게 의지했다. 우리는 너무 온건하다고, 아니면 너무 급진적인 접근법을 쓴다고 서로를 향해 소리 지르고 고함치고 했지만, 결국에는 우리에게는 서로밖에 없으며 맹렬히 싸우는 만큼 서로를 맹렬히 사랑한다는 사실을 알게 되었다. 내 친구이자 시인인 테리사 시아가토누Terisa Siagatonu는 이렇게 쓴 바 있다. "우리 아이들은 그들의 생존을 위해 우리가 무엇을 했는지 궁금해할 것이며, 나는 이렇게 말할 수 있었으면 좋겠다. '우리는 서로를 겨냥하기보다 시스템을 겨냥했다.' 우리는 단순히 공동체를 이루는 대신 복잡함 속에 함께 존재했다."

가끔은 손쉬운, 준비된 대답이 없을 때가 있다. 모순 속에서 헤쳐나가야 하는 것이다.

– 앤절라 데이비스

내가 참석했던 '흑인의 목숨도 소중하다' 시위가 경찰이 최루탄을 쏘고 아이와 노인을 포함한 연약한 시위자들에게 조명탄을 던지면서 폭력적으로 변했을 때 나는 충격을 받았다. 내 멘토이자 평생을 활동가로 산 칼라얀 멘도사와 전화 통화를 하며 나는 분노에 찬 울음을 터뜨렸다. "어떻게 이토록 잔인할 수가 있어?" 나는 그때 그가 한 말을 결코 잊을 수 없을 것이다. "저들이 우리를 증오하는 것보다 나는 너를 더 사랑해."

저들이 우리를 증오하는 것보다 나는 당신을 더 사랑한다.

물론 나는 분노하고 있다. 나는 오랫동안 분노하고 있었다. 특히 지금 이 순간, 아시아계 혐오 폭력이 도처에 만연해 있고, 전쟁, 빈곤, 식민주의, 제국주의를 견뎌낸 많은 우리의 어르신들이 거리에서 공격당하고 살해당하는 현실 속에서, 사랑하는 이들의 안전을 두려워해야 한다는 사실에 격분하고 있다. 하지만 지난 세월 동안 나를 계속 앞으로 나아가게 한 동력은 분노도, 두려움도 아니다. 나를 계속 일으키고, 내 두려움을 잠재우며, 행동으로 이끄는 것은 언제나 우리였고 지금도 여전히 그렇다. 우리를 지탱하고, 힘을 주며, 단결시키고, 지속하게 하는 것은 적을 향한 증오가 아니라 서로를 향한 사랑이다.

> 분노는 우리의 차이를 분명히 밝히는 데 유용하지만, 장기적으로 분노에서 비롯된 힘은 맹목적인 힘이어서 그것으로 미래를 만들 수는 없다. 그것은 오직 과거를 무너뜨릴 수 있을 뿐이다. 그러한 힘은 앞에 놓인 것이 아니라 뒤에 놓인 것, 그 힘을 만들어낸 것, 즉 증오에 중점을 둔다. 그리고 증오는 미움받는 자들이 죽었으면 하는 소망일 뿐, 그 밖의 다른 것들의 삶을 위한 소망은 아니다.
>
> **- 오드리 로드**

'액티비즘'이라는 단어에 대해 생각하면 공동체의 따뜻함이 느껴진다. 마치 할아버지가 조용히 신문을 넘기고 할머니는 가보인 재봉틀로 뭔가를 새롭게 만들고 있을 때 거실 한가운데 누워 창문을 통해 여름 바람과 함께 들어오는 햇살을 얼굴에 받는 듯한 느낌이다. 액티비즘은 나란히 행진을 하고 난 뒤 땀에 젖은 냄새, 혹은 공동체 합의 내용을 종이 적을 때 사용한 마커의 냄새, 값싼 코스트코 피자 냄새와 그보다 더 싼, 우리가 함께 웃고 울고 꿈꾸며 마신 와인 냄새를 떠올리게 한다. 액티비즘은 예상치 못한 방식으로 감동받고, 사람들이 떨리는 목소리로 자신의 이야기를 나누기 위해 용기를 내는 모습을 지켜보는 느낌 같다. 액티비즘은 내가 가장 어두운 시기를 헤쳐나갈 수 있게 해준 많은 얼굴들을 떠올리게 해준다. 그들은 싸우는 동안 다시 일어서서 숨을 쉬는 법을 내게 가르쳐주었고, 그러기 어려운 상황에서 내 부드러움까지도 지켜낼 수 있도록 도와주었다.

그 얼굴들 중에는 내가 건강보험에 가입할 수 있는 돈과 대학에 가져갈 전자레인지를 준 고등학교 선생님들과 상담사들이 있다. 내가 나 자신을 잃어가고 있을 때 내 우울증을 주의 깊게 진찰해준 아시아계 여성 의사가 있다. 우울증이 가장 심할 때 내가 아무것도 주지 않아도 되고 사랑과 돌봄에 보답하기 위해 아무것도 하지 않아도 된다고 명심시켜준 내 친구들이 있다. 최전선에서 자신들의 삶과 활기를 걸고 경찰 폭력에 맞서는 시위자들을 돌봐주는 거리의 의사들 덕분에 나는 항상 보호받는다고 느꼈다. 워크숍 도중에 동료 퍼실리테이터들과 조용히 교환한 '넌 잘하고 있어!'라는 표정도 한몫했다. 애정 어린 문자메시지, 우리 어웨이큰 팀과 베이 에어리어의 선택한 가족chosen family들이 가져다주는 뜻밖의 음식이나 버블티도 생각 난다. 살짝 드라마틱하면서도 여전히 풍부한 유머 감각과 함께 아낌 없이 사랑을 주고받는 내 출신 가족의 얼굴들도 있다. 다른 유색인 성폭력 생존자 여성들에게 받은 트라우마 인지 돌봄도 빼놓을 수 없 다. 내가 겁에 질렸을 때 "너는 내가 아는 사람들 중 가장 용감한 사 람이야"라며 따뜻한 확신을 주며, 내가 무조건적 사랑을 받아 마땅 하다고 상기시켜주는 내 파트너도 있다. 애틀랜타 마사지숍 총격 사 건 발발 직후 친한 친구부터 인터넷상의 낯선 이까지 수많은 이들이 내게 걱정의 메시지를 보내준 것도 떠오른다. 또 나를 영원히 변화 시킨 것은 퀴어 및 트랜스젠더 청년들과 캠프 참가자들의 기쁨, 용 기, 회복력이다.

이러한 다정한 연결과 깊은 연대감의 순간, 서로의 고통을 거울 처럼 보여주는 과정을 통한 치유의 순간들을 기억하는 것…… 이것 이 나를 계속 나아가게 한다. 나는 그들을 위해 일한다. 나는 그들을 위해 나선다. 나는 그들을 기억한다. 그리고 집단적 해방을 위한 투 쟁을 하는 동안 나는 우리가 바로 지금 여기서 기쁨에 다가갈 수 있 음을 상기한다. 억압적 시스템을 해체하려 노력하는 동안 우리는 바 로 여기, 우리 앞에서, 우리 안에서, 함께 자유를 키워나갈 수 있다.

몇 년 전인 2017년, 캘리포니아대학교 버클리캠퍼스에서 열 린 연례 유색인 여성 임파워링 컨퍼런스Empowering Womxn of Color Conference에서 나는 영광스럽게도 흑인 인권 운동가이자 블랙 팬서였던 에리카 허긴스의 강연을 들을 수 있었다. 그는 부드럽지만 예리한 자신만의 어조로 1969년에 자신과 바비 실Bobby Seale이 범죄모의 혐의로 표적이 되어 체포당했던 때를 회상했다. 당시는 그의 딸이 태어난 지, 그리고 남편 존 허긴스가 살해당한 지 불과 4개월밖에 안 되었을 때였다. 그는 신생아인 딸과 떨어져 재판을 기다리면서 독방에 갇히기도 하며 2년간 투옥되었다. 에리카는 교도소에서의 일상에 대해 들려주었는데, 요가와 명상 같은 영적 수행을 하는 시간도 있었고, 교도관과 동행 조건으로 잠깐 야외에서 시간을 보낼 수도 있었다. 그가 어느 날 야외에 서서 맑은 하늘을 올려다보았다고 하며 했던 이야기가 기억난다. 그가 부드러운 미소를 띠며 교도관에게 "날씨 참 아름답죠?"라고 말하자 교도관은 "그렇네요"라고 답했다고 한다. 여기서 잠시 멈춘 뒤 에리카는 청중을 향해 다시 말했다. "거기서 우리는 함께 하늘을 바라봤어요."

그리고 나서 에리카가 한 말은 그 후로 내 작업에 굳건한 기반이 되어주고 있다. "우리는 언제나 다른 이들과 연결될 수 있는 창을 찾아내야 합니다. 그들을 변화시키기 위해서가 아니라 우리가 다시 인간성에 대한 신뢰를 가질 수 있어야 하기 때문입니다."

선함을 느끼게 하는 이야기들은 항상 제 마음에 남습니다. 그런 이야기들을 지금도 제 곁에 두어야 합니다. 여러분도 선함을 느끼게 하는 이야기를 가지고 있나요? 없다면, 잠시 시간을 내어 여러분의 삶에서 선함과 사랑을 느낄 수 있는 이야기 하나를 떠올려 보세요. 찾았나요? 놓치지 마세요.

- 에리카 허긴스

마지막으로
해야 할 약속들

이 작업을 하는 동안 우리 각자는 더 큰 소명과 공명하는 가슴과 영혼으로 매일 아침을 맞으며 끊임없이 깨어나야 한다. 우리는 항상 새롭고 지속적인 행동 촉구, 관계, 아이디어, 미래, 가능성들에 눈뜨고 있다. 이를 환영하고, 포용하고, 계속해서 추구하라.

자신과 세상의 변화를 향해 나아가는 여정에서 스스로 다음과 같은 약속을 하자.

솔직해지자. 자신만의 동기, 가치, 이야기, 두려움, 치유되지 않은 상처들, 욕구들, 희망, 희생에 관해 솔직해지자. 자신이 기꺼이 포기할 수 있는 것과 그럴 수 없는 것에 관해 솔직해지자. 자신이 누구인지, 어떤 사람이 되고 싶은지에 관해 솔직해지자. 자신의 원칙에서 벗어났을 때에도 솔직해지자.

책임감을 가지자. 자신의 말과 행동, 자신이 초래한 해악, 자신의 공간, 사람들, 권력에 대해 책임을 지자. 자신의 배움과 성장에 대해 책임을 지자. 자신이 초래한 해악을 바로잡는 데 책임을 지자. 이 운동에 대해, 그리고 자신이 아끼는 사람들에 대해 책임을 지자. 자신의 상처를 치유하는 데 책임을 지고, 다른 이들도 그럴 수 있도록 지원하자.

마지막으로, 인간적인 사람이 되자. 우리가 복잡다단하면서도 아름다운 인간성을 가지고 있듯, 이 작업은 분명히 엉망이 될 때가 있을 것이다. 완벽이 아닌 진보를 위해 노력하자. 타인에게나 자신에게나 진솔하고, 연민을 갖고, 용서하자. 이 운동의 일원이 되기 위해 지도가 필요하거나, 안내가 필요한 사람들을 환영하자. 자신의 노트를 공유해주자. 이 일이 트라우마를 다루는 작업이며, 치유의 작업이고, 관계에 관한 작업임을 기억하자. 이것이 궁극적으로 인간의 삶에 관한 작업임을 절대 잊지 말자.

여러분은 이제 완전히 깨어났다. 심장이 일정하게 뛰고 있는 게 느껴지는가? 배 속에서 울리는 소리가 들리는가? 머릿속에 강렬한 생각들이 떠오르는가? 치유와 유대감을 구하는 당신의 영혼의 아련함이 느껴지는가? 우리의 끝없는 꿈과 희망은 세대에서 세대로 이어지며, 우리는 항상 새롭게 다시 시작한다. 여기까지 함께해주어 감사하다.

우리 함께, 보다 살아 있음이 충만한 삶을 이어가기를.

감사의 말

내가 어릴 때 어머니는 자주 이런 말씀을 하셨다. "감사해야 할 사람이 참 많다. 신세를 진 사람들이 너무나 많으니 살면서 은혜를 갚아나가야 한다. 그분들을 절대 잊어선 안 된다." 어머니는 내게 삼촌이 내 기저귀를 사는 데 보태라고 어머니의 주머니에 돈을 찔러 넣어준 일, 초등학교 가족 운동회 날 삼촌이 당시 수천 마일 떨어진 곳에 가 계시던 아버지를 대신해 달리기 경주에 나가주었던 일 등을 자주 상기시켜주곤 했다. 너무나 많은 사람들이 내가 세상에 대한 부드러움을 잃지 않도록 내 삶의 빈 곳을 다양하게 채워주었다. '내가 감사해야 하는 사람들'이라는 제목으로 책 한 권을 쓸 수도 있지만, 지금은 이 책을 만드는 데 도움을 준 분들에게 가능한 만큼 감사를 표하려 한다.

이 책을 집필하는 것은 내 삶에서 가장 도전적이고 결의에 찬 경험 중 하나였고, 정말 많은 사람들이 신경 써준 덕분에 책이 나올 수 있었다. 초고의 가장 거친 부분들을 판단하려 하지 않고 읽어주었으며 끊임 없는 애정을 보여준 킴벌리 림에게 감사하다. 그는 내 불안정과 자기 의심을 잠재우고 다시 쓸 때마다 더 명료해질 수 있도록 도움을 주었다. 내 진실의 소리가 억눌리지 않도록 문을 열어젖혀준 르네 세들리어에게 감사하다. 매 단계에서 그가 나를 지지해주었기에 나는 솔직하게 글을 쓰고 용기 있게 나설 수 있었다. 나와 신뢰관계를 구축해주고, 또 나를 신뢰해주어서 감사하다. 책뿐 아니라 내 삶에 대한 그의 너그러움과 애정은 내게 큰 의미가 있다. 린 존스턴과의 첫 대화는 내가 현실과 매우 거리가 멀다고 생각했던 미래에 관해 꿈꿀 수 있게 해주었다. 나를 찾아주고, 내게 길을 보여주고, 나를 옹호해주어 감사하다. 그는 다른 누구보다 훨씬 더 먼저 내 비전을 이해하고 믿어주었다.

책 내용과 잘 어울리도록 표지를 아름답게 디자인해준 나 킴, 그리고 유연함을 가지고 내 생각을 실현할 수 있게 해준 맨디(어맨다) 카인에게 감사하다. 믿을 수 없이 타이트한 시간 속에서 모든 것이 잘 작동하도록 해준 앨리슨 댈러페이브, 줄리안 루이스, 미셸 아이엘리, 마이클 바스를 비롯해 보이지 않는 곳에서 지치지 않고 작업을 진행해준 해쳇 출판사 관련자들 모두에게 감사하다. 세세한 부분에 주의를 기울여주며 일을 끝마칠 수 있게 도와준 크리스틴 마라와 그의 팀에게도 감사하다.

내가 가진 초인적 힘이 무엇이냐 물으면, 나는 좋은 사람들에게 둘러싸여 있다는 점을 꼽는다. 다행히도 삶은 내게, 내가 친구, 지지 네트워크, '선택한 가족'이라고 부르는 놀라운 사람들을 만나고 그들과 연결되는 특권을 갖게 해주었다.

'어웨이큰' 식구들에게도 감사하다. 믿음을 가져주고, 공동체를 함께 일궈주고, 이 도전적인 여정을 놀랍도록 가치 있게 만들어주어 감사하다. 항상 우리가 최고의 팀이라고 말하기도 하지만, 실제로 우리는 최고의 팀이다. 대담하게 이 여정에 가담하며, 가장 힘겨운 시기에 내 곁에서 바위처럼 든든한 친구가 되어주며, 자기 자신의 여정의 전환 중에서도 내 글에 관심과 여유를 내어준 리즈 반 렌테에게 감사하다. 내가 흔들릴 때 나를 지켜봐주고 나의 불완전함을 감싸 안아준 크리스틴 왕에게 감사하다. 만약 이 책이 베스트셀러 목록에 들어간다면 그건 신디 조지프가 내게 준 티셔츠 덕분이며 만날 때마다 그가 내게 긍정적 확언을 준 덕분이다. 우리의 지성과 감성을 변화시킨 잊을 수 없는 도쿄 여행을 함께해준, 부드러운 강인함을 지닌 세리언 스트로스에게 감사하다. 사람들의 실제 욕구를 깊이 경청하는 법과 모든 이가 지닌 선함을 인정하는 중요한 기술을 포함해 내게 많은 것을 가르쳐준 키미 모히카에게 감사하다. 총명함, 애정, 현실성을 나눠준 조엘 브라운에게 감사하다. 공동창립자로서 놀라운 여정을 함께해준 비 킴에게 감사하다. 나는 살면서 가장 큰 믿음의 도약을 그의 곁에서 이룰 수 있었다. 내 친구, 내 인생 코치가 되어주고 내가 10배 더 큰 꿈을 꾸도록 도와주어 감사하다. 우리의 초기 클라이언트들을 포함해 영향을 만드는 데 기여한 퍼실리테이터와 파트너들 모두에게 감사하다. 그들이 이 작업에 헌신했기 때문에 세상은 조금 더 나아졌다.

케니 공과의 우정은 우리가 서로 다른 방향으로 성장하면서 해가 지날수록 깊어졌고, 그 중요한 순간들은 수없이 많은 '버블티 순례'와 마음을 나눈 대화로 기억된다. 아주 초창기의 내 원고를 읽어주고 값진 피드백을 주고 《쓰기의 감각Bird by Bird》을 선물해주는 등 모든 단계에서 나를 지지해주어 감사하다. 나를 언제나 웃게 하고 내가 두려워할 때마다 내가 해낸 일들을 상기시켜주는 유니스 권에게 감사하다. 그는 내 기반을 다시 찾게 도와주었고, 또 그가 준 반찬들 덕분에 나는 영혼과 배를 채울 수 있었다. 글을 쓰는 과정에서 내게 시간과 관점, 통찰을 내주고 여러 번 원고를 읽어주어 너무나 감사하다. 언제나 나를 봐주고 붙들어주고 이해해주며, 내가 분별력을 가지고 원칙에 맞게 살 수 있도록 도와주는 스테이시 파슨에게 감사하다. 종종 복잡함과 뉘앙스로 가득한 우리의 대화처럼 모호한 영역에 존재하는 우리가 참 좋다. 내가 계속해서 글을 쓰고, 꿈을 꾸고, 이 일을 해나가도록 용기를 북돋아주는 내 모든 멋진 친구들과 멘토들에게 감사하다. 그들 모두를 너무나 사랑하고, 내가 그들을 자랑스럽게 했기를 바란다.

이 책을 집필하는 동안 많은 일들이 일어났다. 신종 코로나바이러스 팬데믹부터 '흑인의 목숨도 소중하다'라는 전 세계적 운동, 'AAPI 혐오를 멈추라' 운동, 그리고 내 할머니의 죽음까지…… 분노, 슬픔, 피로로 가득 찬 힘겨운 시기였다. 미셸 머시 리, 카트리나 존스, 카를라 몬테로소, 리사 리, 로라 I. 고메즈, 브루클린 라이트, 크리스틴 브릴란테스, EHB 크루, DEI 왓츠앱 그룹, 메인스택스 동기들, 그리고 앞에서 언급한 모두가 이 여정 가운데서 가장 힘든 부분들을 돌파할 수 있도록 도와주었다. 애틀랜타 총격사건에 이어 아시아계 혐오 폭력이 계속되던 와중에, 애정과 연대의 말과 함께 다가와준 모든 이들에게 감사하다.

이 시기 동안 나는 내 뿌리와 근본을 마련해준 이들을 기억하면서 굉장한 희망과 발 딛고 설 기반을 발견했다. 이 운동에서 내 첫 안내자가 되어주고 내가 맹렬한 청년 활동가로 자랄 수 있게 도와준 YALI 활동가들, 특히 스테프 리, 칼라얀 멘도사에게 감사하다. 대학에서 내 피난처가 되어준 빌리 커티스와 젠더평등기구에 감사하며, 좋은 의미로 문제를 일으켰던 최고의 기억을 만들어준 QSA와 QYLC 사람들에게도 감사하다. 10년간 룸메이트로 지내면서 한 번도 나를 부담스럽게 느끼지 않았던 서맨사 파라스에게 감사하다. 내가 정기적인 수입이 없을 때 그가 보여준 관대함은 내게 매우 중요했다. 최전선에서 열심히 조직을 꾸리고 비전을 제시하는 수많은 활동가들에게 감사하다. 매일 서로 다른 가능성들 사이에 다리를 놓고 있는 교육자와 퍼실리테이터들에게 감사하며, 우리가 인간성에 다가갈 수 있도록 도와주는 치유자와 예술가들에게도 감사하다. 용기 있는 작업으로 다른 이들이 정당한 리스크를 감수할 수 있게 영감을 주는 모든 이들에게 감사하다.

내가 배우고, 다시 배우고, 치유할 수 있도록 지지해준 심리상담사에게 감사하다. 내게 힘이 있음을 상기시켜주고 내가 스스로를 배반하지 않도록 도와준 그에게 감사하다. 그와 함께 문제를 풀어낸 덕분에 나는 스스로에게 더 다정해지는 법을 배웠다.

당신이 알고 있는 최고의 방법으로 나를 사랑해준 어머니, 아버지에게 감사하다. 내가 결코 완전히 다 알 수 없을 그 모든 희생과 회복력에 대해, 그리고 나와 함께 기꺼이 바뀌고자 해준 데 대해 부모님께 감사하다. 두 분을 너무나 사랑해서, 언젠가는 내가 혼자 남을지 모른다는 생각을 하면 죽을 만큼 두렵다. 더 많은 추억을 만들고 싶다. 내 동생 세정이는 가끔 나보다 더 강한 심장과 더 깊고 부드러운 마음을 동시에 가지고 있는 것 같다. 수없이 티격태격했지만, 나는 그 아이를 사랑하고, 늘 자랑스러우며, 언제나 그 애 곁에 있을 것이다. 내가 답이 없을 때 부모님이 나 대신 연락해 불평할 수 있는 딸이 되어주어 고맙다. 의붓어머니가 된다는 것이 언제나 쉬운 일이 아님을 알고 있음에도 잘 표현하지는 못하지만, 우리 가족에게 해준 모든 것에 대해 아줌마에게도 감사하고 있다.

나를 길러주신 할머니, 할아버지께 감사하다. 너무나 사랑하고, 감사하고, 그립다. 살아 계셨다면 이 책을 그분들께 처음으로 드렸을 것이다. 나를 굽어 살펴주신 선조들께도 감사하다. 그분들의 존재가 점점 더 느껴지고 있고, 점점 덜 무서워진다.

내 사람, 내 파트너, 내 가정인 암리트와 함께하며 안전이 어떤 느낌인지 알게 되었다. 그의 사랑은 내 가장 깊은 상처를 치유해주었다. 이번 삶에서 우리가 함께할 수 있음에 감사하다. 내가 암울한 상황에 있을 때도 안정감과 인내심을 잃지 않도록 해주어 감사하다. 계속해서 우리의 사랑과 삶을 재정의하고, 세상의 제약적인 기대 수준에 가운뎃손가락을 날리자. 저들은 항상 우리를 과소평가하며, 우리는 저들이 틀렸음을 증명하는 데 능하다. 사랑한다.

오랜 친구부터 새로 만난 친구까지, 소셜미디어상의 친구들부터 이웃들까지, 오랜 동료들부터 새 공동작업자들까지, 나와 내 작업을 지원해준 모든 이들에게 감사하다. 우리가 만나게 된 데에는 이유가 있으며, 이 모든 연결이 신성하다고 믿는다. 나를 응원해준 모든 분께 감사하다.

지금 이 순간 최선을 다하고 있는 모든 사람들에게 존재해줘서, 포기하지 않아줘서 감사하다고 전하고 싶다.

참고문헌

들어가는 글

- adrienne maree brown, *We Will Not Cancel Us: And Other Dreams of Tra nsformative Justice* (Chico, CA: AK Press, 2020).
- Audre Lorde, "Age, Race, Class, and Sex: Women Redefining Difference," in *Sister Outsider: Essays and Speeches* (Berkeley, CA: Crossing Press, 1984), 114–123.
- Lorde, "Learning from the 60s," in *Sister Outsider*, 134–144.
- Grace Lee Boggs, *The Next American Revolution* (Berkeley: University of California Press, 2012).

1장 '좋은 사람들'의 사각지대

- Elliot Aronson, *The Social Animal* (New York: Palgrave Macmillan, 1984).
- Michael Tomasello, "The Ultra-Social Animal," *European Journal of Social Psychology* 44, no. 3 (2014): 187–194, www.ncbi.nlm.nih.gov/pmc/articles/ PMC4302252/.
- Ijeoma Oluo, *So You Want to Talk About Race* (New York: Seal Press, 2018).

2장 자기만의 이유 찾기

- Sandy E. James et al., *The Report of the 2015 U.S. Transgender Survey* (Washington, DC: National Center for Transgender Equality, December 2016), https:// transequality.org/sites/default/files/docs/usts/USTS-Full-Report-Dec17.pdf.
- Madeleine Roberts, "New CDC Data Shows LGBTQ Youth Are More Likely to Be Bullied Than Straight Cisgender Youth," Human Rights Campaign, August 26, 2020, www.hrc.org/news/new-cdc-data-shows-lgbtq-youth-are-more-likely-to-be-bullied-than-straight-cisgender-youth.
- Roberts, "New CDC Data Shows LGBTQ Youth Are More Likely to Be Bullied Than Straight Cisgender Youth."

- Stephen T. Russell, Amanda M. Pollitt, Gu Li, and Arnold H. Grossman, "Chosen Name Use Is Linked to Reduced Depressive Symptoms, Suicidal Ideation, and Suicidal Behavior Among Transgender Youth," *Journal of Adolescent Health* 63, no. 4 (October 2018): P503–505, https://doi.org/10.1016/j.jadohealth.2018.02.003.
- HRC, "A National Epidemic: Fatal Anti-Transgender Violence in the United States in 2019," Human Rights Campaign, November 2019, www.hrc.org/resources/a-national-epidemic-fatal-anti-trans-violence-in-the-united-states-in-2019.
- David Rock and Heidi Grant, "Why Diverse Teams Are Smarter," *Harvard Business Review*, November 4, 2016, https://hbr.org/2016/11/why-diverse-teams-are-smarter.
- Kate Rooney and Yasmin Khorram, "Tech Companies Say They Value Diversity, but Reports Show Little Change in Last Six Years," CNBC, June 12, 2020, www.cnbc.com/2020/06/12/six-years-into-diversity-reports-big-tech-has-made-little-progress.html.
- Rohini Anand and Mary-Francis Winters, "A Retrospective View of Corporate Diversity Training from 1864 to the Present," Academy of Management Learning & Education 7, no. 3 (September 2008): P356–P372, https://ideas.wharton.upenn.edu/wp-content/uploads/2018/07/Anand-Winters-2008.pdf.
- Joanna Barsh, Sandra Nudelman, and Lareina Yee, "Lessons from the Leading Edge of Gender Diversity," McKinsey & Company, April 1, 2013, www.mckinsey.com/business-functions/organization/our-insights/lessons-from-the-leading-edge-of-gender-diversity.
- Audre Lorde, "Learning from the 60s," in Sister Outsider: Essays and Speeches (Berkeley, CA: Crossing Press, 1984), 134–144.
- Resmaa Menakem, ％My Grandmother's Hands: Racialized Trauma and the Pathway to Mending Our Hearts and Bodies％ (Las Vegas: Central Recovery Press, 2017).

3장 자신의 이야기에 눈뜨기

- Ellen D. Wu, *The Color of Success: Asian Americans and the Origins of the Model Minority* (Princeton, NJ: Princeton University Press, 2015).
- Lucas Waldron and Brenda Medina, "When Transgender Travelers Walk into Scanners, Invasive Searches Sometimes Wait on the Other Side," ProPublica, August 26, 2019, www.propublica.org/article/tsa-transgender-travelers-scanners-invasive-searches-often-wait-on-the-other-side.

- Ericka Huggins, "Spiritual Activism and Social Justice," Central Oregon Community College, April 9, 2020, YouTube video, 1:16:24, https://youtu.be/5wx-gh_Ektw.
- Joseph Stromberg, "The Forgotten History of How Automakers Invented the Crime of 'Jaywalking,'" Vox, November 4, 2015, www.vox.com/2015/1/15/7551873/jaywalking-history.
- Gersh Kuntzman, "'Jaywalking While Black': Final 2019 Numbers Show Race-Based NYPD Crackdown Continues," Streetsblog NYC, January 27, 2020, https://nyc.streetsblog.org/2020/01/27/jaywalking-while-black-final-2019-numbers-show-race-based-nypd-crackdown-continues/.
- Rebekah Riess, Jamiel Lynch, and Jennifer Henderson, "Tulsa Police Release Body Cam Video of Officers Handcuffing Black Teenagers for Jaywalking," CNN, June 11, 2020, www.cnn.com/2020/06/11/us/tulsa-police-handcuff-teenagers-jaywalking/index.html.
- Everton Gayle, "What Happened When a Worker Took Google to Task over Pay," *Euronews*, July 22, 2015, www.euronews.com/2015/07/22/google-worker-fights-back-over-equal-pay.

4장 우리 안의 백인우월주의

- "White supremacy," Merriam-Webster's, accessed May 11, 2021, www.merriam-webster.com/dictionary/white%20supremacy.
- Sonya Renee Taylor (@sonyareneetaylor), "White Folks Are Out of Balance aka I'm Not Your Black Oracle," Instagram post, June 27, 2020, www.instagram.com/tv/CB779XDAbsr/?hl=en.
- Frances Lee Ansley, "Stirring the Ashes: Race, Class and the Future of Civil Rights Scholarship," *Cornell Law Review* 74, no. 6 (1989), https://scholarship.law.cornell.edu/clr/vol74/iss6/1.
- Elizabeth Chuck and Haimy Assefa, "She Hoped to Shine a Light on Maternal Mortality Among Native Americans. Instead, She Became a Statistic of It," NBC News, February 8, 2020, www.nbcnews.com/news/us-news/she-hoped-shine-light-maternal-mortality-among-native-americans-instead-n1131951.
- Xingyu Zhang et al., "Racial and Ethnic Disparities in Emergency Department Care and Health Outcomes Among Children in the United States," *Frontiers in Pediatrics* 7 (December 19, 2019), https://doi.org/10.3389/fped.2019.00525.
- Mariame Kaba, "So You're Thinking About Becoming an Abolitionist," Medium, October 30, 2020, https://level.medium.com/so-youre-thinking-about-

becoming-an-abolitionist-a436f8e31894.

- Ezekiel Edwards, Will Bunting, and Lynda Garcia, "The War on Marijuana in Black and White," American Civil Liberties Union, June 2013, www.aclu.org/files/assets/1114413-mj-report-rfs-rel1.pdf.
- The Sentencing Project, Report to the United Nations on Racial Disparities in the U.S. Criminal Justice System, The Sentencing Project: Research and Advocacy for Reform, April 19, 2018, www.sentencingproject.org/publications/un-report-on-racial-disparities/.
- Marc Mauer, "Addressing Racial Disparities in Incarceration," Prison Journal 91, no. 3 (August 2011): 87S–88S, https://doi.org/10.1177/0032885511415227; NAACP, "Criminal Justice Fact Sheet," https://naacp.org/resources/criminal-justice-fact-sheet.
- Cathy Hu and Sino Esthappan, "Asian Americans and Pacific Islanders: A Missing Minority in Criminal Justice Data," Urban Wire, May 23, 2017, www.urban.org/urban-wire/asian-americans-and-pacific-islanders-missing-minority-criminal-justice-data.
- Coalition for Juvenile Justice, "American Indian/Alaska Native Youth & Status Offense Disparities: A Call for Tribal Initiatives, Coordination & Federal Funding," Tribal Law Policy Institute, accessed May 14, 2021, https://turtletalk.files.wordpress.com/2015/06/5e0511a9-1707-4ffa-83d0-082b339f9ad4.pdf.
- SPLC, "SPLC report: U.S. Education on American Slavery Sorely Lacking," Southern Poverty Law Center, January 31, 2018, www.splcenter.org/news/2018/01/31/splc-report-us-education-american-slavery-sorely-lacking.
- Joy Buolamwini and Timnit Gebru, "Gender Shades: Intersectional Accuracy Disparities in Commercial Gender Classification," *Proceedings of Machine Learning Research* 81 (2018): 77–91, http://proceedings.mlr.press/v81/buolamwini18a.html.
- Guy Birchall and Tom Michael, "Chinese Users Claim iPhone X Face Recognition Can't Tell Them Apart," December 20, 2017, Sun (London), www.thesun.co.uk/news/5182512/chinese-users-claim-iphonex-face-recognition-cant-tell-them-apart/.
- Julia Angwin, Jeff Larson, Surya Mattu, and Lauren Kirchner, "Machine Bias," Pro Publica, May 23, 2016, www.propublica.org/article/machine-bias-risk-assessments-in-criminal-sentencing.
- Junia Howell and Elizabeth Korver-Glenn, "The Increasing Effect of Neighborhood Racial Composition on Housing Values, 1980–2015," *Social Problems*, September 4, 2020, https://doi.org/10.1093/socpro/spaa033.
- ArcGIS, "Invasion of America," accessed May 4, 2021, http://invasionofamerica.

ehistory.org/.

- PowWows.com, "Native American Issues Today: Current Problems & Struggles 2020," November 6, 2020, www.powwows.com/issues-and-problems-facing-native-americans-today/; and Dedrick Asante Muhammed, Rogelio Tec, and Kathy Ramirez, "Racial Wealth Snapshot: American Indians/Native Americans," National Community Reinvestment Coalition, November 18, 2019, https://ncrc.org/racial-wealth-snapshot-american-indians-native-americans/.

- Richie Zweigenhaft, "Fortune 500 CEOs, 2000–2020: Still Male, Still White," The Society Pages, October 28, 2020, https://thesocietypages.org/specials/fortune-500-ceos-2000-2020-still-male-still-white/.

- Denise Lu, Jon Huang, Ashwin Seshagiri, Haeyoun Park, and Troy Griggs, "Faces of Power: 80% Are White, Even as U.S. Becomes More Diverse," *New York Times*, September 9, 2020, www.nytimes.com/interactive/2020/09/09/us/powerful-people-race-us.html.

- bell hooks and Gloria Steinem, "bell hooks: Transgression," Eugene Lang College, October 8, 2014, YouTube video, 1:45:29, published by The New School, www.youtube.com/watch?v=tkzOFvfWRn4.

- Toni Morrison, quoted in Guardian (Manchester, UK), January 29, 1992, NotableQuotes, www.notable-quotes.com/m/morrison_toni.html.

- bell hooks and Amalia Mesa-Bains, *Homegrown: Engaged Cultural Criticism* (New York: Routledge, 2018).

- Mark Charles et al., "Time Perception Among Navajo American Indians and Its Relation to Academic Success," presented at the 119th Annual Convention of the American Psychological Association, August 4–7, 2011, https://wirelesshogan.com/time-perception/.

- Katherine Anne Long, "New Amazon Data Shows Black, Latino and Female Employees Are Underrepresented in Best-Paid Jobs," *Seattle Times*, April 14, 2021, www.seattletimes.com/business/amazon/new-amazon-data-shows-black-latino-and-female-employees-are-underrepresented-in-best-paid-jobs/#:~:text=Among%20Amazon's%20entry%2Dlevel%20and,white%20workers%20made%20up%2047%25.

- Michael Sainato, "'I'm Not a Robot': Amazon Workers Condemn Unsafe, Grueling Conditions at Warehouse," *Guardian* (Manchester, UK), February 5, 2020, www.theguardian.com/technology/2020/feb/05/amazon-workers-protest-unsafe-grueling-conditions-warehouse.

- Marianne Bertrand and Sendhil Mullainathan, "Are Emily and Greg More Employable Than Lakisha and Jamal? A Field Experiment on Labor Market Discrimination," National Bureau of Economic Research, Working Paper 9873,

July 2003, https://doi.org/10.3386/w9873.

- Dina Gerdeman, "Minorities Who 'Whiten' Job Resumes Get More Interviews," Harvard Business School, May 17, 2017, https://hbswk.hbs.edu/item/minorities-who-whiten-job-resumes-get-more-interviews.

- John Blake, "Why White Supremacy Is Actually Killing White People," CNN, July 17, 2020, www.cnn.com/2020/07/17/us/damon-young-race-reckoning-blake/index.html.

- Tema Okun, "White Supremacy Culture Characteristics," White Supremacy Culture, first published 1999, updated 2021, www.whitesupremacyculture.info/characteristics.html.

- Combahee River Collective, "The Combahee River Collective Statement," accessed May 17, 2021, https://americanstudies.yale.edu/sites/default/files/files/Keyword%20Coalition_Readings.pdf.

- Ajitha Reddy, "The Eugenic Origins of IQ Testing: Implications for Post-Atkins Litigation," *DePaul Law Review* 57, no. 3 (Spring 2008): 667, https://via.library.depaul.edu/law-review/vol57/iss3/5.

- Robert Paul Cabaj, "Working with LGBTQ Patients," American Psychiatric Association, accessed June 21, 2021, www.psychiatry.org/psychiatrists/cultural-competency/education/best-practice-highlights/working-with-lgbtq-patients.

- 39 HRW, "New Health Guidelines Propel Transgender Rights," Human Rights Watch, May 27, 2019, www.hrw.org/news/2019/05/27/new-health-guidelines-propel-transgender-rights#.

- HRC, "The Lies and Dangers of Efforts to Change Sexual Orientation or Gender Identity," Human Rights Campaign, accessed June 21, 2021, www.hrc.org/resources/the-lies-and-dangers-of-reparative-therapy.

- The Trevor Project, "50 Bills, 50 States: Progress Map," updated June 15, 2021, www.thetrevorproject.org/get-involved/trevor-advocacy/50-bills-50-states/progress-map/.

- Cynthia Kraus, "Classifying Intersex in DSM-5: Critical Reflections on Gender Dysphoria," *Archives of Sexual Behavior* 44, no. 5 (May 2015): 1147–1163, https://doi.org/10.1007/s10508-015-0550-0.

- Kimberlé Crenshaw, "Demarginalizing the Intersection of Race and Sex: A Black Feminist Critique of Antidiscrimination Doctrine, Feminist Theory and Antiracist Politics," *University of Legal Forum* 1989, no. 8 (1989), https://chicagounbound.uchicago.edu/uclf/vol1989/iss1/8/.

- Kathy Steinmetz, "She Coined the Term 'Intersectionality' Over 30 Years Ago. Here's What It Means to Her Today," *Time*, February 20, 2020, https://time.

com/5786710/kimberle-crenshaw-intersectionality/.

- Moya Bailey, "Bio," accessed May 17, 2021, www.moyabailey.com/.
- Dictionary.com, www.dictionary.com/browse/misogynoir.
- Audre Lorde, "There Is No Hierarchy of Oppressions," in *Homophobia and Education: How to Deal with Name Calling* (New York: Council on Interracial Books for Children, 1983), 9.
- Josh Margolin, "FYI Warns of Potential Surge in Hate Crimes Against Asian Americans amid Coronavirus: Critics Say Rhetoric Has Fueled Ill Will," ABC News, March 27, 2020, https://abcnews.go.com/US/fbi-warns-potential-surge-hate-crimes-asian-americans/story?id=69831920.
- Stop AAPI Hate, "National Report," May 6, 2021, https://stopaapihate.org/national-report-through-march-2021/.
- JuYeon Kim, "Report: Sam's Club Stabbing Suspect Thought Family Was 'Chinese Infecting People with Coronavirus,'" KXAN, April 8, 2020, www.kxan.com/news/crime/report-sams-club-stabbing-suspect-thought-family-was-chinese-infecting-people-with-coronavirus/.
- Christina Capatides, "Bullies Attack Asian American Teen at School, Accusing Him of Having Coronavirus," CBS News, February, 24, 2020, www.cbsnews.com/news/coronavirus-bullies-attack-asian-teen-los-angeles-accusing-him-of-having-coronavirus/.
- U.S. Against Equine Slaughter, "Attributing Words," November 3, 2008, http://unnecessaryevils.blogspot.com/2008/11/attributing-words.html.
- Grace Lee, dir., *American Revolutionary: The Evolution of Grace Lee Boggs*, documentary, June 16, 2013, www.imdb.com/title/tt2385558/.
- Brea Baker, "Stemming the Tide of Hate Towards the AAPI Community," Clubhouse panel, February 21, 2021, www.joinclubhouse.com/event/mWKk0WjD.
- Ibram X. Kendi, *How to Be an Antiracist* (New York: One World, 2019).

5장 언제나 맥락을 살펴라

- Kate Conger, "Exclusive: Here's the Full 10-Page Anti-Diversity Screed Circulating Internally at Google [Updated]," Gizmodo, August 5, 2017, https://gizmodo.com/exclusive-heres-the-full-10-page-anti-diversity-screed-1797564320/amp.
- Matthew Panzarino, "Apple Diversity Head Denise Young Smith Apologizes for Controversial Choice of Words at Summit," TechCrunch, October 13, 2017,

https://techcrunch.com/2017/10/13/apple-diversity-head-denise-young-smith-apologizes-for-controversial-choice-of-words-at-summit/.

- Elliot Ackerman et al., "A Letter on Justice and Open Debate," Harper's, July 7, 2020, https://harpers.org/a-letter-on-justice-and-open-debate/.
- Susan Scafidi, Who Owns Culture?: Appropriation and Authenticity in American Law (New Brunswick, NJ: Rutgers University Press, 2005).
- The Mahjong Line, "Our Story," accessed May 17, 2021, https://themahjongline.com/pages/our-story.
- Ijeoma Oluo, *Mediocre: The Dangerous Legacy of White Male America* (New York: Seal Press, 2018).
- NUL, State of Black America Unmasked: 2020 Executive Summary (New York: The National Urban League, 2020), http://sobadev.iamempowered.com/sites/soba.iamempowered.com/files/NUL-SOBA-2020-ES-web.pdf.
- John Eligon, "A Covid-19 Relief Fund Was Only for Black Residents. Then Came the Lawsuits," *New York Times*, January 3, 2021, www.nytimes.com/2021/01/03/us/oregon-cares-fund-lawsuit.html.
- Ibram X. Kendi, *How to Be an Antiracist* (New York: One World, 2019).
- Dartmouth College, "Introduction to Power, Privilege, and Social Justice," Office of Pluralism and Leadership, 2021, https://students.dartmouth.edu/opal/education/introduction-power-privilege-and-social-justice.

6장 '대표성'이라는 양날의 검

- Cathy Park Hong, *Minor Feelings: An Asian American Reckoning* (New York: One World, 2020).
- Darnell Hunt and Ana-Christina Ramón, "Hollywood Diversity Report 2020: A Tale of Two Hollywoods, Part 1: Film," UCLA College Social Sciences Institute for Research on Labor & Employment, February 2020, https://socialsciences.ucla.edu/wp-content/uploads/2020/02/UCLA-Hollywood-Diversity-Report-2020-Film-2-6-2020.pdf.
- Danny Woodburn and Kristina Kopić, "The Ruderman White Paper on Employment of Actors with Disabilities in Television," Ruderman Family Foundation, July 2016, www.rudermanfoundation.org/wp-content/uploads/2016/07/TV-White-Paper_7-1-003.pdf.
- Hong, *Minor Feelings*.
- Anna Purna Kambhampaty, "In 1968, These Activists Coined the Term 'Asian American'—and Helped Shape Decades of Advocacy," Time, May 22, 2020,

https://time.com/5837805/asian-american-history/.

- Andrew Yang, "Opinion: Andrew Yang: We Asian Americans Are Not the Virus, but We Can Be Part of the Cure," Washington Post, April 1, 2020, www.washingtonpost.com/opinions/2020/04/01/andrew-yang-coronavirus-discrimination/.
- Bryan Wood, "What Is Happening with the Uighurs in China?" PBS News-Hour, 2019, www.pbs.org/newshour/features/uighurs/.
- Narayan Liu, "Mulan: Disney Responds to Xinjiang Criticisms from British Politicians," Comic Book Resources, October 11, 2020, www.cbr.com/mulan-disney-xinjiang-criticisms-from-british-politicians/.
- Michael Harriot, "The Privilege of White Individuality," The Root, October 5, 2017, www.theroot.com/the-privilege-of-white-individuality-1819184476.
- Rakesh Kochhar and Anthony Cilluffo, "Income Inequality in the U.S. Is Rising Most Rapidly Among Asians," Pew Research Center, July 12, 2018, www.pewresearch.org/social-trends/2018/07/12/income-inequality-in-the-u-s-is-rising-most-rapidly-among-asians/.
- Abby Budiman and Neil G. Ruiz, "Key Facts about Asian Americans, a Diverse and Growing Population," Pew Research Center, April 29, 2021, www.pewresearch.org/fact-tank/2021/04/29/key-facts-about-asian-americans/.
- Buck Gee and Denise Peck, "Asian Americans Are the Least Likely Group in the U.S. to Be Promoted to Management," Harvard Business Review, May 31, 2018, https://hbr.org/2018/05/asian-americans-are-the-least-likely-group-in-the-u-s-to-be-promoted-to-management.
- Karthick Ramakrishnan, Mai Do, and Sunny Shao, "State of Philanthropy Among Asian Americans and Pacific Islanders: Findings and Recommendations to Strengthen Visibility and Impact," AAPI Data, September 2020, https://aapidata.com/wp-content/uploads/2020/09/aapi-state-of-philanthropy-2020-report.pdf.
- Grace Lee Boggs, Living for Change: An Autobiography (Minneapolis: University of Minnesota Press, 1998).
- McCluney et al., "The Costs of Code-Switching."
- Lean In, "What Being an 'Only' at Work Is Like," in Women in the Workplace 2018, LeanIn.org and McKinsey & Company, October 2018, https://leanin.org/women-in-the-workplace-report-2018/what-being-an-only-at-work-is-like.

7장 가장 주변화된 이들을 중심으로

- bell hooks, Talking Back: Thinking Feminist, Thinking Black (New York: Routledge,

2015).

- Sandra E. Garcia, "Where Did BIPOC Come From?" *New York Times*, June 17, 2020, www.nytimes.com/article/what-is-bipoc.html.
- UNEP, "How Climate Change Disproportionately Impacts Those with Disabilities," UN Environment Programme, December 9, 2019, www.unep.org/news-and-stories/story/how-climate-change-disproportionately-impacts-those-disabilities.
- OECD, *Poverty and Climate Change: Reducing the Vulnerability of the Poor Through Adaptation*, Organisation for Economic Co-operation and Development, June 2003, www.oecd.org/env/cc/2502872.pdf.
- Aneesh Patnaik, Jiahn Song, Alice Feng, and Crystal Ade, "Racial Disparities and Climate Change," Princeton Student Climate Initiative, August 15, 2020, https://psci.princeton.edu/tips/2020/8/15/racial-disparities-and-climate-change.
- Brad Plumer and Nadja Popovich, "How Decades of Racist Housing Policy Left Neighborhoods Sweltering," *New York Times*, August 24, 2020, www.nytimes.com/interactive/2020/08/24/climate/racism-redlining-cities-global-warming.html?campaign_id=9&emc=edit_nn_20200824&instance_id=21556&nl=the-morning%C2%AEi_id=96909927%C2%A7ion_index=2%C2%A7ion_name=three_more_big_stories&segment_id=36808&te=1&user_id=ab7270241d0d903.
- Tara Houska, "The Standing Rock Resistance and Our Fight for Indigenous Rights," TEDWomen 2017, November 2017, video, 10:55, www.ted.com/talks/tara_houska_the_standing_rock_resistance_and_our_fight_for_indigenous_rights/transcript?language=en#t-607194.
- Talia Buford, "Indigenous Communities Are on the Front Lines of Climate Change," PBS Digital Studios, September 13, 2018, YouTube video, 6:11, published by Hot Mess, www.youtube.com/watch?v=xlGnve1cjOY.
- Buford, "Indigenous Communities."
- "Spotlight on Indigenous Activists," Lakota People's Law Project, December 10, 2019, https://lakotalaw.org/news/2019-12-10/spotlight-on-indigenous-activists.
- Indya Moore (@indyamoore), "(Language Warning) Trans Awareness Week," Instagram post, November 17, 2020, www.instagram.com/tv/CHsviLvH68z/?hl=en.
- Moore, "(Language Warning)."
- Stefan Lembo Stolba, "Credit Card Debt in 2020: Balances Drop for the First Time in Eight Years," Experian, November 30, 2020, www.experian.com/blogs/ask-experian/state-of-credit-cards/.
- Christine Sun Kim, "Access from the Start," TEDPartners, December 1, 2020,

YouTube video, 3:45, www.youtube.com/watch?v=OwgbrWHTqZo.

- Albert Shum et al., "Inclusive Microsoft Design," Microsoft Design, 2016, https://download.microsoft.com/download/B/0/D/B0D4BF87-09CE-4417-8F28-D60703D672ED/INCLUSIVE_TOOLKIT_MANUAL_FINAL.pdf.
- Samantha Sauld, "7 Ways Captions and Transcripts Improve Video SEO," 3Play Media, December 10, 2018, updated February 10, 2021, www.3playmedia.com/blog/7-ways-video-transcripts-captions-improve-seo/.
- Shum et al., "Inclusive Microsoft Design."
- "Black Owned DEI Companies + Consultants Currently Accepting New Corporate Clients!!!" Google Doc, updated March 24, 2021, https://docs.google.com/spreadsheets/d/1giDIGTd5XvuCrP9n-70_NQPegvmcejdg8x3ypM5Iu4/.
- bell hooks, "Choosing the Margin as a Space of Radical Openness," *Framework: The Journal of Cinema and Media* 36 (1989): 15–23.

8장 지적받을 용기

- Da'Shaun Harrison, "Committing Harm Is Not the Same as Being Abusive," dashaunharrison.com, February 11, 2020, https://dashaunharrison.com/committing-harm-is-not-the-same-as-being-abusive/.
- Franchesca Ramsey (chescaleigh), "Getting Called Out: How to Apologize," September 6, 2013, YouTube video, 8:36, www.youtube.com/watch?v=C8xJXKYL8pU.
- Mia Mingus, "How to Give a Genuine Apology Part 2: The Apology—The What and the How," Leaving Evidence, December 18, 2019, https://leavingevidence.wordpress.com/2019/12/18/how-to-give-a-good-apology-part-2-the-apology-the-what-and-the-how/.
- Aaron Lazare, *On Apology* (New York: Oxford University Press, 2004).
- Yohsuke Ohtsubo et al., "Costly Group Apology Communicates a Group's Sincere 'Intention,'" Social Neuroscience 15, no. 2 (November 23, 2019): 244–254, https://doi.org/10.1080/17470919.2019.1697745.
- Aaron Lazare, "You Call That an Apology," *Washington Post*, July 3, 2005, www.washingtonpost.com/archive/opinions/2005/07/03/you-call-that-an-apology/73d585c8-ec8c-48b4-b598-73c81a278861/.
- Ornish Living, "The Science Behind Why Naming Our Feelings Makes Us Happier," HuffPost, May 15, 2015, updated December 6, 2017, www.huffpost.com/entry/the-science-behind-why-na_b_7174164.
- Gloria Willcox, "The Feeling Wheel," The Gottman Institute, accessed May 17, 2021, https://cdn.gottman.com/wp-content/uploads/2020/12/The-Gottman-

Institute_The-Feeling-Wheel_v2.pdf.
- Geoffrey Roberts, "I Feel—Emotional Word Wheel—The Feel Wheel—Australian English," Imgur, March 5, 2015, https://imgur.com/tCWChf6.
- Maya Angelou and bell hooks, "Angelou," Shambhala Sun, January 1998, www.hartford-hwp.com/archives/45a/249.html#:~:text=For%20me%20 forgiveness%20and%20compassion,their%20capacity%20to%20be%20 transformed%3F.
- Mia Mingus, "Dreaming Accountability," Leaving Evidence, May 5, 2019, https://leavingevidence.wordpress.com/2019/05/05/dreaming-accountability-dreaming-a-returning-to-ourselves-and-each-other/.
- Maya Angelou, tweet, August 12, 2018, https://twitter.com/DrMayaAngelou/stat us/1028663286512930817?s=20.

9장 언어를 통한 변화

- Noam Chomsky, "The Purpose of Education," Learning Without Frontiers Conference, February 1, 2012, YouTube video, 21:57, published by iwf, www.youtube.com/watch?v=DdNAUJWJN08&t=261s.
- Derald Wing Sue et al., "Racial Microaggressions in Everyday Life: Implicationsfor Clinical Practice," *American Psychologist* 62, no. 4 (2007): 271–286, https://doi.org/10.1037/0003-066X.62.4.271.
- Lera Boroditsky, "Lost in Translation," *Wall Street Journal*, July 23, 2010, www.wsj.com/articles/SB10001424052748703467304575383131592767868.
- Andrew Newberg and Mark Robert Waldman, *Words Can Change Your Brain* (New York: Plume, 2013).
- "Voting Rights for African Americans," Library of Congress, accessed May 18, 2021, www.loc.gov/classroom-materials/elections/right-to-vote/voting-rights-for-african-americans/.
- Lera Boroditsky "How Language Shapes the Way We Think," video, TEDWomen 2017, November 2017, www.ted.com/talks/lera_boroditsky_how_language_shapes_the_way_we_think?language=en.
- Caitlin M. Fausey and Lera Boroditsky, "Subtle Linguistic Cues Influence Perceived Blame and Financial Liability," Psychonomic Bulletin & Review 17, no. 5 (2010): 644–650, https://doi.org/10.3758/PBR.17.5.644.
- Fausey and Boroditsky, "Subtle Linguistic Cues."
- Kristen Harper, Renee Ryberg, and Deborah Temkin, "Black Students and Students with Disabilities Remain More Likely to Receive Out-of-School

Suspensions, Despite Overall Declines," Child Trends, April 29, 2019, www. childtrends.org/publications/black-students-disabilities-out-of-school-suspensions.

- Nicholas Bogel-Burroughs and Vanessa Swales, "Prisoner with Coronavirus Dies After Giving Birth While on Ventilator," *New York Times*, April 29, 2020, updated June 16, 2020, www.nytimes.com/2020/04/29/us/coronavirus-inmate-death-andrea-circle-bear.html.
- Sonya Renee Taylor, *The Body Is Not an Apology: The Power of Radical Self-Love* (San Francisco: Berrett-Koehler, 2018).
- Noam Chomsky, "The Concept of Language," interview with Al Page, Upon Reflection, University of Washington, March 12, 2014, YouTube video, 27:43, published by UW Video, www.youtube.com/watch?v=hdUbIlwHRkY.
- Interactive Constitution, "First Amendment: Freedom of Religion, Speech, Press, Assembly, and Petition," National Constitution Center, accessed May 18, 2021, https://constitutioncenter.org/interactive-constitution/amendment/amendment-i#:~:text=Congress%20shall%20make%20no%20law,for%20a%20redress%20of%20grievances.
- Ibram X. Kendi, "We're Still Living and Dying in the Slaveholders' Republic," Atlantic, May 4, 2020, www.theatlantic.com/ideas/archive/2020/05/what-freedom-means-trump/611083/.
- Donald Trump, "Meet the Press Transcript—August 9, 2015," interview with Chuck Todd, *Meet the Press*, NBC News, August 9, 2015, www.nbcnews.com/meet-the-press/meet-press-transcript-august-9-2015-n408516.
- Phil Bump, "How 'Politically Correct' Moved from Commies to Culture and Back into Politics," *Washington Post*, December 17, 2015, www.washingtonpost.com/news/the-fix/wp/2015/12/17/the-interesting-evolution-of-political-correctness/.
- Stephen T. Russell, Amanda M. Pollitt, Gu Li, and Arnold H. Grossman, "Chosen Name Use Is Linked to Reduced Depressive Symptoms, Suicidal Ideation, and Suicidal Behavior Among Transgender Youth," *Journal of Adolescent Health* 63, no. 4 (October 2018): P503–P505, https://doi.org/10.1016/j.jadohealth.2018.02.003.
- Anna Purna Kambhampaty, "In 1968, These Activists Coined the Term 'Asian American'—and Helped Shape Decades of Advocacy," *Time*, May 22, 2020, https://time.com/5837805/asian-american-history/.

- adrienne maree brown, *Emergent Strategy: Shaping Change, Changing Worlds* (Chico, CA: AK Press, 2017).
- Joseph Epstein, "Is There a Doctor in the White House? Not If You Need an M.D.," *Wall Street Journal*, December 11, 2020, www.wsj.com/articles/is-there-a-doctor-in-the-white-house-not-if-you-need-an-m-d-11607727380.
- Amy Diehl and Leanne Dzubinski, "We Need to Stop 'Untitling' and 'Uncredentialing' Professional Women," Fast Company, January 22, 2021, www.fastcompany.com/90596628/we-need-to-stop-untitling-and-uncredentialing-professional-women.
- PayScale, "The State of the Gender Pay Gap in 2021," PayScale, accessed May 18, 2021, www.payscale.com/data/gender-pay-gap.
- PayScale, "The State of the Gender Pay Gap."
- Joan C. Williams, "The 5 Biases Pushing Women Out of STEM," *Harvard Business Review*, March 24, 2015, https://hbr.org/2015/03/the-5-biases-pushing-women-out-of-stem.
- "How Often Are Women Interrupted by Men? Here's What the Research Says," Advisory Board, July 7, 2017, www.advisory.com/en/daily-briefing/2017/07/07/men-interrupting-women.
- Mia Mingus, "The Four Parts of Accountability: How to Give a Genuine Apology Part 1," Leaving Evidence, December 18, 2019, https://leavingevidence.wordpress.com/2019/12/18/how-to-give-a-good-apology-part-1-the-four-parts-of-accountability/.
- NiCole T. Buchanan, Isis H. Settles, Angela T. Hall, and Rachel C. O'Connor, "A Review of Organizational Strategies for Reducing Sexual Harassment: Insights from the U. S. Military," *Journal of Social Issues* 70, no. 4 (December 2014): 687–702, https://doi.org/10.1111/josi.12086.
- Marianne Cooper, "The 3 Things That Make Organizations More Prone to Sexual Harassment," Atlantic, November 27, 2017, www.theatlantic.com/business/archive/2017/11/organizations-sexual-harassment/546707/.
- Derald Wing Sue et al., "Racial Microaggressions in Everyday Life: Implications for Clinical Practice," *American Psychologist* 62, no. 4 (2007): 271–286, https://doi.org/10.1037/0003-066X.62.4.271.
- Audre Lorde, "Learning from the 60s," in Sister Outsider: Essays and Speeches (Berkeley: Crossing Press, 1984), 134–144.
- Chanel Miller, *Know My Name: A Memoir* (New York: Viking, 2019).
- Sayumi Irey, "How Asian American Women Perceive and Move Toward

Leadership Roles in Community Colleges: A Study of Insider Counter Narratives," PhD diss., University of Washington, July 2013, http://hdl.handle. net/1773/22898; and Cynthia Ganote, Tasha Souza, and Floyd Cheung, "Microaggressions and Microresistance: Supporting and Empowering Students," in *Diversity and Inclusion in the College Classroom* (Madison, WI: Magna, 2016).

- Anne Ju, "Courage Is the Most Important Virtue, Says Writer and Civil Rights Activist Maya Angelou at Convocation," Cornell Chronicle, May 24, 2008, https://news.cornell.edu/stories/2008/05/courage-most-important-virtue-maya-angelou-tells-seniors.
- Timur Kuran, *Private Truths, Public Lies: The Social Consequences of Preference Falsification* (Cambridge, MA: Harvard University Press, 1997).
- Danielle Cohen, "International Women's Day: Women Who Inspire Our Work," The White House, March 8, 2016, https://obamawhitehouse.archives. gov/blog/2016/03/08/international-womens-day-3-women-who-inspire-us#:~:textFor%20Dolores%2C%20%E2%80%9Cevery%20moment%20 is,make%20the%20world%20a%20more.
- Mia Mingus, "Dreaming Accountability," Leaving Evidence, May 5, 2019, https://leavingevidence.wordpress.com/2019/05/05/dreaming-accountability-dreaming-a-returning-to-ourselves-and-each-other/.
- Josh Constine, "BetterWorks and CEO Sued by Ex-Employee for Alleged Sexually Suggestive Assault," TechCrunch, July 14, 2017, https://techcrunch. com/2017/07/14/betterworks-duggan-kim-assault-sexual-manner-lawsuit/.
- Constine, "BetterWorks and CEO Sued."
- Tarana Burke, "Inspiring Quotes from the Founder of Me Too," Lafayette College, accessed May 18, 2021, https://news.lafayette.edu/2018/09/19/ inspiring-quotes-from-founder-of-me-too/.

11장 기꺼이 포기할 것은 무엇인가

- Jessica Wolf and Melissa Abraham, "Prop. 16 Failed in California. Why? And What's Next?" UCLA Newsroom, November 18, 2020, https://newsroom.ucla. edu/stories/prop-16-failed-in-california.
- Brian Armstrong, "Coinbase Is a Mission Focused Company," The Coinbase Blog, September 27, 2020, https://blog.coinbase.com/coinbase-is-a-mission-focused-company-af882df8804.
- Stefanie K. Johnson and David R. Hekman, "Women and Minorities Are

Penalized for Promoting Diversity," *Harvard Business Review*, March 23, 2016, https://hbr.org/2016/03/women-and-minorities-are-penalized-for-promoting-diversity.

- bell hooks, *Feminist Theory: From Margin to Center* (New York: Routledge, 2015).
- "Accomplices Not Allies: Abolishing the Ally Industrial Complex, an Indigenous Perspective," Indigenous Action Media, May 2, 2014, https://indigenousaction.org/wp-content/uploads/Accomplices-Not-Allies-print.pdf.
- Sue Skalicky and Monica Davey, "Tension Between Police and Standing Rock Protesters Reaches Boiling Point," *New York Times*, October 28, 2016, www.nytimes.com/2016/10/29/us/dakota-access-pipeline-protest.html.
- Derek Hawkins, "Activists and Police Trade Blame After Dakota Access Protester Severely Injured," *Washington Post*, November 22, 2016, www.washingtonpost.com/news/morning-mix/wp/2016/11/22/activists-and-police-trade-blame-after-dakota-access-protester-severely-injured/.
- Daniel Kahneman and Amos Tversky, "Prospect Theory: An Analysis of Decision Under Risk," Econometrica 47, no. 2 (March 1979): 263–291, https://doi.org/10.2307/1914185.
- Dan Ariely, *Predictably Irrational: The Hidden Forces That Shape Our Decisions* (New York: HarperCollins, 2009).
- Resource Generation, accessed May 17, 2021, https://resourcegeneration.org/.

12장 트라우마를 조심스럽게 다루기

- Audre Lorde, *A Burst of Light: And Other Essays* (New York: Firebrand Books, 1988).
- "Republic of Korea Prohibits All Corporal Punishment of Children," End Violence Against Children, March 25, 2021, www.end-violence.org/articles/republic-korea-prohibits-all-corporal-punishment-children#:~:text=No%2017095)%20and%20the%20repeal,the%20use%20of%20corporal%20punishment.
- Katrin Marquez, "Is Violence Necessary to the Korean Education System?" *10 Magazine*, October 21, 2015, updated June 17, 2020, https://10mag.com/corporal-punishment-in-korea/.
- Resmaa Menakem, My Grandmother's Hands: Racialized Trauma and the Pathway to Mending Our Hearts and Bodies (Las Vegas: Central Recovery Press, 2017).
- Menakem, *My Grandmother's Hands*.
- "Trauma," American Psychological Association, accessed May 17, 2021, www.apa.org/topics/trauma#:~:text=Trauma%20is%20an%20emotional%20response,symptoms%20like%20headaches%20or%20nausea.

- Janet E. Helms, Guerda Nicolas, and Carlton E. Green, "Racism and Ethnoviolence as Trauma: Enhancing Professional Training," *Traumatology* 16, no. 4 (December 2010): 53–62, https://doi.org/10.1177/1534765610389595.
- Koko Nishi, MA, "Mental Health Among Asian-Americans," American Psychological Association, 2012, www.apa.org/pi/oema/resources/ethnicity-health/asian-american/article-mental-health.
- Staci K. Haines, *The Politics of Trauma: Somatics, Healing, and Social Justice* (Berkeley, CA: North Atlantic Books, 2019).
- Maria Yellow Horse Brave Heart, "The Historical Trauma Response Among Natives and Its Relationship with Substance Abuse: A Lakota Illustration," *Journal of Psychoactive Drugs* 35, no. 1 (2003): 7–13, https://doi.org/10.1080/02791072.2003.10399988.
- Maria Yellow Horse Brave Heart, "Wakiksuyapi: Carrying the Historical Trauma of the Lakota," *Tulane Studies in Social Welfare* 21 (January 2000): 245–266, https://citeseerx.ist.psu.edu/viewdoc/download?doi=10.1.1.452.6309&rep=rep1&type=pdf.
- Brave Heart, "The Historical Trauma Response."
- Haines, *The Politics of Trauma*.
- Menakem, *My Grandmother's Hands*.
- Audre Lorde, *Conversations with Audre Lorde*, ed. Joan Wylie Hall (Jackson: University Press of Mississippi, 2004), 16.
- Martha Beck, "Quit Suffering from 'Dirty' Pain," CNN, January 15, 2008, www.cnn.com/2008/LIVING/personal/01/15/o.leash.on.life/index.html.
- Menakem, *My Grandmother's Hands*.
- Timur Kuran, "A Conspiracy of Silence," interview with Hidden Brain podcast, accessed May 18, 2021, https://hiddenbrain.org/podcast/a-conspiracy-of-silence/.
- Menakem, *My Grandmother's Hands*.
- Prentis Hemphill (@prentishemphill), "Healing makes room for us to fight in the places where it's necessary and love in the places we long to," Instagram post, January 8, 2021, www.instagram.com/p/CJy5nx5gOsR/?utm_source=ig_web_copy_link.
- "What 'Holding Space' Means + 5 Tips to Practice," Gender & Sexuality Therapy Center, January 17, 2020, https://gstherapycenter.com/blog/2020/1/16/what-holding-space-means-5-tips-to-practice#:~:text=%E2%80%9CHolding%20space%E2%80%9D%20means%20being%20physically,judgment%20while%20you%20are%20present.
- Tessa Petak, "Tarana Burke Says Our Nation Has Been Traumatized—and We

Need to Look to Survivors to Heal," *InStyle*, February 16, 2021, www.instyle.com/reviews-coverage/ladies-first-podcast-laura-brown/448.

- Prentis Hemphill, "A reminder," Instagram post, April 5, 2021, https://www.instagram.com/p/CNSzFO1A21C/?utm_source=ig_web_copy_link.
- Brave Heart, "Wakiksuyapi."
- Haines, *The Politics of Trauma*.
- Chanel Miller, *Know My Name: A Memoir* (New York: Viking, 2019).

13장 자기만의 해방적 도구 찾기

- Jaclyn Diaz and Vanessa Romo, "8 People, Many of Them Asian, Shot Dead at Atlanta-Area Spas; Man Arrested," NPR, March 17, 2021, www.npr.org/2021/03/16/978024380/8-women-shot-to-death-at-atlanta-massage-parlors-man-arrested.
- United States Congress, "1875 Page Act," Asian American Digital History Archive, accessed May 18, 2021, https://aadha.binghamton.edu/items/show/212.
- "Chinese Exclusion Act: Primary Documents in America History," Library of Congress, accessed May 18, 2021, https://guides.loc.gov/chinese-exclusion-act.
- "8 Dead in Atlanta Spa Shootings, with Fears of Anti-Asian Bias," *New York Times*, March 26, 2021, www.nytimes.com/live/2021/03/17/us/shooting-atlanta-acworth.
- Michelle Kim (@michellekimkim), "You would never," Instagram post, March 19, 2021, www.instagram.com/p/CMnGcQBLmNr/?igshid=1axfr5db4fv75.
- "Frequently Asked Questions," Asian Americans Advancing Justice-Atlanta, accessed May 18, 2021, www.advancingjustice-atlanta.org/faqs.
- Tim Shorrock, "Welcome to the Monkey House," *New Republic*, December 2, 2019, https://newrepublic.com/article/155707/united-states-military-prostitution-south-korea-monkey-house.
- Katharine H. S. Moon, "Military Prostitution and the U.S. Military in Asia," *Asia-Pacific Journal* 7, no. 3 (Jan 2009), https://apjjf.org/-Katharine-H-S--Moon/3019/article.pdf.
- "Number of Military and DoD Appropriated Fund (APF) Civilian Personnel Permanently Assigned by Duty Location and Service/Component (as of March 31, 2021)," Defense Manpower Data Center, May 6, 2021.
- "8 Dead in Atlanta Spa Shootings."

- Audre Lorde, "Age, Race, Class, and Sex," in *Sister Outsider: Essays and Speeches* (Berkeley, CA: Crossing Press, 1984).
- Eyewitness News, "NYPD Announces New Initiative to Combat Anti-Asian Hate Crimes in NYC," WABC, March 25, 2021, https://abc7ny.com/anti-asian-hate-crimes-nypd-initiative-bias-crime/10447140/.
- Connie Wun, "Ignoring the History of Anti-Asian Racism Is Another Form of Violence," Elle, March 1, 2021, www.elle.com/culture/career-politics/a35635188/anti-asian-racism-history-violence/.
- Christine Willmsen, "'Bubbly Kid' Was Fatally Shot by King County Deputy Hours Before High-School Graduation," *Seattle Times*, June 28, 2017, www.seattletimes.com/seattle-news/crime/bubbly-kid-was-fatally-shot-by-king-county-deputy-hours-before-high-school-graduation/.
- "Justice for Christian Hall," accessed May 18, 2021, www.justiceforchristianhall.com/; and Jacey Fortin, "California Man Died After Police Knelt on Him for 5 Minutes, Family Says," *New York Times*, February 25, 2021, www.nytimes.com/2021/02/25/us/angelo-quinto-death-police-kneel.html.
- Melissa Gira Grant and Emma Whitford, "Family, Former Attorney of Queens Woman Who Fell to Her Death in Vice Sting Say She Was Sexually Assaulted, Pressured to Become an Informant," The Appeal, December 15, 2017, https://theappeal.org/family-former-attorney-of-queens-woman-who-fell-to-her-death-in-vice-sting-say-she-was-sexually-d67461a12f1/.
- Red Canary Song, "Red Canary Song Response to 8 Lives Lost in Atlanta," Google doc, accessed May 18, 2021, https://docs.google.com/document/d/1_Q0mFJnivTZL5fcCS7eUZn9EhOJ1XHtFBGOGqVaUY_8/edit.
- Beenish Ahmed, "Atlanta Killings Revive Memory of Vincent Chin and Another Time of Anti-Asian Sentiment," Michigan Radio, April 5, 2021, www.michiganradio.org/post/atlanta-killings-revive-memory-vincent-chin-and-another-time-anti-asian-sentiment-1; and Renee Tajima-Peña, "The History of Anti-Asian-American Violence," *New Yorker*, March 25, 2021, www.newyorker.com/news/q-and-a/the-history-of-anti-asian-american-violence.
- Tracy Wilkinson and Frank Clifford, "Korean Grocer Who Killed Black Teen Gets Probation," *LA Times*, November 16, 1991, www.latimes.com/archives/la-xpm-1991-11-16-mn-1402-story.html.
- Christina Carrega, Aidan Mclaughlin, and Dareh Gregorian, "Former NYPD cop Peter Liang spared jail time in fatal shooting of Akai Gurley at Brooklyn housing project," *New York Daily News*, April 19, 2016, www.nydailynews.com/new-york/brooklyn/ex-nypd-peter-liang-spared-jail-death-akai-gurley-article-1.2607310.
- Daniel Bird, "Atlanta Shooting Survivor Was 'Handcuffed for Two Hours' While

Wife Lay Dying," *Daily Mirror* (London), March 20, 2021, www.mirror.co.uk/news/us-news/atlanta-shooting-survivor-handcuffed-two-23763025.

- Kamila Daza, "En Exclusiva: Hispano que sobrevivió a la masacre en Atlanta relata cómo le mataron a su esposa," Mundo Hispánico, first published March 20, 2021, updated March 22, 2021, https://mundohispanico.com/hispano-sobrevive-masacre-atlanta-spa/2/; and Kim Bellware and Paulina Villegas, "An Atlanta Victim's Husband Survived the Attack, but Police Detained and Handcuffed Him for Hours," *Washington Post*, March 22, 2021, www.washingtonpost.com/nation/2021/03/22/mario-gonzalez-atlanta-spa-shootings/.
- Grace Lee Boggs and Angela Davis, "American Revolutionary: On Revolution at Berkeley," PBS video, June 29, 2014, www.pbs.org/video/pov-american-revolutionary-revolution-berkeley/.
- Shim, speech at the post-Atlanta shooting community vigil in San Francisco Chinatown, March 20, 2021.
- Mia Mingus, "Transformative Justice: A Brief Description," Transform Harm, accessed May 17, 2021, https://transformharm.org/transformative-justice-a-brief-description/.
- Mingus, "Transformative Justice: A Brief Description."
- Ruth Wilson Gilmore, "Ruth Wilson Gilmore makes the case for abolition," interview with Intercept, June 10, 2020, https://theintercept.com/2020/06/10/ruth-wilson-gilmore-makes-the-case-for-abolition/.
- John Grisham, "Why the Innocent End Up in Prison," *Chicago Tribune*, March 14, 2018, www.chicagotribune.com/opinion/commentary/ct-perspec-innocent-prisoners-innocence-project-death-row-dna-testing-prosecutors-0315-story.html.
- "Highest to Lowest—Prison Population Total," World Prison Brief, www.prisonstudies.org/highest-to-lowest/prison-population-total.
- Angela Y. Davis, "Why Arguments Against Abolition Inevitably Fail," Abolition for the People, October 6, 2020, https://level.medium.com/why-arguments-against-abolition-inevitably-fail-991342b8d042.
- "M.H.First Oakland," Anti Police-Terror Project, accessed May 17, 2021, www.antipoliceterrorproject.org/mh-first-oakland.
- "Don't Call the Police," accessed May 17, 2021, https://dontcallthepolice.com/.
- Eda Yu, "Public Safety for Asian Americans Starts with Nurturing Our Communities," KQED, April 26, 2021, www.kqed.org/arts/13896306/public-safety-for-asian-americans-starts-with-nurturing-our-communities.
- Stop AAPI Hate, accessed May 17, 2021, https://stopaapihate.org/.

- Jenny Wang, PhD (@asiansformentalhealth), Instagram page, www.instagram.com/asiansformentalhealth/.
- Annie Sciacca, "Oakland Mayor's Proposed Budget Increases Police Spending," *East Bay Times* (Walnut Creek, CA), May 11, 2021, www.eastbaytimes.com/2021/05/11/oakland-mayors-proposed-budget-increases-police-spending/.
- Katherine Fung, "Oakland Mayor Blames Crime Wave Against Asians on Defunded Police; Black and Asian Activists Disagree," *Newsweek*, February 11, 2021, www.newsweek.com/black-asian-communities-fed-being-pitted-against-each-other-city-officials-1568410.
- Libby Schaaf (@LibbySchaaf), "The rise of anti-Asian violence is reprehensible," tweet and video, March 25, 2021, https://twitter.com/libbyschaaf/status/1375161070126387202?lang=en.
- Boggs and Davis, "American Revolutionary."

14장 자기만의 최전선에서

- Mariame Kaba, "Capitalism Rations What We Most Need—Let's Demand Medicare for All: A Conversation with Mariame Kaba," interview with Truthout, January 13, 2017, https://truthout.org/articles/capitalism-rations-what-we-most-need-let-s-organize-for-universal-medicare-a-conversation-with-mariame-kaba/.
- Audre Lorde, "The Master's Tools Will Never Dismantle the Master's House," in *Sister Outsider: Essays and Speeches* (Berkeley, CA: Crossing Press, 1984), 110–114.
- Angela Davis, "Angela Davis talk at SIUC on Feb. 13, 2014," Southern Illinois University, YouTube video, 56:45, February 16, 2014, published by James Anderson, www.youtube.com/watch?v=6s8QCucFADc&t=2316s.
- Project Implicit, Harvard University, accessed May 17, 2021, https://implicit.harvard.edu/implicit/.
- Mason D. Burns, Margo Monteith, and Laura Parker, "Training Away Bias: The Differential Effects of Counterstereotype Training and Self-regulation on Stereotype Activation and Application," *Journal of Experimental Social Psychology* 73 (November 2017): 97–110, https://doi.org/10.1016/j.jesp.2017.06.003.
- Joan C. Williams and Marina Multhaup, "For Women and Minorities to Get Ahead, Managers Must Assign Work Fairly," March 5, 2018, https://hbr.org/2018/03/for-women-and-minorities-to-get-ahead-managers-must-assign-

work-fairly.
- Lorde, "Learning from the 60s," in *Sister Outsider*, 134–144.

15장 공동체 안에서 기쁨을 발견하기

- Janaya Khan, "From Homelessness & Obscurity to the Future's Brightest Light: Non-Binary Activist Janaya Khan," February 4, 2021, YouTube video, 15:25, published by StyleLikeU, www.youtube.com/watch?v=7vmpxcq_XZg.
- Grace Lee Boggs, *The Next American Revolution* (Berkeley: University of California Press, 2012).
- adrienne maree brown, *Emergent Strategy: Shaping Change, Changing Worlds* (Chico, CA: AK Press, 2017).
- brown, *Emergent Strategy.*
- Prentis Hemphill, accessed May 18, 2021, https://prentishemphill.com/.
- Asian American Leaders Table, "AAPIs Rising," www.AAPIsRising.org, June 1, 2021, YouTube video, 5:23, https://youtu.be/_M5kzr4oUf8.
- Angela Davis and Erika Huggins, "Teaching as a Tool for Change," Artspace New Haven, September 9, 2020, Facebook video, 57:40, www.facebook.com/artspacenh/videos/3565371523473184.
- Audre Lorde, "Eye to Eye," in *Sister Outsider: Essays and Speeches* (Berkeley, CA: Crossing Press, 1984).
- Ericka Huggins, 32nd Annual Empowering Womxn of Color Conference: Unbound and Unboxed, March 18, 2017, https://ewocc.files.wordpress.com/2017/03/programme2017_v2_hq_final.pdf.
- Ericka Huggins, "Spiritual Activism and Social Justice," Central Oregon Community College, April 9, 2020, YouTube video, 1:16:24, https://youtu.be/5wx-gh_Ektw.

우리는 모두 불평등한 세계에 살고 있다

2024년 8월 30일 초판 1쇄 발행

지은이 미셸 미정 김 **옮긴이** 허원
펴낸이 이원주, 최세현 **경영고문** 박시형

책임편집 강소라 **디자인** 윤민지
기획개발실 김유경, 강동욱, 박인애, 류지혜, 이채은, 조아라, 최연서, 고정용, 박현조
마케팅실 양근모, 권금숙, 양봉호, 이도경 **온라인홍보팀** 신하은, 현나래, 최혜빈
디자인실 진미나, 정은예 **디지털콘텐츠팀** 최은정 **해외기획팀** 우정민, 배혜림
경영지원실 홍성택, 강신우, 김현우, 이윤재 **제작팀** 이진영
펴낸곳 (주)쌤앤파커스 **출판신고** 2006년 9월 25일 제406-2006-000210호
주소 서울시 마포구 월드컵북로 396 누리꿈스퀘어 비즈니스타워 18층
전화 02-6712-9800 **팩스** 02-6712-9810 **이메일** info@smpk.kr

쌤앤파커스(Sam&Parkers)는 독자 여러분의 책에 관한 아이디어와 원고 투고를 설레는 마음으로 기
다리고 있습니다. 책으로 엮기를 원하는 아이디어가 있으신 분은 이메일 book@smpk.kr로 간단한
개요와 취지, 연락처 등을 보내주세요. 머뭇거리지 말고 문을 두드리세요. 길이 열립니다.